COMMENTAIRES ET LETTRES

DE

BLAISE DE MONLUC

MARÉCHAL DE FRANCE

PARIS. — TYPOGRAPHIE LAHURE
Rue de Fleurus, 9

[LASSERAN-MASSENCOME (Blaise de seigneur de Monluc)]

COMMENTAIRES ET LETTRES

DE

BLAISE DE MONLUC

MARÉCHAL DE FRANCE

ÉDITION REVUE SUR LES MANUSCRITS
ET PUBLIÉE
AVEC LES VARIANTES
POUR LA SOCIÉTÉ DE L'HISTOIRE DE FRANCE
PAR M. ALPHONSE DE RUBLE

TOME CINQUIÈME

A PARIS

CHEZ Mme Ve JULES RENOUARD

LIBRAIRE DE LA SOCIÉTÉ DE L'HISTOIRE DE FRANCE

RUE DE TOURNON, N° 6

M DCCC LXXII

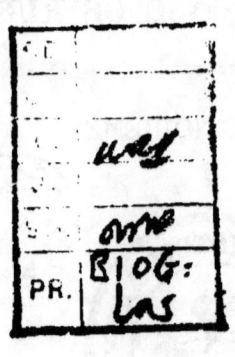

EXTRAIT DU RÈGLEMENT.

Art. 14. Le Conseil désigne les ouvrages à publier, et choisit les personnes les plus capables d'en préparer et d'en suivre la publication.

Il nomme, pour chaque ouvrage à publier, un Commissaire responsable chargé d'en surveiller l'exécution.

Le nom de l'Éditeur sera placé en tête de chaque volume.

Aucun volume ne pourra paraître sous le nom de la Société sans l'autorisation du Conseil, et s'il n'est accompagné d'une déclaration du Commissaire responsable, portant que le travail lui a paru mériter d'être publié.

Le Commissaire responsable soussigné, déclare que l'Édition des COMMENTAIRES DE BLAISE DE MONLUC, *préparée par* M. A. DE RUBLE, *lui a paru digne d'être publiée par la* SOCIÉTÉ DE L'HISTOIRE DE FRANCE.

Fait à Paris, le 1ᵉʳ mai 1872.

Signé G. SERVOIS.

Certifié,

Le Secrétaire de la Société de l'Histoire de France,

J. DESNOYERS.

SOMMAIRES.

125. — Au roi; 23 janvier 1565. — Les gentilshommes réunis à Toulouse pour assister à l'arivée du roi ne sont animés que d'intentions pacifiques (p. 1).

126. — Au roi; février 1565. — Avis de Monluc en faveur de la paix (p. 3). — Il faut annuler les actions en instance (p. 4); — envoyer des commissaires bien choisis (p. 5); — interdire aux seigneurs, aux gentilshommes et aux ministres l'exercice de la réforme, sinon aux lieux permis (p. 6); — restituer les biens ecclésiastiques saisis par les réformés (p. 7); — diviser les gouvernements par sénéchaussées et non par rivières (p. 8); — supprimer les vice-sénéchaux (p. 8); — imposer le respect des édits (p. 9).

127. — A l'évêque de Condom; 2 mars 1565. — Arrestation de Jehan de Mesmes (p. 10). — Monluc envoie son charpentier pour acheter du bois (p. 11).

128. — A l'évêque de Condom; 3 mars 1565. — Envoi de lettre à Damville et à d'Escars (p. 11).

129. — A l'évêque de Condom; Agen, 4 mars 1565. — Des baptisailles de Charlotte-Catherine de Monluc (p. 12). — Demande d'une commission pour le procès de Jehan de Mesmes (p. 13). — Affaires de Montauban. — Du droit à payer sur l'évêché de Condom (*ibid.*).

130. — A l'évêque de Condom; Moissac, 12 mars 1565. — Monluc se rend à Montauban (p. 14). — Il appelle à lettre vue l'évêque de Condom ou de préférence Panjas (p. 15).

131. — A l'évêque de Condom; Montauban, 12 mars 1565. — Dispositions de détail relatives au baptême de Charlotte-Ca-

therine (p. 16). — Ordre à Panjas d'arriver à lettre vue (p. 17).

132. — A la reine; Montauban, 15 mars 1565. — Sur la démolition des fortifications de Millau et Saint-Antonin (p. 18). — Il se trouvera peu de gentilshommes à Montauban à l'arrivée du roi (p. 19).

133. — A l'évêque de Condom; Montauban, 18 mars 1565. — Nécessité d'envoyer la Blaynie à Agen (p. 20).

134. — Aux consuls de Montauban; Agen, 6 avril 1565. — Ordre de vendre les ruines des murs de Montauban (p. 20). — Monluc a reçu leur artillerie (p. 21).

135. — Aux consuls de Toulouse; Bordeaux, 7 mai 1565. — Lettre de créance (p. 22).

136. — A l'évêque de Condom; Estillac, 8 mai 1565. — Pour presser l'expédition de la patente de l'évêché de Condom (p. 22).

137. — Au roi d'Espagne; juin 1565. — Mémoire remis à Bardachin pour le roi d'Espagne, rédigé à la suite de l'entrevue de Bayonne (p. 23). — Orthodoxie du roi et de la reine (p. 24). — Utilité de leur voyage en France (p. 25). — Du concile national (p. 27). — Monluc conseille à Philippe II de soutenir la reine et le roi (p. 30). — Le chancelier de l'Hospital (p. 32). — Nécessité de mettre la Guyenne à l'abri de toute propagande (p. 33).

138. — A l'évêque de Condom; Sampuy, 2 juillet 1565. — Invitation de se rendre à Sampuy (p. 35).

139. — A l'évêque de Condom; Agen, 11 juillet 1565. — Dispositions pour rencontrer le roi à son retour de Bayonne (p. 36). — De la pension à payer au cardinal de Guise (*ibid.*).

140. — A la reine; Estillac, 12 juillet 1565. — Troubles à Montréal (p. 37). — Communication de l'ambassadeur turc relative au siége de Malte (*ibid.*). — Son arrivée à Condom (p. 38). — Exécutions à Montauban, Moissac, Nérac (p. 39).

141. — Aux consuls d'Auch; Estillac, 13 juillet 1565. — Monluc leur enjoint de recevoir les nouveaux consuls (p. 40).

142. — A l'évêque de Condom; Estillac, 13 juillet 1565. — Monluc annonce l'arrivée prochaine du roi (p. 41).

143. — A l'évêque de Condom; la Montjoye, 29 novembre 1565. — Annonce des États. — Demande de deux arbres pour le sieur de la Montjoye. — Monluc le prie de ne pas disposer de la cure de la Montjoye (p. 42).

144. — A l'évêque de Condom; Estillac, décembre, 1565. — Prière d'amener aux États d'Agen Saint-Orens et de Pont pour dresser les comptes pendants entre Monluc et lui (p. 43).

145. — Aux consuls de Lectoure; Agen, 14 décembre 1565. — Approbation de la décision par laquelle les consuls défendent les portes de la ville à Juan et Montamat (p. 44).

146. — Aux consuls de Lectoure; Cahors, 20 décembre 1565. — Que tout est en paix et qu'il est inutile de donner suite aux précautions prises (p. 45).

147. — A l'évêque de Condom; Agen, 17 mars 1566. — Monluc de Caupenne est sur le point de partir pour son expédition d'outre-mer. — Prière à l'évêque de Condom de lui compter sa pension (p. 46).

148. — A l'évêque de Condom; Agen, 9 avril 1566. — Prière à l'évêque de Condom de donner la cure de Villefranche du Cayran à Nicolas d'Abadie, recommandé par le seigneur de Sainte-Colombe (p. 47).

149. — A la reine; Agen, 22 avril 1566. — Lettre de recommandation en faveur du syndic du Condomois, qui se rend à la cour pour se plaindre au roi des exactions commises par les fermiers des subsides. — Annonce des États de Périgueux pour le 1er juin (p. 48).

150. — Au roi; Agen, 5 mai 1566. — Le capitaine Menyn n'a point pillé les sujets du roi d'Espagne (p. 49). — Le Portugais retenu au château de Ha n'avait été gardé par Monluc de

Caupenne que pour lui servir de pilote; mais il a été élargi (p. 49).

151. — Au roi; Agen, 19 mai 1566. — Faillite et fuite d'Étienne Lemacon, receveur général d'Agenais (p. 52). — Le receveur de Beauclère, de Bordeaux, a dressé les rôles du quartier de janvier (p. 53). — Monluc part le 27 pour les États de Périgueux (*ibid.*).

152. — A la reine; Périgueux, 5 juin 1566. — Monluc est venu à Périgueux pour tenir les États provinciaux (p. 54). — Pierre Bertrand de Monluc, en s'engageant au service du roi de Danemark, ne voulait pas trahir le roi (p. 55). — Préparatifs de ce capitaine pour son expédition d'outre-mer (p. 56). — Triste état de la sénéchaussée de Périgord (*ibid.*). — Envoi de Tilladet à la cour (p. 57).

153. — Au roi; Agen, 20 juin 1566. — Pamphlet odieux de Hugues Sureau du Rozier, ministre d'Orléans (p. 58). — Sédition de Pamiers et de Foix (*ibid.*). — État pacifique de la Guyenne (p. 59).

154. — A la reine; Agen, 8 juillet 1566. — Lettre d'envoi du mémoire suivant (p. 60). — Nécessité de mettre les gens d'armes en garnison pour effrayer les calvinistes (*ibid.*).

155. — A la reine; Agen, 8 juillet 1566. — Révélations circonstanciées sur le but de l'expédition maritime du capitaine Monluc (p. 61). — Il respectera les possessions espagnoles et portugaises (p. 62). — Il ne prendra possession, au nom du roi, que de terres vagues et inhabitées (p. 63). — Il a renoncé sans regret, sur la défense du roi, à l'expédition de Danemark (p. 64).

156. — Au roi; Estillac, 25 juillet 1566. — Rambouillet est venu trouver Monluc à Lectoure où il était allé pacifier un différend (p. 64). — Le maire et les jurats de Bordeaux, en informant le roi des troubles de leur ville, ont omis de lui faire connaître les mesures prises par Monluc pour y obvier (p. 65). — Prêches favorisés en Périgord par le capitaine de Bories

(p. 67). — Copie d'une lettre du roi envoyée en diverses provinces par Monluc (p. 68).

157. — Au roi; Bordeaux, 23 août 1566. — Monluc est venu à Bordeaux pour assister à l'embarquement de son fils (p. 69). — Il a fait publier la défense de sortir avec armes du royaume pour s'engager au service de l'étranger et surtout des révoltés de Flandre (p. 70). — Sur les prêches du Bordelais fixés à Saint-Macaire (p. 71). — Nécessité de réparer la tour de Cordouan (*ibid.*). — Querelle du baron de Lestrange et de la Feuillade (*ibid.*).

158. — Au roi d'Espagne; 1566. — La réforme fait chaque jour de nouveaux progrès par la coupable indulgence du roi et de la reine (p. 72). — Solidarité des réformés français et des révoltés flamands (p. 75). — Les premiers se préparent à secourir leurs frères de Flandre (*ibid.*).

159. — Au roi d'Espagne; Agen, 6 février 1567. — Demande de la mise en liberté de Philippe de Bardachin (p. 76).

160. — Au roi; Agen, 14 février 1567. — Guerre privée entre Solan et Fonterailles, d'une part, et la famille Roquemaurel, de l'autre (p. 77). — Surprise du jeune Roquemaurel et assassinat de sa famille (p. 79). — Brigandages commis par Solan et Fonterailles (p. 80). — Monluc a envoyé au roi quelques articles dont il demande l'exécution (p. 81). — Violences et rapts commis par les gens d'armes en garnison (p. 82).

161. — Aux capitouls de Toulouse; Agen, 31 mars 1567. — Monluc leur a fait demander les deux coulevrines de la ville pour marcher contre Solan et Fonterailles (p. 83). — Refus des capitouls (p. 84). — Monluc leur reproche leurs craintes et leur pusillanimité (p. 85). — Exemples tirés de faits récents pour prouver qu'il ne faut pas s'alarmer trop vite (p. 86).

162. — Aux capitouls de Toulouse; Agen, 30 septembre 1567. — Soulèvement des huguenots (p. 87). — Ils se rassemblent à Brageyrac (p. 88). — Ordre de redoubler de surveillance à Toulouse (*ibid.*).

SOMMAIRES.

163. — A la Cassaigne; Agen, 1ᵉʳ octobre 1567. — Ordre de défendre la ville et le château de Lectoure (p. 88).

164. — A la Cassaigne; Agen, 3 octobre 1567. — Monluc a transmis l'affaire Barral au parlement de Toulouse (p. 89). — Ordre au capitaine Gimont d'occuper Lectoure (p. 90).

165. — A la Cassaigne; Agen, 3 octobre 1567. — Monluc recommande le capitaine Foyssin pour la lieutenance du château de Lectoure (p. 90).

166. — A la reine de Navarre; Agen, 6 octobre 1567. — Préparatifs de Monluc pour résister aux révoltés (p. 91).

167. — Au prince de Navarre; Agen, 6 octobre 1567. — Monluc ne veut tenir que du roi les pouvoirs nécessaires pour comprimer la révolte (p. 92).

168. — A la Cassaigne; 7 octobre 1567. — Envoi des lettres du roi (p. 92). — Autorisation pour les troupes de la garnison de vivre sur le peuple (p. 93).

169. — A la Cassaigne; Agen, 7 octobre 1567. — Autorisation pour le vicomte de Fimarcon de retirer quelques meubles de Lectoure (p. 93).

170. — A la Cassaigne; Agen, 15 octobre 1567. — Lettre de créance en faveur de l'avocat Delas (p. 94).

171. — A la Cassaigne; Agen, 21 octobre 1567. — Monluc ne veut pas destituer la Cassaigne du gouvernement de Lectoure (p. 94). — Prière de se méfier du capitaine Crabe (p. 95). — Dispositions pour nourrir les soldats du capitaine Gimont (*ibid.*).

172. — Au baron de Montaut; Agen, 25 octobre 1567. — Ordre de s'enfermer dans Auch, en cas de nécessité, avec la Fitte, Sainte-Christine et Saint-Cric (p. 96).

173. — A la Cassaigne; Agen, 26 octobre 1567. — Lettre de créance en faveur de l'archidiacre Delas (p. 97).

74. — A la Cassaigne; Thiviers, 7 novembre 1567. — Il doit se contenter du traitement de cent livres par mois (p. 98).

175. — A l'évêque de Dax; Limoges, 11 novembre 1567. — Prière de maintenir à Montaut le bénéfice de Villeneuve (p. 99).

176. — A l'évêque de Dax; Limoges, 12 novembre 1567. — Nouvelle recommandation de Montaut. — Affaire du capitaine Bordes (p. 100).

177. — A la Chapelle; Saint-Julien, 13 novembre 1567. — Monluc, en imposant les habitants des comtés de Fezensac, Auch, Vic et Segun, ne veut pas déroger aux coutumes suivies dans les précédents troubles (p. 101).

178. — A la Cassaigne; Sainte-Foy, 20 novembre 1567. — Monluc lui propose la lieutenance de la compagnie du capitaine Arné (p. 102).

179. — A Damville; Agen, 31 décembre 1567. — Monluc se disculpe de quelques paroles imprudentes prononcées contre le connétable (p. 103). — Il reconnaît que le connétable n'est pas le promoteur du partage du gouvernement de la Guyenne entre Candalle et lui (p. 104).

180. — A le Beauclère; Agen, le 10 janvier 1568. — Monluc a reçu des lettres patentes du roi qui l'autorisent à lever les sommes nécessaires à l'entretien de ses troupes ; il a fait ces levées aussi économiquement qu'aucun capitaine (p. 105). — Comparaison de sa conduite et de celle de Damville (p. 106).

181. — A l'évêque de Dax ; Agen, 17 janvier 1568. — Monluc répond à l'évêque de Dax qu'il n'a entendu maintenir une garnison que là où elle serait nécessaire (p. 107).

182. — Au roi; Agen, 18 janvier 1568. — Recommandation de la Cassaigne (p. 108).

183. — Au roi; Marennes, 29 mars 1568. — Monluc attend les ordres du roi avant d'entreprendre le siége de la Rochelle (p. 109). — Prise de l'île de Ré par le capitaine Leberon (p. 110). — Nouvelles de la paix (p. 111). — Prière au roi de ne pas licencier la compagnie de de Pons (p. 112) — Monluc et Daillon du Lude vont attaquer le château de Maran

(p. 113). — Qu'il ne faut rien arrêter au conseil sur la guerre de Saintonge avant d'avoir reçu les rapports de Monluc (*ibid.*). — L'auteur prie le roi de ratifier un don que les habitants des îles ont présenté à de Pons et à lui (p. 114).

184. — Au roi; Saint-Jean-d'Angély, 2 avril 1568. — Monluc a partagé ses forces avec Daillon du Lude et de Pons (p. 115). — Il ne peut entreprendre le siége de la Rochelle (*ibid.*). — Pourquoi Monluc ne croit pas à la paix (p. 116). — Prière d'accorder le collier de l'ordre à Cassaneuil, Brassac, Cavery, Civrac, Verduzan, Tilladet jeune, Panjas et des Bories (*ibid.*). — La reine de Navarre a fait saisir trois chevaux que Monluc avait fait acheter en Espagne par Fourquevaux (p. 117). — Indignité de ce guet-apens comparé aux égards que Monluc a toujours prodigués à la reine de Navarre (p. 118). — Le s. de Fars (p. 120). — Les estaffiers soudoyés par la reine de Navarre ont défait la compagnie du capitaine de Montaut (*ibid.*). — Prière au roi d'envoyer au quelques commissions en blanc pour lever des troupes et attaquer le Béarn (p. 121). — Recommandation de Philippe Bardachin (p. 122). — Nécessité de ne pas licencier la compagnie de de Pons (*ibid.*).

185. — Au duc d'Albe; Bordeaux, 10 avril 1568. — Monluc a envoyé deux marchands de Bordeaux, Guillaume Royer e Jehan de Masparrault, pour acheter des arquebuses, des corselets et des morions de Flandre (p. 123) — Ces armes ont été saisies par le bailli des eaux de Midlebourg (*ibid.*). — Monluc demande que ces armes ou leur valeur lui soient délivrées (p. 124).

186. — Aux consuls d'Agen; Cahors, le 30 septembre 1568. — Ordre de délivrer l'artillerie aux porteurs de la lettre (p. 125).

187. — Au grand prieur d'Auvergne; Cahors, 30 septembre 1568. — Combinaisons stratégiques pour atteindre les Provençaux commandés par d'Acier (p. 125).

188. — Au roi: Souillac, 9 octobre 1568. — Conseil de guerre tenu à Souillac pour arrêter l'armée provençale (p. 127). —

Monluc n'a pas reculé pour fuir l'ennemi, mais pour prendre une meilleure position (p. 129).

189. — Au roi ; Villeneuve-d'Agen, 31 octobre 1568. — Désaccord à Bordeaux ; Monluc y envoie son fils (p. 131). — Trahison de des Royes, gouverneur de Blaye (*ibid*.).— Monluc envoie au camp 20 ou 25 compagnies de gens de pied (p. 132). — Montpensier lui ordonne de se jeter dans Bordeaux (*ibid*.). — Dévouement de Mme de Gramont au roi (p. 133). — Mademoiselle de Nevers, prisonnière à Lectoure (p. 134). — Que faire des meubles du château de Nérac ? (*ibid*.). — Division de la compagnie de Monluc (p. 135). — Tilladet à Agen (*ibid*.).

190. — A la reine ; Villeneuve-d'Agen, 31 octobre 1568. — Monluc demande que sa compagnie soit portée à quarante hommes d'armes (p. 136).

191. — Au roi ; Bordeaux, 9 novembre 1568. — Envoi d Parisot au roi (p. 137). — Monluc garde la Guyenne (*ibid*.). — Il demande que sa compagnie soit portée à quarante hommes (p. 138). — Gramont se prépare à aller à la cour (*ibid*.). — Arrivée de la Marque (p. 139). — Publication des lettres de révocation. — Monluc attend Sainte-Colombe. — De l'expédition du Béarn (p. 140).

192. — Aux maire et jurats de Bordeaux ; Sainte-Foy, 16 novembre 1568. — Ordre d'obéir aux ordres du roi dont Monluc leur envoie la copie (p. 140).

193. — Au roi ; Agen, 3 février 1569. — Monferrand a pris possession de la charge de maire de Bordeaux (p. 141). — Monluc excuse Tilladet (p. 142). — Nouvelles des *vicomtes* (*ibid*.). — Conseils au roi de rejoindre le duc d'Anjou et de marcher contre Condé (p. 143). — Terride et Gramont sont prêts à entrer en campagne (p. 144). — Campagne de Bellegarde en Ariége (*ibid*.). — Mauvais état de l'armée réformée en Guyenne (p. 145). — Incertitude de la marche des *vicomtes* (*ibid*.). — Qu'il faut payer la compagnie de Gramont (*ibid*.).— Nouvelles du Béarn (*ibid*). — Monluc se plaint des calomnies

portées contre lui à la cour (146).— Mort de Francisco d'Est et demande de sa compagnie pour Tilladet (p. 147).

194. — Au roi; Agen, 5 février 1569. — Sainte-Colombe est arrivée du Béarn (148). — Tergiversations de Gramont (*ibid.*). — Monluc envoie des sommations aux gentilshommes béarnais par Terride (p. 149). — Madaillan, lieutenant de Monluc, a défait un parti de rebelles (*ibid.*).

195. — Au duc d'Anjou; Sainte-Foy, 13 mars 1569. — Monluc demande la permission de prendre les sommes nécessaires pour payer les compagnies de Pardiac, Saint-Salvy, Castera et Montoussier (p. 151). — Prise de Bergerac par le chevalier de Monluc (*ibid.*). — Jonction des *vicomtes* et de Piles (p. 152). — Monluc va démanteler Bergerac (*ibid.*). — Manœuvres de Monluc et de Bellegarde pour empêcher la jonction des *vicomtes* et de Condé (*ibid.*). — Envoi de Fontenilles, Madaillan et du capitaine Monluc à Marmande, à Domasan, à Clairac et à Tonneins (p. 153). — Nécessité de promulguer l'édit, déjà conseillé par Monluc, contre les réformés qui ne prennent pas les armes (*ibid.*).

196. — A la Lande et aux consuls d'Agen; Astaffort, 18 mars 1569. — Prière de délivrer à Tiboville quatre pièces d'artillerie (p. 154).

197. — Au roi; Sainte-Foy, 16 avril 1569. — Monluc s'excuse de ne pas écrire plus souvent au roi, par la difficulté de lui faire tenir ses lettres (p. 155). — Les *vicomtes* préparent leur jonction avec l'amiral, mais Monluc promet de l'empêcher (p. 156). — La reine de Navarre veut vendre des bois; Monluc conseille au roi de les faire vendre à son profit (*ibid.*).— Discussion entre les consuls et l'archevêque de Bordeaux, au sujet de la porte du jardin de ce dernier (p. 157). — Monluc demande l'élévation de sa compagnie à soixante hommes d'armes (p. 158).

198. — A Damville; Agen, 26 mai 1569. — Monluc félicite Damville de son arrivée au camp du duc d'Anjou (p. 159).

— Il demande à être convoqué pour la bataille prochaine (p. 160). — Il prédit des triomphes à la cause royale (*ibid.*).

199. — A la Valette ; Agen, 2 juin 1569. — Voisinage des deux armées ennemies (p. 161). — Imminence d'une bataille ; Monluc convoque la Valette et se prépare lui-même à s'y rendre (*ibid.*).

200. — Au roy ; Agen, 16 juin 1569. — Incapacité du sénéchal du Quercy (p. 162). — Les États demandent à le remplacer par la Chapelle-Lauzières (*ibid.*). — Il prie le roi de ne pas ratifier ce choix (p. 163).

201. — A Damville ; Agen, 21 juin 1569. — Conseils donnés par Monluc sur le chemin à suivre pour entrer en Languedoc (p. 164).

202. — A Damville ; Villeneuve-d'Agen, 24 juin 1569. — Même sujet que la lettre précédente (p. 166). — Si Damville ne vient pas rejoindre Monluc, celui-ci essayera seul d'arrêter Mongonmery et les *vicomtes* (p. 167). — Mongonmery est à Castres (p. 168).

203. — A Damville : Villeneuve-d'Agen, 25 juin 1569. — Monluc ne peut aller à Alby parce qu'il faudrait passer devant les ennemis et s'éloigner de Bordeaux qu'il a ordre de surveiller (p. 168). — Combat de Roquecor (p. 170). — Lauzun demande à Damville de servir de parrain à trois enfants de sa maison (*ibid.*).

204. — Au duc d'Anjou ; Villeneuve-d'Agen, 27 juin 1569. — Désorganisation de l'armée de Terride (p. 171). — Libourne et Bordeaux menacées par l'amiral (p. 172). — Monluc fait bonne garde sur la Garonne (p. 173). — Faut-il que Bardachin rejoigne le camp du duc d'Anjou (p. 174). — Nouvelles de Mongonmery (*ibid.*).

205. — A Damville ; Agen, 28 juin 1569. — Monluc appelle de nouveau Damville et lui propose le commandement en chef (p. 175). — Il ne peut s'éloigner de Bordeaux à cause des ordres de la reine (p. 176).

206. — A Damville ; Agen, 1er juillet 1569. — Monluc a reçu un soldat de la compagnie de son fils et quelques lettres qui le décident à se rapprocher de la Dordogne pour assister à la bataille (p. 176).

207. — A Damville ; Agen, 2 juillet 1569. — Position respective de l'amiral et du duc d'Anjou en Périgord (p. 177). — Monluc va se rapprocher du théâtre de la lutte (p. 178). — Il prie Damville d'envoyer Joyeuse et Bellegarde du côté de Moissac pour tenir tête aux *vicomtes* (*ibid.*).

208. — A Damville, 3 juillet 1569. — Recommandation en faveur de Gensac, qui a un procès devant le parlement de Toulouse et qui demande l'ajournement de l'instance (p. 178).

209. — À Damville ; Villeneuve, 3 juillet 1569. — Les deux armées inclinent vers l'Angoumois et le Poitou (p. 180). — Monluc craint de ne pouvoir décider sa compagnie à traverser la Dordogne (*ibid.*). — Siége de Nyort par Lude (p. 181). — Le comte de Santa-Fior demande à livrer bataille ou menace de déserter (*ibid.*).

210. — A Damville ; Villeneuve, 5 juillet 1569. — L'amiral fait semblant de reculer. — Monluc attend l'arrivée de la Valette pour marcher au-devant des ennemis. — Si l'amiral ne vient pas à Libourne, Monluc rejoindra Damville (p. 182).

211. — A Damville ; Villeneuve, 5 juillet 1569. — Recommandation en faveur de de Roux, de Castel-Sarasin (p. 183).

212. — A Damville ; Villeneuve, 6 juillet 1569. — Envoi d'une lettre du roi et d'une lettre du duc d'Anjou. — Départ du baron de la Garde. — Monluc se rend à Bordeaux (p. 184).

213. — A Damville ; Villeneuve-d'Agen, 7 juillet 1569. — L'amiral s'achemine par Confolens vers la Loire (p. 185). — Il est probable que Mongonmery le suivra (*ibid.*). — Indisposition de Monluc (p. 186). — Ambassade de quelques seigneurs protestants au roi pour demander la liberté de conscience (*ibid.*). — Divisions dans les reistres (p. 187).

214. — A Damville; Agen, 9 juillet 1569. — Envoi d'une lettre du duc d'Anjou. — Incertitude sur la marche de l'amiral (p. 188).

215. — A Damville; Agen, 10 juillet 1569. — Monluc félicite Damville de son arrivée à Toulouse. — Envoi de Panjas. — Les deux armées catholique et protestante sont en face l'une de l'autre (p. 189).

216. — A Damville; Agen, 13 juillet 1569. — L'indisposition de Monluc persiste et l'empêche d'aller joindre Damville. — Il lui envoie Fontenilles (p. 190).

217. — A Damville; Lectoure, 14 juillet 1569. — Suite de l'indisposition de Monluc (p. 190). — On dit que Mongonmery et les *vicomtes* sont à Montauban (p. 191). — Incertitude de Monluc sur les mouvements des réformés (*ibid.*).

218. — A Damville; Lectoure, 17 juillet 1569. — L'indisposition de Monluc l'empêche de se rendre à Toulouse (p. 192). — On dit que Mongonmery se prépare à fondre sur le Béarn; doutes de Monluc (p. 193).

219. — A Damville; Lectoure, 18 juillet 1569. — Monluc part demain pour Toulouse (p. 193). Nouvelles du camp du duc d'Anjou (p. 194). — L'amiral est à Montmorillon (*ibid.*). — Le roi repousse les propositions de paix de l'amiral (*ibid.*). —

220. — A Damville; Grenade, 24 juillet 1569. — Lettre de recommandation en faveur de Soupetz, gentilhomme du Lauraguais, dont les biens ont été saisis par le sénéchal de Lauraguais (p. 195).

221. — A Damville; Verdun, 24 juillet 1569. — Mouvements de Monclar et de Sérignac (p. 196).

222. — A Damville; Cassaigne, 29 juillet 1569. — Le capitaine Sendat; ses crimes, ses trahisons (p. 198). — Monluc signifie à Damville que s'il le garde près de lui, il refusera de servir sous ses ordres (p. 199).

223. — A Damville; Agen, 31 juillet 1569. — Dispositions pri-

ses par Monluc pour entrer en campagne sous les ordres de Damville (p. 201). — Monluc espère que l'amiral cherchera à pénétrer en Béarn (*ibid.*).

224. — A Damville; Agen, 2 août 1569. — Mongonmery passe l'Ariége (p. 202). — On assure que la reine de Navarre lui a donné l'ordre de se rendre en Béarn (p. 203).

225 — A Lussan; Agen, 4 août 1569. — Ordre d'occuper la ville d'Auch (p. 203).

226. — A Damville; Agen, 4 aout 1569. — Prière d'annuler les cotisations que le syndic de Toulouse fait peser sur le comté de Comminges (p. 204).

227. — A Damville; Lectoure, 5 août 1569. — Mongonmery doit être déjà en Bearn (p. 205). — Monluc désespérant de l'attendre, se rend au Mont-de-Marsan (*ibid.*). — Ordre à Fontenilles de rassembler sa compagnie (p. 206). — Prière à Damville de se mettre en campagne (*ibid.*).

228. — A Bellegarde; Nogaro, 7 août 1569. — Monluc regrette de ne s'être pas joint avec lui (p. 207). — Il le prie d'entrer en Béarn (208). — Du jugement des consuls de Saint-Gaudens et de Montrejean (*ibid.*).

229. — A Damville; Ayre, 8 août 1569. — Monluc se félicite de la détermination prise par Damville de se rendre en Béarn (p. 209). — Il lui promet la victoire; il lui conseille la plus extrême diligence (p. 210).

230. — A Damville; Saint-Sever, 12 août 1569. — Défaite de Terride (p. 210). — Il s'est retiré dans Orthez (*ibid.*). — Prière de porter son camp à Lisle-en-Jourdain (p. 211).

231. — A Damville; Saint-Sever, 12 août 1569. — Même sujet (p. 212).

232. — A Damville; Saint-Sever, 12 août 1569. — Même sujet (p. 213). — Nouvelles instances pour se rendre à Lisle-en-Jourdain (*ibid.*).

233. — A Damville; Ayre, 17 août 1569. — Instances plus pressantes de marcher au devant de Mongonmery et promesse d'une victoire éclatante (p. 215).

234. — A Damville; Ayre, 21 août 1569. — Il le félicite de la détermination d'entrer en Béarn (p. 216).—Combinaisons militaires (p. 217).

235. — A Damville; Ayre, 22 août 1569. — Avis de Monluc sur le chemin à prendre pour entrer en Béarn (p. 218). — Dispositions prises par Monluc (p. 219).—Exploits du duc de Guise à Poitiers (*ibid.*).

236. — A Damville; Nogaro, 23 août 1569. — Monluc a vu Bellegarde et envoie Leberon à Damville pour lui rendre compte (p. 220).

237. — A Damville; Nogaro, 25 août 1569. — La Grave apporte à Monluc des lettres du roi, de la reine et de Monsieur. — Monluc se rend jusqu'à Auch au-devant de Damville (p. 221).

238. — A Damville; Vic-Fezensac, 25 août 1569. — Monluc s'avance au-devant de Damville et lui donne rendez-vous à Gimont (p. 221).

239. — A Damville; Auch, 26 août 1569.—Monluc pense que les ennemis, après s'être fortifiés en Béarn, se retireront (p. 222). — Nécessité de ravitailler la ville de Tarbes (p. 223).

240. — A Damville; Auch, 26 août 1569. — Puisque Damville ne vient pas en Guyenne Monluc se rendra à Marsiac au-devant de Bellegarde, et à Libourne (p. 223). — Conflit d'autorité entre Monluc et Damville (p. 224).—L'auteur des *Commentaires* en réfère au roi (p. 225).

241. — A Damville; Marsiac, 27 août 1569. — Conseil tenu à Marsiac (p. 225). — Il a été résolu de battre peu à peu en retraite pour attendre l'ennemi dans le Condomois (*ibid.*).

242. — A Damville; Cassaigne, 29 août 1569. — Monluc re-

pousse le reproche d'avoir voulu abandonner le pays (p. 226). — Pour se disculper il expose ses plans de campagne (p. 227). — Puisque Damville est résolu à entrer en campagne, Monluc l'engage à porter son camp à Gimont et lui promet son concours (p. 228).

243. — A Damville ; Condom, 30 août 1569. — Marche des ennemis (p. 229). — Le capitaine Calonges (*ibid.*). — Nouveaux conseils de venir à Gimont ou à Lavit (*ibid.*). — Meurtre de Sainte-Colombe, Pardiac, Gerderest et autres capitaines le 21 de ce mois (p. 230). — Comment Monclar et Paulin espèrent s'emparer du château de Foix (p. 231).

244. — A. Damville ; Cassaigne, 31 août 1569. — Mort de l'évêque de Condom (p. 232). — Les ennemis se dirigent sur Saint-Sever ; si Damville ne vient pas à Gimont, Saint-Sever et Dax tomberont en leur pouvoir (*ibid.*).

245. — Au roi ; Cassaigne, 1ᵉʳ septembre 1569. — Monluc envoie le capitaine Moreau au roi pour lui exposer les événements du Béarn (p. 233).

246. — A Damville ; Cassaigne, 1ᵉʳ septembre 1569. — Monluc regrette que Damville ait résolu de demeurer dans son campement de Muret (p. 234). — Les 4000 Espagnols ne seront pas prêts à combattre les ennemis (p. 235). — Monluc a conseillé au clergé d'Auch de se sauver (*ibid.*). — Si les ennemis attaquent Dax et Saint-Sever, Monluc est résolu à résister malgré sa faiblesse. — Il se rend demain à Casteljaloux (p. 236).

247. — Au roi ; Agen, 4 septembre 1569. — Monluc envoie la Grave et Moreau au roi pour lui exposer l'état des affaires de Guyenne et de Béarn (p. 237). — Nécessité d'envoyer des troupes à l'encontre de Mongonmery (*ibid.*).

248. — A la reine ; Agen, 4 septembre 1569. — Même sujet (p. 239). — Négligence de Monferrand, gouverneur de Bordeaux (*ibid.*). — Monluc demande l'éloignement de ce capitaine (p. 240).

SOMMAIRES.

249. — A la Lande et aux consuls d'Agen; Saint-Maurice, 19 septembre 1569. — Ordre de fortifier la ville d'Agen (p. 240).

250. — Au roi; Agen, 18 octobre 1569. — Panjas, gouverneur de Lectoure, demande à être relevé de sa charge (p. 241). — Causes de son mécontentement (*ibid.*). — Mongonmery va passer la Garonne (p. 242). — Monluc repousse les insinuations de Lussan (*ibid.*). — Récriminations contre Damville (p. 243).

251. — A Daffis; Lectoure, 22 octobre 1569. — Marche victorieuse de Mongonmery (p. 244). — Damville s'étant retiré, personne ne s'oppose aux séditieux (*ibid.*). — Monluc est trop faible pour marcher contre eux (p. 245).

252. — Au roi; Lectoure, 23 octobre 1569. — Nouvelles des ennemis (p. 246). — Monluc envoie au roi toute sa correspondance avec Damville (p. 247). — Faiblesse de ses troupes (*ibid.*). — Mongonmery à Condom (*ibid.*). — Monluc se prépare à se défendre dans Lectoure (p. 248). — Il demande le duc de Montpensier ou le duc de Guise (*ibid.*). — Faute de secours, la Guyenne est perdue (*ibid.*). — Il a retenu le capitaine Petitbourg (p. 248).

253. — Au maire de Bordeaux; Lectoure, 27 octobre 1569. — Monluc demande un laisser-passer pour ses blés (p. 249).

254. — Au roi; Lectoure, 8 novembre 1569. — Monluc s'excuse d'avoir renoncé au gouvernement de la Guyenne (p. 250). — Fabian de Monluc a été détroussé par un parti huguenot (p. 251). — Tableau des désastres causés par Mongonmery (*ibid.*). — Mesures prises par Monluc (p. 252). — Son zèle a été récompensé par la haine du maréchal Damville (*ibid.*). — Probité de Monluc dans le maniement des finances du roi (p. 253). — Arrivée des princes à Montauban (p. 253). — A cette nouvelle Damville est rentré à Toulouse (*ibid.*). — Affection de Monluc pour lui (p. 254). — Comparaison de la conduite de Monluc et de Damville depuis le commencement de la campagne de Mongonmery (p. 254). — Monluc à Mont-de-

Marsan (p. 254). — Détresse de Monluc dans Mont-de-Marsan (p. 255). — Tableau des désastres éprouvés par la noblesse de Guyenne (*ibid.*). — Lettre de la noblesse à Damville (p. 256). — Mission confiée par Monluc à la Breuille, maître d'hôtel de Damville (p. 257). — Monluc ne renoncerait pas à surprendre les réformés dans Condom si Damville voulait lui donner aide (*ibid.*). — Il repousse comme insuffisant le secours de Monferrand (*ibid.*).

255. — Au roi; Agen, 12 novembre 1569. — Les ordres du roi de combattre Mongonmery à tout prix ont été apportés par Bayaumont (p. 258). — Joie de Monluc. — Tergiversations de Damville (p. 259). — Les compagnies de Gondrin et de Fontenilles ont refusé de marcher sous les ordres de Damville (p. 260).

256. — Au roi; Agen, 8 janvier 1570. — Mongonmery et les princes ont fait leur jonction (p. 261). — L'armée confédérée est à Port-Sainte-Marie (p. 262). — Entrevue de Monluc et de la Trappe (*ibid.*). — Les réformés désirent la paix (*ibid.*). — Les princes se dirigent vers le Languedoc (p. 263). — Tableau des excès commis par l'armée (*ibid.*). — Le comte de Candalle (p. 264). — Damville veut mettre garnison dans Lectoure; Monluc ne le souffrira pas (*ibid.*). — Protestations de fidélité (*ibid.*).

257. — Au roy; Bordeaux, 13 février 1570. — Les lieutenants de Monluc ont laissé échapper les réformés de Bridoire (p. 265). — Damville retient toutes les compagnies de gens d'armes (p. 266). — Il a empêché Fontenilles de tenir tête à Montamat à Tarbes (*ibid.*). — Monluc refuse de servir sous les ordres du prince dauphin à côté de Damville (*ibid.*). — Il offre au roi de lui rendre un grand service (p. 267). — Nécessité de solder la gendarmerie de Guyenne (*ibid.*). — Criée ordonnée par les princes (p. 268).

258. — Au roi; mars ou avril 1570. — Réponse aux accusations de Damville (p. 269). — Explications sur la mission de Durfort de Bayaumont (p. 270). — Monluc a sauvé Toulouse

SOMMAIRES.

(p. 272) et Bordeaux (p. 273). — Tentatives du parti huguenot pour corrompre Monluc (*ibid.*). — Probité de Monluc dans l'administration des finances (p. 274). — Sa continence (p. 275). — Accusations contre Damville à ce sujet (*ibid.*). — Monluc appelle en témoignage les trois États de la Guyenne (p. 276).

259. — A...... (mars ou avril 1570). — Prière de continuer à surveiller l'homme (Damville ?) (p. 277). — Monluc promet de se venger (p. 278).

260. — Ordonnance de Monluc contre ceux qui n'ont point fait leurs Pâques ; 7 avril 1570 (p. 278).

261. — Au roi ; Agen, 7 juin 1570. — Nouvelles de l'état d'Agen et mesures prises par Monluc pour y maintenir la paix pendant l'expédition de Béarn (p. 279). — Monluc se prépare à tenir tête à Montamat (p. 281).

262. — Au roy ; Agen, 8 juin 1570. — Le manque d'argent a empêché Monluc d'entreprendre l'expédition du Béarn (p. 281). — Préparatifs de Monluc (p. 282). — Recommandation du capitaine Aspremont (p. 282).

263. — Au duc d'Anjou ; Cassaigne, 17 juin 1570. — Recommandation en faveur de Paulhac le vieux, gouverneur de Villeneuve-d'Agen (p. 284).

264. — Au roi ; Cassaigne, 22 juin 1570. — Recommandation en faveur du capitaine Bernardel, archer des gardes du roi (p. 286).

265. — Au roi ; Dax, 9 juillet 1570. — Le vicomte d'Horte demande un lieutenant (287). — Prière au roi d'augmenter l'allocation précédemment accordée (p. 288).

266. — A la reine ; Dax, 9 juillet 1570. — Renvoi à la lettre du roi ; commencement de l'expédition du Béarn (p. 289).

267. — A monsieur de Chauny ; Sampuy, 21 mai 1571. — Monluc l'avertit qu'il a envoyé à l'avocat Delas et aux consuls

d'Agen l'ordre de lui délivrer certaines munitions d'artillerie (p. 289).

268. — Au roi; Estillac, 24 décembre 1571. — Monluc proteste contre les recherches du commissaire Mondoulet (p. 290). — Le président Tamboneau (p. 291). — Monluc veut être condamné s'il est coupable; si non, il demande des lettres patentes portant décharge du gouvernement de la Guyenne (p. 292).

269. — Au duc d'Anjou; vers janvier 1573. — Monluc conseille au duc d'Anjou de promulguer un édit contre les Réformés (p. 293). — Nouvelles de Flandre (*ibid.*). — D'un chef inconnu que se promettent les Réformés (p. 294). — Recommandation en faveur du capitaine Lancève (*ibid.*).

270. — Au roi; la Rochelle, 4 mai 1573. — Monluc se disculpe d'avoir écrit aux habitants de Montauban une lettre offensante pour Villars (p. 295). — Il conseille au roi d'envoyer des gentilshommes pour inspecter la Guyenne (p. 297). — Il remercie le roi de lui avoir rendu sa compagnie (*ibid.*). — Il demande à être payé de sa pension (p. 298).

271. — Au roi; 1573. — Monluc conseille au roi de faire la paix; considérations politiques (p. 199). — Excès des catholiques et des Huguenots (*ibid.*). — Faiblesse de la royauté (p. 300). — Pauvreté du peuple (*ibid.*). — Les corps judiciaires (p. 302). — La paix est le seul remède à tous les maux (p. 303). — Égoïsme des grands (p. 306). — Récit rétrospectif d'une conversation de Monluc avec la reine à propos de la bataille de Dreux (p. 307). — Monluc proteste de son orthodoxie (p. 309). — Infériorité de toutes les maisons royales vis-à-vis de la maison de France (p. 310). — Le roi doit s'aider de la division des deux religions (p. 312). — Le mauvais vouloir du pape et du roi d'Espagne lui importent peu (p. 314). — La guerre étrangère sera un utile moyen de diversion (p. 317). — Le duc d'Anjou, roi de Pologne (p. 318). — Le duc d'Alençon (p. 319). — Il importe au roi de ne donner aucune fonction aux Huguenots (p. 320). — Justification des prétentions du roi en Italie (p. 322). — Prédictions qui paraissent s'appliquer à Charles IX (p. 324).

SOMMAIRES.

272. — Au roi; Bordeaux, 17 avril 1574. — Monluc félicite le roi d'avoir échappé à la conspiration des Politiques (p. 325).

273. — Au roi; Agen, 18 novembre 1574. — Monluc envoie Balagny au roi (p. 326). — Il repousse les accusations de la Valette (p. 327). — Il rappelle ses services anciens et nouveaux et remercie le roi de lui avoir donné la dignité de maréchal de France (p. 328).

---

274. — Aux réformés de Lectoure (1560 ou 1561). — Monluc leur signifie d'avoir à respecter les églises et les maisons des catholiques (p. 329).

275. — A Lescout de Romégas; Toulouse, 9 décembre 1562. — Ordre de se contenter des gages de 40 livres par mois (p. 330).

LETTRES

DE

BLAISE DE MONLUC

LETTRES

DE

BLAISE DE MONLUC.

125. — AU ROY.

[Toulouse, 23 janvier 1564 (1565).]

Sire, je viens tout maintenant de recevoir les lettres qu'il vous pleut m'escripre de Carcassonne, du XXIIme de ce moys¹, par lesquelles vostre Majesté monstre estre mal contente de la venue de plusieurs seigneurs, arrivés en ceste ville avec grosses compaignies, pour estre du duché de Guyenne². Sire, je ne n'ay mené personne qui ne vous soit très obéyssant sujet; et quant aux autres qui pourroient estre de mesme pays, ils sont du ressort de vostre court de parlement de Tholoze³, lesquels, comme j'entends,

---

1. Le roi envoya le même jour la même plainte à Damville (f. fr., vol. 3202, f° 73).
2. Voyez l'*Histoire du Languedoc*, t. V, p. 266.
3. Damville n'évalue pas à plus de vingt le nombre des gentilshommes venus de la Guyenne; le cardinal d'Armagnac à sept ou huit (coll. St-Germ. fr., vol. 689, 10, f° 103 et 111).

sont arrivés avec leurs femmes et enfants pour se présenter à vostre Majesté et vous recognoistre pour leur roy, n'ayant autre ville plus à propos pour ce faire que la dicte ville de Tholoze. Vous suppliant très humblement, Sire, n'adjouster foy à ceulx qui vous diront que je n'auroy bien faict et suyvy la charge que vous donnastes au capitaine Tilladet pour me dire; car, Sire, j'ay tant accoustumé de vous obéyr et faire vos commandements que, si maintenant vous en doubtiez et vouliez plus tost croire ceulx qui vous disent le contraire, je m'estimerois le plus malheureux homme du monde; car je ne pense point que vous ayez aujourd'huy homme qui vous soit plus loyal que je suis. A ceste cause, Sire, je vous supplie n'entrer en deffiance de moy ni de ceulx qui m'ont suyvy, qui n'avons meilleure ville ni meilleur lieu pour vous venir faire la révérance que ceste-cy, vous asseurant que, quant vostre Majesté sera du cousté de Bourdeaulx, vous aurez le reste de la haulte Guienne, qui vous sera représenté par ceulx à qui vous en aurez donné charge. Toutesfoys, Sire, si vous trouvez que ceulx qui sont icy s'en doibvent retourner, ils vous obéiront et moy avec eulx, ainsi que le dit capitaine Tilladet vous dira, s'il vous plaist l'escouter, de la part de vostre très humble et très fidelle subjet, qui prie Dieu vous donner, Sire, en toute perfection de santé très longue vye[1].

---

1. Suivant une lettre de François d'Alava, ambassadeur d'Espagne, à Philippe II, le bruit s'était répandu en Guyenne que la santé du roi était détruite. On disait même qu'il n'avait plus que peu de jours à vivre. Quelques gentilshommes étaient accourus de

De Tholoze, le XXIIIme janvier 1564.

Vostre très humble et très obéissant subject et serviteur,

De Monluc[1].

(Lettre rapportée de Saint-Pétersbourg et communiquée par M. le comte de Laferrière.)

---

126. — ARTICLES DU SEIGNEUR DE MONLUC POUR ESTRE PRÉSENTÉS A SA MAGESTÉ ET A LA ROYNE.

[Février 1564 (1565).]

Par la lecture des édicts et ordonnances sur la paciffication des troubles de ce royaulme, chascun peut congnoistre que l'intention du roy a esté unir le entier de ses subjects et les réconcillier ungs aux aultres, en sorte que non seullement les troubles des guerres civiles soient effacés, mais aussi la mémoire en soit perdue, pour à ce moyen rendre une paix universelle qui produise contentement à sa Majesté et reppoz à tout son royaulme.

Les gouverneurs et lieutenans généraulx, congnoissant son intention, s'efforcent journellement exécuter son bon plaisir; touttefois, n'en peuvent venir à bout à raison des inventions et de quelques esprits malings, cherchant l'occasion de remettre les dites guerres, vivre en troubles et dissensions, au préjudice du dict seigneur et de son peuple.

---

leur province à cette nouvelle; ils ne consentirent à se retirer qu'après avoir vu le roi. (Archives de l'Empire, K. 1503, n° 35.)

1. On conserve à la Bibliothèque impériale une copie de cette lettre de Monluc (coll. St-Germ. fr., vol. 689, 10, f° 109).

Et parce que les dicts gouverneurs et lieutenans voyent sur le lieu et congnoissent plus parfaictement l'humeur des subjects, qui les conduit à quoy tendent le remède nécessaire pour y obvier, le seigneur de Monluc, chevalier de son ordre, lieutenant général de sa Majesté en Guienne, en l'absence de monsieur le prince de Navarre, remonstre audict sieur ce que luy semble requis pour l'entretenement de l'édict de paix en son dict gouvernement de Guienne.

Premièrement, que sa Majesté défende à toutes personnes de quelque qualité, condition et religion que soient, ne faire doresnavant poursuitte des injures, outrages et aultres oppressions advenues ès corps ou biens d'aucuns de ses subjects durant les dicts troubles. Sa Majesté dès à présent débote chacun de ses dicts subjects de toutes leurs dictes actions civilles ou criminelles; car si le roy permet la poursuytte de ce dessus, son intention sur la paix qu'il a voulu faire sera frustrée, pource que tous ses subjects d'une part et de l'autre sont oultraigés et intéressés; si chascun et l'ung contre l'autre porsuyt réparation, toute la France entrera, en procès et des dicts procès les personnes viendront aux mains pour ressusciter les dictes guerres, ce que sa Majesté doibt éviter, ayant plus de respect à son reppos et bien universel qu'à l'intérest des particuliers qui se plaignent. Vray est que, pour empescher les dictes poursuyttes, semble que le dict sieur doyt inhiber et deffendre aux dits particuliers d'en faire poursuytte, à tous et chacunz advocatz en prendre charge, mémoires, instructions, et aux juges les oyr, à peine de leur vie, enjoignant au lieutenant général ou gouverneur tenir la main à l'exécution de ce dessus sur semblable peine.

Et si, depuis l'édict de la dicte pacification, aucungs de ses subjects ont contrevenu et commis excès repréhensibles, que sa Majesté renvoye la congnoissance aux gouverneurs, baillifs, sénéchaulx, juges présidiaulx, courts de parlement, à chacun en son regard, pour ordonner, sur les réquisitions des parties, suyvant la teneur des dicts édicts et déclarations.

Et parce que sur les dicts excès y auroit eu divers commissaires depputez, ordonner que, sans préjudice de la commission accordée à messires Fumée et Viard, toutes autres postérieures lettres patentes, commissions obtenues ou à obtenir du grand sceau sont révoquées comme odieuses, tendant plus tost à ressusciter la guerre civile que d'entretenir la paix, et par mesme moyen attribuer la congnoissance des dictes contreventions ou excès, qui auront esté faicts depuis le dict édict de pacification, aux dicts gouverneurs, baillifs, séneschaulx et courts de parlement, leur envoyant tous procès sur ce introduits et à introduire, inhibant aux parties en faire poursuitte ailleurs, à peine de la vie, et à tous autres juges en prendre aucune juridiction ny cognoissance sur mesme peine. Et si ne plaira à sa Majesté accorder absolument le dict renvoy, à tout le moings ordonner que si aucunz, de quelque religion que soit, doresnavant présente requeste au dict sieur, son conseil privé, ou poursuyt lettres du grand sceau pour certaines afferes advenus durant et depuis les dicts troubles, pour le faict de la dicte religion, avant y pourvoir, plaise à sa Majesté renvoyer la dicte requeste aux dicts gouverneurs, séneschaulx et juges présidiaulx, lesquels informeront, prouveront et vériffieront la vérité des plaintes qui seront sur ce faictes; et après que l'information et vériffication sera signée par le dict gouverneur et officiers du roy en la dicte séneschaussée, renvoyée au dict conseil privé, sa Majesté y pourvoiera comme bon luy semblera.

Pource que les lieux destinés aux ministres et autres personnes de la religion prétendue réformée sont nothoires, et si est loisible faire l'exercice de la dicte religion ne aux subjects y assister, sinon en l'une des villes de chascun bailliage ou aux villes retenues par force le septiesme mars[1], n'est loisible aussy aux gentilshommes tenant fiefs de haubert[2] soffrir le dict exercice, sinon en l'une de leurs maisons, où se trouvent avec leurs familliers et subjects tant seullement, sans y recepvoir les estrangiers.

Soit interdit à tous ministres l'exercice sinon ès lieux permis, aux subjects les oyr, assister ou faire aucun acte de la dicte religion ailleurs que aux dicts lieux, et aux seigneurs des lieux y recepvoir les dicts estrangiers ny autres que leurs subjects, à peine d'estre incontinent, sans figure de procès, pendus et estranglés et leurs biens confisqués.

Et de tant que par faulx donner entendre, ou im-

---

1. L'édit de pacification du 19 mars 1563 stipule « qu'en « toutes les villes esquelles ladicte religion estoit jusques au 7 de « ce présent mois de mars, exercée, ... le mesme exercice « sera continué en un ou deux lieux dedans ladite ville. . . . . » (*Mémoires de Condé*, t. IV, p. 313.)

2. *Fief de haubert*, domaine noble, mais ne conférant point de titre.

portunité, les dicts ministres font présentement le dict exercice ès villes de Saincte Foy, apartenant à sa Majesté, Clairac, Thonneins, Castelmoron, appartenant au sieur de Caumont, Duras, appartenant au sieur du dict lieu, en la séneschaussée d'Agennoys, Calonges, appartenant au sieur du dict lieu, Nérac, Gironde (?) et autres terres d'Albret, appartenant à la royne de Navarre, au Bugo, appartenant au sieur de Limeul, Pardaillan, appartenant au sieur du dict lieu, Langoyran, appartenant à la dame du dict lieu, et Moncrabeau, appartenant au sieur archevesque de Bourdeaulx, et contre sa volunté et la teneur des édicts, car presque tous les dicts lieux sont terres ecclésiastiques, exemptes du dict exercice, et qui n'estoient tenues par force le dict septiesme mars ny quatre moys auparavant, où l'on reçoyt toute manière de gens, oultre leurs subjects, pour faire le dict exercice; et néanmoings ne résident les dicts seigneurs aux dicts lieux : sa Majesté casse et déclare de nulle valeur touttes les pattentes et ordonnances obtenues du grand sceau et que par importunité porroient estre concédées à l'avenir, deffendant aux sieurs de Caumont, de Lymeul, de Pardaillan, de Calonges et tous autres, faisant l'exercice ès lieux où ils résident, ne soffrir assister ne donner faveur aux dicts ministres, y recepvoir les estrangiers sur la dicte peine dès à présent déclarée et exécutée sans figure de procès. Par cela le dict sieur évitera les synodes, colloques et cottisations qu'on faict ès dicts lieux et les troubles qui en pourroient survenir.

Ordonner que dans ung mois les ecclésiastiques seront réintégrés ès biens qui leur sont occupés, à peine contre les détempteurs d'estre penduz et estranglés, passé le délay, à faulte d'avoir obéy; permettre aux dicts lieutenans avec main armée razer leurs maisons sans figure de procès, à ce que les autres y prennent exemple.

La division des gouvernemens faicte par limites porte incommodité aux gouverneurs, subjects, et à sa Majesté, de tant que beaucoup de rivières font division des villes subjectes à deux gouverneurs, dont elles sont même soulaigées, les subjects plus malicieux et plus mal aysés à contenir parce qu'en ung instant passent d'ung gouvernement dans l'autre et se conservent par justice ou par force; semble qu'il seroit meilleur diviser les gouvernemens par sénéchaussées : et les gouverneur et séneschal, ayant intelligence ensemble, pourvoiront plus facilement au repos public.

Supprimer les offices de vice-sénéchaulx comme supperflus, veu qu'il y a séneschaulx, lieutenans généraux particuliers, civils et criminels; à tout le moings déclairer nulles et invalables, toutes les provisions obtenues par ceulx qui ne sont de la qualité requise aux édicts de sa Majesté. Et de tant que Combes, vice-séneschal du dict Agennoys, est estrangier et est prévenu de grands excès, n'est point gentilhomme, par enfin incapable du dict office, le prendre, ensemble tous autres ses semblables, et en pourveoir telles autres personnes ydoynes et suffisants qui plaira à sa Majesté, suyvant les dicts édicts.

Tout ce dessus est remonstré par le dict sieur de Monluc comme important la paix universelle ou la guerre civille, de tant que les effects des plaintes et remonstrances susdites se font journellement contre le repos public et édict de la paix. Et s'il plaist à sa dicte Majesté, le dict sieur de Monluc remonstrera toutes les conséquences qui en peuvent advenir, article par article, en conseil ou ailleurs, comme il plaira à sa dicte Majesté luy commander.

Toute court de parlement se doibt obliger à la rigueur de la loy de tenir et faire tenir la loy qui sera faicte pour la paciffication, et tous magistrats, quelque office qu'ilz ayent, pareillement s'y doyvent obliger; les gouverneurs des provinces, de quelque estat et condition qu'ils soient, s'y doyvent semblablement obliger ou quitter leurs charges, comme indignes de l'exercer, ou que évidemment monstreront qu'ils ayment mieux la guerre que la paccification. Monsieur mesme doyt monstrer exemple à tous les princes et princesses, et doyt estre le premier qui jurera tenir et faire tenir par tous ses subjects la rigueur de la loy et luy-mesmes s'y doyt obliger. La Majesté du roy pareillement se doyt obliger en ceste manière et jurera solennellement ne pardonner homme ne femme, de quelque estat et qualité qui soit, et fusse son frère, qui aura transgressé et rompu la loy. La royne jurera solennellement ne prier ny supplier sa Majesté de pardonner personne que soit.

Or cecy ne romp aucunement l'édict de la paix, par quoy nulle personne, de quelque estat et condition qui soit, ne peult reffuser à s'obliger à la rigueur de la loy, sinon qu'il ayt quelque chose dans son cueur contre le roy et son service. Et par là sa Majesté congnoistra ses fidelles subjects parmy ceulx qui ne le seront, à cause que nous nous assurons touttes les deux religions luy estre fidelles, et alors luy sera congneue la différence. Et si sa Majesté en use de ceste sorte, le dict sieur de Monluc s'oblige à perdre la teste si, avant de deux ans (prenant le terme le plus long qu'il ne pence tardera), si sa Majesté ne se reppend et maudict l'heure de n'avoir mis tel réglement en son royaulme. Et si ceste rigueur n'est mise dans le royaulme, il supplie très humblement sa Majesté ne trouver mauvais s'il luy quite son gouvernement. Car il congnoit bien que l'on s'en va en plus grands troubles que jamais, et sa Majesté luy pourroit reproucher que, par connivence ou aultre chose, il auroit laissé venir les troubles. Et obéyra le dict sieur de Monluc avec sa compaignie à celluy qui plaira à sa Majesté bailler le dict gouvernement, pourveu qu'il soit de la religion de sa dicte Majesté.

De Monluc.

(Mémoire rapporté de Saint-Pétersbourg et communiqué par M. le comte de Laferrière.)

---

127. — A MONSIEUR MON COUSIN, MONSIEUR L'ÉVESQUE DE CONDOM, PRÈS LA BURCE DES MIRCHANDS.

[Agen, 2 mars 1565.]

Monsieur mon cousin, j'ay esté aujourd'huy à Stilhac suyvant la délibération et arrest qu'en avions faicte à vostre partement, où estant j'ay entendu des nouvelles de Jehan de Mesmes, prisonnier de Condom. Et sont telles : qu'il avoit vendu ung molin le jour devant qu'il feust constitué prisonnier, et le jour après il debvoit recepvoir son argent ; et, incontinent l'ayant receu, se debvoit embarquer sur la mer. Je n'ay peu entendre à quoy il voloit devenir. Vous le pourrez dire à la royne, car c'est ung sien prochain parent qui l'a descoupvert à ung personnaige, et que s'il est bien interrogé par celluy qui luy fera le procès, il pouroit descouvrir quelque chose au profit du roy.

Au demeurant le charpentier partira demain pour s'en aller à Tholose achepter tout le fustaige[1] qu'il faudra. Qu'est tout ce que je vous puys escripre pour le présent, fors que je me recommande de très bon cueur à vostre bonne grace et prie le Créateur vous donner, Monsieur mon cousin, en santé longue vie.

A Agen, le second de mars 1565.

  Vostre meilleur cousin et amy prest à vous faire service,

       De Monluc.

(Lettre originale; signature autographe; Bibl. imp., coll. Gaignières, vol. 341, f° 97.)

---

128. — A MONSIEUR MON COUSIN, MONSIEUR DE CONDOM.

[Agen, 3 mars 1565.]

Monsieur mon cousin, j'escris une lettre à monsieur Dampville et une aultre à monsieur d'Escars. Je vous prie les luy présenter et adviser si en pouvés avoir responce. Si vous avyez quelques affaires, vous pour-

---

1. *Fustage*, toute sorte de bois ouvragé ou non ouvragé.

rez dire à monsieur de Panjas[1] que je luy prie qu'il les y présente. Pource que je vous ay escript ce jour d'huy, ne vous feray plus longue lettre, fors que je me recommande de bien bon cueur à vostre bonne grace et prie le Créateur vous donner, Monsieur mon cousin, en santé, longue vie.

A Gen, le troisiesme de mars 1565.

Vostre meilleur amy et cousin prest à vous faire service,

De Monluc.

Si ledit sieur d'Escars n'estoit à Tholose vous la pouriez bailler à son frère, monsieur de Poytiers[2], pour la luy faire tenir.

(Lettre originale; signature autographe; Bibl. imp., coll. Gaignières, vol. 341, f° 143.)

---

129. — A MONSIEUR L'ÉVESQUE DE CONDOM.

[Agen, 4 mars 1565.]

Monsieur mon cousin, je vous prie, si n'avez parlé à monsieur de Valence[3], sçavoir avecques luy s'il a

---

1. Ogier de Pardaillan, seigneur de Panjas (t. III, p. 94, note 1). Monluc l'avait envoyé à Toulouse pour prier le roi de servir de parrain à sa fille (Lettre de Panjas à Monluc du 5 mars 1565; coll. Gaignières, vol. 341, f° 131).

2. Charles de Peyrusse d'Escars, évêque de Poitiers en 1564. Il devint en 1568 évêque et duc de Langres.

3. Jean de Monluc, évêque de Valence, avait été nommé par le roi surintendant des finances, faveur qui paraissait d'autant plus scandaleuse aux catholiques rigides que ce prélat venait de présenter à la cour son fils Balagny, alors âgé de douze ans (Arch. de l'empire, K. 1503, n° 50).

encore parlé avec madame de Curton pour les batizailles[1], et aussi si leur fauldra faire la despence dont en avez prins le mémoire : icelle prenez sur Brusselles et quelqu'un autre qui en aye. Le vice-sénéschal Girard est passé en ceste ville, s'en allant à Bourdeaulx. Je luy ay parlé d'aller faire le procès à Jehan de Mesmes[2], qui m'a respondu qu'il ne le pouvoit faire qu'il n'eust exprès commandement du roy, de tant que Condomoys n'est de sa juridiction. Je vous prie en avoir la commission et icelle m'envoyer, et que soit dressante audit Girard ou ses lieutenants, car incontinent l'ung d'eux viendra faire le procès audit Jehan de Mesmes, ou bien, si vous voyez qu'il soit trop loing à recouvrer ladite commission, obtenir une lettre du roy à eux dressante, car il suffira.

Je partiray vendredy d'icy pour me randre sabmedy au soir à Montauban, sinon le roy eust changé d'oppinion, de quoy je vous prie m'en advertir, ensemble de toutes autres nouvelles. Je vous prie aussi ne bouger de la court que n'ayez passé le contralt avec Maillac, et donner à monsieur d'Orléans[3] de sa

1. Baptême de Charlotte-Catherine de Monluc (t. I, p. 17, note 1).
2. Une lettre de Panjas, du 5 mars 1565, transmet à Monluc, de la part du roi, l'ordre de faire conduire Jean de Mesmes à Agen, afin que le prévost de l'hostel lui fasse son procès pendant le séjour du roi (coll. Gaignières, vol. 341, f° 131).
3. Jean de Morvilliers, conseiller du roi, ambassadeur à Venise, évêque d'Orléans en 1552, résigna son évêché en faveur de son neveu, Jean de la Saulçaye, en 1564, sans renoncer aux avantages de ce bénéfice, fut nommé chancelier en 1568 et mourut en 1577. Deux lettres du 3 décembre 1564, du roi

lettre sur le nés, car il n'y peult rien demander pource que le roy n'a rompu l'eslection[1]. Par ainsin il n'y peult rien prétendre. Qui sera fin, après m'estre recommandé de bien bon cueur à vostre bonne grace, priant nostre Seigneur en bonne santé vous donner, Monsieur mon cousin, longue et heureuse vie.

D'Agen, ce 4 mars 1565.

Vostre meilleur cousin et amy à vous faire service,

De Monluc.

(Lettre originale; signature autographe; Bibl. imp., coll. Gaignières, vol. 341, f° 89.)

---

130. — A MONSIEUR MON COUSIN, MONSIEUR L'ÉVESQUE DE CONDOM, A THOLOZE.

[Moissac, 12 mars (1565).]

Monsieur mon cousin, j'ay receu tout présentement en ceste ville de Moyssac les lettres de monsieur de Vallence et les vostres par le trésorier adjoinct, et parce que je m'en vais dès ce soir à Montauban, je ne vous feray plus longue lettre, sinon pour vous prier que vous ou monsieur de Panjas me veniez trouver là justement, la présente veue. Et après

et de la reine, félicitent Monluc de l'accord consenti avec Morvilliers (Coll. St-Germ. fr., vol. 689, 11, f° 5).

1. Ce passage se rapporte aux négociations financières que le roi avait imposées à Monluc en retour du don de l'évêché de Condom. Voyez t. IV, p. 372, note 3.

avoir prié monsieur de Vallence me mander de toutes nouvelles, car incontinant je m'en retourneray à Agen, et, s'il est besoing que mon lacquay demoure à Tholoze, si l'évesque de Vallence n'avoit loysir promptement de me mander certaines nouvelles du partement et voyage que le roy fera[1], il le porra retenir pendant troys ou quatre heures pour m'en escripre tout à son ayse. Je vous prye aussi prier monsieur Dampville de me mander, s'il est possible, l'occasion du changement de voiage, auquel je n'escris point par la haste que j'ay que mon lacquay arrive de grand matin devers vous.

Revenant à monsieur de Panjas, il est si amoreux à la court qu'il ne luy souvient pas de ce qu'il m'a escript. Je vous envoie sa lettre ; et luy monstrerez que au fond d'ycelle il me mandoit qu'il s'en partoit pour s'en aller en sa maison, et qu'il ne fault pas donc qu'il trouve estrange si je ne luy ay escript. Il me feroit plaisir qu'il vinst à Montauban, et que vous ne bougissiez pour ne vous donner tant de peine. Et me semble que devez passer l'appointement faict de Maillac et ne vous arrester en ce que me mandez, car ce n'est que conseil d'advocats qui ne demandent qu'à brouiller les cartes partout où ils mectent la main. Et espérant entendre de vos nouvelles à Montauban, je mettray fin à la présente, après m'estre recommandé de très bon cueur à vostre bonne grace, suppliant le Créateur vous donner, Monsieur mon cousin, en santé, heureuse et longue vye.

1. Le roi quitta Toulouse le 19 mars et arriva le 20 à Montauban (Aubais, *Pièces fugit.*, t. I, Relation d'Abel Jouan).

De Moyssac, ce XXme de mars.

Vostre meilleur amy et cousin prest à vous faire service,

De Monluc.

J'ay oblyé mettre en la lettre à monsieur de Vallence que je le prye dire à la royne que je suis venu jusques à Montauban, pençant les y trouver, ou au chemyn pour y venir, et si luy plaist de m'y rien commander, et s'il veult que je coure jusques à Tholoze parler à elle ou bien que je coure à Agen les attendre.

(Lettre originale; signature autographe; Bibl. imp., coll. Gaignières, vol. 341, f° 127.)

---

131. — A MONSIEUR MON COUSIN, MONSIEUR L'ÉVESQUE DE CONDOM, A THOLOZE.

[Montauban, 12 mars 1565.]

Monsieur mon cousin, incontinent que suis esté icy, ay dépesché Ficquepal, présent porteur, pource que j'avoys oblyé vous escripre par l'autre lettre n'achapter rien pour le fillolaige[1], car j'ay trouvé ung homme qui a baillé les mémoires de ce qu'il faut, monsieur Jacques Guiget, qui déjà en a pris la charge. Les couppes sont pour mectre les confitures. Je vous prie, dictes à monsieur de Panjas qu'il me face ce plaisir de venir jusques icy, et ne vous bougez-vous

---

1. *Fillolaige*, *filiolagium*, don que le parrain faisait à son filleul.

tant que vous y aurez affaire, car je crains que vous
tumbiez malade, faisant les grands traites que vous
avez accoustumé. Et vouldroys, s'il estoit poussible,
qu'il fût icy mercredy à diner et qu'il m'appourtast
certaines nouvelles du partement du roy, s'il est
possible, et s'il passera en ceste ville et du temps
que sa Majesté pourra estre à Gen, afin que je m'en
retourne tout incontinent à Gen. Et priés monsieur
de Valence de ma part d'en parler à la royne et veoir
si sa Majesté vouldra que je m'en retourne. L'on dict
qu'il se faict ung batteau pour le roy; informez-vous
en, je vous prie, car par venture il s'en vouldroit
aller par eaue. Vous aurez demain matin mon lacquay avec des lettres que j'escrips à monsieur de Valence et à vous, que je vous ay dépesché de Moyssac.
Je ne vous ay point escript ny à monsieur de Valence par Imberton, sinon à monsieur de Sipierre,
et ung mot de lettre seulement à monsieur Damville.
Je vous prie présenter mes humbles recommandations à monsieur de Vallence, et dictes-luy que je le
supplye vouloir parler au trésorier de l'espargne de
me bailler la rescription des deux mil livres, adres-
sant au recepveur Laville, qui est venu, car je suis
certain que incontinent il me baillera mon argent[1].
Qui sera fin après m'estre recommandé de bon cueur
à vostre bonne grace, priant nostre Seigneur en très
bonne santé vous donner, Monsieur mon cousin,
longue et heureuse vie.

---

1. Cette affaire occupait beaucoup Monluc. Voyez la lettre
de Panjas à Monluc, du 5 mars (Coll. Gaignières, vol. 341,
f° 131).

De Montauban, ce 12 mars 1565.

Vostre meilleur cousin et amy prest à vous faire service,

De Monluc.

Monsieur de Panjas trouvera icy mes affectionnées recommandations à sa bonne grace.

(Lettre originale; signature autographe; Bibl. imp., coll. Gaignières, vol. 341, f° 135.)

132. — A LA ROYNE.

[Montauban, 15 mars 1565.]

Madame, j'ay receu la lettre qu'il a pleu à vostre Majesté m'escrire, et suys bien aise que vos Majestés envoyent monsieur de Caillac à Saint-Anthony[1] et Millau pour veoir les desmolitions qui y sont faites. Le capitaine Tilladet est icy, qui m'a asseuré de sa vie et de son honneur que à Saint Anthony ne y a rien à desmolir et que les desmolitions sont achevées. Mais quant à Millau, il sera malaysé à faire lesdittes desmolitions, qui ne soict à grands frays, pource que es habitans dudit lieu y ont faict tout ce qu'estoit possible à eulx.

Madame, je n'ay poinct adverty la noblesse de ce

---

1. Sur la démolition des fortifications de Millau, voyez une série de pièces : deux lettres de Rascalon, valet de chambre du roi, au capitaine Tilladet; lettre du roi à Caillac; lettre du roi aux habitans de Millau; lettre de Rascalon aux mêmes ; déclaration de Caillac. Ces lettres ont été écrites entre le 23 février et le 8 avril 1565. Elles sont conservées à la Bibliothèque impériale ans la collection Doat, vol. 145, f° 237 et suivants.

pays pour ce rendre en ceste ville au davant de vos Majestés pource que la plus grande part estoict à Tholose à l'entrée de sa Majesté, et icy avecques moy je n'ay que dix ou douze gentilshommes, qui sont de mes parents ou de ma compaignie. Aussi difficilement y eussent-ils trouvé lougis. Et ceux qui sont voisins de ceste ville, à tout le moings la plus grande part, sont de la nouvelle religion, auxquiels je n'ay guières accoustumé de commander. Je vous escrits cecy pource que, par une lettre que monsieur de Valence m'escrit[1], vous voulez que je présente ladite noblesse à monsieur le prince de Navarre pour estre présentée au roy par luy, ce que je feray s'il en vient; mais de les mander à présent ce seroit trop tard. Aussy ne l'ay-je point mandé en l'Agennoys. Et si vostre Majesté veult que je les mande, il vous plaira le me mander, car je le y dépescheray incontinent.

Madame, je suplie nostre Seigneur que en toute grandeur et félicité vous doinct très longue et très heureuse vie.

De Montauban, ce XVme jour de mars 1565.

  Votre très unble et très obéissant serviteur et sujet,

De Monluc.

(Lettre originale; ces derniers mots : *votre très unble*, etc. et la signature son autographes; Bibl. imp., coll. Dupuy, vol. 194, f° 5.)

1. Voyez l'*Histoire du Languedoc*, t. V, p. 266.

133. — A MONSIEUR MON COUSIN, MONSIEUR L'ÉVESQUE DE CONDOM, A THOLOZE.

[Montauban, 18 mars 1565.]

Monsieur mon cousin, je croy que vous avez envoyé la Blaynie à Gen avec tout ce qu'il fault, dont à présent il ne me reste à vous escrire autre chose, sinon vous prie que, s'il n'estoit parti, le faire partir incontinent. Qui sera fin, après m'estre recommandé de bon cueur à vostre bonne grace, priant nostre Seigneur en bonne santé vous donner, Monsieur mon cousin, longue et heureuse vie.

De Montauban, ce XVIIIme de mars 1565.

Vostre meilleur cousin et amy prest à vous faire service,

De Monluc.

(Lettre originale; signature autographe; Bibl. imp., coll. Gaignières, vol. 341, f° 109.)

134. — AUX CONSULS DE MONTAUBAN.

[Agen, 6 avril 1565.]

Messieurs les consulz, j'ay receu les lettres que m'avez escript par monsieur Dariat. Par la première je vous respondray que vous debvez vendre les ruynes au plus offrant pour emploier à paier les debtes de la ville, et ne ferez tort sinon à ceulx qui les desrobent[1]. Quant au demeurant de l'artillerie, je l'ay

---

1. Une ordonnance royale du 15 octobre 1564 avait enjoint aux habitants de Montauban de démolir tous les forts et tous les

trouvée icy à mon retour, et suys bien ayse de l'o-
béyssance que de jour à aultre monstrez à l'endroict
du service du roy et de ses commandemens. Je ne
feray faute, aydant nostre Seigneur, dès que je seray
à Bourdeaulx, en faire le rapport à sa Majesté; et
tout ce que vous aurez à faire je m'y employeray de
meilleure vollonté que pour mes affaires propres.
Quant à l'aultre lettre, respondant à ce que je vous
ay escript pour l'affaire de Moyssac, j'escriz une lettre à Raulin, laquelle je vous envoye pour la luy
faire tenir : qui est tout ce que je puis fere sans fere
tort à personne. Qu'est la fin, après avoir prié le
Créateur vous donner, Messieurs, en saincté longue
vie.

A Gen, le 6 avril 1565.

Vostre bien bon amy,

De Monluc[1].

(Copie; Arch. mun. de Montauban ; série GG-R; communication de M. Devals, archiviste.)

---

135. — A MESSIEURS LES CAPITOLZ DE THOLOSE.

[Bordeaux, 7 mai 1565.]

Messieurs, m'asseurant que me voudriés faire plaisir, je vous ay bien voleu fere la présente pour vous

murs de leur ville (coll. St-Germ. f., vol. 689, 11, f° 5). L'exécution de cet ordre fut plusieurs fois discutée au conseil du roi
et ajournée (voyez les lettres d'Alava, Arch. de l'empire, K. 1503,
n° 46 et 50). Enfin Catherine adopta un moyen terme : elle or-
donna de restreindre les démolitions aux bastions élevés pendant
les troubles (coll. St-Germ. fr., vol. 689, 11, f° 91).

prier bien fort de fere pour l'amour de moy ce que ce porteur vous dira; et si vous m'employés jamais pour vous autres, en général ou particulier, vous me treuverés prest à me revancher du plaisir que m'aurés faict en cest endroit. Et je prieray Dieu vous donner, Messieurs, en très bonne santé, longue et heureuse vye.

A Bourdeaulx, ce VIIme de mai 1565.

Vostre bien bon amy à vous fere service,
De Monluc.

(Lettre originale; signature autographe; Arch. mun. de Toulouse; communication de M. Roschaw, archiviste.)

---

136. — A MONSIEUR MON COUSIN, MONSIEUR DE CONDOM, A CONDOM.

[Estillac, 8 mai 1565.]

Monsieur mon cousin, suyvant la lettre que je vous ay cy-devant escripte, j'ay recouvert le pacquet de leurs Majestés pour envoyer à Rome afin d'obtenir l'expédition de l'évesché de Condom[1], et ay baillé à Boery, présentement porteur, des blancs signés pour faire ladite dépesche, lequel je vous prie croire de ce qu'il vous dira de ma part comme à moy-mesmes. Et me remectant sur sa suffisance, mettray fin à la présente par mes affectionnées recommandations

[1]. Catherine avait écrit à La ville Parisis, ambassadeur à Rome, pour obtenir gratuitement l'expédition de l'évêché de Condom. Sa lettre nous apprend que le roi avait écrit dans le même sens à Rome (Coll. St-Germ. fr., vol. 689, 10, f° 80).

de bon cueur à vostre bonne grace, et prie nostre Seigneur que en parfaicte santé vous doinct, Monsieur mon cousin, longue et heureuse vie.

D'Estillac, ce VIIIme jour de may 1565.

   Vostre meilleur cousin et amy à vous faire service,

          De Monluc.

(Lettre originale; signature autographe; Bibl. imp., coll. Gaignières, vol. 341, f° 81.)

---

137. — MÉMOIRE AU ROY D'ESPAGNE[1].

[Juin 1565]

Les affaires de France sont aujourd'huy en tels termes.

Premièrement la royne, elle estant en France, il y a ung an, feust advertye de tous les coings du royaume que ceulx de la nouvelle religion faisoient courir le bruyt par tout et donnient entière asseurance que le roy et la royne se volient mettre en leur religion et que desjà ils n'allient guières souvent à la messe. Et ne leur souffizoit de le dire, mais aussi ils l'escrip-

---

1. Le duc d'Albe rapporte dans sa lettre à Philippe II, datée de Bayonne, du 15 juin 1565, qu'en flattant Monluc il obtint un mémoire dans lequel l'auteur des *Commentaires* exposait les conditions de l'alliance que les rois de France et d'Espagne devaient, suivant lui, nouer ensemble contre les réformés, ou bien, en cas de défaillance de la cour de France, les moyens de défense qui restaient au roi d'Espagne (Granvelle, *Papiers d'État*, t. IX, p. 281). On va lire ce mémoire. Ces lettres du duc d'Albe, que le savant éditeur des *Papiers d'État* de Granvelle a publiées d'après une copie, sont conservées en original aux Archives de l'empire (K. 1504).

voient; et avoient gens à la court aprestés, qui mandiont lettres par tout le royaume. Toutes ces nouvelles mettiont tous les trois estats en crainte, et beaucoup de gens sur ses nouvelles preniont parti en ceste maudite religion.

La royne, entendant toutes ses nouvelles, se résolut contre la volonté de tout son conseil, catholiques et autres, admener le roy par toutes les provinces de son royaume sans déclairer jamais son intention à personne. Et print son chemin vers Lorraine soubz colleur d'aller veoir sa fille[1]. Or avoit-elle encore ung autre intention, laquelle je desduiray après ceste-cy. Et pour parachever ceste première occasion d'admener le roy par toutes ses provinces, c'estoit affin que tout le monde vist manifestement la relligion que le roy, elle et tous ses autres enfans tenoyent. Et par toutes les grandz cités, en la moindre feste qui c'est présentée, le roy a faict faire posession géneralle et faict commandement que tout le monde s'i trouvast, où la royne, Monsieur et Madame ont toujours acisté, et pareillement oyent toujours les grands messes solennellement, avecques si grand dévotion, que chescun peut cognoistre qu'ils ne veullent changer la religion de leurs predécesseurs. Et afin que personne ny face encores aucun doubte, la Majesté de la royne a reçu, ces Pasques passées, le corps de Nostre Seigneur devant tout le monde en la grand église de Bordeaux[2], deux fois,

---

1. Claude de France, fille aînée de Henri II et de Catherine de Médicis, avait épousé le duc de Lorraine.
2. L'ambassadeur d'Espagne, Alava, atteste ce fait dans ses

que fut le mercredi et le jour de Pasques, les portes de l'église demeurant ouvertes, affin que petits et grands le vissent. Et par toutes les provinces de la France en a faict et délibéré faire autant jusques à leur retour dans Paris, que à grand peyne poura estre encores de huict mois. Or cependant le roy se faict grand et se renforce tous les jours, de sorte qu'il semble à tous ceulx qui le voyent que c'est ung vray miracle de Dieu de veoir augmenter tousjours ce prince tant en force, grandeur, que en esprit et éloquence. Ce voyage aussi leur porte ung autre bien, qui est que tous ceulx qui le voient de nostre relligion mettent une si grande amour et affection en luy que nous luy donrions, s'il nous le demandoit, après nos vies, encore nos biens.

Quant à ceulx de la nouvelle religion, leurs Majestés cognoissent bien la grand différence qu'il y a de l'amytié que leur portent les ungs et les autres ; et pource que eulx-mesmes la cognoissent, je n'en parleray davantage.

L'autre bien que sort de leur voiage, c'est que la royne a volu s'emparer de toutes les villes rebelles et fere que la force en demeurast au roy, comme de Lyon principallement, car elle estoit bien advertye qu'on voloit faire là ung quanton de Souysses[1]. Et

---

lettres. A Toulouse, Catherine avait fait donner le sacrement de confirmation au duc d'Anjou et à la princesse Marguerite. A Bordeaux, le roi et la reine assistèrent à plusieurs processions. (Arch. de l'empire, K. 1503, n° 64.)

1. Le bruit s'était répandu qu'une vaste conspiration devait éclater à Lyon au moment du passage du roi. On disait que les princes et la reine seraient égorgés, et que la ville de Lyon s'uni-

pour ceste considération y a fait faire une citadelle, par laquelle leur a rompu tous leurs deceins.

Or à présent elle s'en va, au partir d'icy, à la Rochelle, qu'est une ville rebelle, et se délibère de y faire faire ung autre citadelle, puys en Xantonge, où toute la noblesse est gastée de ceste relligion. Non pas que je m'asseure qu'elle remédie du tout en la relligion, mais seullement fera que le roy y soit le plus fort; car de rompre leur relligion et fere que les forces du roy soyent les plus fortes en mesmes temps, ce seroit commencer de nouveau la sédition; et croy fermement qu'elle dissimullera la relligion, sinon en ce qu'ilz en ont prins dadvantage plus que l'édit du roy ne porte sur la paix : en cella elle donra ordre et aux forces, car ilz ne luy pourront contredire. Et ainsy elle en a usé par tout jusques icy. Et pour ce qu'elle m'a déclaré son intention, je le puis dire; à tout le moins m'en asseurer sans le déclairer à personne, ce que aussi elle m'a deffendu. Et comme leurs Majestés seront de retour à Paris, ayant esté le roy par toutes les provinces de son royaume et faict cognoistre qu'il est homme, portant armes, et qu'on n'a plus affaire avecques une femme, sinon avec ung roy homme, et d'autre part monstrer à tout le monde la relligion qu'il veut tenir et qu'il veut que ses subjects tiennent; pour tout certain la dellibération de la royne est de fere fere ung édit que qui ne voudra vivre en la relligion que le roy tient, qu'il aye à vuyder le royaume de France dans ung mois, luy don-

---

rait à Genève pour fonder une république (Lettres d'Alava; Arch. de l'empire, K. 1502).

nant permission de vendre ses biens. Et quiconques se trouvera, passé le terme, il luy ira de la vie sans aucune rémission. Et m'a déclaré ma dicte dame que, avant qu'ils se départiront de ce pays, leurs Majestés me bailleront par écrit de leur propre main tout l'ordre qu'ils voudront que je tienne quant cet édit se fera, et que, quelques patentes ou lettres qu'on m'envoye, que je ne face rien, sinon ce que sera contenu en leur escriture. J'espère que Dieu m'aydera à les faire jouir de leur bonne intention. Voilà tout ce que j'ay peu descouvrir de la volonté de la royne.

Ce discourant avecques elle, luy remonstray si elle trouveroit bon que, avant faire cest édit, fisse tenir ung concille national; laquelle me respondit en grande promptitude qu'il ne s'en tiendroit jamais, car celluy qu'avoit esté tenu estoit cause de tout le malleur de la France[1], et qu'elle ne voloit tenir autre concille que de tenir la relligion de leurs prédécesseurs; de laquelle responce je demeuris fort aise.

Luy remonstris aussi le malleur en quoy le roy se feust mis et se metroit encore s'il se feust faict huguenot; qui est que leur dellibération estoit que, s'ils pouvoyent estre les plus forts, de prendre le roy et l'admener dans Paris, et là luy faire mander tous les estats du royaume de France pour mettre ung réglement sur le faict de la relligion, scellon leur volonté, et pareillement sur tous les estats du dit royaume; et voloient que chesque province nomast ung personnage pour estre du conseil du roy,

---

1. Le colloque de Poissy, tenu en septembre 1561.

tellement que les gens de son conseil feussent esté mys par les pays et provinces et non par élection du roy. Et sa Majesté n'eust peu faire chose aucune sinon par la volonté des gens de son conseil, nommez, comme dict est, par les pays; de sorte que si le roy eust volu faire une chose, et n'eust pleu au conseil, il ne s'en feust faict rien. Et si le roy eust volu casser ung du conseil, il ne l'eust peu faire, à cause que les estats du pays l'avoyt mis; et toutes les provinces se feussent soustenues l'une à l'autre, considérant bien que, si le roy eust eu puissance d'en ouster ung, que, quant il luy plairoit, ousteroit bien les aultres. Par ainsi le conseil demeureroit. Et le roy ne seroit de rien que de forme de roy. Sa Majesté me respondit qu'ils avoyent descouvert toutes leurs mauvaises intentions, et qu'elle aymeroit mieulx estre morte et veoir le roy mort que de se mettre en ceste relligion-là. Or, j'ay descouvert ceste intention d'un diacre de leur relligion, qui plusyeurs foys est allé voyaiger pour leur relligion de ce pays aux autres, tant en France que autres lieux, et a eu charge de proposer en concistoire tout cecy, et faire entendre que, si cella advenoit, on deschargeroit les tailles de plus de la moytié, et que l'on réduiroit à la coronne une partie de nostre église, et l'autre partie seroit pour les ministres : et par ainsi le peuple demeureroit libre et sans aucune taille que bien peu.

M'a dict encores ce personnage, n'a guères de temps, qu'ils ne sont point encores hors d'espérance et qu'ils s'arment et assemblent de nuict, autant que jamais, se doubtant bien que le roy ny la royne ne veullent poinct changer de relligion, et que, s'en allant le roy grand, comme il faict, il voudra extirper la leur; et sont incitez par leurs ministres de prendre corage plus que jamais, et qu'il ne fault espraigner la vie ny les biens pour se conserver. Et dès que ung gentilhomme se met de leur relligion, ils s'en donnent advertissement par tout le royaume et en font une grande feste; et encores que ne vaille rien, ils escripvent que c'est ung grand cappitaine pour toujours tenir en cueur leurs gens. Et cuyde que celluy qui me donne ses advertissements ne me trompe point, car j'ay faict beaucoup pour luy. Et d'autre part, il eust quitté ceste relligion, il y a plus de deux ans, si ce n'estoit la prière que je luy fais qu'il ne le face, affin que j'entende tousjours quelque chose de leurs mennés.

L'intention de la royne est bonne et saincte. Touteffois je crains une chose de trop grand importance, qu'est que la longueur du temps nous admène ung grand malleur, à cause de la faveur, ayde, et secours que ceulx de la nouvelle relligion ont de monsieur le chancellier et de toute sa maison. Ils augmentent tous les jours, et en s'augmentant eulx, nous diminuons; de sorte que, comme leurs forces s'augmentent, aussi font bien leurs audaces, et le pouvre peuple demeure en peur et crainte; de telle sorte qu'il n'auze bouger, estant inthimidé et vexé par les patentes que ceulx de la dicte relligion obtiennent journellement à leur profit. De sorte que si le roy voloit qu'il s'eslevast contre ses gens icy, il ne l'auzeroit fere, craignant tousjours que la fin seroit de la seconde eslévation, comme à ceste de la première; et j'ay gaigné plus la victoire pour la faveur que j'avois du peuple que pour les gens d'armes que j'avois avecque moy ; car je ne pouvois pas tousjours estre par toute la Guyenne.

Et pour remédier à toutes choses, me semble que la Majesté du roy d'Espaigne doibt offrir à nostre roy, par toute l'asseurance que luy sera possible de faire, l'amytié fraternelle, sans laisser en arrière aucun doubte de luy demeurer à jamais bon frère et amy. Et faut débatre ceste asseurance d'amytié, de telle sorte que le roy et son conseil puissent cognoistre clairement que c'est sans aucune faintise. Car les Huguenots, qui sont au conseil du roy, font tout ce qu'ils peuvent à tenir le roy et la royne en défiance du roy d'Espaigne, et ceulx qui tiennent nostre relligion n'ausent pas du tout soustenir le contraire. Mais quant ils verront l'aparence évidente, ils prendront corage de soustenir l'amitié de leurs dictes Majestés.

Il faut aussi qu'il luy présente toute l'ayde, faveur et secours qu'il luy sera possible pour luy ayder à maintenir sa relligion contre ses subjects, et autres qui voudront soustenir les rebelles de sa relligion Et faut que, entre le roy, les deux roynes[1] et monsieur le duc d'Albe, cest office et promesse soit de telle sorte asseurée, que les Majestés de nostre roy et royne se départent avecques entière asseurance et fermetté, que nul doubte ne puisse demeurer en leurs cueurs. Celle donra hardiesse à nostre royne de bientost exécuter sa volonté, qui est de faire le dit édict, que en son royaume il ne veut que soit tenue

---

1. Catherine de Médicis et Élisabeth de Valois, reine d'Espagne, réunies à Bayonne.

autre relligion que la sienne; et encores qu'il est
tout certain que nostre royne désiroit plus de veoir
sa fille que chose de ce monde, si est-ce qu'elle de-
siroit bien autant la veue pour scavoir et estre asseurée de la volonté du roy d'Espaigne et du secours
et ayde quelle se poura fier d'obtenir de luy, si le
besoing se présente. Et ne faut poinct se laisser en
arrière que, si la royne d'Angleterre ny les Allemans,
qui tiennent ceste maudite relligion, veullent favoriser lesrebel les de la France, que, pour ceste occasion et tant qu'ils les favoriseront, il se déclarera
leur ennemy à guerre ouverte. Et voylà le moyen de
ouster la peur à la royne des estrangiers; et ne luy
demeurera que celle qu'elle peut avoir des rebelles
du royaume, à quoy elle pourvoiera bien, sans pour
ce mettre le roy· d'Espaigne en aucune despence,
pour ce que la Champaigne, la Bourgoigne, le Lio-
nois, Auvergne, la Provence, Languedoc, asture que
monsieur Dampville y est, et de quatre parts les trois
de la Guyenne, ceulx de nostre relligion sommes
les plus forts. Or il n'y a que le Dauphiné au milieu,
à quoy monsieur le prince de la Roche sur Yon donra
bien ordre, si sa Majesté le veut. Le Xantonge et la
pluspart de Poytou sont gastés de ceste relligion,
mais monsieur de Monpensier, qui est gouverneur
d'Anjou et Touraine, jusques auprès d'Orléans, est
aussi le plus fort; et monsieur de Cypierre tient aussi
depuis Orléans jusques à Paris, qu'est aussi le plus
fort. N'y a que une partie de la Picardie et de la
Normandie gastée. Par ainsi, j'estime que de six parts
les cinq sont les plus forts. Et ne faut doubter que,
comme la royne sera asseurée du roy d'Espaigne,

et sent d'autre part que nostre relligion est la plus forte, elle se résoudra plustost à faire l'édit.

Or faut encores que soit débatu que monsieur le chancellier ny ses officiers ne prestent plus l'ayde et faveur qu'ils font aux Huguenots, tant par les lettres patentes que le dict seigneur baille et autres provisions; et que nostre royne promette à la royne d'Espaigne tenir la main à cella. Car de luy deppend tout le malleur que nous avons, pour ce qu'estans les Huguenots favorisés de luy et de ceulx de la justice, qui sont de ceste relligion, ils croissent et multiplient tous les jours. Et depuis ung an il s'en sont mys plus de dix mil au royaume de France, plus pour la liberté de la chair et autres qu'ils ont, que non par dévotion. Et s'en va la pluspart de ce royaume en libertins et attaystes. Et que en Espaigne ils en soient bien advertis. Et si le roy serre bien les mains à mon dict seigneur le chancellier et à sa justice, il ne s'i en metra plus dadvantage, atendant que l'édit se face.

Il faut que la matière soit disputée au conseil, et trouver moyen de gaigner sur la royne qui face ung édit que ceulx qui se sont mys en la relligion depuis l'édit de la paix, ny ceulx qui s'i metront doresnavant, ne jouiront aucunement des articles contenus en l'édit de la paix, pour ce qu'elle ne c'est faicte que pour ceulx-là, qui lors estoyent de la dicte relligion. Et si on peut gaigner ce poinct, tout est gaigné; car quant ils verront qu'ils ne peuvent multiplier, ils cognoistront ouvertement que le roy ne veut en France autre relligion que la sienne. Et ayant eulx la cognoissance de cecy, plusieurs s'en ousteront; et quant le roy voudra faire l'édit que j'ay desduict cy dessus : c'est assavoir, qu'il ne veult que en son royaume se tienne autre relligion que la sienne, désjà tout le monde se sera recogneu, et de dix parts, les neuf obéyront a ce que le roy commandera; car nul ne voudra laisser son bien ny sa maison, et le peu qui demeurera sera bien aisé à estre extirpé.

Sera faict requeste au roy et à la royne de la part du roy d'Espaigne qu'ils tiennent la main à ce que ce pays de Guyenne ne se gaste point, cependant que l'édit se face, pour ce qu'estant si proche de ses pays, et estans les hommes à pied et à cheval belliqueuz, et saichant bien que la royne de Navarre sustient este maudite relligion en ce pays de Guyenne, le roy d'Espaigne ne peut faire de moins que d'entrer en suspeçon que si ceste relligion surmonte la nostre, la royne de Navarre ne face tous ses effortz à luy faire la guerre en Navarre. Or encores que cella ne serve que de couverture, néantmoins y faisant le roy tenir redde la main, et que nostre relligion demeure tousjours la plus forte, la France n'auzera rien entreprendre, pour ce qu'ils ont plus d'espérance au secours des hommes de ce pays qu'ils n'ont de tout le demeurant de la France; et faudroit que pour y remédier, le roy et la royne nous fissent appeller secrettement, trois ou quatre seullement, que nous sommes icy, devant leurs Majestés, et je leur monstreray évidement le moyen sans aucunement rompre ny toucher en l'édit de la pacification. Messieurs le connestable, duc de Monpensier, cardinaulx de Borbon et de Guyse, de Cypierre, conte de Villars, mareschal de Bordillon pourroyent assister seullement au conseil, et monsieur de l'Aubespine, sécretaire de commandement. Et faut tousjours mettre en avant la suspeçon et jalosie que le roy d'Espaigne a de ce pays, pour luy estre si proche voisin; et faut que la royne d'Espaigne face cecy par prière, en l'endroit du roy et de la royne. Et si ceste veue s'achemine de ceste sorte, j'espère que Dieu conservera la relligion catholique en ce royaume de France, et asseurera et confirmera l'amytié du roy et du roy d'Espaigne; et n'y vois n'y cognois autre moyen.

La royne d'Espaigne priera et admonestera[1] à part mes dicts seigneurs les cardinaulx, duc de Monpensier, prince de la Roche sur Yon, conestable et mareschal de Bordillon, conte de Villars, Dampville et Cypierre de tenir tousjours la main à soustenir les catholiques au conseil du roy, sans respecter personne et entretenir l'amytié du roy d'Espaigne et de nostre roy, ce que je m'asseure bien d'autre part quelle fera en l'endroit de la royne, sa mère, et du roy, son frère. Et leur doibt remonstrer que Dieu les a mys au monde monarques, et sont soustenus monarques par la relligion que nous tenons; car l'autre relligion ne leur advienne, sinon mettre leur monarchie en républic; et les grands, qui soustiennent ceste relligion nouvelle, ne le font sinon pour se faire grands, sur la républicque, plus qu'ils ne sont

1. La reine d'Espagne, alors âgée de vingt ans à peine, prenait une part plus active aux négociations de Bayonne qu'on n'aurait pu l'espérer d'une princesse de son âge. Le duc d'Albe, dans ses lettres à Philippe II, atteste le dévouement de la reine et l'habileté avec laquelle elle soutenait la politique de son époux (*Papiers d'État* de Granvelle, t. IX, p. 281).

soubs la monarchie. Or voilà tout ce que je pourrois considérer qu'il faudra faire, tant pour conserver nostre relligion que pour entretenir l'amytié des roys de France et d'Espaigne.

(Original, sans date ni signature; Arch. de l'empire, K. 1503, n° 14.)

---

138. — A MONSIEUR MON COUSIN, MONSIEUR DE CONDOM, A THOLOSE.

[Sampuy, 2 juillet 1565.]

Monsieur mon cousin, j'arrivay arsoir tout tard en ce lieu du Sampuy, où je pensois vous trouver. Je vous prie vous en venir le plus tost qu'il vous sera possible, car j'ay grant désir de vous veoir. Je ne partiray encores d'icy pour m'en aller à Gen de huict jours. Et espérant vous veoir en brief, ne vous en feray plus longue lettre, me recommandant de bon cueur à vostre bonne grace, priant nostre Seigneur en bonne santé vous donner, Monsieur mon cousin, longue et heureuse vie.

Du Sampuy, ce second jour de juillet 1565.

Vostre meilleur cousin et amy à vous faire service,

De Monluc.

(Lettre originale; signature autographe; Bibl. imp., coll. Gaignières, vol. 341, f° 107.)

139. — A MONSIEUR MON COUSIN, MONSIEUR DE CONDOM.

[Agen, 11 juillet 1565.]

Monsieur mon cousin, je suis arrivé en ceste ville d'Agen ce matin et laissay dernièrement le roy, partant de Bayonne, s'en allant à Saint Jehan de Luz, où il est encores, et ne retournera passer au dit Bayonne, à cause que la peste s'y est mise, ains s'en vient à Dacqs. Je vous prie, si vos affaires ne sont si pressées que ne perdez la commodité qu'ils demeurent en arrière, incontinent, veue la présente, vous en vouloir venir, car il fault nécessairement que vous et moy parlons ensemble; et aussi, si vous voulez jamais avoir aucun plaisir de monsieur du Fresne[1], il fault que vous-mesmes luy présentés le mulet. Toutesfoys j'ay encores retenu celluy de monsieur de Sainct Hourens. Et est aussi nécessaire que vous et moy advizons pour le paiement de la pention de monsieur le cardinal de Guyse. L'espérance que j'ay de vous veoir en brief me gardera vous en faire plus longue lettre, seulement pour me recommander de bien bon cueur à vostre bonne grace; priant nostre Seigneur en bonne santé vous donner, Monsieur mon cousin, longue et heureuse vie.

D'Agen, ce XIme de juillet 1565.

Vostre meilleur cousin et amy à vous faire service,

De Monluc.

1. Florimond Robertet, seigneur de Fresne (t. II, p. 290, note 1).

Je vous prie mener vos mulets, afin que nous advisions quel sera le plus beau pour bailler à monsieur du Fresne, car tous les jours nous aurons affere de luy.

(Lettre originale; signature autographe; Bibl. imp., coll. Gaignières, vol. 341, f° 441.)

140. — A LA ROYNE.

[Estillac, 12 juillet 1565.]

Madame, pour ne vous ennuyer à lire une longue lettre, j'ay escrit au long à monsieur le cardinal de Bourbon ung escandalle, qui est advenu à Montréal, qui est une ville en Condomoys, de laquelle j'estois desjà adverti, estant à Bayonne, qui fust cause de mon si soubdain partement; et n'en voulcis parler à vostre Majesté pour ne vous en donner fascherie. Ledict seigneur cardinal, s'il vous plaist, vous monstrera la lettre et vous en fera le discours au long, qui me gardera vous en parler plus avant.

Madame, m'en venant en ce lieu d'Estillac, je trouvay l'ambassadeur du Grand Seigneur; et entr'autres proppos que eusmes ensemble, estant adverti que mon fils le chevalier estoit à Malthe, il me feit dire par son truchement si je luy voulloys escrire, m'asseurant que luy-mesmes rendroit ma lettre ou luy feroit tenir très fidellement dedans Malthe. Aussi il me fit dire, présent le capitaine Tilladet, que le Grand Seigneur, son maistre, n'avoit grande armée au siège de Malthe, et que ce qu'il en faisoit estoit pour ung despit et pour se venger du roy catholicque, qui l'avoit menassé de prendre Jhérusalem et quelques autres places, mais qu'il s'asseuroit que son maistre aymoit et honoroit tant le roy que, s'il le prioit de se desporter de l'entreprinse de Malthe, il léveroit promptement son siège. Je n'ay voullu faillir à en advertir vostre Majesté, affin que, si cella est profitable pour le service du roy et vostre, vous y pourvoyés comme bon semblera à vos Majestés. Et si d'adventure vos Majestés luy veulent escrire, on le pourra atteindre avant qu'il soit à Marseille. Et s'il plaist à vos Majestés y envoyer, me semble qu'il seroit bon commander au dict capitaine Tilladet faire la messagerie, qui a entendu tous les discours[1].

Passant ledict ambassadeur par Condom et estant au devant la porte de la dicte ville pour entrer, le portier luy reffuza l'entrée, ne le congnoissant et pour n'avoir jamais veu gens de telle nation, que premièrement il n'en eust adverti les consuls, qui estoient assemblés en leur maison de ville pour certains afferes. Le dict ambassadeur fût fasché de cela et ne volsist attendre que le portier eust adverti les consuls, ains s'en alla; de quoy les dicts consulz advertis, incontinent montèrent à cheval et le trouvant qui n'estoit guières loing de la ville le prièrent de y

---

[1]. L'ambassadeur turc traversa la France avec une suite de cinquante hommes et de cent chevaux que le comte de Tende lui avait donnés à Marseille. Il arriva au commencement de juin à Toulouse (coll. St-Germ. fr., vol. 689, 11, f° 166), et vers le 14 à Dax (*ibid.*, f° 179). L'objet apparent de sa mission, dit François d'Avala, ambassadeur d'Espagne, était de demander au roi de France un abri pendant l'hiver, dans les ports de Marseille et de Toulon, pour l'escadre et l'armée turque employées au siége de Malte (Archives de l'empire, K. 1504, n° 6).

vouloir retourner, ce qu'il reffuza faire; et voyans qu'ils n'y pouvoient faire autre chose, ils l'accompaignèrent jusques à une lieue de là, où il séjourna, et y demeurèrent jusques à son partement, et envoyèrent quérir au dict Condom tous les vivres qui estoient nécessaires pour luy et sa trouppe. Je vous supplie très humblement, Madame, croire que ce qu'en a esté faict provient de la faute du portier et non des dits consulz. J'en ay escrit à ceulx de Lectoure, de Lavit de Lomaigne et autres villes de mon gouvernement, qui sont sur son chemin, le recevoir et traiter humainement et l'accommoder de ce qu'il auroit besoing.

Vous ne scauriés croire, Madame, le grand bien que le prévost de monsieur le mareschal de Bourdillon a faict en ce pays. Il a faict exécuter à Montauban douze ou treize voleurs ou faulx-monnoyeurs, à Moyssac quatre. Il m'est venu trouver en ce lyeu d'Estillac et je l'ay envoyé à Nérac pour faire le procès à sept des complices, que y sont prisoniers, entre lesquelz il en y a deux qui sont des princippaulx chefs. Ils sont troys ou quatre trouppes des dicts voleurs, à chascune desquelles il y a pour le moings cent cinquante ou bien deux cens hommes, qui est cause que je vous supplie très humblement commander au dict prévost, nommé Vyaletes, demeurer pour quinze ou seize jours auprès de moy, et jusques à ce qu'il ayt pleu à vos Majestés me pourvoir d'ung vice-sénéschal, et en commander la dépesche pour m'estre envoyée promptement, car autrement il s'en yroit trouver le dict seigneur mareschal.

Madame, je supplie nostre Seigneur qu'en toute

grandeur et félicité vous doinct très longue et très heureuse vie.

D'Estillac, ce XIIme jour de juillet 1565.

Vostre très humble et très obéissant subject et serviteur,

De Monluc.

(Lettre rapportée de Saint-Pétersbourg et communiquée par M. le comte de Laferrière.)

[141. — AUX CONSULS D'AUCH.]

[Estillac, 13 juillet 1565.]

Messieurs les Juges de la royne de Navarre et archevêque d'Aux et consuls de la dicte ville, je vous envoye des lettres que le roy vous escript pour la réception des consuls de vostre ville, comme il est pourté par lesdites lettres[1], le nom desquels verrés dans icelles, que sa Majesté veult estre receus et que vous leur faictes presté le serament et faire jouir des priviléges que ont accoustumé les aultres de tout temps et ancienneté. Et de tant que sa Majesté me commande tenir la main à ce que ses vouloir et intention soient suivis, je vous prie procéder à ladite réception et leur faire presté le serament en tel cas requis, et aultrement exécuter la volonté dudit seigneur, comme mieulx l'entendés. Que sera fin, me recommandant de bon cueur à voz bonnes graces, et prie nostre Seigneur en bonne santé vous donner, Messieurs, ce que désirés.

1. L'ordonnance royale est transcrite à la suite de cette lettre sur le registre de délibérations consulaires d'Auch.

D'Estillac, ce 13 juillet 1565.
> Vostre meilleur voysin et amy,
>> De Monluc.

(Copie ; Arch. mun. d'Auch, Registre de délibérations consulaires, f° 201.)

---

142. — A MONSIEUR MON COUSIN, MONSIEUR DE CONDOM.

[Estillac, 13 juillet 1565.]

Monsieur mon cousin, c'est la cinquième lettre que je vous ay escripte depuis que je suis arrivé de la cour, mais je pense qu'elles ne sont point tumbées entre vos mains ; je vous advertis de nouveau que pour tout certain le roy, s'en venant à Nérac, passe à Condom, où sa Majesté sera dans huict ou dix jours pour le plus tard[1], par quoy je vous prie, incontinent veue la présente, vous en venir et monter à cheval pour donner ordre aux afferes. Qui sera fin, me recommandant de bon cueur à vostre bonne grace, priant nostre Seigneur en santé vous donner, Monsieur mon cousin, longue et heureuse vie.

D'Estillac, ce XIIIme jour de juillet 1565.
> Vostre meilleur cousin et amy à vous faire service,
>> De Monluc.

(Lettre originale; signature autographe; Bibl. imp., coll. Gaignières, vol. 341, f° 117.)

1. Le roi arriva à Condom le 27 juillet, et alla loger à l'évêché. Sur l'entrée du roi et de Catherine, voyez de curieux détails dans l'*Histoire de la Gascogne* de Monlezun, t. V, p. 305.

143. — A MONSIEUR MON COUSIN, MONSIEUR L'ÉVESQUE DE CONDOM.

[La Montjoye, 29 novembre 1565.]

Monsieur mon cousin, monsieur le trésorier Chazetes a heu les commissions de tenir les estats; il seroit besoing que vous luy mandissiez si vous vous y voullés trouver, car je croy bien que, puisqu'il a receu lesdictes commissions, qu'il vouldra dilligenter de les mectre à exécution. Je vous prie donner deux arbres à monsieur de la Montjoye, mon cousin, du bois de Francescas, pour bastir. Je attendray de vos nouvelles à Estillac ou bien à Agen. Qui sera fin, après moy estre recommandé de bien bon cueur à vostre bonne grace et prié nostre Seigneur que en bonne santé vous doint, Monsieur mon cousin, longue et heureuse vye.

De la Montjoye, ce 29 novembre 1565.

Vostre meilleur cousin prest à vos faire service,
De Monluc.

Si quelcun vous parloit de la cure de la Monjoye, vous prie ne leur rendre aucune responce que ne aye parlé à vous.

(Lettre originale; signature autographe; Bibl. imp., coll. Gaignières, vol. 341, f° 79.)

144. — A MONSIEUR MON COUSIN, MONSIEUR DE CONDOM.

[Estillac, décembre 1565[1] ?]

Monsieur mon cousin, j'ay veu ce que m'avez escript, et vous envoye la lettre que demandés pour les gardes de l'hospital de Saint Jacques. Et quant à ce que me mandez que viendrez à Agen si tot que madame de Saint Laurens sera arrivée, je vous prye, quant viendrez, amener avec vous monsieur de Saint Ourens et le trésaurier de Pont, car, puisque Boery est venu de la court, je veulx veoyr les arrentements de l'évesché et sçavoir comment nous vivrons ensemble, ce que je ne puys faire sans ledit sieur de Saint Ourens et le garde des sceaux[2]; car ce sont eux qui ont fait l'accord avec vous touchant l'évesché. Et je regarderay de faire venir ledit garde des sceaulx dans cinq ou six jours; et par mesme moyen pourrez parler à Chazettes, lequel, à ce que je crois, départira les états mercredi ou jeudi, car ceulx d'Agen se tiennent mardi. Qui est tout, me recommandant de bien bon cueur à vostre bonne grace, priant le Créa-

---

1. Cette lettre n'est pas datée; mais on remarquera que Monluc y parle des États d'Agen comme d'un événement très prochain. Nous pensons donc qu'elle doit suivre immédiatement la précédente.

2. François de Tilladet, seigneur de Saint-Orens, avait été chargé de négocier l'accord passé par Monluc, au sujet de l'évêché de Condom, avec Morvilliers, qu'il appelle indifféremment l'*évêque d'Orléans* ou le *garde des sceaulx* (Lettre du roi à Monluc, coll. St-Germ. fr., vol. 689, 11, f° 5).

teur vous donner, Monsieur mon cousin, en bonne santé, longue vye.

A Stillac, ce dimanche matin.

Vostre meilleur cousin et amy prest à vous fayre service,

Monluc.

(Lettre originale; signature autographe; Bibl. imp., coll. Gaignières, vol. 341, f° 87.)

145. — [AUX CONSULS DE LECTOURE.]

[Agen, 14 décembre 1665.]

Messieurs les consuls, j'ay receu vostre lettre, et ne vous estonnez de rien de toutes ces menaces, car le roy m'a advoué de tout ce que j'ay faict; et advés fort bien faict de deffendre l'entrée de la ville au Juan[1], lequel vous prie ne laisser entrer, ny Montamat aussi, jusques à ce que nous aurons entendeu en quoy sera devenue l'assemblée qu'a faict monsieur l'admiral à Melun, et continuer la garde des portes et guet jusques alors, et ce, suyvant le commandement que je vous ay faict, vous le commandant encore par la présente. Que sera fin; je prie

---

1. Nous ne connaissons pas ce personnage. Une délibération des consuls, en date du 25 novembre 1565, porte : « Derniére-« ment, quand Monseigneur de Monluc estoit en ville, dict et dé-« clara audit sieur juge maige, aux sieurs consuls qu'on ne lais-« sast point entrer messieurs Montamat, le Molin, ny du Juan. » (Arch. mun. de Lectoure; Livre des Records de 1542 à 1578, f° 135, v°.)

nostre Seigneur en bonne santé vous donner, Messieurs les consuls, ce que désirez.

  Vostre bon voisin et amy,
    Blaise de Monluc.

(Copie; Arch. mun. de Lectoure, Livre des Records de 1542 à 1578, f° 124 et 312.)

---

146. — [AUX CONSULS DE LECTOURE.]

[Cahors, 20 décembre 1565.]

Messieurs les consuls, j'ay receu une lettre du roy, par laquelle sa Majesté me mande que toutes choses sont en telle disposition en ce quartier de delà qu'il le scauroit désirer. A ceste cause, de tant que sadite Majesté s'asseure qu'il n'y a aulcune apparance de guerre n'y recommencement du mesnaige, il ne fault que nous souyons en crainte pour ce pays de deçà. Par quoy je vous prie et néantmoins commande et ordonne qu'ayés à remectre toutes choses en la ville comme y ont accoustumé, sans y faire aucun guet ni garde aux portes ; que ne pourroit de rien profiter que ung grand despence au pays. Que est tout ce que je vous diray pour le présent ; me recommendant de bon cueur à vos bonnes graces, priant nostre Seigneur vous donner ce que désirez.

A Cahours, ce XXme de décembre 1565.

  Vostre bon voisin et amy,
    De Monluc.

(Copie; Arch. mun. de Lectoure, Livre des Records de 1542 à 1578, f° 124.)

147. — A MONSIEUR MON COUSIN, MONSIEUR L'ÉVESQUE DE CONDOM, A CONDOM.

[Agen, 17 mars 1566.]

Monsieur mon cousin, pour ce qu'il faut que le chevalier s'en aille bientoust[1], il s'en ira devers vous ; je vous prie regarder au combien luy est deu sur sa pention[2], despuys que vous avez tiré le revenu de l'evesché, quy est, ce me semble, une année entière, car son frère en a tiré autant. Je vous prye le despêcher le plus toust qu'il vous sera poussible. Je pansois estre lundy au Sampuy, mais ne m'y puys trouver jusques à mercredy. Que sera fin, me recommandant de très bon cueur à vostre bonne grace, prie à Dieu, Monsieur mon cousin, vous donner ce que désirés.

Agen, ce XVIIme de mars 1566.

Vostre bon cousin et amy prest à vous faire service,

De Monluc.

(Lettre originale; signature autographe; Bibl. imp., coll. Gaignières, vol. 341, f° 139.)

1. Charles de Monluc, dit le capitaine *Peyrot*, se disposait à entreprendre une grande expédition maritime. Voyez à ce sujet les lettres de Monluc des 5 juin, 8 juillet, 9 août, 23 août 1566.

2. Robert de Gontaut avait reçu l'évêché de Condom, à charge de payer diverses pensions aux membres de la famille de Monluc. Voyez la lettre de décembre 1565 (p. 43). Charles de Monluc employa sagement ces fonds à payer ses dettes. Voyez sa lettre du 12 juillet 1566 à l'évêque de Condom (coll. Gaignières, vol. 341, f° 115).

148. — A MONSIEUR MON COUSIN, L'ÉVESQUE DE CONDOM.

[Agen, 9 avril 1566.]

Monsieur mon cousin, monsieur de Sainte Coulonbe, qui est en ceste ville, a esté adverty comme une capellanie de Villefranche du Cayran est vacente, et est à vous à la donner. Il m'a pryé de vous en escrire à la faveur de ung sien prebtre, qui se nomme messire Nicolas d'Abadye, homme qui luy a faict service longtemps. Ladite capellanye ne vault guyères, par ainsin faites-luy ce plesir. Celluy qui la tenoict auparavant estoict de Limosin, et c'estoit marié, et est mort ; et cestuillà que je vous nomme fust éleu de la commune[1] et a esté mys par vostre secrétaire, et ne pouvez faillir à luy en faire la despesche. Qui sera fin de ma lettre, après m'estre recommandé bien humblement à vostre bonne grace ; prie à Dieu vous donner, Monsieur mon cousin, ce que désirés.

D'Agen, ce IXme d'apvril 1566.

Vostre cousin et amy prest à vous faire service,
De Monluc.

(Lettre originale; signature autographe; Bibl. imp., coll. Gaignières, vol. 341, f° 95.)

---

1. Ce passage prouve que les élections ecclésiastiques, organisées par la pragmatique sanction de 1438, n'étaient pas entièrement tombées en désuétude, malgré le concordat de 1510.

149. — A LA ROYNE.

[Agen, 22 avril 1566.]

Madame, j'ay receu aujourd'huy les lettres qu'il a pleu au roy et à vous m'escrire de Cosne en Bourbonnais le VIIme de ce moys, ausquelles je fais si ample responce à sa Majesté, comme il vous plaira voir, que je ne vous en feray icy aucune redicte. Bien vous diroy, Madame, que s'en allant à la court en poste ce présent porteur, syndic de Condomoys, je luy ay baillé mes lettres et luy ay commandé vous faire entendre comme ces jours passés j'ay eu des informations, avec plusieurs plaintes, des exactions, pilleries et oultraiges dont usent sur le pauvre peuple les fermiers et les commis à recepvoir le subside mis pour l'abréviation des procès. Il vous plaira, Madame, l'oyr et y pourvoir ; car autrement il en pourroit advenir des inconvéniens, et au surplus le voulloir faire despescher, affin qu'il se trouve aux estats de Périgueulx, le premier de juing, d'autant qu'il est l'ung des depputés du dit Condommois.

Madame, je supplie Dieu en cest endroit vous donner en très bonne santé très heureuse et très longue vye.

D'Agen, ce XXIIme jour d'avril 1566.

Vostre très humble et obéissant subject et serviteur.

De Montluc.

(Lettre rapportée de Saint-Pétersbourg et communiquée par M. le comte de Laferrière.)

150. — AU ROY.

[Agen, 5 mai 1566.]

Sire, j'ay aujourdhui receu la lettre qu'il vous a pleu de m'escrire de Sens, le XXIme du passé, par laquelle il vous plaist, Sire, me commander de m'enquérir dextrement des pyrateries et déprédations dont l'ambassadeur du roy d'Espaigne vous a faict plaincte avoir esté faictes sur les subjets du roy, son maistre, par le cappitaine Menyn et aulcuns aultres des subjects de vostre Majesté. A cella, Sire, je vous respondray n'avoir point entendu que nul de vos subjects ayt pillé et larronné ceulx du dict sieur roy d'Espaigne, mais il est vray que le dict capitaine Menyn, ayant par cy-devant esté déprédé et ruyné en mer par les Portugais, par succession de temps auroit trouvé moyen avec ses amys d'équipper ung petit navire, avec lequel il s'en seroit allé sur mer à la mercy de fortune, que luy auroit esté telle cruelle que se seroit revanché, et au bout de dix ou douze mois se seroit retiré de par deçà, s'en venant droit à Bourdeaulx ; mais l'impétuosité des vents et de la mer agitterent tellement son dict navire, qu'estant à la Teste de Buch il fût contrainct d'estre rompu et aller à fons. Toutesfois, Sire, le dict cappitaine Menyn et quelques ungs de son équipaige se sauvèrent et plusieurs gens du pays de Médoc y accoururent, lesquels prirent chascun sa pièce des marchandises qui peurent estre sauvées, sans que le dict Menyn n'en ayt peu recouvrer que bien peu, qui ne sçauroit valloir guères plus de mil livres, comme j'ay veu par l'inventaire qui en a esté faict par les officiers de l'admirauté à Bourdeaulx, et lesquelles marchandises ont esté prinses par les advitailleurs du navire du dict cappitaine Menyn, lequel à ces causes est demeuré aussy piètre que devant. Tant s'en fault, Sire, que les dictes marchandises fussent de la valeur de trois mille escus, ainsy que le dict ambassadeur d'Espaigne vous a faict entendre.

Et quant au Portugais, Sire, qui estoit au chasteau du Ha, au dict Bourdeaulx, le cappitaine Monluc, mon filz, l'y avoit faict mettre, non comme prisonnier, ains l'y faisoit bien traicter, pour ce, Sire, qu'il s'en voulloit servir pyllote à son voiaige, d'aultant qu'on luy avoit dict qu'il estoit expérimenté, auquel temps, passant par le dict Bourdeaulx l'ambassadeur du roy de Portugal, il m'escrivit une lettre que j'envoye à vostre Majesté, par laquelle, Sire, vous verrez, Sire, qu'il déclare le dict pyllote estre subject du roy de Portugal, son maistre, et les dictes marchandises avoir esté prinses sur les Portugais, me suppliant, pour obvier à plusieurs inconvéniens qu'il me prédisoit advenir sur les subjects de vostre Majesté, dont il faisoit menasse pour obtenir sa demande, comme il vous plaira veoir, que je luy voulusse faire délivrer le dict portugais affin qu'il l'amenast dans son pays, ne voullant trahir son prince ny perdre son pays et sa famille, estimant que le cappitaine Monluc le voulloit mener aux mines que le roy de Portugal prétend estre siennes. A laquelle lettre je luy fis response, Sire, que le dict cappitaine Monluc n'estoit pas si mal saige que de luy avoir déclaré son entreprinse ny à aultre, et que, quand bien il entreprendroit d'aller en mer, il ne vouldroit endommager les pays et subjects des dict sieur roy d'Espaigne et roy de Portugal. Cella disois-je, Sire, mais je me suis bien réservé d'interpréter que les mynes n'appartiennent au dict sieur roy de Portugal, puisqu'il en faict tribut aux Mores ; et par ainsy y aller ce n'est sur ses pays. Et davantaige que si le dict cappitaine Menyn avoit prins quelque chose sur les Portugais, il n'avoit que eu sa revanche, veu que par cy-devant, ils avoient mis son navire à fons et l'avoient ruyné, comme aussy avoient-ils faict depuis deux ans plusieurs aultres de vos subjects. Luy accordant la délivrance du dict pyllotte portugais, je manday au cappitaine Lagrange de le luy délivrer, ce qu'il fit, mais non pour crainte de ses menasses, l'advisant bien que le dict cappitaine Monluc ne l'avoit retenu que pour s'en servir de pyllotte ; toutesfoys qu'il en trouveroit assés en Guyenne d'aussy bons ou meilleurs que luy. Et ainsy, Sire, il s'en est allé comptant.

Et par là vous pouvez congnoistre que c'est une occasion empruntée du dict sieur roy d'Espaigne pour vous quereller, puisque ces subjects ny son pays n'ont esté pillés des vostres. Et s'il vous plaist faire monstrer ceste lettre à son ambassadeur, je crois qu'il demeurera honteux de vous avoir proposé, Sire, chose sy supposée que celle-là qu'il vous a en cest endroict faict entendre. Mais je vous supplie très humblement, Sire, croire que le dict cappitaine Menyn est aussy vaillant et expérimenté cappitaine de navire, et qu'il ne fault perdre telles gens, car vous en pouvez bien avoir affaire ; et malcontant tels personnaiges ils ne se recouvreroient qu'à tard. Et puisque vous voyez que les aultres princes favorisent et soutiennent leurs subjects, la raison veult bien que vous faictes de semblable à l'endroit des vostres. Vous pouvant bien dire que, s'il leur plaist de le faire, de leur bailler liberté de trafiquer sur mer et se garder d'estre oultraigés; ils n'ont point crainte d'y acquérir perte ny honte. Voilà, Sire, tout le discours au vray de ce négoce, lequel il vous plaira considérer. Et n'ayant pour le présent aultre chose à vous escrire, pour n'estre rien survenu de nouveau de par deçà, je feray fin à ceste lettre, en priant Dieu, Sire, vous donner en très bonne santé très longue vye.

D'Agen, ce Vme jour de may 1566.

Vostre très humble et très obéissant subject et serviteur,

De Monluc.

(Lettre rapportée de Saint-Pétersbourg et communiquée par M. le comte de Laferrière.)

151. — AU ROY.

[Agen, 19 mai 1566.]

Sire, je receus le onsiesme de ce moys la lettre et l'instruction qu'il vous a pleu m'envoyer du troisiesme sur l'évasion hors ce royaulme de maistre Estienne Lemaçon, receveur général de ceste charge, suivant lesquelles je fis incontinent venir devers moy le président de ceste ville, vostre advocat en icelle, le commis du contrerolleur général et le commis dudit Lemaçon, auxquels je communiquay les dites lettre et instruction; et commanday aux sieurs président et advocat d'aller au logis du dict Lemaçon, et à mon secrétaire, pour exécuter en cest endroit le commandement de vostre Majesté, et aux sieurs commis de leur rendre comte de la charge selon qu'il estoit mandé : à quoy, Sire, ils ont vacqué si exactement qu'il vous plaira faire veoir par le procès verbal sur ce faict, que je vous envoie par ce présent porteur, auquel j'ay faict délivrer la somme de mil six cens douze livres, trouvé dans le coffre du bureau, ayant le commis du dict Lemaçon acquitté puis la voicture de [1].... qui fut délivrée au dict Lemaçon à Lymoges, la somme de trois cents livres, par vertu tant des mandements patens de vostre Majesté, rescriptions du Trésor de l'Espargne que paiement des gaiges ordinaires et extraordinaires, ainsi qu'il est plus amplement contenu par le dict procès verbal, tellement qu'il fault que je vous dise, Sire, que le commis s'est bien et dignement acquitté de son debvoir et ne mérite participer en la faulte commise par son maistre.

J'ay faict faire un extraict des roles du quartier de janvier, lequel j'ay envoyé au receveur Beauclere a Bourdaulx pour en faire le recouvrement, montant à la somme de huit mille cent quatre vingt dix huit livres onze sous, dix deniers. Et ne voyant aulcune autre chose à faire en cest endroit, j'ay dépesché ce porteur pour vous aller rendre compte de ceste procédure. Ne voulant faillir au surplus de vous dire, Sire, que je partiray d'icy, Dieu aydant, le XXVIIe de ce moys pour m'en aller à Périgueux tenir les estats

---

1. Lacune dans notre copie.

sur l'exstinction du subside mis pour l'abréviation des procès, suivant la commission qu'il vous a pleu m'envoier, et faire punir ceulx que je pourray faire attraper de tant de désobéissants et mal vivans qui sont en Périgord, de quoy bientost après je vous manderay des nouvelles. Cependant je supplie Dieu, Sire, vous donner en très bonne santé très longue et très heureuse vye.

D'Agen, ce XIXme jour de may 1566.

Vostre très humble et très obéissant subject et serviteur,

De Monluc.

(Lettre rapportée de Saint-Pétersbourg et communiquée par M. le comte de Laferrière.)

152. — A LA ROYNE.

[Périgueux, 5 juin 1566.]

Madame, m'en venant en ceste ville de Périgueux tenir les estats[1], je receus la lettre qu'il vous a pleu m'escrire du XVIIme du passé, à laquelle vous faisant response sans dissimulation, je vous diray franchement, Madame, que mon fils le capitaine Monluc avoit promis à l'ambassadeur du roy de Danemarck[2] de l'aller secourir, sur l'assurance que le dict ambas-

1. La réception de Monluc à Périgueux fut solennelle. Le maire, les consuls et même le roi de la basoche avaient été au-devant de lui. Le maire Audoux prononça un discours et lui offrit au nom de la ville six barriques de vin et une coupe d'argent doré (Bibl. imp., coll. de Périgord, vol. G. f° 128).

2. Frédéric II, roi de Danemark et de Norwége, soutenait une guerre acharnée contre Éric XIV, roi de Suède. Daniel Rantzau, général danois, avait remporté, le 20 octobre 1565, une victoire

sadeur luy avoit faicte et à tous ceulx de sa suite de faire bon traictement, dont il le devoit rendre plus certain au dixiesme d'avril dernier dans la ville de Paris, auquel dict lieu le dict capitaine Monluc ne faillit de se rendre pour savoir la dicte résolution; et en ceste intention y a demeuré jusques à la fin du dict mois sans en avoir aulcunes nouvelles, sinon par quelques ungs venant de delà, qui disoient que quelques princes, parents du dict sieur roy de Danemarck et du roy de Suède s'employoient envers eulx pour les mettre d'accord; qui est la cause, Madame, que le dict cappitaine Monluc s'en est retourné despuis huict ou dix jours.

Et incontinent s'en est allé à Saint Jehan de Luz advancer deux de ses roberges à venir devant Bourdeaulx, qui est le complément du nombre des vaisseaulx qu'il maine au voyage qu'il avoit premièrement entrepris, lequel il est résolu de faire et non celuy de Danemark, ayant jà donné ordre à tous ce qui luy est nécessaire de vivres et aultre choses requises en son équipage pour estre prest à partir dans peu de temps[1].

Et pource que je voys par vostre dicte lettre que vostre Majesté eust esté déplaisante si le dict capitaine de Monluc eust faict le dict voyage de Danemarck, je vous supplie très humblement, Madame, ne trouver mauvais si je vous déclaire librement les

---

éclatante sur les Suédois. Le bruit de ses exploits avait déterminé quelques capitaines français à lui offrir leur épée.

1. Nous avons déjà parlé (t. III, p. 76, note 3) de l'expédition de Pierre Bertrand de Monluc. Voyez aussi le mémoire de l'auteur des *Commentaires*, en date du 8 juillet 1566 (p. 61).

occasions qui l'ont meu à l'entreprendre et à moy à le consentir; car si je vous disoys aultrement, je vous tromperois. Or, Madame les dictes occasions sont que mes enfants ne sont si lasches de cueur qu'ils veullent demeurer simples cadets de Gascoigne et se contenter de manger la souppe grasse auprès de leur père, ains veullent prospérer tant en biens que honneurs; et pour y parvenir, veullent libéralement hazarder leurs personnes et vies, comme j'ay faict; autrement je ne les estimerois mes enfants ni mes frères leurs neveux. Et quand il ne plaira au roy et à vous leur faire cest honneur de les commander, les emploier et recognoistre leurs services, ils sont bien délibérés d'aller chercher leur adventure, servir plus tost le Turc que de demeurer inutilles en ce royaulme. De quoy, quant à moy, je les loue grandement, aimant beaucoup mieulx qu'ils cherchent leur fortune en estranger pays que de se consommer en l'attendant en celuy de leur naissance, et finablement se trouver vieulx et despourveus de biens et d'honneurs, qui est, Madame, le principal but de leur intention et de la mienne, ce qu'il vous plairra recepvoir en aussi bonne part qu'il soit du cœur de ceulx qui les ont en si bon lieu et qui désirent faire toutes leurs vies très humble service à leurs Majestés.

Au surplus, Madame, après avoir despêché les dicts estats, j'ay entendu les affaires de ceste sénéchaussée, lesquelles j'ay trouvées en ung misérable estat, ainsi qu'il vous plaira veoir par l'extraict que les officiers du roy m'en ont baillé, que j'envoye à sa Majesté et vostre. Et n'estant à présent garny de ce qu'il appartient pour y mettre ung bon ordre, j'ay différé jusques à une autre fois qu'il vous plairra me commander d'y mettre la main. Et cependant, j'ay bien volleu despêcher le cappitaine Tilladet, présent porteur, avec amples instructions pour vous aller faire entendre le tout, par lequel il vous plairra me faire responce au contenu de sa despêche et me commander vos bons plaisirs, vous suppliant très humblement le faire rembourser de trois cents escus que je luy ay fournis pour faire ce voyage, et au demeurant voulloir donner assignation aulx capitaines de sa légion pour une année de leurs estats; car s'ils ne sont entretenus, ils ont occasion de se douloir, veu qu'ils ont laissé les places d'hommes d'armes qu'ils avoient ès compaignies d'ordonnences, pour prendre les dicts estats, èsquels ils ne font nul service à leurs Majestés ny en reçoivent aulcune chose. Aussi, Madame, les chemins, pons et passaiges sont si difficiles ou mal aisés ès sénéchaussés d'Agenoys, Condomoys et Armaignac, que je vous supplie très humblement voulloir faire despêcher une commission à ung nommé Pierre Boyer pour estre maistre des dicts chemins, luy donnant pouvoir de les faire rabiller ainsi qu'il vous a pleu faire en Quercy et ailleurs.

Madame, je suplye Dieu en cest endroict vous donner en très bonne santé très heureuse et très longue vye.

De Périgueux, ce Vme jour de juing 1566.

Vostre très humble et très obéissant subject et serviteur,

De Monluc.

(Lettre rapportée de Saint-Pétersbourg et communiquée par M. le comte de Laferrière.)

153. — AU ROY.

[Agen, 20 juin 1566.]

Sire, j'ay receu la lettre qu'il vous a pleu m'escrire de Saint Maur des Fossés le neuviesme de ce moys, touchant le ministre d'Orléans, que avez faict aller à vous pour rendre compte devant vostre Majesté du meschant et malheureux livre par luy faict et le faire traicter selon son démérite[1]. Sur quoy je vous diray, Sire, que je n'avois point entendu ces nouvelles, et encores demeuré-je incertain de quelle sorte est le dict livre, ce que je vouldrois bien sçavoir pour, en le faisant rechercher, le congnoistre et plus asseurément faire punir ceulx que j'en trouverois saisis. Aussi, Sire, n'en est-il aulcun bruit de par deçà et ne vois point qu'à ceste occasion rien ne bouge en tout ce gouvernement, auquel j'ay pourveu, mesmes par les villes les plus importantes, à ce que, pour la sédition advenue à Pamyers[2] et à Foix[3], l'on ne s'esmeuve, comme aussy n'a-on faict, de manière que toutes choses y sont, grâces à Dieu, en bonne tranquillité.

1. Hugues Sureau du Rosier, pasteur à Orléans. Il fut emprisonné à la Bastille comme auteur supposé de la *Défense civile et militaire des innocents et de l'Église du Christ*, pamphlet qui prêchait l'assassinat de Charles IX et de sa mère. Voyez le *Bulletin de l'Histoire du Protestantisme français*, t. VIII, p. 602.

2. Voyez dans les *Archives curieuses* de Cimber et Danjon une intéressante chronique sur la sédition de Pamiers (t. VI, p. 309).

3. A la nouvelle des troubles de Pamiers, les catholiques de Foix se soulevèrent et se livrèrent à de cruelles représailles. Voyez de Thou, liv. XXXIX.

Je ne sçay, Sire, en quel estat sont les affaires des aultres provinces de vostre royaume et quel advis vous en avez ; mais me semblant par vostre dicte lettre que vostre Majesté est en doubte que ceulx de la nouvelle religion prennent facilement occasion de se remuer soubs le prétexte dudict ministre, je ne peulx faillir de vous dire ce que j'en voys. Vous suppliant très humblement, Sire, de me croyre et vous assurer que je cognois si bien toutes choses estant en ce gouvernement, que, s'il plaist à vostre Majesté de me favoriser et accompagner de vos commandemens et à vos bons et notables serviteurs de par deçà, nous vous rendrons bon compte de ceste Guyenne, mais que je soys de bonne heure adverty, de sorte, Sire, que vous pouvez doresnavant faire claire démonstration de l'intérieur de vostre cueur et de vostre vollonté, car vostre Majesté n'aura que faulte de bons et fidelles subjects et très humble serviteurs et n'espargneront leurs vyes pour vous faire très humble service en tout et partout où il vous plaira leur commander.

Sire, je supplie Dieu en cest endroict vous donner en très bonne santé très heureuse et très longue vye.

D'Agen, ce XXme jour de juin 1566.

Vostre très humble et très obéissant subject
et serviteur,

De Monluc.

(Lettre rapportée de Saint-Pétersbourg et communiquée par M. le comte de Laferrière.)

154. — A LA ROYNE.

[Agen, 8 juillet 1566.]

Madame, suivant ce qu'il vous a pleu me mander par le cappitaine Tilladet, je vous envoie par le cappitaine Montault, présent porteur, la délibération du cappitaine Monluc, mon fils, touchant son voiaige de mer, qui est celle mesme que dès le commencement je fis entendre à vostre Majesté, vous asseurant, Madame, qu'il n'y a aultre chose sur son cueur et sur le mien.

Au surplus j'ay, ces jours passés, escript au roy qu'il estoit nécessaire de faire doresnavant tenir garnison aulx compaignies de gendarmes, qui sont en ce gouvernement[1], car je y vois l'audace sy grande avec tant de contraventions aulx édicts que je n'y pourrois plus donner l'ordre qu'il appartient dans cella. Et pour les avoir espargnés des dictes garnisons despuis l'édict de la paix, ils sont devenus si riches que de là procède leur audace et désobéissance, en quoy ils augmenteront s'ils ne sont contenus par ce moien. Aussi bien les dites compaignies demeureront inutilles au logis, lesquelles ne désirent rien tant que de faire service à vos Majestés. J'ay dict

1. Un état signé du roi et valable pour le quartier d'avril, mai et juin 1566, énumère ces compagnies avec le lieu de leur garnison : la compagnie du prince de Navarre, de 100 lances, à Tonneins; celle de Monluc, de 30 lances, à Condom; celle de Gramont, de 30 lances, à Samatan; celle de Terride, de 30 lances, à Beaumont de Lomagne; celle de Biron, de 30 lances, à Libourne (f. fr., vol. 3207, f° 34).

quelque aultre chose au dict cappitaine Montault pour vous faire entendre, dont je vous supplie très humblement, Madame, le croire comme moy-mesmes.

Madame, je supplie Dieu en cest endroict vous donner en très bonne santé très heureuse et très longue vye.

D'Agen, ce VIIIme de juillet 1566.

  Vostre très humble et très obéissant serviteur et subject,

          De Monluc.

(Lettre rapportée de Saint-Pétersbourg et communiquée par M. le comte de Laferrière.)

---

155. — A LA ROYNE.

[Agen, 8 juillet 1566.]

Sur le commandement que la royne a faict par le cappitaine Tilladet à monsieur de Monluc, chevalier de l'ordre du roy, et son lieutenant général au gouvernement de Guyenne, en l'absence de monsieur le prince de Navarre, de lui mander le voiaige qu'a délibéré faire sur mer le cappitaine Monluc, son fils, les lieux et endroits où il veult aller et à quelles fins;

Le dict sieur de Monluc respond à sa Majesté que le dict cappitaine Monluc, se voyant inutile en ce royaulme et désirant trouver quelque bonne fortune, a entreprins de faire ung voyage sur mer, ayant quatre ou cinq vaisseaulx comme navires, roberges et chaluppes équippés, et trois ou quatre cents hommes et autant de mariniers pour se garder d'estre mys à fond par les pyrattes, dans lesquelles vaisseaux il a trouvé moyen de mettre plusieurs et diverses marchandises pour les porter vers la coste de.... et les y trocquer et eschanger avec les Mores, qui sont libres et aultres, en or ou argent monnoyé ou à monnoyer et aultres richesses qu'il prétend amener en ce dict royaulme.

Qu'estant à la dicte coste et s'estant deffaict de ses marchandises, il a délibéré de renvoyer tous ses vaisseaulx de par deçà avec tout ce qu'il aura peu gaigner et acquérir, pour en rendre compte à ceulx qui luy ont fourny les victuailles et marchandises, qui montent à une si grande somme qu'elle excède cent ou six vingts mille livres ; et se réserve deux roberges, avec lesquelles il a délibéré aller descouvrir quelques isles que certains Portugais expérimentés, qui sont avec luy, luy ont déclaré estre inhabitées et incongneues. Et y estant, son intention est d'y planter des bornes et par ceste introduction rendre cest endroict-là utile au service du roy, commode et favorable à tous les subjects de sa Majesté, qui ont à voiager en cest endroict. Ce qu'il a dès le commencement faict entendre au roy et à la royne, qui ne le trouvèrent mauvais. Par quoy il a faict toutes diligences pour se rendre prest à partir en cest équippaige : pour y parvenir a obligé et hypothéqué à plusieurs sa personne et tous ses biens[1].

Et parce qu'il a pleu à la royne voulloir encores

---

1. Une lettre de l'évêque de Valence, du 4 juillet 1566, publiée par M. Tamizey de Larroque, confirme ces détails et donne de nouveaux renseignements sur Pierre Bertrand de Monluc et ses armements maritimes (*Documents sur Monluc de Valence*, p. 48).

sçavoir de nouveau la délibération du dict cappitaine Monluc, et qu'il est sur le point de l'exécuter, il semble advis que ce soit pour oppinion qu'elle ayt ou que l'on a donné à entendre à sa Majesté qu'il veille faire quelque chose contre les ordonnances ou entreprendre contre les amys, alliés et confédérés du roy ; ledict sieur de Monluc luy faict entendre que le dict cappitaine Monluc n'a délibéré aulcunement de transgresser les dictes ordonnances ny endommager les pays et subjects des dicts amys, allyés et confédérés de sa Majesté [1].

Et faisant le dict cappitaine Monluc son dict voyage, les marchands entreprendront plus volontiers de faire de grands trafficques sur la mer dont il adviendra de grandes richesses en ce royaume, ce qu'ils n'osent faire, ains laissent leur navires inutilement ès havres de la coste de la mer, pour la crainte des pyrattes et corsaires qui les forcent et pillent, voire mettent à fons, ainsy que depuis dix ou douze ans ils ont faict à plusieurs des subjects du roy, et mesmes depuis peu de temps à ung navire de monsieur de la Mailleraye [2] avec trente ou quarante hommes.

---

1. Ce passage s'applique évidemment au roi d'Espagne, qui, inquiet pour ses possessions de l'Inde, ne cessait de traverser par ses intrigues à la cour de France les projets de Pierre Bertrand de Monluc. Voyez à ce sujet la curieuse correspondance de Philippe II et de son ambassadeur Alava (Archives de l'empire, K. 1505 et 1506).

2. Jean de Mouy, seigneur de la Mailleraye, chevalier des ordres du roi, lieutenant général au gouvernement de la Normandie, capitaine d'une compagnie d'ordonnance, vice-amiral de France, chevalier du Saint-Esprit le 31 décembre 1582. Il reprit le 11 novembre 1567 la ville de Dieppe aux réformés. On con-

Et voyans les dicts marchans le dict convoy estre la seureté de leurs marchandises, ils l'entretiendront d'eulx-mesmes, sans qu'il couste aucune chose au roy, qui néanmoyns en tirera de grands services.

Et quant au voiaige de Danemarck, le dict cappitaine Monluc n'y ira point, et ce qu'il avoit arresté avec l'ambassadeur du roy du dict pays, c'estoit pour ce qu'il luy monstra une patente du roy, par laquelle il permettoit à ung chascun sortir avec armes par ce royaume, venant du cousté d'Oranges et d'Avignon, qui donnoit claire congnoissance au dict cappitaine Monluc que l'intention du roy estoit qu'on allast secourir le dict roy de Danemarck, ce que aultrement il n'eut jamais entreprins, ny ne fust party sans aller prendre congé de sa Majesté. Et preuve : que avant d'y aller voulloit bien sçavoir la responce du dict ambassadeur, duquel depuis il n'a eu nulles nouvelles.

Fait à Agen, le VIIIme de juillet 1566.

De Monluc.

(Lettre rapportée de Saint-Pétersbourg et communiquée par M. le comte de Laferrière.)

156. — AU ROY.

[Estillac, 25 juillet 1566.]

Sire, monsieur de Rambouillet[1] me vint trouver à Lectoure, le XVme de ce moys, où j'estois allé pour

serve à la Bibliothèque impériale un assez grand nombre de lettres de la Mailleraye (coll. Harlay S. G., vol. 320 et suivants).

1. Jacques d'Angennes, seigneur de Rambouillet, diplomate fort employé pendant le règne de Charles IX. Il était envoyé en

reigler et paciffier les habitants de la dicte ville sur quelques choses intervenues entr'eux concernant leur amytié et la pollice, lesquelles, bien qu'elles fussent de petite qualité, si est-ce, Sire, qu'il en pouvoit succéder quelque inconvénient[1]; mais je leur couppay chemin, et receus lors fort à propos la lettre qu'il vous a pleu m'escrire du deuxiesme de ce moys, car je la monstray aux officiers et consuls et je leur en baillay copie : et par icelle ils virent si bien que vostre vouloir et intention estoit toujours de faire vivre vos subjects en union et concorde que, avec les commandemens que je leur en fiz, ils se délibérèrent tous de l'ensuivre et accomplir; comme jusques icy ils ont faict, tellement, Sire, que je les laissay en bonne paix et les habitants aussy.

Le dict sieur de Rambouillet me dict que les maire et jurats de Bourdeaux vous avoient escript les assemblées que faisoient ceulx de la nouvelle religion autour du dict Bourdeaux contre les édicts, et qu'en faisant leur dépesche ils avoient receu lettre de moy, les advertissant du massacre de Pamyers, et comme ceulx de la dicte nouvelle religion avoient fait brusler ung consul en sa maison avec sa famille[2]. Il est vray, Sire, que je leur donnay le dict advertis-

Languedoc pour pacifier les troubles de Pamiers et de Foix. L'*Histoire du Languedoc* a donné de précieux détails sur sa mission (t. V, p. 272, et Preuves, col. 183 et suiv.).

1. De graves désordres avaient eu lieu à Lectoure quelques semaines auparavant. Le capitaine Guadet avait été attaqué et tué près d'une maison appelée Corneilh, dans la vallée du Gers. (Arch. de Lectoure, Livre des records de 1542 à 1578, f° 202.)

2. Ce consul se nommait la Brousse; il était un des chefs du parti catholique. (De Thou, liv. XXXIX.)

sement, mais par la dicte lettre aussy, je leur mandois bien que pour cella ilz se prinssent bien garde que rien ne se remuast et donnassent ordre d'oster les soupçons que pourroit apporter ce désastre aulx ungs et aulx autres, pour crainte qu'il en advint une sédition, ce qu'ils ont obmis ou voullu obmectre de vous escrire pareillement, comme ung des dicts jurats de Bourdeaux, qui m'estoit venu trouver avec le dict sieur Rambouillet, confessa devant luy, ainsi, Sire, qu'il vous a peu ou pourra escrire et dire à son retour. Et encores que je n'aye rien à commander à Thoulouze, si est-ce que, m'esyant escrit le premier président et les cappitouls du dict lieu la folie de Pamyers, en leur faisant response, je les priay de n'esmouvoir aulcune chose pour cela, pour éviter une misérable sédition qu'il tiroit après soy si on començoit à s'en eschauffer.

Quant aux dictes assemblées qui se font contre voz édicts aulx environs du dict Bourdeaux, en cela les dicts maire et jurats ont véritablement escript, et si la court de parlement prenoit ces désobéissances et contrevention plus à cœur qu'elle ne fait, l'on ne les feroit sy licentieusement et sans crainte ny respect, comme l'on faict tant là qu'ailleurs, et à mon grand regret et desplaisir, pour aultant que ne y puis mectre la main, n'ayant aultre chose à faire sinon que où la justice ne pourra estre obéye je y emploie les forces qu'il vous a pleu me donner; mais jusques icy, Sire, je n'en ay encore esté requis. Ny, quant au voiage qu'il vous a pleu me commander de faire en Périgort, je ne vois point que la dicte court procède vivement au faict de la commission que vous luy avez envoyée, car je n'en ay eu nulles nouvelles, et il me fault croire que cella s'en ira en fumée. Et vois que, à ceste occasion, le cueur augmente à ceulx de la dicte nouvelle religion d'innover tousjours quelque chose contre les édicts, témoing que encores hier deux consuls de Périgueux me vindrent faire plainte et remonstrance d'une grande assemblée qui fust faicte le dimanche septiesme de ce moys en la terre du sieur des Bories, lieutenant en la compagnie de monsieur le prince de Navarre, à laquelle assemblée le dict sieur des Bories assista, et y avoit plus de mil personnes, dont y en avoit bien cincquante ou soixante du dict Périgueux et d'ailleurs, qui ne sont ses subjects, lesquels pourtant il y receut; et y firent tous la cène à leur façon. Et voyant, Sire, que je n'ay cognoissance que du faict des armes, je les renvoyay aulx juge-maige et procureur de vostre Majesté au dict Périgueux, ausquels j'escripvis d'informer incontinent et procéder contre la dicte contrevenance suivant l'édict faict à Roussillon, jusques à ce que, ayant besoin de force et me le faisant entendre, je leur en fourniray de tant que vostre Majesté et vostre justice seront obéyes; qui est, Sire, tout ce que je y puis faire et en aultres cas semblables.

J'ay despuis trois jours receu quelques advertissemens lesquels, s'ils sont véritables, importent grandement, et suis après à les espélucher pour en tirer la certitude, laquelle je ne fauldray incontinent de vous envoyer, ne vous voullant, Sire, rien mander qui ne soit certain et asseuré. Néanmoins, depuis le partement du dict sieur de Rambouillet, je n'ay cessé, où que j'aye esté, de tenir le langage qu'il vous a pleu me commander; et, pour faire sçavoir le voulloir et intention de vostre Majesté à ung chascun, j'ay envoyé la copie de vostre dicte lettre tant à Bourdeaux, Agen, Périgueux, que ailleurs pour leur servir de commandemens. Mais quoy qu'il en soyt, Sire, et que les affaires ne soient pas encores manifestes, sy est-ce qu'il ne se fault assurer d'une tranquillité que par le moyen des garnisons qu'il me semble que la gendarmerie doibt doresnavant commencer à tenir, ainsy que par cy-devant j'ay escript à vostre Majesté; et affin de faire cesser tant de désobéissances et de contreventions qui se font à vos édicts, sy je vous en ause donner adviz, je diray qu'il seroit bon que par l'ordonnance qu'il se plaira faire, vous commandiez aux cappitaines et membres des compaignies, qui tiendront garnison de chascun endroit, prendre garde que aulcuns, tels qu'ils soient, ne transgressent les dicts édicts sous peyne d'en respondre eulx-mesmes; et lors la crainte de désobéyr se recouvrera avec le respect qui sont maintenant comme perdus. Qui est, Sire, tout ce que pour le présent vous puis escrire, supliant Dieu en cest endroict vous donner, Sire, en parfaite santé très heureuse et très longue vye.

D'Estillac, ce XXVme jour de juillet 1566.

Vostre très humble et très obéissant subject et serviteur,

De Monluc.

(Lettre rapportée de Saint-Pétersbourg et communiquée par M. le comte de Laferrière.)

157. — AU ROY.

[Bordeaux, 23 août 1566.]

Sire, ayant veu la lettre qu'il vous a pleu m'escrire du XXVIIIme du passé[1] par le cappitaine Montault, je m'en suys venu en ceste ville pour voir l'ambarquement du cappitaine Monluc, mon fils, lequel il faict aujourd'huy avec quatre roberges et une patache, qui vont à la rame et à la voille, et deux beaux navires, dans lesquels y a sept ou huict cens hommes de guerre, sans les mariniers qu'il faict beau voir, car, Sire, il y a bien trois cens gentilshommes, dont y en a une demye-douzaine qui sont de meilleure maison que luy ne moy, qui luy font cest honneur d'aller soubz luy à ce voiage. Je ne vous sçauroys, Sire, assez remercier du congé qu'il vous a pleu luy octroyer; mais j'asseureray bien vostre Majesté que l'avarice ou le gain, que le dict cappitaine Monluc pourroit avoir en ce voyage, ne le luy a point tant faict entreprendre que le désir qu'il a de vous y faire ung grand et notable service et pour apprandre à ceulx qu'il maine la navigation de ceste mer de Ponant[2], suppliant Dieu qu'il luy en fasse la grâce, comme je crois qu'il faict à ceulx qui entreprennent

---

1. A cette lettre du 28 juillet que nous n'avons pu retrouver, Charles IX ajouta de nouvelles recommandations, datées de Villers-Cotterets, du 9 août. Le roi recommande expressément à Pierre Bertrand Monluc de ne s'attaquer ni aux colonies du roi d'Espagne, ni à celles du roi de Portugal (coll. Gaignières, vol. 472, f° 302, minute).

2. Mer de Ponant, l'océan Atlantique.

à si bonne intention. Il s'en va délibéré, Sire, de vous faire entendre dans le mois d'avril le succès de son voiage, et espère que Dieu et la fortune l'auront si bien accompagné que vostre Majesté en aura quelque contentement[1].

Au surplus, Sire, je n'ay failly d'envoyer aulx séneschaulx d'Agenois, Condomois, Quercy, Rouhergue, Armaignac, Périgort et Xaintonge, faire publier les lettres patentes qu'il vous a pleu m'envoyer par le dict sieur de Montault, contenant prohibition de sortir avec armes de vostre royaulme, ny aller secourir ou favoriser ceulx de Flandres ny aulcun prince sans le congé de vostre Majesté[2]; et le semblable ay-je faict faire en ceste ville, comme aussy ay-je faict retirer vos ordonnances sur la closture des ventes de bleds, suivant vostre commandement. Et estant icy, je me suis enquis avec des gentilshommes de nostre religion mesmes comment les affaires passoient en Xaintonge, mais j'ay esté asseuré, Sire, que l'on y vit et se contient au mesme estat que vostre Majesté les laissa dernièrement, tellement que là, ny en ce pays ny en la haulte Gascoigne, dont je viens, je ne vois aulcune chose pour le présent d'où il puisse advenir aulcun désordre ou inconvénient. Ceulx de la nou-

---

1. Ces espérances ne se réalisèrent pas. Le capitaine Monluc fut tué à Madère (t. III, p. 76, note 3).

2. L'héroïque révolte des *Gueux* venait de commencer. Monluc avait envoyé au roi d'Espagne divers avis sur le secours que les calvinistes français devaient porter aux révoltés flamands, sur leurs projets contre la vie de Philippe II, sur les conseils donnés à Charles IX d'envahir les Pays-Bas (Archives de l'empire, K. 1506, n° 46 et 48).

velle religion de ceste ville me présentèrent hier une requeste affin de leur approcher de ceste ville leur presche, qui est à Saint Macaire[1], suivant deux ou troys renvoys qu'il vous a pleu me faire ; mais voyant l'importance de l'affaire et la diversité des renvoys sur ce faicts, estant le dernier faict à la court de parlement, je leur ay ordonné de se retirer devers vous pour leur y pourvoir ainsy qu'il vous plaira, car c'est à vous à le faire et non à aultre.

Aussy, Sire, le maistre des fortifications et réparations de ce pays avec vos officiers en la séneschaussée de Guyenne m'ont remonstré que la tour de Cordoan s'en va du tout en ruyne et perdition, qui est un très grand intérêt pour vous, Sire, et pour les marchans et navires. Et m'ont dit qu'il y a homme qui avoit faict marché avec le baron de la Garde de la remettre en bon estat, moiennant environ quatre mil livres, sur quoy il a jà receu cent escus, mais qu'il n'y touche point, et qu'il est nécessaire que la dicte somme entière luy soyt fournye et délivrée. Je le vous ay bien voullu escrire, Sire, affin qu'il vous plaise, Sire, y donner ordre, car il en est plus que besoing. Il vous a esté écrit plusieurs autres foys, comme les dicts officiers m'ont dit, mais la dicte tour est si près de tomber qu'il est nécessaire de convertir en cest endroict la longueur en diligence.

Il vous a pleu, Sire, m'escrire une lettre du sixiesme du passé concernant la querelle du baron de Lestranges et du sieur de la Feuillade, suivant laquelle je

---

1. Cette affaire traînait depuis la fin de l'année 1563 (t. IV, p. 292, note 2).

leur ay mandé à tous deux de me venir trouver avec leur train ordinaire et sans armes prohibées à Agen, au vingtiesme du prochain, affin de composer leur différent et les rendre amys; sinon je leur feray les commandemens en la dicte lettre et les renverray à messieurs les connestables et mareschaux de France, suivant ce qu'il vous plaist me commander. Et n'ayant rien à faire icy pour vostre service, je m'en vays demain en Agenoys, déliberé de retourner de par deçà si je vois que les affaires le requièrent.

Sire, je supplie à Dieu cest endroict vous donner en très bonne santé très longue et très heureuse vye.

De Bordeaulx, ce XXIIIme jour d'aoust 1566.

Vostre très humble et très obéissant subject et serviteur,

De Monluc.

(Lettre rapportée de Saint-Pétersbourg et communiquée par M. le comte de Laferrière.)

158. — MÉMOIRE REMIS A BARDACHIN.

[1566.]

Les[1] afferes de la France sont aujourd'huy en tel estat que les seigneurs obtiennent de la royne tout ce

1. Ce mémoire est sans date, sans titre et sans signature. Il est accompagné d'une traduction espagnole, au dos de laquelle on lit : « Relacion y avisos del estado en que estan las cosas de Francia que embia Monluc a don Juan de Bardaxi. » Son authenticité est donc certaine. Quant à sa date, nous pouvons l'établir par une comparaison avec d'autres documents. Monluc, dans sa lettre du 23 août (p. 70), a déjà parlé du secours promis par

qu'ilz demandent et mesmement pour avoir des ministres et faire l'exercice de leur religion, par tous les lieux où ils veulent, et ce par patentes, qui leur sont expédiées à ses fins, ce qu'est entièrement contrevenir à l'édict de la pacification, car par icelluy est dict que ceulx de la nouvelle religion n'auront aucung exercice de leur dicte relligion, sinon en faulxbourgz d'une ville en chesque senneschaucée ou bailliaige seulement[1], dont j'en ay prins sept ou huict permissions, toutes contraires aux édictz, lesquelles j'ay envoyées par homme express au roy et à la royne, leur remonstrant et faisant entendre la ruyne que nous apportoient icelles permissions, qui estoit entièrement la perdition de la religion catholique, et que la liberté des presches et habondance des ministères en seroit cause, dont j'en ay eu responce de leurs Majestés par lettres qu'ilz m'en ont escrites, me mandant par icelles que, porveu qu'ils ne prinssent les armes, que je les layssasse en l'exercice de leur religion. Qui nous faict pencer que la royne ne se soucye poinct que la religion catholicque s'en aille en tout perdue, n'ayant trouvé catholicque, cardinal ny autre, qu'aye voulu prendre en protection nostre religion et garder que telles patentes eussent lieu.

les calvinistes français à leurs frères flamands. Le 13 septembre, le roi d'Espagne charge Bardachin de remercier Monluc de ses avis à ce sujet (Arch. de l'empire, K. 1506, n° 46). Enfin le 20 septembre, Bardachin parle à Ruy Gomez de Silva des révélations de Monluc sur le soulèvement de Flandres (*ibid.*, n° 48). Il est donc probable que le présent mémoire est contemporain des documents précités.

1. Édit du 19 mars 1562 (1563), art. 3.

Semblablement par ledict édict est porté qu'il n'y aura aucun gentilhomme, estant de la dicte nouvelle religion, qui puisse recepvoir leur exercice, sinon seulement eulx, leurs familles et subjectz, qui libérallement y vouldront aller [1]. Et néanmoings ilz y reçoyvent tous ceulx que y viennent en général, tant subjectz du roy que autres, qui est aussi entièrement contrevenir aux édictz, de sorte que je voys que nostre religion s'en va du tout perdue par la liberté des presches qu'ilz ont et l'abondance des ministres, qui est si grande qu'il y en a desjà tant comme de hayes et buyssons en la France. Et si l'ons m'eust voulu croire au commencement, par ung article que j'avoys propposé, nous ne serions où nous en sommes ; c'est que tous les princes crestiens fissent une ligue pour soustenir nostre religion. Et n'auroient-ils obtenu tant de permissions comme ils ont, car la royne eust tousjours crainct que les dicts princes crestiens eussent prins les armes pour leur faire la guerre. Et y a encores assez temps à faire la dicte ligue. Autrement, s'ilz ne la font, nous pouvons bien dire, avant de deux ans, adieu à la religion catholicque. Mais quant à moy, je suis délibéré de n'en donner plus d'advertissemens à leurs Majestés, leur en ayant donné tant et si souvent comme j'ay sans y avoir porveu, de tant qu'ils ont des gens auprès d'eulx de la dicte religion, auxquelz ilz se fient comme à Dieu : que incontinent, après avoir receu lesdicts advertissemens, ils leur baillent pour leur en faire le rapport, mais après ils leur dissimulent tout autrement qu'il n'est

---

1. Édit du 19 mars 1562 (1563), art. 1 et 2.

contenu par iceulx. Et voylà comme aujourdhuy les afferes de la France sont gouvernées.

Quant aux afferes du roy catholicque, les princippaulx ministres des pays qui sçavent bien instruire le peuple à prendre les armes sont mandés pour aller en Flandres et se doyvent tous rendre en quelque lieu à ung confin de la France, lequel je n'ay peu encores descouvrir, où ils doyvent chacun prendre ung tillet[1] et sçavoir par icelluy les lieux où ils se debvront rendre en Flandres[2]. Et y vont force de ce pays.

Toutes foys, à leur malcontentement, de tant qu'ilz ont peur de n'estre si asseurés ny qui leur soict faict si bon traictement comme de par deçà, et aussi beaucoup de gens de ce pays, estans de ladicte religion nouvelle, de ceulx qui ne se sentent asseurés, et porveu qu'ilz ayent le moindre bruyt de valoir quelque chose pour le faict des armes, s'en vont en Flandres; et puisqu'il en y va tant de nostre pays, je pense bien que devers la France en y vont plus grand nombre pour estre plus voisins, non toutesfoys que je croye que le roy ny la royne en saichent rien et ne tiennent la main en ce faict, mais ce sont d'autres qui manient les afferes de ceste nouvelle religion[3].

(Copie du temps; Archives de l'empire, B. 20, K. 1505, n° 147.)

1. *Tillet*, étiquette, titre.
2. Cette émigration des réformés français dans les Pays-Bas avait déjà frappé Philippe II. Il avait envoyé des espions auprès de l'amiral, du prince de Condé et des principaux chefs calvinistes, avec la mission de surveiller leurs démarches. (Arch. de l'empire, K. 1504, n° 44.)
3. Ce mémoire paraît inachevé.

159. — AU ROY D'ESPAIGNE.

[Agen, 6 février 1567.]

Sire, encores que je n'aye esté jamais si heureux de vous avoir faict aucun service, si ne veulx-je arrester de faire très humble requeste à vostre Majesté pour la délivrence du seigneur Phelippe Bardachin[1] pour avoir faict si bien son debvoir à soustenir l'église catholique et le roy, mon seigneur et maistre, en la sédition dernière en ce pays soubz ma charge, que je sentiroys ma conscience et mon honneur chargée si je ne vous en portoys vray tesmoigniaige, encores que les blesseures qu'il y a receues le tesmoignient assés. Qui sera cause encores de vous supplier très humblement monstrer en son faict que les services que voz subjectz ont faict au roy, vostre frère, et l'église catholicque romaine, les tiens pour agréables et comme faictz pour vos afferes propres. Qui sera toujours pour confirmer à ung chascung en ce pays la bonne amytié qu'est entre vos deux Majestés. Et de ma part vous en demeureray toute ma vie très obligé et très affectionné serviteur.

Sire, je supplie nostre Seigneur que à vostre Majesté doint très longue et très heureuse vie.

1. Philippe de Bardachin (t. IV, p. 318, note 1) avait été arrêté quelque temps auparavant. Au commencement de février, avant le 13, avant d'avoir reçu la lettre de Monluc, Philippe II donna l'ordre de l'élargir et l'envoya auprès de Monluc avec la mission de tout voir et de tout rapporter (Archives de l'empire, K. 1506, n° 88). Philippe de Bardachin se rendit à son poste au commencement d'avril (*ibid.*, K. 1507, n° 109). Il lui avait été alloué une gratification de 400 ducats (*ibid.*, K. 1507, n° 82).

D'Agen, ce VIme jour de febvrier 1567[1].

Votre très umble et très obéissant serviteur,
De Monluc[2].

(Lettre originale; ces derniers mots : *votre*, etc., et la signature sont autographes; Archives de l'empire, K. 1507, n° 47.)

---

160. — AU ROY.

[Agen, 14 février 1567.]

Sire, j'ay arresté d'advertir vostre Majesté des insolences que fait le jeune Fontraille[1], frère du séneschal d'Armaignac, au hault Comenge, à vos subjects et aux gens d'esglise, pource que je pensoys tousjours qu'il se réduyt, pour estre gentilhomme, appartenant à beaucoup de gens de bien, et cuydoys que ses frères luy remonstrassent; mais, à ce que j'ay entendu, il est si obstiné qu'il n'en feroit rien pour personne. Il n'a aucune religion, car autant de pilleries fait-il sur les ungs que sur les autres s'ils ont de quoy. Il n'y a bénéfice qui ne soit voulé ny marchant

---

1. Cette lettre de Monluc, par suite du secret qui devait présider aux rapports du roi d'Espagne et de l'auteur des *Commentaires*, ne fut envoyée à son adresse que le 25 février dans une dépêche de Bardachin à Philippe II (Archives de l'empire, K. 1507, n° 63). Le roi y répondit le 19 mars. Sa lettre ne contient que des encouragements à persévérer dans la bonne voie et l'invitation de s'aboucher plus étroitement que jamais avec don Juan de Bardachin (*ibid.*, K. 1507, n° 83).

2. Au dos de cette lettre on lit la phrase suivante écrite de la main même du roi d'Espagne : « Todo esto me ha enviado hoy Ruy Gomez; sacad una relacioncilla de ello; y por el de sus cartas y acordado para lo que se le habrá de responder. »

qui ne soit rançonné, et se fye qu'il a son chasteau dans la montaigne, qu'on n'y pourroit mettre artillerie ; et s'est accointé des bandoliers menant ceste vie, il y a plus de deux ans. Et depuis six moys il s'est ralyé avec le sieur de Solan[1], qui est son beau-frère et celluy qui s'est jeté dans Pamyer après le massacre, et y a tousjours demeuré chief jusques à ce que vostre Majesté y a envoyé le cappitaine Sarlabous.

Le dict Solan est bien de la religion nouvelle ; et il est intervenu une querelle entre eulx deux, les Rocquemaurelz, qui sont aussi de la nouvelle religion[2], pour ung oyseau que le dict Fonteraille et Solan leur avoient prins d'audace. L'aisné Rocquemaurel estoit mareschal des logis du feu roy de Navarre dernier et sont bien apparentés de toutes partz. La court de parlement de Thoulouze y a faict tout ce qu'il a esté poussible par ajournement et toutes autres provisions nécessaires pour le debvoir de la justice. Les Roquemaurelz se sont toujours présentés et les autres non, mais toujours uzé de voye et de faict, et jusques icy en sont sortis force meurtres. J'avoys escrit au séneschal de Thoulouze de y aller pour les accorder, mais il m'a tousjours respondu qu'il s'asseuroit bien qu'il feroit faire aux Rocquemaurelz toutes choses de raison, mais non aux dicts Fon-

1. Ce personnage est désigné comme le chef des révoltés de Pamiers (*Archives curieuses*, t. VI, p. 309).

2. Monluc nous apprend que les Roquemaurel appartenaient à la réforme. La pièce sur les troubles de Pamiers, publiée par MM. Cimber et Danjon, les représente comme les chefs du parti catholique dans le comté de Foix. (*Arch. cur.* t. VI, p. 309.)

traille et Solan, encores qu'ilz fussent ses parens. Et les bandouliers y sont en telle sorte qu'il y a quatorze ou quinze cens hommes d'une partie ou d'autre. Et depuis douze jours en çà les dicts Fontraille et Solan ont surprins de nuict le jeune Rocquemaurel en sa maison, dont sa femme et quelque enfant qu'il avoit se sont jetés par quelque fenestre, laquelle ilz ont prinse et bruslé la maison, le dict Rocquemaurel et six autres personnes. Et l'on m'a mandé encores quelque chose de l'honneur de la pouvre femme, chose que de toute la sédition passée ne s'en est faict une pareille.

Je y avois envoyé monsieur de la Chappelle, vice-sénéschal, et escrit au sénéschal de Thoulouze luy bailler main-forte, ne pensant point qu'ilz eussent tant de forces ; mais comme il a esté en ces cartiers-là, voz officiers et la noblesse luy ont conseillé de s'en retourner et qu'il y faut un camp pour les deffaire. Ils se sont retirés à une ville, nommée Sainct Giron, que la moytié est au visconte de Fymarcon, oncle du dict Fontraille ; et Rocquemaurel et ses gens ont esté contraincts se jetter dans une autre ville, qui est à vostre Majesté, et se font la guerre guerréable ; et tout aux despens de vos subjects ; qui fault que, dès qu'ilz ont leur mandement, leur apportent argent et vivres à leur volunté. Le sénéschal de Thoulouze ne m'a point mandé que Rocquemaurel et les siens défissent, sinon Fontraille et Solan, de sorte que l'on craint, et principalement le parlement de Thoulouze et ledict sieur sénéschal, qu'il en adviendra beaucoup pis s'il n'y est pourveu. M'a dict aussi le dict sieur de la Chappelle que vos officiers luy ont dict qu'ilz n'auseroient avoir faict information, ny tesmoings qui ausassent depposer, car il leur yroit de la vie. Les officiers de l'évesque de Comenge luy ont dict aussi qu'ilz avoient envoyé vers vostre Majesté, demandant justice contre les dicts sieurs Fontraille et Solan des béneffices qu'ilz occupent par force; messieurs de la court de parlement et séneschal de Thoulouze m'ont mandé qu'ilz en vouloient advertir vostre Majesté, par lesquels vous entendrés encores mieulx la vérité que par ma dépesche, pource qu'ilz sont plus voisins de ces cartiers que moy.

Sire, il y a longtemps que je vous eusse donné advertissement de tout ce qui estoit survenu avant le feu, et vous demandoys permission de lever forces à pied et à cheval pour y aller, car l'évesque de Coserans[1] m'en avoit donné advertissement, comme aussi avoit le parlement de Thoulouze, mais pource que le bruyt estoit que l'empereur vous vouloit faire la guerre à Metz, le roy d'Espaigne passait en Flandres, je craignoys de faire aucun commencement de mettre gens ensemble, pource que cela ne admenast autre suspeçon aux gens, mais à présent que vostre Majesté est bien advertie que le roy d'Espaigne ne passera poinct et que l'empereur aura assés d'autres afferes, et que vous n'avez rien à craindre des estrangiers, il est temps de commencer à chastier ces gens

1. Hector d'Aussun, évêque de Conserans, était un prélat militaire. Il avait levé en 1562 une compagnie de gens d'armes; il entretint cette troupe jusqu'à la fin de la guerre civile. Les historiens du temps assurent qu'il ne disait jamais la messe sans avoir son casque sur une des crédences de l'autel et sa cuirasse sur l'autre (Lafaille, t. II, p. 290).

icy, affin que vostre justice règne et voz édicts et commandements observés. Et si vous ne commencez en cestuy-cy, je ne voys point qu'il se puisse préparer chose aucune en tout vostre royaulme de si grande malfaiteure que cestuy-cy. Et y fault aller avec gens à cheval et à pied, menant artillerie, car si je y vays autrement je ne pourray recepvoir que une honte et perte de vostre repputation et la mienne, et razer les maisons des dicts Fontraille et Solan, et ouvrir les murailles des villes où ilz se retirent, et faire pugnir les seigneurs des villes où ilz se sont retirés et qu'il se trouvera les avoir favorisés, et les combattre dans les montaignes, et contraindre se jeter dans Espaigne, car je pense bien que le gouverneur en ce pays-là pour le roy d'Espaigne leur courra sus de son cousté. Et par ainsi le pays sera libre de telles gens, et vous mettrez vos pouvres subjects en paix, car tout le monde craindra vostre exécution.

Je vous supplie très humblement, s'il y a aucung en vostre conseil qui veuille mettre en avant que avec peu de forces et sans artillerie je y puis rémédier, n'en croire rien ; et qu'ilz y viennent eulx-mesmes pour faire l'exécution, car je n'y veulx point mettre la main que l'honneur ne vous en demeure. Et fault que celluy qui ira s'attacquer à toutes les deux parties, encores qu'il y ayt plus de tort et de mal faict d'ung cousté que de l'autre, affin que le chastiement en vienne par la voye de la justice, et commander à ung président de Thoulouze, tel que bon vous semblera, y venir pour faire le debvoir de la justice et moy celluy des armes, et mander à vostre trésorier qu'il face la forniture et aux compaignies de messieurs de Terride et de Gramont d'y venir, et commander au cappittaine Tilladet de lever troys ou quatre cens hommes[1], car ne fault faire levées de gens de ce pays de delà, parce qu'ilz sont presque tous parens d'une part ou d'autre, et mander s'il vous plaist à quelqu'ung de par deçà pour regarder la despense qu'il s'y fera, car je ne vous feray despendre ung soul que ce que luy-mesmes verra à l'œil qui sera besoing.

Il y a quatre moys que je vous avois envoyé des articles par le sieur de Panjas pour la conservation de la paix en ce pays icy et l'asseurance de vostre justice, mais on m'a mandé qu'on n'en avoit tenu compte pource qu'il se parloit de faire tenir garnison aux gens d'armes, et qu'il falloit que le peuple aydast quelque peu aux vivres des chevaulx des gens d'armes à cause de la cherté des avoines et foins. Il se trouvera à la vérité que ceulx icy ont desjà porté plus de domaige au pays en ung moys que n'eust cousté la despense des chevaulx de toute une compaignie en ung an. Et n'y seroient point advenus les meurtres et les bruslemens que s'y sont faicts, et troys filles héreticques, qui estoient à Pamiers de Lusson, lesquelles ont esté ravies par force et faictes épouser à des bélittres qui n'ont rien, oultre la volunté de leurs parens, comme les consulz du dict lieu m'ont mandé ces jours passés. Je vous envoie encore une copie des dicts articles, afin qu'il plaise à vostre Majesté les faire voir à vostre conseil. Et à

---

[1] On trouve dans les *Archives curieuses* de Cimber et Danjou le recit de l'expédition de Tilladet, t. VI, p. 309.

tout le moings me semble que le debvriez esprouver pour ung.

Les menées en Périgort ne cessent point encores, comme j'espère vous advertir bientost, après avoir retiré les informations que le séneschal en faict faire.

Sire, je supplie Dieu en très bonne santé vous doinct très longue et très heureuse vye.

D'Agen, ce XIIIme jour de février 1567.

Vostre très humble et très obéissant subject et serviteur,

De Monluc.

(Lettre rapportée de Saint-Pétersbourg et communiquée par M. le comte de Laferrière.)

---

161. — A MESSIEURS LES CAPITOLS DE THOULOUSE.

[Agen, 31 mars 1567.]

Messieurs, j'ay veu la lettre que m'avez escripte du XXVIIe de ce moys, me respondant sur ce que monsieur le premier président vous a dit de ma part, pour deux canons que je vous demandois pour aller exécuter une commission que le roy m'a envoyée[1], et ay trouvé fort estrange les doubtes en quoy vous estes dans vostre ville, comme m'escripvez. Je ne le trouverois pas estrange dans petite ville, pource que en petit lieu ne peult habiter beaucoup de gens garniz de grand sçavoyr, mais de vostre ville, là où il y a tant de grandz personnaiges en sy grande quantité

---

1. Il s'agit ici d'un ordre donné à Monluc de pacifier la querelle des Solan, Fonterailles et Roquemaurel.

que, quant il n'en y auroit en tout le royaume de France, il basteroit de ce qui est dans la closture de voz murailles pour en fournir tout le royaume. D'une chose seulement m'esmerveille, que vous ne considérez qui sera l'entrepreneur d'invader et surprendre Tholose. Nous ne sommes plus au temps que le roy estoit en bas aage, n'estant encore déclairé majeur pour commander en son royaume. Nous sommes au temps qu'il commande et qu'il peult déclairer tous ses subjectz qui contreviendront à ses édictz, qui exécuteront telles entreprinses, de quoy vous vous doutez, trahistres et rebelles à sa couronne. Or il n'y a plus de monsieur de Guyse pour servir de couverture, et ce que sa Majesté déclairera sera faict et déclairé. Et qui pensez-vous qui veuille se marquer de trahison, perdre sa vie, ses biens et toute sa famille? Ceulx de qui vous vous doubtez ne sont-ilz pas hommes comme nous, et, qu'en faisant cela, ils peuvent perdre plus que nous? Car à nous ne peult aller que de noz vies et non de noz honneurs, de noz biens et de noz postéritez, et à eulx il y va du tout. Ne vous peut-il souvenir qu'au temps que tout le royaume estoit en révolte vous combastites deux jours et deux nuictz avant que je vous peusse donner secourz. Les mesmes hommes qui ont deffendu la ville ne sont-ils pas encore dedans? Ne sommes-nous pas tant de chevaliers de l'ordre, voz voisins, que pour mourir nous n'auserions faillir à incontinent vous aller secourir? N'avez-vous pas toujours vostre ville plaine de gentilshommes qui mourroient pour vous secourir, comme firent alors ceulx qui s'y trouvoient? Et puys doncques que vous avés tout ce que vous aviés alors et d'avantage la majorité du roy, qui est plus à craindre que toutes les forces que nous sommes en Guyenne, pourquoy est-ce que vous imprimez ces doubtes en voz entendemens?

Je vous veulx parler comme vostre bon voisin et amy et comme homme expérimenté en telz affaires, que le péril qui court dans une cité et de là où peuvent sortir tous les malheurs, c'est quand les magistratz s'espouvantent du parler des hommes. Vous estes le mirouer où tout le monde se regarde; vous estes ceulx que le peuple escoutte. Et sy vous imprimez craincte en voz cueurs, tous prennent la craincte. Et sy vous croyez légerement, chacun croit ce que vous croyez. Et au contraire sy le peuple vous voit asseurez, chascun s'asseure, et, vous estans asseurez, tous demeurent en repoz. La royne de Navarre, qui m'a voullu tant de mal, a esté contraincte de dire que, depuis qu'elle estoit entrée en ce gouvernement de Guyenne, elle n'avoit trouvé personne qui se plaignist. Bourdeaux est ville aussi chatouilleuse que pourroit bien estre la vostre, mais néanmoingz elle ne preste l'aureille aulx faibles. Et me feront tousjourz ceste honnesteté de dire que les remonstrances, que je leur ay faictes sur telz faictz, leur ont apporté et apportent la paix. Et dernièrement que je fus à Libourne par le commandement du roy, le maire propre dudit Bourdeaux me vint remonstrer qu'ilz avoient eu advertissement certain qu'en la maison d'ung gentilhomme, à trois lieues dudit Bourdeaux, près de la rivière, on avoit faict un magazin de toutes armes. Et pource que telles nouvelles amènent tousjours malheur, je priay le procureur général du roy, qui estoit là avec moy, et audit maire mesmes que, sans assembler gens ny faire aulcun bruict, ils se transportassent sur le lieu à l'improviste ; et, s'il y avoit apparence de vérité, soubdain je tourneroys en arrière. Ilz y furent au partir de moy, et m'ont mandé n'y avoir trouvé qu'une harquebouze à rouet et deux ou trois vieilles picques. Et ne fault pas trouver estrange ce rapport qui avoit esté faict audit maire; car, passant à Thonenx, il me fut dict qu'il n'y avoit que cinq jourz qu'il estoit passé un bapteau où il y avoit cinq cens picques qui alloient là, et tout s'est trouvé mensonge.

Je vous metz en advant ces exemples, et une infinité d'autres sy je voullois. Mais je me résoulz tousjourz qu'il n'y a homme en tout ce royaume de France, qui ausast lever la teste pour faire telle eslévation qui a esté faicte par cy-devant. Et cependant je fais le mieulx que je puis à faire entretenir les éditz et ordonnances du roy, sans me partialiser aulcunement pour favorir ny les ungz ni les autres, et par ainsy nous vivons en paix par toute ceste Guyenne, sans ceste querelle particullière, qui est au hault Commenge, où le roy m'envoye. Et sy vous voulez faire comme moy, vous vivrez en paix et toute vostre cité, qui vous sera une louange si grande qu'un chacun pourra dire que vous ne méritez pas seullement d'estre cappitoulz mais de gouverner une monarchie. Et vous prie croire que toutes ces remonstrances et exemples que je vous metz devant procèdent de l'amitié que je porte à vostre ville, et que je vouldrois que par toute la France vostre renommée fust sy grande que les magistrats des autres cités vous en portassent envye.

Et, pour retourner à l'artillerye, j'attendz la response du roy et croys qu'il vous mandera de me prester deux couleuvrines que, à ce que j'ay peu entendre, suffiront. Et croy fermement qu'ils n'auseront attendre en quelque part que ce soit, et que les chefz de ceste querelle ne vouldront attendre leur grand ruyne et perdition. Car, si sa Majesté avoit envoyé au général faire délivrer l'argent pour faire payer quatre cens arquebuziers, je fusse en chemin, et ne crains poinct que le roy me donnera maistre.

Que est tout ce que je vous puys escripre, sinon que je me recommande toujours à vostre bonne grâce, priant Dieu, Messieurs, vous donner bonne et longue vie.

D'Agen, ce dernier de Mars 1567.

Vostre meilleur voisin et amy,

De Monluc.

(Lettre originale; signature autographe; Arch. mun. de Toulouse; communication de M. Roschach, archiviste.)

---

162. — A MESSIEURS LES CAPITOLS DE TOULOUSE.

[Agen, 30 septembre 1567.]

Messieurs, je vous ay escript de Lectoure ce jour d'huy comme j'ay besoigné audict lieu [1] et comme les affaires se passent en ces cartiers, où ceulx de la religion nouvelle ont les armes en main [2], tuent,

1. Voyez les *Commentaires*, t. III, p. 102 et suivantes.
2. Deuxième guerre civile, dite de *la Saint-Michel*.

massacrent et pilhent ce qu'ils peuvent sur les catholiques ; et assemblent leur camp à Brageyrac, qu'est la cause que ne pouvés failhir de prandre garde à vostre ville, tant de nuyt que de jour, de tant que les affaires sont beaucoup plus graves que n'estoyent au temps des troubles derniers ; et de ce vous en puys asseurer, pour les grands et bons advertissemens que j'ay de toutes parts. Je sçay que m'avés escript l'assemblée que ce faict à Montauban [1], laquelle est grande : toutesfoys leur résolution est, ayant fourny la ville de bonne garnison, s'en aller à Brageyrac ; qu'est tout ce que vous puys escripre pour le présent, après me estre recomandé à vous, pryant Dieu, Messieurs, vous donner en santé heureuse et longue vye.

D'Agen, ce 30 septembre 1567.

  Vostre entièrement bon amy à vous faire service,

De Monluc.

(Lettre originale ; signature autographe ; Archives mun. de Toulouse ; communication de M. Roschach, archiviste.)

---

163. — A MONSIEUR DE LA CASSAIGNE, GOUVERNEUR DE LECTOURE.

[Agen, 1er octobre 1567.]

Monsieur de la Cassaigne, et vous Messieurs les consulz de Lectoure, mectez incontinent et à la plus

---

1. A Montauban les Réformés démolirent la cathédrale, l'église et le couvent des Jacobins, et une patie de l'église Saint-Jacques (*Hist. du Languedoc*, t. V, p. 275).

grande diligence que pourrez quarante ou cinquante soldatz catholiques, bien cogneux, dans la ville et chasteau du dit Lectoure, et y faictes bonne garde, tant de nuict que de jour, car il est très nécessaire de ce faire pour le service du roy. Et espérant que n'y ferés faulte, ne vous dictz aultre chose, si non que monsieur de la Chapelle vous yra veoir bientost, qui vous dira plus amplement de mes nouvelles. Cependant je prie Dieu vous tenir en sa sainte garde.

D'Agen, ce premier d'octobre 1567.

  Vostre bien bon amy,
De Monluc.

(Lettre originale; signature autographe; collection de M. le comte de Lupé.)

---

164. — A MONSIEUR DE LA CASSAIGNE, GOUVERNEUR DE LECTOURE.

[Agen, 3 octobre 1567.]

Monsieur de la Cassaigne, j'ay receu vostre lettre et vous advise que j'ay advertye la court de parlement de Thoulouse, touchant le faict que vous m'avez mandé quant aux Barrals, affin que la dite court y envoie incontinent un commissaire. Cependant je vous prie garder que personne n'y touche jusques à ce que le dict commissaire aura veu le tout, lequel achevera la procédure que l'advocat du roy a commencé, le procès verbal duquel je vous prie bien garder, car sur icelluy il prendra fondement et en fera ample inquisition. Au demeurant je n'ay encores veu aucung consul pour déclarer ce que j'ay promis, mais, si tost qu'il en viendra devers moy pour en respondre, je ne feray faulte à luy faire délivrer le tout. Je leur escriptz de vous bailler les clefs de la ville tous les soirs, comme m'avez escript. Qui sera fin, me recommandant de bon cœur à vostre bonne grâce et priant Dieu en bonne santé vous donner, Monsieur de la Cassaigne, ce que plus désirez.

D'Agen, ce IIIme jour d'octobre 1567.

Vostre meilleur voysin et amy,

De Monluc.

Pource que les consulz ne pourroient faire la garde continuelle, à cause du peu de gens qu'ilz ont, j'ay mandé au cappitaine Gymont se transporter à Lectoure avec cent harquebusiers, lesquelz la ville soldoyera, et lesquelz aussi vous obéiront en tout ce que vous leur commanderez pour le service du roy.

(Lettre originale; signature autographe; collection de M. le comte de Lupé.)

165. — A MONSIEUR DE LA CASSAIGNE, GOUVERNEUR DE LECTOURE.

[Agen, 3 octobre 1567.]

Monsieur de la Cassaigne, je vous prie, si vous n'avez pourveu à la lieutenance du chasteau de Lectoure, y commectre le cappitaine Foyssin, présent porteur. Il est bon soldat et s'acquitera bien et dignement de sa charge; et oultre ce, vous ferez grand plaisir à ceulx de la ville de Lectore, qui l'ayment et se fient de luy pour avoir cogneu sa fidélité aux troubles passez. Me recommandant à vostre bonne grâce, et prie Dieu vous donner en santé longue vye.

D'Agen, ce tiers d'octobre 1567.
Vostre bon amy et voysin,
De Monluc.

(Lettre originale; signature autographe; collection de M. le comte de Lupé.)

166. — A LA REINE DE NAVARRE [1].

[Agen, 6 octobre 1567.]

Madame, j'ay receu la lettre qu'il vous a pleu m'escripre[2], et ne vous puys advertyr d'aultre chose que ce que vous-mêmes voyés. Toutefois j'espère, avec l'ayde de Dieu et les bons subjectz et serviteurs du roy qu'il a en ce pays, y donner tel ordre qu'il en demourera maistre ou il en coustera la vie à deux mil gentilzhommes, qu'avec l'ayde de Dieu dans jeudy serons ensemble; et en ay adverty sa Majesté et donné telle asseurance qu'il en aura contentement. Que sera fin; je supplieray le Créateur, Madame, en très bonne santé vous donner longue et heureuse vie[3].

D'Agen, ce VIme octobre 1567.

(Copie du temps; Archives nationales, K. 1506, n° 98.)

1. Cette lettre de Monluc à la reine de Navarre et celle qui suit, adressée au prince de Béarn, furent transmises à Philippe II par don Juan de Bardachin (Arch. nationales, K. 1506, n° 99).
2. La lettre de Jeanne d'Albret à Monluc est datée du 3 octobre 1567 (Arch. natiouales, K. 1506, n° 94).
3. La lettre de Monluc à Jeanne d'Albret est écrite sur la même feuille que la lettre au prince de Navarre, qui suit. Au dos de ces deux copies on lit : *Respuesta de Monluque a madama de Vandoma y su hijo.* En marge de la lettre adressée à Jeanne d'Albret on lit : *Respuesta de Monluque alla reina de Navara.*

167. — AU PRINCE DE NAVARRE.

[Agen, 6 octobre 1567.]

Monseigneur, j'ay receu la lettre que m'avés escripte[1] et nothé ce que me mandés, que trouvés estrange qu'estant près de vous je ne vous ay adverty des troubles en quoy nous sommes aujourdhuy. Sy ceulx de la religion de nostre roy avoient commencé, je vous en heusse incontinent adverty, mais ce sont ceulx de la religion nouvelle; qu'a esté cause que je ne me suys adressé, pour en donner advertissement, à aultre que au roy, car c'est de luy seul que je veulx avoir le commandement pour y remédier. Que sera fin[2].

(Copie du temps; Archives nationales, K. 1506, n° 98.)

---

168. — A MONSIEUR DE LA CASSAIGNE, GOUVERNEUR DE LECTORE.

[7 octobre 1567.]

Monsieur de la Cassaigne, je vous envoie ung double des lettres du roy[3] et de la royne que le sieur de Rœnoir asseure parfaictes. Faictes-le publier à son de trompe, affin que chascun entende la

1. La lettre du prince de Navarre à Monluc est datée du 3 octobre 1567 (Arch. nationales, K. 1506, n° 95).
2. A côté de cette lettre on lit : *Respuesta de Monluque al prince de Navara.*
3. La lettre du roi est datée du 28 septembre 1567. Elle raconte à Monluc l'attaque de Meaux et les premiers incidents de la guerre de la Saint-Michel (Collection de M. le comte de Lupé).

trahison et desloyaulté que l'on a usé contre nostre dit roy, et que ses fidelles subjects prennent courage de les revancher. Faictes bon guet, je vous en prie; monstrez ceste lettre au cappitaine Gimont.

Escript en haste, le VII de matin.

Vostre meilheur compaignon et amy,

De Monluc.

Sy les consulz ne vous bailhent et au cappitaine Gymond aussi, ne faictes-vous d'y accroire[1], car ceulx-là qui fairont le contraire monstreront la desloyauté qu'ilz ont au service du roy.

(Lettre originale; signature autographe; collection de M. le comte de Lupé.)

---

169. — A MONSIEUR DE LA CASSAIGNE, GOUVERNEUR DE LECTORE.

[Agen, 7 octobre 1567.]

Monsieur de la Cassaigne, monsieur le viscomte de Fimarcon a esté en ceste ville, lequel m'a dict qu'il a deux licts dans la ville de Lectore, lesquelz il veut faire conduire dans sa maison d'Astaffort; par quoy vous les y laisserez sortir, qu'est tout. Je prie Dieu vous donner ce que désirez.

Faict à Agen, le septième jour d'octobre 1567

Vostre bon voisin et amy,

De Monluc.

(Lettre originale; signature autographe; collection de M. le comte de Lupé.)

1. Cette phrase est obscure. Nous pensons qu'il y a une omission après : *Sy les consuls ne vous bailhent....*

170. — A MONSIEUR DE LA CASSAIGNE, GOUVERNEUR DE LECTORE.

[Agen, 15 octobre 1567.]

Monsieur de la Cassaigne, j'ay prié monsieur l'advocat de Las, présent porteur, aller jusques à Lectoure et vous dire quelque chose de ma part. Je vous prie de le croire comme à moy-mesmes. Et me remectant sur sa suffisence, ne vous en feray la présente plus longue, me recommandant de bon cueur à vostre bonne grâce, priant Dieu en bonne santé vous donner, Monsieur de la Cassaigne, ce que plus désirez.

Agen, ce XVme jour d'octobre 1567.

Vostre bon cousin et amy,

De Monluc.

(Lettre originale; signature autographe; collection de M. le comte de Lupé.)

---

171. — A MONSIEUR DE LA CASSAIGNE, GOUVERNEUR DE LA VILLE ET CHASTEAU DE LECTOURE.

[Agen, 21 octobre 1567.]

Monsieur de la Cassaigne, j'ai receu vostre lettre et aussi ay veu celle que le baron de Pourdiac vous a escript, et vous prie me croire, que jusques icy il n'y a homme qui m'ayt parlé de luy bailler le gouvernement du chateau et ville de Lectoure, qu'auray acepté. Et ores qu'on m'en eust parlé, je seroys fort marry de vous faire ung tel tort, ayant par deux diverses dépesches adverty le roy que je vous avoys mis dans le dit chasteau, asseurant sa Majesté sur mon honneur de vostre fidélité et loyauté, et que de vostre part vous mourriez plus tost que faire torn[1] que d'homme de bien. Je veulx bien vous dire que j'ay trois ou quatre advertissements que Crabe, que vous avez faict vostre lieutenant, estant amy et serviteur de ce Fontarailles et de la maison de Fimarcon, qu'il vous pourroit bien entreprendre quelque chose dont vous et moy ne serions contemps. Ces deux maisons tascheront par tous moyens de faire quelque entreprinse s'ilz peuvent. Et si le cas advenoit, et vous et moy serions deshonorés. Par ainsyn, pour éviter toute suppecon, je suys d'avys et vous prye d'hoster la lieutenance audit Crabe; et luy pourrez dire, s'il veult venir me trouver, je luy feray donner la lieutenance en quelque compaignie que je fay fere et luy feray fere bon traicttement. Gardez-vous aussi de recevoir aucun qui viegne de la part de la reyne de Navarre; et assurés-vous que pour tout certain la trahison est descouverte, qu'ilz estoient résoluz de tuer le roy et messieurs ses frères, car ilz l'assaillirent par trois diverses foys sur le chemin de Meaulx à Paris. Il y a des prisonniers, auxquels le roy faict faire le procès à Paris, qui disent tous cecy. Je vous prie ne communiquer la présente à personne, ains la noter en vous-mesme et en faire vostre proffict.

Pour le regard des soldats du cappitaine Gymond, mectés-en vingt sur ce gros usurié de Sere, et n'y faictes faulte, et qu'ilz ne despandent ailleurs que

---

1. *Torn*, tour.

chés luy, et les autres vous les pourrez despartir sur les maisons des Huguenaulx, à l'ung dix et l'autre huict, comme vous verrez, et les faire nourrir sans payer aucune chose. Je vous prie bailler vostre lieutenance au cappitaine Foyssin. J'ay baillé une commission au cappitaine Gymond, qu'il vous communiquera, et l'ay adressée à luy, affin que vous ne bougiez poinct de Lectoure, qu'il il yra dehors. Qui sera fin, me recommandant à vostre bonne grâce et prie Dieu qu'il vous donne, monsieur de la Cassaigne, en santé longue vie.

D'Agen, ce XIme d'octobre 1567.

Vostre meilleur voisin et amy,

De Monluc.

(Lettre originale; signature autographe; collection de M. le comte de Lupé.)

172. — [AU BARON DE MONTAUT.]

[Agen, 25 octobre 1567.]

Monsieur mon cousin, je suis esté constrainct aller pour le service du roy conduire les compaignies qui s'en vont en France[1] et d'autant que je ne veulx laisser la ville d'Aux desproveue, suivant ce qu'il a pleu à sa Majesté escripre que je feusse soigneulx que ses villes ne feussent surprinses, je vous prie, si quelque nécessité se présente, et qu'il soyt besoing y donner ordre pour la défence d'icelle, vous mectre dedans avec les sieurs de la Hitte, sainte Christine[1] et et sainct Cric, qui cependant pourront demurer en

1. Probablement *Sainte-Christie*.

leurs maisons; et m'asseurant que vous et eulx estes tant affectionnés au service du roy, ne vous feray plus longue lettre, priant Dieu, Monsieur mon cousin, vous donner ce que desirés¹.

D'Agen, ce XXVme d'octobre 1567.

Vostre meilheur cosin et amy,

de Monluc¹.

(Copie; Arch. mun. d'Auch; Reg. cons., f° 260.)

---

173. — A MONSIEUR DE LA CASSAIGNE, GOUVERNEUR DE LECTORE.

[Agen, 26 octobre 1567.]

Monsieur de la Cassaigne, j'ay prié monsieur l'arcediacre Delas, mon cousin, présent porteur, vous dire quelque chose de ma part. Je vous prie le croire comme à moy-mesmes, et sur le tout ne laisser poinct sortir aucung de voz soldatz, pource que le cappitaine Gimont s'en vient avecques moy. Et me remectant du tout sur la suffisance du dit sieur arce-

---

1. Monluc avait envoyé au baron de Montesquiou, dès le commencement d'octobre, une commission qui lui confiait le gouvernement d'Auch. Montesquiou la renvoya, mettant en avant sa mauvaise santé. Cette charge fut alors présentée au s. de Belloc, qui l'accepta. Mais les consuls refusèrent de reconnaître ce capitaine pour chef, alléguant que la ville était investie du droit de n'être gouvernée que par un de ses quatre barons, dignité qui manquait à Belloc. Ils donnèrent avis de ce refus à Monluc, qui désigna Montaut (Reg. cons. d'Auch, f° 245). Le baron de Montaut écrivit le 4 novembre aux consuls d'Auch pour leur demander s'ils voulaient le recevoir comme gouverneur (ibid., f° 252).

diacre, ne vous en feray la présente plus longue, priant Dieu, Monsieur de la Cassaigne, vous donner ce que désirez.

D'Agen, ce XXVIme jour d'octobre 1567.

Vostre meilleur cousin et amy,

De Monluc.

(Lettre originale; signature autographe; collection de M. le comte de Lupé.)

174. — A MONSIEUR DE LA CASSAIGNE, GOUVERNEUR DE LECTORE.

[Thiviers, 7 novembre 1567.]

Monsieur de la Cassaigne, les consulz de Lectoure m'ont escript que vous ne vous voulez contenter de cent livres le moys, que je vous ay ordonné. Je voys bien que vous n'avez pas grand envie de tenir la charge que je vous ay baillée; si est-ce que je ne vous puys en ordonner davantaige, que préalablement je n'aye entendu la volonté du roy, s'il veult mettre un gouverneur dans la ville pour y estre perpétuellement maintenu. Cependant, je vous prie, ne vous faschez point jusques à ce que je seray par delà, que sera bientost. Cependant je vous advise que je ne veux poinct que vous ayez enseigne. Qui sera fin. Je prie Dieu, Monsieur de la Cassaigne, vous donner ce que désirez le plus.

De Thiviers, ce VIIme jour de novembre 1567.

Vostre meilleur cousin et amy,

De Monluc.

(Lettre originale; signature autographe; collection de M. le comte de Lupé.)

175. — A MONSIEUR L'ÉVESQUE D'ACQS[1], A DACQS.

[Limoges, 11 novembre 1567.]

Monsieur, j'ay esté adverty que vous avez accordé à monsieur de Montaut, mon nepveu, à la requeste et prière de monsieur le chancellier, ung bénéfice, nommé Villeneufve, que son feu frère tenoit, et qu'à présent vous estes en vollunté de pourveoir dudict bénéfice monsieur de Lisle, vostre frère, et bailler récompense audict sieur de Montault ailleurs d'autre bénéfice de pareille valleur. J'ay bien voullu vous escrire la présente pour vous faire prière et requeste de mectre à effect pour l'amour de moy la promesse qu'il vous a pleu faire audict sieur chancellier et pourveoir celuy que ma niepce, madamoiselle de Montaut, vous nommera, dudict bénéfice de Villeneufve, duquel vous en pourrez disposer tousjours à vostre vollunté : vous asseurant, Monsieur, que j'estimeray ce bien et plaisir autant comme s'il avait esté faict à moy-mesmes, et duquel je me revencheray ez endroicts ou j'auray moien m'employer pour vous : priant m'acorder ce dessus. Et sur ce je me recommande de bon cueur à vostre bonne grâce, priant Dieu en bonne santé vous donner, Monsieur, longue et heureuse vie.

De Limoges, le 11 novembre 1567.

Vostre cousin, amy et serviteur,

De Monluc.

(Lettre originale ; signature autographe ; Bibl. nat., f. fr., vol. 6914, f° 141.)

1. François de Noailles, évêque de Dax (t. I, p. 242, note 2).

176. — A MONSIEUR DE DAX.

[Limoges, 12 novembre 1567.]

Monsieur, j'ay receu vostre lettre et ne doubte poinct que, en quelque part que vous soyez, vous ne faictes tout le bon debvoir que ung bon subject du roy peult et doibt faire, et mesmes vous qui estes des plus affectionnés serviteurs de sa Majesté et que cognoissés le besoing qu'il a d'estre fidellement servy en la callamité de ce temps. Et en cella vous ne faictes que suyvre la coustume de monsieur de Noailhes, vostre frère, duquel j'aime la maison, enfans et tout ce que luy apertient comme les miens propres. J'ay aussi entendu la créance du cappitaine Borde pour le faict du prieuré que vous scavez. Je vous prie que vous faictes de vostre part ce qui est en vous, et je vous asseure que je vous porte sur ma teste, et vous assisteray de tout en ce que je vous pourray aider en cest affaire, de sorte que je ne vous defaudré poinct. Aussi je vous prie que vous faictes pour le cappitaine Montault, mon nepveu, ce que je vous ay escript ce jour d'huy. Qu'est la fin après m'estre recommandé à vostre bonne grâce pour nostre Seigneur vous donner, Monsieur, en santé longue vie.

De Limoges, ce 12 de novembre 1567.

Vostre cousin, amy et serviteur,

De Monluc.

(Lettre originale; signature autographe; Bibl. nat., f. fr., vol. 6914, f° 143.)

177. — A MONSIEUR DE LA CHAPPELLE.

[Saint-Julien, 13 novembre 1567.]

Monsieur mon nepveu, les députés de la conté de Fezensac, Aux, Vic et Jegun me sont venus treuver et m'ont monstré la coppie d'une lettre, que vous leur avés escripte, concernant la cottisation de la contribution de Lectoure, me priant les en exempter, tant pour les frais et despens qu'ils ont souffert et souffrent ordinairement, que n'auroyent accoustumé contribuer audict Lectoure mesmement aux troubles arrivés; à quoy je n'ay volu toucher, ains les ay renvoyés jusques à ce que je seray par dellà pour y entendre le tout. Toutesfoys je vous veulx bien advertir que je ne prétans poinct avoir baillé commission pour ladicte contribution, sinon suivant la dernière cottisation que feust faicte aux autres troubles. Que sera fin, me recommandant de bon cœur à votre bonne grâce, priant Dieu en bonne saincté vous donner, Monsieur mon nepveu, ce que plus désirés[1].

De Sainct Jullien, ce XIIIme de novembre 1567.

Vostre meilheur oncle et amy,

De Monluc.

(Copie; Arch. mun. d'Auch; Reg. consul., f° 255.)

1. L'ambassade que les consuls d'Auch avaient envoyée à Monluc, pour le supplier d'épargner cette réquisition à la ville, arriva à Agen pendant l'absence de l'auteur des *Commentaires*. Sa femme prit sur elle d'accorder aux consuls d'Auch un sursis que Monluc ratifia plus tard (Reg. cons., f°° 240 et 254, v°).

178. — A MONSIEUR DE LA CASSAIGNE, GOUVERNEUR DE LECTORE.

[Sainte-Foy, 20 novembre 1567.]

Monsieur de la Cassaigne, le cappitaine Arné a receu la commission du roy pour faire cinquante hommes d'armes, suivant le pouvoir que je luy en avois baillé. Il m'a dict qu'il vous gardoit la lieutenance comme il vous a promis, toutesfois qu'il seroit bien ayse que vous l'ailliez trouver le plus tost qu'il sera possible, comme il vous escript. Vous adviserez ce que debvez faire en ce faict, car je vois que la compaignie du dict Arné est asseurée et le gouvernement est incertain, de tant que la royne de Navarre taschera par tous moyens à ce que la ville soit remise soubs son auctorité et puissance et qu'il n'y ayt poinct de gouverneur. Je ne vouldroys estre cause que vostre fortune fust retardée et que à mon occasion vous perdiez la lieutenance. Si vous estes en voullonté d'accepter la dite lieutenance et d'aller trouver le cappitaine Arné, j'ay prié mon cousin, monsieur de Panjas, se mectre en vostre place, entre les mains duquel vous remectrez les clefs jusques à ce que je sois par dellà pour y donner ordre. Qu'est tout ce que je vous puis escrire pour le présent, me recommandant de bon cueur à vostre bonne grâce, et prie Dieu, Monsieur de la Cassaigne, en bonne santé vous donner longue vie.

De Sainte Foy, ce XXme de novembre 1567.

Vostre meilleur cousin et amy,

De Monluc.

(Lettre originale; signature autographe; collection de M. le comte de Lupé.)

179. — A MONSIEUR DE DAMVILLE.

[Agen, 31 décembre 1567.]

Monsieur, Martineau à son arrivée de par deçà m'a dit que monsieur le mareschal, vostre frère, a tenu quelques proppoz de moy, disant que j'avoys escript des lettres à la royne, à monsieur de Valence et autres, contre l'honneur de monsieur le connestable; ce que, je vous asseure, ne se trouvera jamais que j'aye escript lettre à sa Majesté par laquelle l'honneur dudict seigneur soict en rien intéressé; et espère, dans peu de jours, envoier ledit Martineau ou autres devers leurs Majestez; par lequel je vous envoyeray la coppie des instructions que j'ay escript à la royne, affin que vous voyez le tout. Quant à monsieur de Valence, il ne se trouvera poinct aussi que je luy aye escript des lettres dans lesquelles il soict fait mention de monsieur le connestable. Et ce que luy ay escript, c'est que j'estoys bien ayse qu'il ne s'estoict poinct trouvé à Meaulx, lorsque le roy en partist, pource que ceulx qui venaient de la cour disoient qu'il y en avoit plusieurs au conseil qui conseillaient le roy de ne desloger dudit Meaulx; et que moy, pensant que sa Majesté eust oppinion que ceulx qui luy donnoient tel conseil s'entendoient et avoient intelligence avec ses ennemys pour le faire prendre, j'avoys peur que ledit seigneur de Valence s'y fût trouvé; et j'aymeroys mieulx estre mort que sy sa Majesté le taschoit à luy, à moy, ny à aucung de ceulx qui nous apartiennent, de telle intelligence: mais de nommer personne, je ne l'ay poinct faict, ny ne sçay qui sont ceulx-là, pource que je n'estoys poinct en ce conseil, comme vous-mesmes sçavez.

Que je n'aye esté mal content; sci ay; et pensoys que ce fût monsieur le connestable qui m'eust donné une charité, c'est de m'avoir baillé monsieur de Candalle pour contrescarre au gouvernement de Bourdeaulx[1]. Vous savez, Monsieur, que ce que plus nous devons avoir en recommandation c'est l'honneur; et si à présent me baillent ung contrescarre, ce ne se pourroict faire sans que je feusse touché de desloyauté à l'endroict de mon roy. Et pouvez pencer si j'avoys rayson d'estre mal content, ayant servy ceste couronne l'espace de quarante neuf ans sy fidellement comme j'ay; et pensoys que ce fust le dit sieur connestable qui me eust donné ceste charité. Toutesfoys depuys, ayant entendu que vous et monsieur le mareschal, vostre frère, aviés mandé le dit sieur de Valence que ce n'estoict pas luy, trouverez, sy vous faictes monstrer une lettre que j'ay escripte à monsieur de Villeroy[2], me plaignant de ce fait, que j'en demande pardon audit sieur connestable, le genoil en terre, tout mort; et que c'est contre quelque autre, m'asseurant, quant vous et le dit sieur mareschal, vostre frère, aurez entendu le tout,

1. Voyez les *Commentaires*, t. III, p. 125, note 2.
2. Nicolas de Neufville, seigneur de Villeroy, secrétaire d'État, né en 1542. Il sut se maintenir au pouvoir par d'habiles évolutions sous les règnes de Charles IX, de Henri III, de Henri IV et la régence de Marie de Médicis. Il mourut le 12 novembre 1617. Il a laissé des mémoires qui courent de 1567 à 1604 et qui ont été réimprimés dans toutes les collections sur l'histoire de France.

vous n'aurez occasion d'estre mal contens contre moy.

Qui est tout ce que je vous diray pour ceste heure, après m'estre recommandé très humblement à vostre bonne grâce, priant Dieu en très bonne santé vous donner, Monsieur, longue et heureuse vie.

D'Agen, ce dernier jour de décembre 1567.

Vostre humble serviteur,

De Monluc.

(Lettre originale; signature autographe; Bibl. nat., f. fr., vol. 3242, f° 120.)

---

180. — A MONSIEUR LE BEAUCLERE[1], CONSEILLER DU ROY ET RECEVEUR GÉNÉRAL DE SES FINANCES EN PICARDYE.

[Agen, 10 janvier 1568.]

Monsieur le Beauclere, j'ay receu la lettre que m'avez escripte, et pour vous respondre quant à ce que messieurs des finances m'ont faict escrire au roy, je n'en veulx rien faire; car je ne veulx point

1. Nicolas de Beauclerc, conseiller du roi, officier de finances. Pendant les guerres d'Italie, il avait suivi la fortune de Monluc et avait été attaché plusieurs fois à l'auteur des *Commentaires*. En 1565 il entra à la recette générale des finances établie à Bordeaux (coll. Gaignières, vol. 2783, f° 19). Peu de temps après, il devint receveur général des finances en Picardie (lettre de Monluc du 10 janvier 1568). En 1579 il était trésorier des finances à Limoges (coll. Gaignières, vol. 310, f° 113). Vers la même époque on le retrouve à Paris, secrétaire du duc de Montpensier (f. fr., vol. 3182, f° 54). Il devint enfin trésorier du duc d'Alençon et négociateur de ses emprunts (lettre du duc d'Alençon, du 7 août 1581; coll. Dupuy, vol. 801, f° 169).

estre despourveu d'argent, veu mesmement que sa Majesté m'a envoyé lettres patentes[1] pour faire levée de deniers sur ce pays pour l'entretenement des gens de guerre à pied et à cheval, qu'il convient entretenir pour son service en Guienne. Et si vous veulx dire que jamais il ne se fit si grand levée de gens de guerre en ce pays tant de cheval que de pied, qui ont esté envoyés pour secourir sa Majesté, et qui luy aye si peu cousté que à présent. Et qu'on se informe si le gouverneur de Languedoc[2] en a usé de cette sorte, car jusques icy il a despendu des finances de sa Majesté cent quatre vingt dix mille francs, sans avoir levé plus hault de quatre compaignies, ny trouvé moyen de faire fornir au pays l'argent qui est nécessaire pour le payement des gens de guerre qu'il y fault entretenir pour la garde d'icelluy, comme j'ay faict. Mais si lesditz sieurs des finances veullent mesnager l'argent du roy, qu'ils le facent à l'endroit de ceulx qui le despendent en vain, s'il en y a. Car, quant à moy, je ne suis point de ce nombre.

Vous me congnoissés loing temps y a, et scavés comme j'en use; vous asseurant que je n'ay point changé de completion. Et d'autre part ce n'est qu'une lettre de caichet, et ce que j'en fais est en vertu des lettres patentes de sa Majesté; par quoy je vous prie les en advertir et leur mander franchement que je n'en feray autre chose. Qui sera fin, me recommandant de bon cueur à vostre bonne grâce, priant Dieu en

---

1. Une copie authentique des lettres patentes du roi, signée de Monluc, est conservée dans le vol. 341 de la coll. Gaignières, f° 171.

2. Le maréchal Damville.

bonne santé vous donner, Monsieur de Beauclere, ce que plus désirés.

D'Agen, ce Xme de janvier 1568.

Vostre bon amy,

De Monluc.

(Lettre originale; signature autographe; Bibl. nat., coll. Gaignières, vol. 344, f° 9.)

181. — A MONSIEUR DE DACQS.

[Agen, 17 janvier 1568.]

Monsieur, j'ay receu vostre lettre, ensemble celle des juratz de Dacqs, et pource que je suis sur mon partement pour m'en aller à Bordeaulx, à cause que les Huguenotz se sont saisiz de la Rochelle[1] et que je veulx pourvoir audict Bordeaulx et à Blaye et tout ce qui sera nécessaire, je vous prie me trouver mauvais si je ne vous fay longue lettre, ny à présent si ne fay autre response ausditz juratz. Quant à vostre gouverneur, je ne l'ay point encore veu et suis bien aise que vous m'ayés adverty pour quelle occasion il s'en vient, vous asseurant que je n'ordonneray rien en ce qu'il me pourra requérir pour le faict dont m'escripvez; car je ne veux point donner ceste despense au peuple, s'il n'en ait besoing, et entretenir garnisons à l'appétit de certains particuliers. Qui sera fin, me recommandant de très bon cœur à vostre

1. Les Réformés de la Rochelle, sous le commandement de François Pontard, maire de la ville, avaient pris les armes, pillé les églises et fermé les portes à Jarnac, leur gouverneur (Arcère, *Hist. de la Rochelle*, t. I, p. 355).

bonne grâce; et prye Dieu vous donner, Monsieur, en très parfaicte santé longue vye.

D'Agen, le XVIIme janvier 1568.

Vostre cousin, amy et serviteur,

De Monluc.

(Lettre originale; signature autographe; Bibl. nat., f. fr., vol. 6914, f° 145.)

182. — AU ROY.

[Agen, 18 janvier 1568.]

Sire, ayant tousjours congneu le sieur de la Cassaigne, présent porteur, très humble et très obéissant subject et serviteur de vostre Majesté, au commencement des troubles je luy baillay la charge du gouvernement de la ville de Lectoure, à laquelle il s'est si bien et si fidellement acquité, que, je vous puys tesmoigner, il n'en est venu aulcune plaincte. A présent il a quitté la dite charge pour accepter la lieutenance de gens d'armes qu'il a pleu à vostre Majesté donner au cappitaine Arné. Je vous supplye très humblement, Sire, le recongnoistre pour vostre très humble et très obéissant subject et serviteur.

Sire, je supplye le Créateur en très bonne santé vous donner très longue et très heureuse vie.

D'Agen, ce XVIIIme janvier 1568.

Votre très unble et très obéisant sujet et serviteur.

De Monluc.

(Lettre originale; ces mots : *votre très*, etc., et la signature sont autographes; coll. de M. le comte de Lupé.)

183. — AU ROY.

[Marennes, 29 mars 1568.]

Sire, il y a aujourd'hui cinq semaines que je vous despéchay le cappitaine Aspremont[1] avec amples instructions et mémoires, vous demandant par icelles tout ce qui m'estoit nécessaire pour le siége de la Rochelle[2], et dans cinq ou six jours après vous envoyay semblable dépesche par Lefebvre[3], qui estoit secrétaire de feu monsieur le connestable, et depuis vous ay escrit par le marquis, qu'est au sieur Stroce[4], pour vous donner les nouvelles de la deffaicte que

---

1. Une lettre du roi à Monluc, en date du 17 mars 1568, nous apprend que le capitaine Aspremont avait été arrêté en route, et que les dépêches qu'il portait étaient tombées aux mains des réformés (Minute; coll. Harlay S. G., vol. 320, 2, f° 71).

2. Monluc avait reçu au commencement de février l'ordre d'assiéger la Rochelle. Voyez les *Commentaires*, t. III, p. 148 et suivantes. Aux documents déjà cités sur cette campagne (t. III, p. 149, note), il faut joindre un ordre du roi, du 17 mars 1568, portant injonction à tous les capitaines d'aider Monluc dans son entreprise (coll. Harlay S. G., vol. 320, 2, f° 75), une lettre du roi, de la même date (*ibid.*, f° 71), et une autre de la reine, du 17 mai (*ibid.*, vol. 320, 3, f° 55), à l'auteur des *Commentaires*.

3. Une lettre de Foix Candale, du 20 février 1568, à la dame de Montmorency, donne la date de l'envoi du secrétaire Lefebvre à la cour (f. fr., vol. 3197, f° 34).

4. Philippe Strozzi, fils du maréchal Strozzi, naquit à Venise en avril 1541. Il devint colonel général de l'infanterie, après la mort de d'Andelot, et lieutenant général de l'armée navale. Strozzi assista aux siéges de Calais, de Guines, de Leith en Écosse, de la Rochelle, de Brouage, et aux batailles de Saint-Denis, de Jarnac, d'Arnay-le-Duc. Il mourut en 1581. Brantôme a écrit sa vie dans les *Couronnels françois*.

monsieur de Madaillan avoit faite en ce pays[1]. Après le partement duquel je m'acheminay dans deux ou trois jours pour m'en venir dans ces cartiers, attendant la response de vostre Majesté sur les dictes dépesches, mais encores jusques icy je [n'en ay receu] aucune. Je m'arrestay trois ou quatre jours à Saint Jehan d'Angely pour remédier à faire assembler des vivres pour l'avituaillement du camp durant ledict siége; et après m'en suis venu en ce lieu de Marennes où j'ay trouvé monsieur de Pons, où estans avons esté tous d'advis d'aller faire attaquer l'isle de Ré, qu'est vis à vis de la Rochelle, et d'où ceulx qui sont dedans en tirent toutes les commodités qui leur sont nécessaires. Et de faict y avons envoyé le sieur de Leberon, mon nepveu, avec cinq ou six cens harquebuziers, desquelz il est chief, et le cappitaine la Gombaudière avec l'armée de mer et deux robberges, qui y sont arrivées de Sainct Jehan de Luz, lesquels jeudy matin dernier firent semblant vouloir faire descente en ung endroit de ladicte isle, mais ils s'en allèrent en ung autre, dont ceulx qu'estoient dedans feirent semblant de les vouloir empescher et faisoient fort du brave. Toutefois il ne fust en leur puissance à garder que les nostres ne mirent pied à terre, ce que voyant les ennemis commencèrent à se retirer à leur princippal fort. Et pource que tout le jour fut nécessaire aux nostres pour faire ladicte descente, ilz furent contraintz louger à ung petit village à deux lieues des autres.

---

1. Combat de Saint-Saurin. Voyez les *Commentaires*, p. 153 et suivantes.

Et le lendemain matin, devant le jour, se mirent aux champs pour venir donner l'assaut audict fort, dont ceulx qui estoient dedans perdirent cueur et commencèrent à se retirer par le dernier et par des rochers tirant droit à la mer, où les nostres n'eussent jamais pensé qu'ils se fussent retirés, non qu'il n'en demeurast beaucoup sur la place, auxquelz la gorge fut coupée, et toute leur artillerie gaignée, ensemble deux enseignes de cinq qu'il y en avoit. Ceulx qui se retiroient commencèrent à se mettre dans des barques pour se sauver, mais les chaluppes qu'estoient avec ledict cappitaine la Gombaudière vindrent à les attaquer et les mirent à fonds quelques unes, tellement que les ennemys ne sceurent si bien faire qu'ilz ne perdyssent plus de la moitié de leurs gens. Voilà le succès de la dite entreprinse, et comme la dicte isle a esté remise soubz l'obéissance de vostre Majesté [1]; dont depuis, et le dict jour de vendredy estant arrivé mon fils le chevalier, je l'envoyay sabmedy matin en ladicte isle pour aller rémédier à tout ce qui y sera nécessaire et y laisser en garnison deux ou troys compaignies de gens de pied, attendant toujours que j'aye nouvelles de vostre Majesté et ce qu'il vous plaira me respondre à ce que je vous ay demandé pour l'exécution et siége dudict la Rochelle.

Sire, tous ceulx de la nouvelle religion qui sont retournés du camp de monsieur le prince de Condé et encores ceulx qui sont audict camp escrivent à leurs amis de par deçà, les asseurant que la paix est faicte, laquelle ils publient partout, ce que je ne

---

1. Voyez les *Commentaires*, p. 155 et suivantes.

puys croire ny en croiray rien que je n'en voye l'asseurance de vostre Majesté[1]. Toutesfois, Sire, où elle sera faicte, je suis asseuré que vostre Majesté fera casserie de la pluspart des compaignies de gens d'armes qu'elle a données, car aussi il est impossible d'en pouvoir entretenir si grand nombre. Et pource que je scay bien que chascung se vouldra employer pour ses amys, qui ont de ces compaignies, affin qu'ils les ayent entretenues, je vous en ay voulu toucher ce mot et vous supplier très humblement laisser à monsieur de Pons la sienne, affin qu'il ayt moien de faire rendre en tout ce pays l'obéissance qui vous est deue, ayant pleu à vostre Majesté luy en donner la charge; et, où il y en auroit quelqu'ung qui vous conseilleroit le contraire, n'en voulloir rien faire, et considérer qu'il n'est en la puissance du gouvernement d'une province se faire craindre ny obéyr et tenir voz subjects soubz vostre obéissance, s'il n'a les forces pour ce faire. Mais pour le regard de tant d'autres compaignies que vostre Majesté a données, si les cappitaines n'ont aucune charge ou bien s'ilz ne sont vieulx cappitaines et qu'ilz l'aient bien mérité, c'est à vous à en ordonner comme bon vous semblera; qui est cause que je vous supplie très humblement encores ce coup voulloir laysser la sienne audict sieur de Pons et croire que tout ce que je vous en escriptz est pour vostre service.

1. L'édit de paix avait été signé le 23 mars et enregistré le 27 au Parlement de Paris. Le texte de cet édit est imprimé dans le recueil de Fontanon, t. IV, p. 289. Une copie contemporaine, conservée à la Bibliothèque nationale (f. fr., vol. 6604, f° 63), porte la date du 24 mars.

Au demeurant, Sire, incontinent que mon dict fils le chevalier sera de retour de la dicte isle de Ré, je m'achemineray avec toutes les compaignies de gens de pied et toute la cavallerie pour m'aller joindre avec monsieur de Lude¹, affin d'aller reprendre ung chasteau, qui est assez fort, nommé Maran, lequel il n'a peu remettre soubz vostre obéissance pour n'avoir assez de forces, et aussi qu'il est trop près de la Rochelle, au devant de laquelle je passeray attendant tousjours response de vostre dite Majesté, sans laquelle, et que je n'aye tout ce que je vous ay demandé pour l'exécution de ladicte entreprinse, je ne puis rien faire.

Je pense que vostre dicte Majesté aura veu ung ou autre des dicts cappitaines Aspremont ou Lefebvre. Toutesfoys ce porteur m'a dit qu'il a entendu, venant de la court, qu'il auroit esté prins troys courriers par les chemins, lesquels les ennemys ont fait pendre, qui est cause que je vous envoye par ce dict porteur la coppie des dictes instructions, afin que, si les autres n'avoient peu se sauver, vostre Majesté voye ce que je demande pour ladicte exécution, vous suppliant incontinent me faire response, et me résouldre entièrement de vostre volunté. Dès que vostre Majesté m'aura fait entendre le certain de la

---

1. Guy de Daillon, comte du Lude. Dans une note précédente (t. III, p. 154), nous restions indécis sur le point de savoir si Monluc désignait, comme son lieutenant dans cette campagne, Guy de Daillon ou son frère François. Une lettre de Guy de Daillon au duc d'Anjou, du 23 février 1568 (coll. Harlay S. G., vol. 320, 1, f° 329), et deux quittances du 8 avril et du 5 mai 1568 (Arch. nat., K. 94, n° 57 et 58) nous permettent d'assurer que l'auteur des *Commentaires* désigne Guy de Daillon.

paix ou de la guerre, je vous dépescheray le cappitaine Montault ou mon nepveu de Leberon, avec l'estat de tout le pays et de ce qu'il me semble comme vous devez estre servy; vous en prendrez et en laisserez ce que bon vous semblera : si est-ce que je ne puis mieux faire, comme très loyal et très fidèle serviteur que je vous suys et ay esté toute ma vye, que vous en advertir. Toutesfoys, Sire, je vous supplie très humblement ne vouloir rien ordonner pour le faict de la mer de ce cartier de deçà que vous n'ayez veu l'ung d'eulx.

Sire, je supplie le Créateur en très bonne santé vous donner très longue et très heureuse vie.

De Marennes, ce XXIXme de mars 1568.

Vostre très humble et très obéissant suject et serviteur,

De Monluc.

Sire, les habitants de ces isles, encores qu'ilz ne méritent que vostre Majesté leur face nulle grâce, monsieur de Pons et moy nous les avons soulaigés le plus que nous avons peu. Ils nous ont donné dix mil francs, mais soubz vostre bon plaisir; et pource que ledict sieur de Pons est plus en arrière en debtes que moy, je leur en ay quicté quatre mil, afin qu'ilz aient meilleur moien de les payer, et aussi qu'il a plus despendu que moy aux autres troubles. Vous nous en donnastes autant à feu monsieur de Burye et moy sur Clayrac. Je vous supplie très humblement vouloir authoriser le don et en commander les expédictions.

(Lettre rapportée de Saint-Pétersbourg et communiquée par M. le comte de Laferrière.)

184. — AU ROY.

[Saint-Jean-d'Angély, 2 avril 1568.]

Sire, le vingt neuviesme du passé je vous écrivis de Marennes par Dagron la résolution que nous avyons prinse, ayant cinq ou six septmaines que n'avyons receu aucunes nouvelles de vostre Majesté, et comme nous estions assignés, messieurs de Lude, de Pons, de Jarnac et moy, à moytié du chemin de Nyort et de ceste ville de Saint Jehan d'Angely pour résoldre de ce que verrions estre nécessaire pour vostre service, où nous trouvasmes yer, non le dict sieur de Pons, pource qu'il estoit ung peu mal disposé, estant demeuré en ceste ville. Et après avoir communiqué de toutes choses, le dict sieur de Lude me dit que, si je luy laissoys des forces de cavallerie que j'avoys avecques moy, il se faisoit fort avec celles qu'il avoit de reprendre le chasteau de Maran et et qu'il n'y faisoit nul doubte, qui est cause que je luy laisse la compaignie de monsieur le prince de Navarre, laquelle monsieur de Boryes, son lieutenant, commande, et celle de monsieur de Merville, grand sénéschal de Guyenne, et laisse à monsieur de Pons la compaignie de monsieur de Lauzun, avec la sienne, et trois ou quatre compaignies de gens de pied. Et le reste je suis contrainct le ramener en Gascogne, pource que ne pouvois aller assiéger la Rochelle, pour les raisons que vostre Majesté aura veues par la dépesche du dict Dagron. Toutesfois, pour le cas où il n'auroit peu passer, je vous ay envoyé une coppie, mandant ce qu'il vous plaira nous mander sur le tout. Voilà la résolution que nous en avons prinse, où y avoit beaucoup de gentilshommes de qualité, que chacun en a dit son opinion.

Ceux qui sont retournés du camp de monsieur le prince de Condé publient partout que vous avez faict la paix, mais nous n'en voyons rien, et ce qui me faict penser qu'elle n'est point faicte, c'est parce que le dict sieur prince, estant à Bloys, comme on nous fait entendre..... toutesfoys ceulx qui sont retournés de son dit camp ne font nul semblant de innover aucune chose et demeurent en leurs maisons sans faire desplaisir à personne, qui est cause que nous ne leur en faisons poinct à eulx, et ne leur courons sus, attendant toujours nouvelles de vostre Majesté. Cependant monsieur de Jarnac aussy se retire à sa maison affin d'avoir le cueur aux affaires et mesmement pour garder que ceux qui sont retournés ne reprennent les armes.

Aussi, Sire, j'ay envoyé par le dict Dagron à monsieur de Valence, mon frère, ung mémoire par lequel le prie vous faire très humble requeste vouloir donner vostre ordre en ma faveur à sept gentilshommes, qui sont messieurs de Cassareil, de Brassac, de Cavery (?), Cyvrac, de Verduzan, séneschal de Bazadois, de Tilladet le jeune et de Panjas. Et craignant que le dict sieur de Valence ne vous en aye encore parlé, je vous en ay bien voulu coucher ce mot, et vous supplie très humblement les honorer de vostre dict ordre. Ce sont gentilshommes de qualité, d'ancienne race, le moindre desquels menera tousjours quarante ou cinquante chevaulx pour vostre service. Il me semble que vostre Majesté, au temps où nous sommes, doibt obliger tels gentilshommes, et mesmement que tiennent vostre religion, vous asseurant qu'ils ont le moien pour en tirer un grand service, qui me faict encore vous supplier très humblement m'accorder ceste requeste. Je vous en ferois semblable recommandation pour le dict sieur de Bories, qui est ung lieutenant de monsieur le prince de Navarre, mais pource qu'il est de la maison de la royne de Navarre, elle luy pourroit sçavoir mal et luy casser; toutesfoys la charge qu'il a est à vostre nomination, luy ayant faict cest honneur; et quelque religion qu'il aye, je vous asseure qu'il est très fidèle subject et serviteur : et si vostre Majesté le veult honorer de son ordre, je vous supplie, Sire, que ce soit à vostre seule nomination, et qu'il ne tienne cest honneur d'autre que de vous, lequel je vous supplie avoir pour recommandé.

Semblablement, Sire, je vous ay escript par le dict sieur Dagron comme on m'avoit volé trois chevaulx, que j'avois achepté en Espagne, lesquels j'avois fait passer par le moyen de Fourquevaux, qui est mon cousin. Et combien que je me doubtâsse bien que c'estoit la royne de Navarre qui m'a faict faire ce tour, si est-ce que je ne la voulloys point nommer par ma lettre; mais à présent j'en suys contrainct, car mes dictz chevaulx ont esté prins par quinze hommes à cheval, pourtant tous cappes de Béarn, bien armés, et ayant chacun ung pareil de pistolets à l'arsson de la selle, lesquels tuèrent un de mes gens qui les conduysoient, n'estant que trois en nombre, l'ung desquels, qui est ung garson, se sauva, et l'autre, qui est ung gentilhomme de ma compaignie, lequel j'avoys envoyé devers le dict sieur de Fourquevaux pour les achepter, après l'avoir mené longtemps en délibération tousjours de le tuer, le passant par d'estranges sentiers, l'attachèrent à ung arbre, où ils le laissèrent bien lyé; et à leur despart luy dirent qu'aussy bien ne se pouvoient-ils sauver s'ils eussent prins autre chemin comme par celluy qu'ils les avoient arrestés, pource qu'il y en avoit d'autres, et que tous avoient commandement de prendre les dicts chevaulx et de tuer tous ceulx qui les conduysoient. Or despuys en çà ils ont esté suyvys et jusques dans la frontière de Béarn.

Sire, je vous supplie très humblement considérer que je suys vostre très humble serviteur et non d'autre, et que je suys icy suivant le commandement qu'il vous a pleu me faire, et qu'il n'y a si petit personnaige en France qui ne veulle soustenir son serviteur, si on luy faict tort, dont il en est advenu cinq cens querelles et beaucoup de meurtres, qui me faict vous supplier très humblement, veu que je suys vostre très humble serviteur, vous faire faire raison de l'injure qui vous est faicte, car elle ne l'a faict faire pour autre respect sinon pource que j'estois par deçà pour l'exécution de l'entreprinse qu'il vous a pleu me commander, vous suppliant très humblement ne trouver mauvais si j'en ay ma vengeance et si me revenge à feu et à sang et de la mesme sorte que le tort m'a esté faict. Et pource qu'elle est si grande dame que vous ne le pourriez trouver bon, Sire, avant que d'andurer qu'un tel tort aye lieu en

mon endroict, je supplie très humblement vostre
Majesté plustost me donner congé de me retirer en
Ytalie ou un autre endroit hors du royaume de
France pour n'y retourner jamais plus, ce que j'ayme
beaucoup mieulx, et perdre ma femme, mes enfans,
et tout ce que j'ay que non d'andurer une telle offense en vous faisant service. Et affin que vostre
Majesté ne pense qu'elle eust argument de ce faire,
je vous asseure que pendant toutes ces guerres elle ne
m'a sceu demander aucune chose que je ne la luy
aye accordée; et m'en suys formalisé contre vostre
court de parlement de Bourdeaulx; et mesmement
dernièrement, estant audict Bourdeaulx, ayant fait
constituer prisonnier le sieur de Fors, parce que tout
d'un coup j'eus trois ou quatre advertissemens qu'il
avoit tenu ung sinode à une sienne maison, où y
avoit grande assemblée de ceulx de la nouvelle religion, auquel il proposa qu'il estoit envoyé en ce
pays de la part de monsieur le prince de Condé
pour recouvrer soixante mil francs affin de les envoyer audict sieur prince, et après qu'il alla passer à
la Rochelle et de là s'en alloit à Blaye pour susciter
monsieur des Roys et ceulx de la nouvelle religion
du dict Blaye à prendre les armes, et après s'en alloit
faire le semblable à Bourdeaulx, et ceulx qui me donnoient les advertissements le désignoient de son
corps, de son visaige, de son cheval mesmes, sur
lequel il montoit, de sorte que vostre court de Parlement en avoit pris congnoissance, et luy avoys
baillé deux commissaires pour luy instruire son
procès, lesquels estoient sur le point de luy bailler
la geyne, les preuves estant suffisantes pour ce faire;

mais ayant receu une lettre d'elle, la plus gratieuse qu'on scauroit veoir, par laquelle elle me pryoit si jamais j'avoys envye de luy faire plaisir que je luy fisse cognoistre à l'endroict du dict sieur de Fors, et, ce faisant, que je le fisse élargir et mettre en liberté, je prioy la dicte court de parlement, ensemble les dicts commissaires, ne passer outre ny luy bailler la question, de sorte que je le fis délivrer entre les mains d'ung sien secrétaire qu'elle avoit envoyé expressément devers moy, lequel luy admena avec toute seureté. Voylà comme elle a occasion de me faire ce tort, que me fait vous supplier encores très humblement ne trouver mauvais si j'en ay ma vengeance.

Sire, achevant la présente est arrivé icy le cappitaine Montault, lequel m'est venu advertyr comme ceulx-mesmes qui ont volé mes chevaulx sont venus atacquer sa compaignie, qu'il faisoit venir à Bourdeaulx pour la garde de la ville, laquelle ils ont deffaicte, comme aussi ont-ils atacqué deux compaignies du baron d'Amou, qui s'acheminoyent audict Bourdeaulx, ausquelles ils ont tué deux gentilzhommes, dont despuys en çà la royne de Navarre a escript une lettre au cappitaine Montault, par laquelle le somme de ne innover aucune chose contre voz édicts et ne faire aucun desplaisir à ceulx que n'ont prins les armes et n'ont bougé de leurs maisons. Vostre Majesté peult juger s'ilz se sont contenus, s'estant mys en campagne et venus assallir les compaignies qui sont levées pour vostre service; qui me faict vous supplier très humblement encores ce coup ne trouver mauvais si je m'en vais en Gascoigne tant vanger le tort que vous a esté faict que celluy qui m'est faict à moy.

Sire, puysque vostre Majesté n'a faict la paix, je serais le plus trompé homme du monde si la guerre ne nous vient en ce pays de Poytou, Xaintonge et Angoulmois pour tousjours s'approcher de la royne de Navarre. Et si monsieur de Poytiers vous a mandé ce qu'elle escripvoit à monsieur le prince de Condé, lorsqu'il crocheta le pacquet de Volpilures (?), vostre Majesté aura peu cognoistre que ne vous devez fier en elle; et si ledict sieur de Poytiers ne l'auroit faict, je vous en envoye le sujet, vous suppliant très humblement, Sire, me voulloir envoyer quatre commissions en blanc, affin que je face faire levée de mil ou douze cens harquebuziers en Basque et sur la frontière d'Espaigne pour avoir moien au besoing de venir secourir ce dict pays[1].

Sire, je supplie le Créateur en très parfaicte santé vous donner très longue et très heureuse vye.

De Saint Jehan d'Angely, le second d'avril 1568.

Vostre très humble et très obéissant subjet et serviteur,

De Monluc[2].

[1]. Une lettre du nonce apostolique, communiquée à Philippe II, énumère les efforts de la reine de Navarre pour établir le calvinisme en Béarn et donne de curieux détails sur le pillage des églises et les profanations commises par le jeune prince de Béarn (Arch. nat., K. 1509, n° 23).

[2]. La reine mère répondit le 14 avril à cette lettre de Monluc. Elle lui promet le collier de l'ordre pour les gentilshommes qu'il recommande et d'amples compensations pour la perte de ses chevaux; mais elle lui ordonne avec insistance de se garder de toute représaille envers la reine de Navarre (coll. Harlay S. G., vol. 320, 2, f° 163, copie).

Sire, je ne veulx oblier à vous dire et supplier très humblement vous vouloir occuper de ce pays de deçà le plus qu'il vous sera possible, et, veu que nous n'avons poinct de paix, envoyer sept ou huict commissions pour icelles distribuer aux gentilzhommes Basques, lesquelz m'ont promis tousjours mener quatre mil hommes, quant il sera besoing, dont en y aura deux mil cinq cens harquebuziers et par mesme moyen m'en envoyer une pour le sieur Philippes Bardachin pour lever six cens hommes, car, encores qu'il soit Espagnol, si est-ce qu'il a la pluspart de son bien en France, ensemble la plus grande partie de ses parents[1]. Il a longtemps qu'il commande pour vostre service, et il m'a toujours promis de mener deux mil hommes de la montaigne, dont en y aura quinze cens harquebuziers, d'envoyer le tout le plus tost qu'il sera possible par le cousté d'Auvergne affin qu'elles ne soyent prinses. Monsieur de Pons demeure en ceste ville avec les forces qu'il m'a demandées. Je vous ay escrit par le sieur Dagron que, si vostre Majesté fesoit la paix, que je la prioys ne luy poinct casser sa compaignie, encores qu'elle soit nouvelle, pour estre gouverneur d'une province, et qu'il ne pourroit faire rendre à voz subjects l'obéissance que vous est deue sans les dictes forces, que me faict vous supplier encores très humblement luy laisser sa dicte compaignie.

(Lettre rapportée de Saint-Pétersbourg et communiquée par M. le comte de Laferrière.)

1. Bardachin obtint la commission que Monluc demandait pour lui. Nous le retrouvons six mois plus tard à Toulouse à la tête du parti catholique (Arch. nat., K. 1510, n° 40).

185. — A MONSIEUR LE DUC D'ALBE, GOUVERNEUR POUR LE ROY CATHOLICQUE EN SES DUCHIÉ ET COMTÉ DE FLANDRES.

[Bordeaux, 10 avril 1568.]

Monsieur, moy estant en la ville de Bourdeaulx pour le service du roy, dès le mois de novembre dernier, je donné charge et argent à Guillaume Boyer et Jehan de Masparraulte, marchans de ladicte ville, de s'acheminer en Flandres et achepter le nombre de cinquante corcelletz, cent arquebouzes et aultant de mourrions blans et dorés, et me renvoyer le tout à la plus grande diligence qu'il seroit possible, à cause de la nécessité de la guerre. Lequel achapt desdictes armes fut faict par ledict Boyer en la ville d'Anvers jusques au nombre de cinquante-deux arquebouzes, cinquante et sept mourrions blans et six dorés et sept corcelletz blans, garnis de quatre bourguignotes, qui furent baillés en cinq barriques et une quesce et chargé dans le navyre, nommé la Jehanne de Merches, duquel le maistre ce nomme Pierre Leduc; et, ainsy que ledict navyre fut arrivé en Sellande pour venir à Bourdeaulx, fut visité et arresté par le baylif des eaulx, demourant en la ville de Milledebourg, et par luy lesdictes armes furent confisquées et retenues, ainsy que ledit Pierre Leduc, maistre du navyre, estant arrivé sur le port et havre de Bourdeaulx, nous l'a raporté. Et de tant que ladicte confiscation est intervenue à faulte que ledit maistre du navyre ne sceust remonstrer que lesdictes armes avoient esté achaptées pour le service du roy et de mes propres deniers, vous ay bien vouleu prier me faire tant de faveur, en contemplation du service du roy, de commander lesdictes armes estre délivrées audit de Masparraulte ou à aucuns de ses commis que j'envoye pour ce faict exprès vers vous ; et à faulte que lesdictes armes ne se trouveroient, luy faire délivrer l'argent qui fut employé à l'achapt d'icelles ; et en oultre permetre audit de Masparraulte ou à ses commis, soubz mon nom et de ma charge, tyrer d'Anvers ou aultres lieux de vostre commandement aultre nombre d'armes jusques mil ou six cens mourrions, et aultant de arquebouzes et quelque nombre de pistolletz qui me sont nécessaires pour le service du roy ; et à ces fins luy bailler lettre de passeport, afin que lesdictes armes ne soient empeschées en aucune manière. Et en ce faisant m'obligerés à vous faire service en tous endroitz qu'il vous plaira m'employer ; que fairay d'aussi bonne volunté que présente mes humbles recommandations à voz bonnes grâces, et supplie le Seigneur Dieu vous maintenir en siennes.

De Bourdeaulx, ce Xme avril 1568.

Vostre obéyssant serviteur,

De Monluc.

(Lettre originale; signature autographe; Bruxelles, Archives du royaume; communication de M. Pinchart.)

186. — A MESSIEURS LES CONSULS D'AGEN.

[Cahors, 30 septembre 1568.]

Messieurs, j'envoye ce pourteur[1], commissaire ordinaire de l'artillerie, de par dellà pour faire embarquer l'artillerie, qu'il verra estre nécessaire pour icelle faire conduire à Bourdeaux; par quoy vous ne fauldrés la luy délivrer et tout ce qu'il vouldra prendre pour icelle. Et en retenant la présente avec son récépicé, vous en demeurerés deschargé. Et sur ce je prieray Dieu, Messieurs, en sainté vous donner ce que désirez.

De Cahours, ce dernier jour de septembre 1568.

Vostre bon voisin et amy,

De Monluc.

(Copie; Arch. mun. d'Agen; Reg. cons., f° 248.)

---

187. — A MONSIEUR LE GRAND PRIEUR D'AUVERGNIE[2].

[Cahors, 30 septembre 1568.]

Monsieur, le roy a escript une lettre à monsieur d'Escars, par laquelle luy mande incontinant s'aler joindre avec les forces qu'il a avec monsieur de Montpensier, et ce afin de combatre les forces de monsieur le prince de Condé; luy mandant par

1. Claude de Tiboville. Il reçùt l'artillerie de la ville, quelques couleuvrines conservées dans la maison de Monluc, et en donna recépissé le 11 octobre 1568. (Reg. cons. d'Agen, f° 248.)
2. Jean Mottier de Hautefeuille, de la maison de Lastic, second fils du seigneur de Pontgibaud, était grand prieur d'Auvergne et lieutenant de Saint-Herem, gouverneur de la province.

mesme moyen sa Magesté qu'il s'asseure tant de l'expérience et bonne conduite de tous ses bons et fideles subjetz et serviteurs de par deçà, que, avec les forces que nous avons assemblées, nous empêcherons le passage des Provenczaus et de ceulx du Dauphiné et Languedoc. Or, Monsieur, puisqu'ainsi est, que vous, messieurs de Saint Eran[1], Cauret, de Senectere, de Sainct Chaumond, de Curton, d'Urfé, et toute la noblesse du pays de delà estes ensemble, comme monsieur de Cornusson m'a mandé, et qu'estes résolus de les combatre, s'ilz veullent passer en voz cartiers, il n'est question en ce fait que de diligence, c'est que incontinant que vous entendriés que les enemys prendront leur chemyn pour passer, s'ils prenent leur chemyn en vos ditz cartiers, vous nous advertissés en toute dilligence, mais il fault que soyt jour et nuict, sans rien esparnier, monsieur de Rodès, lequel incontinant en advertira monsieur de Caylus, qui en mesme instant nous advertira à nous, affin que s'ils passent en vos ditz cartiers, nous vous puissions aller joindre et. nous rendre au lieu que vous manderés, pour les combatre. Mais il fauldra que vous les advertissez du chemyn que nous avons à tenir, pource que vous le savez mieux que nous. Et si cas est qu'ils veullent prendre autre chemyn, nous leur irons au devant vers Périgueus, afin de les pouvoir combatre ; comme nous en ferons de mesmes de ceulx de Montauban s'ils sortent.

1. Gaspard de Montmorin, comte de Saint-Herem, capitaine d'une compagnie d'ordonnance, chevalier des ordres du roi, fils de François de Montmorin et de Jeanne de Joyeuse. Il avait succédé à son père dans le gouvernement de l'Auvergne.

Et voylà comme il est nécessere pour le service du roy que nous nous entendons et ayons intelligence. Vous asseurant que, si nous pouvons deffere ces trouppes, la guerre est finie, car monsieur le prince n'a poinct de forces ; et en quelque lieu que ce soyt il les fault combatre, ne craignant poinct que nous ne soyons assez fortz ; j'ay icy avecques moy dix compaignies de gens d'armes bien completes et trente enseignes de gens de pied. Mais je me fie plus en la cavalerie qu'en tout le demeurant, combien que j'aye la melieur arquebouzerie qu'est possible, et estans ensemble, parce que pourrons fere de cinq à six mile hommes, ayant aussi plus de cent gentilhommes qui sont icy avecques moy pour leur plaisir. Je vous prie encores ce coup, Monsieur, fere dilligence de vostre costé, en laquelle gist tout nostre affere. Et sur ce me recommanderay humblement à vostre bonne grâce, priant Dieu, Monsieur, en bonne santé vous donner longue et heureuse vie.

De Cahours, ce dernier jour de septembre 1568.

    Vostre frère, compaignon et amy à vous fere service,

De Monluc.

(Copie du temps; Bibl. nat., f. fr., vol. 3347, f° 75.)

188. — AU ROY.

[Souillac, 9 octobre 1568.]

Sire, vostre Majesté aura veu le sieur de Périgort que monsieur le comte d'Escars et moy despeschasmes devers vous de Gourdon, et par luy entendrez le desseing des ennemys, qui estoient assemblés vers les

Sevènes, qu'estoit qu'ils debvoient prendre le chemin d'Auvergne et par le bas Limosin pour s'aller joindre avec monsieur le prince de Condé à Confoulant, et que pour empaicher leur passaige et les combattre, nous acheminions peu à peu du long de la rivière de Dordoigne pour leur estre au devant et nous joindre avec messieurs les grand prieur d'Auvergne et de Sainct Haran, pensant que ceulx de Montauban, Millau et Sainct Anthony s'achemineroient pour s'aller joindre avec les autres. Mais estant arrivés en ce lieu de Souillac, j'ay receu deux lettres, l'une de monsieur de Rhoudez et l'autre de monsieur de Cornusson le jeune, qui sont au dict Rhoudez, et qui nous tiennent advertis d'heure à autre, sur lesquelles nous vous avons assemblé tous les chevaliers de l'ordre et cappitaines de gens d'armes pour sur ce en dire chascun son oppinion.

Et ay voullu proposer le premier : et que mon oppinion estoit que nostre camp devoit prendre le chemin de Bragerac et Périgueux pour favoriser Angoulesme, que le dit sieur prince de Condé tient assiégé, mais j'ay esté seul en oppinion, car tous les dicts cappitaines en général ont esté d'advis que nous ne debvions prendre ce chemin, disant, veu que le sieur d'Assier est desjà arrivé à Castres et Gaillac avec ses forces, estant bien avant descendu vers Montauban, il ne seroit point venu si avant pour après reculer, et qu'il se venoit joindre avec ceulx de Millau, Sainct Anthony et Montauban, pour après prendre leur chemin droit à Bragerac, où ledict sieur prince de Condé leur viendroit au devant; car d'Angoulesme jusqu'au dict Bragerac ne y a que quatorze lieues, ny de Montauban jusques audict Bragerac que dix huict ou vingt, et que nous en estans esloignés leur donnions passaige, et que au partir de Montauban avec troys ou quatre pièces d'artillerye, qu'ils y ont, ou à Castres, ilz prendroient Agen, Moissac, Villeneufve et par conséquant pilleroient tout le plat pays; et d'autre part, nous ne scavons si les forces de monsieur de Montpensier et de monsieur le mareschal de Vieilleville sont suffisantes pour combattre celles du dict sieur prince de Condé, ny que s'acheminant le dict sieur prince pour venir au devant des dictes forces, le dict sieur de Montpensier et mareschal de Vieilleville se missent sur queue pour, si le dict sieur prince se trouvoit à eulx, résister à ses forces, disant tous en général que nous ne scaurions aujourd'huy faire ung plus grand service à vostre Majesté que d'empescher le passaige des Prouvençaulx, qu'ainsi se sont tous nommés.

Or, Sire, tous sont résolus que le dict sieur d'Assier n'est point descendu si bas pour après reculer et s'en aller par les montaignes, car dans quatre jours il se peut joindre avec les forces du dict sieur prince, tenant le susdict pays, et reculant pour aller vers Confoulant, il leur en fault plus de huict, s'estant desjà éloigné de plus de quatre journées du chemin d'Auvergne, qui est cause que nous reculons et nous allons mettre le plus près d'eulx qu'il nous sera possible, afin aussi de nous joindre avec monsieur de Joyeuse, qui a escrit à monsieur le président Daffis à Thoulouze qu'il sera si tost audict Thoulouze avec ses forces que ledict sieur d'Assier sauroit estre vers Montauban, comme le dict sieur président m'a mandé. Toutesfois je n'ay encores peu descouvrir les forces du dict sieur de Joyeuse et par mesme moien j'advertis les dicts sieurs grand prieur d'Auvergne, de Sainct Haran, de Rhoudez et de Cornusson de s'avancer avec leurs forces pour se venir joindre avec les nostres afin que, si monsieur le prince veult venir au devant des autres, nous puissions estre assez forts pour combattre les ungs et les autres, dont je vous ay bien voulu faire tout ce discours et vous mander les raisons pour lesquelles nous reculons, vous suppliant très humblement croyre que ce n'est pour fuyr le combat, ains au contraire pour y aller, car nous ne désirons autre chose[1]. Et pource que le dict sieur comte d'Escars vous en escript encores plus particulièrement, je ne vous en feray la présente plus longue, si ce n'est seulement que pour vous rendre plus certain de ce que je vous escripts. Je vous envoie les lettres que les dicts sieurs de Rhoudez et de Cornusson m'ont escript, ensemble la coppie de celle du dict sieur président.

Sire, je supplie le Créateur en toute félicité et santé vous donner très longue et très heureuse vie.

De Souillac, le IXme jour d'octobre 1568.

Vostre très humble et très obéissant suget et serviteur,

De Monluc.

(Lettre rapportée de Saint-Pétersbourg et communiquée par M. le comte de Laferrière.)

1. Voyez les *Commentaires*, t. III, p. 177 et suivantes. Une lettre de Philippe de Bardachin, en date du 6 octobre 1568, donne de nouveaux détails sur l'armée provençale et les manœuvres de Monluc contre elle (Arch. nat., K. 1510, n° 40).

189. — AU ROY.

[Villeneuve-d'Agen, 31 octobre 1568.]

Sire, incontinent que je fuz arrivé à Agen, après que messieurs d'Escars, de la Valette et moy nous fusmes despartis, je fuz adverty que à Bourdeaulx il y avoit quelque deffience des ungs et des autres, dont la court de parlement m'escrivit par troys ou quatre lettres, me priant instamment y vouloir ordonner[1]. Toutesfois, pource que depuis nostre dict déppartement je reconvoloys tousjours de mieux en mieux en ma santé, je désiroys avant la fin de mes jours me trouver encores en une bataille pour vous y faire quelque bon et agréable service, qui fut cause que j'envoyay mon fils le chevalier audict Bourdeaulx, estimant que sa présence y suffiroit, lequel à son arrivée a trouvé que ce meschant traystre et desloyal des Roys avait mis vostre chasteau et ville de Blaye entre les mains des Mirambeaux, sans avoir tiré une seule harquebuzade[2]. Et encores feit-il da-

---

1. De tout temps les jurats exerçaient le gouvernement de Bordeaux. Monluc avait voulu substituer un commandant militaire, Tilladet, à la municipalité. De là d'insurmontables conflits entre les jurats, le maire de Bordeaux, Tilladet et le parlement. Voyez l'*Hist. de Bordeaux* de Devienne, p. 152 et suiv.

2. Voyez les *Commentaires*, t. III, p. 161 et suivantes. La prise de Blaye frappa de terreur les habitants de Bordeaux. Le parlement, le procureur général, le maire et les jurats écrivirent aux gouverneurs de Bayonne et de Narbonne pour leur demander des munitions de guerre (Arch. nat., K. 1511, n° 97).

vantage, qui envoya demander secours au dict Bourdeaulx, dont incontinant le maire, qu'est le fils du sieur de Lansac, print troys cens harquebusiers pour l'aller secourir, pensant qu'on luy recepvroit, mesmement de tant que son père vous en avoit respondu. Et s'estant mis par eau au dict Bourdeaulx il arriva de nuict au dict Blaye, et feit mettre quelques ungs de ses soldats en terre, dont incontinant les autres leur tirèrent quelques coups de mosquetades et harquebusades et en tuèrent et blessèrent ung nombre; tellement que ledict maire, pour fouyr à la fureur de l'artillerie, fut contrainct s'en aller plus bas. Le lendemain ils prinrent Bourg et ont passé la mer jusques en Médoc, où ils font ung fort au bort de la rivière, de sorte que ladicte ville de Bourdeaulx est assiégée du cousté de la mer.

Or despuis le partement de mon dict fils le chevalier, j'ay receu une lettre de Monseigneur, vostre frère, escripte à Bloys, par laquelle me commande m'acheminer avec toutes les forces de deçà pour m'aller joindre avecques luy et monseigneur le duc de Montpencier, affin de combattre monsieur le prince de Condé; suyvant lequel commandement je m'estoys acheminé jusques en ceste ville de Villeneufve d'Agennoys, ayant desjà faict advancer vingt ou vingt cinq compaignies de gens de pied que mon nepveu de Leberon a conduictes, que seront aujourd'huy ou demain sur la rivière de Dordoigne, attendant les autres forces que messieurs de Joyeuse, de Terride et de Négrepelice conduisent, tant de gens de cheval que de pied, qui sont assez suffisantes estant joinctes pour combattre la moytié des forces dudict sieur prince de Condé[1]. Toutesfoys, estant arrivé en ceste dicte ville, je receus une lettre de mon dict sieur de Montpencier, par laquelle me mande luy avoir esté donné certain advertissement que monsieur le prince de Condé se faict fort de la ville de Bourdeaulx par les intelligences qu'il y a, me commandant y aller en toute dilligence et que je ne vous scauroys faire pour ce jour d'icy service plus agréable, ce que je faiz présentement[2]; non toutesfoys que les dictes forces ne poursuyvent leur chemin, lesquelles monsieur de Terride conduira, attendant ledict sieur de Joyeuse, s'il fait la diligence, comme je pense qu'il fera. Et estant au dict Bourdeaulx je pourvoiray à Dacqz[3] et Sainct Sever, car je crains quelque chose de ce cartier-là; et ayant aussi porveu au dict Bourdeaulx, si je voys que ma présence n'y soit plus requise, incontinent je m'achemineray pour aller trouver mes dictz seigneurs, vostre frère et de Montpencier, afin de me trouver à la bataille, qui est la chose que je désire de plus en ce monde.

Au demeurant, Sire, j'ay envoié le pacquet que m'avez envoyé pour faire tenir à monsieur de Gra-

---

1. Ces troupes avaient été rassemblées par Monluc en vertu d'un ordre du roi, daté du 4 septembre 1568 (Arch. nat., K. 1527, n⁰ˢ 10 et 11).

2. Monluc arriva à Bordeaux dans les premiers jours de novembre. Les pompeux détails de son entrée sont racontés dans la *Chronique Bordelaise* de Lurbe, 1620, f⁰ 47.

3. Peu après avoir reçu la lettre de Monluc, le roi renvoya à Dax l'évêque François de Noailles avec des pouvoirs illimités (Lettre de Charles IX à Monluc, coll. Gaignières, vol. 644, f⁰ 49 v⁰).

mont, ne scachant ce que luy mandez par icelluy; et vouldroys de bon cueur que longtemps jà vous l'eussiez mandé venir auprès de vostre Majesté, combien que ung gentilhomme fort amy m'a dict et asseuré qu'il se prépare pour vous aller trouver. Vous voulant bien dire, Sire, que vous estes tenu de remercier madame de Gramont, car je pense qu'il n'y a eu jamais femme qui ait plus persuadé son mary de ne prendre les armes contre vostre service qu'elle a faict ledict sieur de Gramont.

Je vous ay desjà escript comme j'avoys mis soubz vostre main mademoiselle de Nevers, laquelle est à Lectore et ma femme avecques elle, qui ne l'abandonne poinct, comme aussy elle m'a prié la luy laisser; elle pleura au commencement, mais à présent elle s'est asseurée et se porte bien[1]. Je seroys d'advis que vostre Majesté la feit conduire auprès de vous, ce qui se pourra faire aysément par le Languedoc ou bien par Périgueux et Lymoges, à présent que voz forces y sont grandes.

Semblablement je vous ay mandé qu'il y avoit beaucoup de meubles dans le chasteau de Nérac et que vous vouliés qui en fust faict, et que mon advis estoit de les faire vendre et faire mettre l'argent qui en proviendroit entre les mains d'ung de vos recep-

---

1. Il s'agit ici de Marie ou de Catherine de Clèves, orphelines, filles de François de Clèves, duc de Nevers, et de Marguerite de Bourbon. Elles étaient nièces de Jeanne d'Albret. Le roi et la reine écrivirent à Monluc le 23 janvier 1569 pour lui donner l'ordre de remettre Mlle de Nevers aux mains du sieur de Marets, gentilhomme du duc de Nevers, chargé de la conduire à la cour f. fr., vol 3239, f° 117 et 118).

veurs, car voz finances en seroient d'autant augmentées; et si vostre dicte Majesté n'avoit d'autre conseil que le mien vous le feriez, car vous ne devez point respecter la royne de Navarre, puisqu'elle ne respecte poinct de porter les armes contre vous[1].

Aussi, Sire, suyvant ce qu'il vous a pleu m'escrire, j'ay desporté la moytié de ma compaignie à monsieur de Fontenilles, mon beau filz, et pour le regard de l'autre moytié je la veulx garder pour moy, espérant que mon fils le chevalier vous fera quelque si agréable service que vous luy en donnerez un autre. Il vous avoit pleu au commencement des derniers troubles me donner vingt hommes d'armes de cueur, et à présent que madicte compaignie est despartie en deux, je vous supplie très humblement me continuer les dix hommes d'armes de cueur; et ma compaignie sera de quarante hommes d'armes, affin que j'aye meilleur moien de vous faire très humble service, et à ces fins en commander les expéditions nécessaires. J'ay layssé le cappitaine Tilladet à Agen et en ces cartiers de delà, parce que les viscontes ne sont point partys du pays, lesquels ont troys ou quatre mil hommes de pied et troys ou quatre cens chevaulx. Si je voys qu'il y ayt quelque chose en ce pays de Bourdaloys et des Landes, je vous en advertiray incontinant par homme exprès, et, si vous n'a-

---

[1]. Le roi, par lettres patentes du 14 octobre, renouvelées le 19 novembre, avait déclaré confisqués tous les domaines de la reine de Navarre et de son fils (*Hist. du Languedoc*, t. V, p. 290). Il est probable que ces meubles ne furent pas vendus; car l'inventaire du château de Nérac en 1598, publié par M. Tamizey de Larroque, dénote une grande richesse dans le mobilier.

vez point de lettres de moy, asseurez-vous que vos affaires se portent bien.

Sire, je supplie nostre Seigneur en très bonne santé vous donner très longue et très heureuse vie.

De Villeneufve d'Agenoys, ce dernier jour d'octobre 1568.

  Vostre très humble et très obéissant suget
  et serviteur,

        De Monluc.

(Lettre rapportée de Saint-Pétersbourg et communiquée par M. le comte de Laferrière.)

---

190. — A LA ROYNE.

[Villeneuve-d'Agen, 31 octobre 1568.]

Madame, pource que par la lettre que j'escripts présentement au roy vostre Majesté verra tout ce que je vous pourroys escrire, je ne vous en feray autre discours par la présente pour ne vous ennuyer de longue lettre ny uzer de redicte, vous suppliant très humblement, Madame, faire en sorte que ma compaignie soit entretenue jusques à quarante hommes d'armes et en commander les expéditions nécessaires ; et ce faisant j'auray tousjours meilleur moien de vous faire à jamais très humble service. Et sur ce je supplieray nostre Seigneur, Madame, en très bonne santé vous donner très longue et très heureuse vie.

De Villeneufve d'Agennoys, ce dernier jour d'octobre 1568.

Vostre très humble et très obéissant suget et serviteur,

De Monluc.

(Lettre rapportée de Saint-Pétersbourg et communiquée par M. le comte de Laferrière.)

---

191. — AU ROY.

[Bordeaux, 9 novembre 1568.]

Sire, le sieur de Parizot, présent porteur, vous fera entendre comme je m'achemine ce matin pour aller trouver Monseigneur vostre frère. Toutesfoys il est arrivé un homme qui m'a asseuré avoir layssé monsieur le prince de Condé avec son camp à Larochefoucault, s'acheminant à grandes journées, faisant dix lieues le jour, vers Poictiers, et que mon dict seigneur, vostre frère, s'avançoit aussi vers la France; qui me faict penser que c'est pour empescher le passage des rivières au dict sieur prince. Si estant vers Périgueux, où je m'achemine, j'entends que la bataille se doyve donner vers Lymoges, je ne fauldray m'y rendre. Aussi, si j'entends que les deux armées ayent prins leur chemin vers la France, je vous supplie très humblement, Sire, ne trouver mauvais si je ne passe plus oultre, car je ne scaurois arriver assez à temps pour me trouver au combat; et je m'en retourneroy en ces cartiers de Bourdaloys pour faire quelque service à vostre Majesté, et tascheray de reprendre Blaye; ne voulant oblier à vous dire que tous ceulx de la nouvelle religion des pays de deçà, ensemble ceulx que la royne de Navarre avoit mené et qui ont esté au camp de monsieur le prince de Condé tant de cheval que de pied sont retournés en leurs maisons et disent que le dict sieur prince n'a avec luy que monsieur d'Acier avec sa troupe, tellement que leur retour a mis tout le monde en crainte, mesmement ceulx de ceste ville, voyant d'autre cousté que je m'en vays.

Je vous ay escript et supplié très humblement, Sire, me vouloir donner dix hommes d'armes de cueur en ma compaignie, laquelle sera de quarante, si ainsi vous plaist que j'ay avecques moy ce que je vous supplie très humblement encore ce coup me vouloir accorder, et commander les dépesches nécessaires m'estre envoyées. Semblablement j'ay adverty vostre Majesté comme j'avoys mis soubz vostre main mademoiselle de Nevers. Il plaira à vostre dicte Majesté me mander quel chemin vous voulés qu'elle tienne pour aller vers vous, laquelle je feray seurement accompaigner par le Languedoc ou par le pays d'Auvergne. Il me semble qu'il seroit le meilleur et le plus court par le dict pays d'Auvergne, droict à Moulins.

Je receu yer une lettre de monsieur de Gramont, par laquelle me mande qu'il n'attend sinon nouvelles de son lieutenant avec sa compaignie pour incontinant me venir trouver la part où je seray et après s'en aller vers vostre dicte Majesté dans troys ou quatre jours. J'escriray par homme exprès suyvant ce que j'auray entendu. Cependant j'ay prié le dict sieur de Parizot solliciter la response de la présente. Je vous supplie très humblement, Sire, commander qu'il soit depesché incontinant et me le renvoyer, et sur ce je supplieray nostre Seigneur, Sire, en très bonne santé vous donner très longue et très heureuse vie.

De Bourdeaulx, ce IXme jour de novembre 1568.
    Vostre très humble et très obéissant suget et serviteur,

De Monluc.

Sire, achevant la présente, le sieur de la Marque est arrivé, qui m'a rendu les lettres qu'il a pleu à vostre Majesté m'escrire, et m'a grandement resjouy pource que je craignoys qu'il fût esté thué par les chemins, de tant qu'il m'avoit esté dict que ung courrier avoit esté prins. Nous faisons procéder à la publication des lettres de révocation [1] mais non des autres [2], attendant la venue de monsieur de Saincte Colombe, pour par luy entendre vostre volonté, sur son voyage vers vostre dicte Majesté; lequel je vous supplie humblement renvoyer en toute diligence avec le plus d'hommes de sa nation qu'il pourra trouver, afin que plus aisément on puisse effectuer vos commandements. Le dict sieur de la Marque cependant a passé plus avant. Vous voulant bien

---

1. Il s'agit probablement de l'édit de septembre 1568 qui défend de professer publiquement une autre religion que la religion catholique, et qui révoque tous les précédents édits de tolérance. Cet édit est imprimé dans le recueil de Fontanon, t. IV, p. 294.

2. Nous croyons que Monluc désigne ici des lettres patentes à lui adressées sous la date du 4 septembre, portant l'ordre précis de ne point inquiéter les réformés de toute condition, qui n'auraient point pris les armes (Arch. nat., K. 1527, n°s 10 et 11).

dire que dans le dict pays de Béarn y a des esprits de diverses complexions et sera bien mal aysé qu'on veuille obéyr à ung du pays, toutesfois, si vostre Majesté me veult employer en cella, j'espère conduire si bien les affaires que le tout viendra à vostre souhait ; et vauldroit beaucoup mieulx que vous y envoyassiez ung du pays de France que ung de ce pays.

(Lettre rapportée de Saint-Pétersbourg et communiquée par M. le comte de Laferrière.)

---

192. — MESSIEURS LES MAIRE ET JURATS DE LA VILLE DE BORDEAUX.

[Sainte-Foy, 16 novembre 1568.]

Messieurs, j'ay receu par le contrerolleur général.... présent porteur, les lettres du roy dont je vous envoie la [copie¹]. Il m'a dict en avoir d'aultres de sa Majesté à vous add[ressantes], le contenu desquelles vous ne fauldrez à accomplir et à y besongner selon sa volonté contenue en icelles. Et d'a[utant] que cela importe à son service, lequel vous est assez recommandé, je ne vous en feray plus longue lettre, p[riant] Dieu, Messieurs, vous avoir en sa sainte garde.

1. Les bords de cette lettre, conservée aux Archives de Bordeaux, ont été rognés par l'incendie de 1862. Nous rétablissons entre crochets les mots qui manquent au texte. Cette lettre nous a été communiquée par M. Barkhausen, éditeur des Mémoires de Favas, publiés par la Société des bibliophiles de Guyenne.

De Saincte Foy, ce XVIme de novembre 1568.

Vostre entiérement bon amy,

De Monluc.

(Lettre originale; signature autographe; Arch. mun. de Bordeaux.)

---

193. — AU ROY.

[Agen, 3 février 1569.]

Sire, Monsieur de Montferrand est aujourd'huy arrivé et m'a dict tout ce qu'il vous a pleu me commander; je l'ay faict partir incontinent pour s'en aller à Bourdeaulx en la charge qu'il a pleu à vostre Majesté luy donner[1]. Je suys certain que faulte de bonne volunté ne le fera jamais faillyr, mais le temps est de telle sorte que le plus saige homme du monde a assez à faire à se pouvoir conduire saigement en sa maison sans charge aucune; or vostre Majesté pourra considérer comme on se peut gouverner en une grande cité ou en ung pays là où il n'y a pour le jour d'huy que connivences et dissimulation, et ceulx-là que l'on pense aucunes foys les plus ouverts en volunté et affection pour vostre service, à huit jours de là se trouvent les plus couverts et dissimulés. Je porte grande envye à la nation de France,

---

1. A la suite des plaintes nombreuses portées par les jurats contre la négligence de Tilladet, Monluc avait remplacé ce capitaine par Charles de Monferrand dans la charge de maire de Bordeaux (Devienne, *Histoire de Bordeaux*, t. I, p. 152 et suiv.). Voyez la lettre 189.

que, encore qu'il y en aye de ceste relligion nouvelle, si est-ce que le naturel du Francoys a meilleur zelle; et sont plus saiges en toutes choses que les barbares et rusticques de ce païs, que chacun veut que l'on face sellon ce que son esprit léger porte. Et croys que le faict de monsieur de Tilladet[1] ne porte autre chose que cela, car je l'excuseray tousjours que faulte de bonne volunté ne l'a pas gardé qu'il n'aye contenté tout le monde. Et vostre Majesté ne doibt point laisser de vous en servir en autre charge, car il est homme de service.

Au demeurant, Sire, à tous les commandements que Monsieur, vostre frère, me faict d'heure à autre, j'y pourvois en la plus grande dilligence qu'il m'est possible. Pour le présent, les affaires de par deçà sont telz que les viscontes[2] sont, les ungs à Montauban, les autres à Gaillac, rassemblant tousjours leurs forces, les ungs m'advertissant que c'est pour passer les rivières de Loth et de Dourdoigne et s'en aller joindre avec monsieur le prince de Condé; aultres me mandent qu'ilz ne veullent bouger du pays et qu'ilz se veullent tenir forts et ensemble pour estre au devant du dict prince de Condé, qui doibt venir en ce pays, et pour pourvoir à la garde du passaige des dictes rivières[3]. J'ay envoyé quinze enseignes de gens de pied, le cappitaine Tilladet le

1. Sur la recommandation de Monluc, Tilladet venait de recevoir une lettre flatteuse du roi (coll. Gaignières, vol. 644, f° 49).

2. Les *vicomtes*. Voyez t. III, p. 184, note 2.

3. Cette hypothèse de Monluc est justifiée par les documents publiés dans l'*Histoire des Condé* de S. A. R. M. le duc d'Aumale, t. II, p. 47.

jeune, avec sa compaignie et la mienne, aussi entre les dictes deux rivières, ayant faict enfoncer tous les bateaux, mais on ne les peut garder de passer le Loth, à cause qu'ilz en ont seize grands au passaige de Capdenac, qui est à monsieur d'Acier, dont le chasteau les garde qu'on ne les peult oster, mais sy fauldra-il encores passer la Dourdoigne et là nous nous pourrions veoir. Aultres m'advertissent que c'est pour aller secourir le Mas d'Azil, en Foix, que monsieur de Bellegarde tient assiégé.

Et sur les advertissemens que Monsieur, vostre frère, m'a donnés des entreprinses et intelligences, que l'on a dans Bourdeaulx, j'y suys cuidé retourner; mais enfin je me suis résolu d'y faire aller monsieur de Montferrand en dilligence, mander aux juratz d'envoyer tant en avant qu'ilz pourront vers la Xaintonge pour entendre si ledict sieur prince de Condé prendra son chemin vers Poictiers ou Lymoges, ou s'il retournera devers nous, laquelle chose j'auserois du tout entièrement asseurer qu'il fera, car, veu que les Alemans sont hors de vostre royaume[1] et que vous pouvés deppartir vostre camp et en envoier la moitié à monsieur d'Aumalle, pour s'ilz voulloient retourner, et l'autre moytié pouvez encores mener avec vous, venant trouver Monsieur, vostre frère, comme m'a dict ledict sieur de Montferrand que c'est vostre délibération, vous aurez tousjours quatre fois plus de forces que voz ennemis. Et pleust à Dieu que je fusse si heureux que je vous visse tous deux ensemble en

---

1. Monluc était mal informé. Voyez l'*Histoire des Condé* de S. A. R. M. le duc d'Aumale, t. II, p. 45.

ce païs de deçà, pour y donner la fin de vostre guerre pour jamais, vous asseurant bien que si cela advient, il n'y aura homme petit ne grand, jeune ne vieux, qui ne prenne les armes pour se trouver à la bataille, et ne plaindrois point ma vie si je y mourrois, pourveu que je visse la victoire entre voz mains.

Monsieur de Terride est à Moissac et la compaignie de monsieur de Gramont auprès de luy pour marcher droict là où sont nos gens; et moy je m'en iroy pareillement joindre avec eulx. Mais luy ne moy ne pouvons partir que nous ne scaichions quel chemin les viscontes veullent prendre, car s'ils prennent le chemin devers le Mas d'Azil pour combattre monsieur de Bellegarde[1], je veulx faire une extrême dilligence pour leur donner sur la queue et voir si je les pourroy combattre. Et voylà l'occasion pour quoy j'attends encore icy.

J'ay adverty en extrême dilligence ledict sieur de Bellegarde qu'il se retire avec son camp à Thoulouze, et qu'il faut que nous nous rendons forts à combattre les rivières, si ledict sieur prince de Condé prend le chemin de deçà, et non s'amuser à une bicocque contre les montaignes, car c'est icy qu'il fault jouer le grand jeu. Et luy ay mandé jusques à protester s'il ne s'en venoyt, pource que ce n'est pas luy qui est le maistre de l'entreprise, car c'est le parlement et les cappitoulz, car ce sont aujourd'huy vos lieutenans et gouverneurs de provinces, et non pas nous

---

1. Sur la campagne de Bellegarde en Ariége, voyez l'*Histoire du Languedoc*, t. V, p. 293.

autres, à qui vous en avez donné la charge; et si monsieur de Joyeuse estoit de par deçà, il seroit constrainct s'en plaindre autant que moy. Voilà tout l'ordre que pour ce présent je donne en ce pays, attendant que je puisse descouvrir le chemin que fera ledict sieur prince de Condé.

Pilles et autres sont de retour à Bergerac, et y sont de présent ou à Saincte Foy, ayans passé la rivière avec des batteaux, pource que nos gens n'estoient point en ce cartier-là. Et à la vérité je suis adverty qu'ils sont retournés plus de cinq ou six cens chevaulx, entre lesquels y en peult avoir quatre vingts ou cent d'assez bien montés, du reste petite roussinaille, venus des larcins qu'ils ont faict par le pays. Et sont six ou sept cens hommes de pied, que ung bon remontement d'habillemens leur feroit grand bien, à ce que m'ont dit ceulx qui les ont veus. Et s'en vont de nuit çà et là voir de leurs parans.

J'attends le receveur Maliac pour bailler de l'argent à la compaignie de monsieur de Gramont, qui n'en a pas eu comme les autres, affin de renforcer nostre trouppe et voir si les pourroient attraper deçà la rivière, tousjours attendant quel chemin les viscontes vouldront prendre. Tout ce retirement de leurs gens tant de cheval que de pied me fait encores plus certain que ledict sieur prince prendra le chemin de deçà.

Quant au cousté de Béarn, je ne vous en puis rien mander, pource que nous n'avons encores nouvelles de monsieur de Saincte Coulombe, qui y est allé. Monsieur d'Andaux est icy avec moy, qui en attend des nouvelles. Les Basques sont tous prests à prendre les armes. Le pays commence fort à se fascher des compaignies que j'ay envoyées sur les confins, affin qu'il ne passe chose aucune audict pays de Béarn; et sera grand cas si, entr'eulx mesmes, les catholicques contre les huguenots ne prennent les armes; mais que j'en entende autres nouvelles, j'en donneroy advis à vostre Majesté. La Marque n'est pas encore venu. Je l'avois envoyé faire venir, espérant qu'il auroit les despesches que vostre Majesté doibt envoyer pour le faict de Béarn; mais le messager a esté prins et vollé près de Castelnau, sur la Dourdoigne, qu'est à monsieur de Caumont, et par ses gens propres. Vous avez de bons serviteurs en luy et en d'autres qui s'en disent; je le croiroys si le faict estoit comme les parolles. Sy Dieu vous faict la grâce que puissiez eschapper de vos fortunes, la couronne asseurée sur vostre teste, vous pourrez dire que c'est ung grand levrier eschappé dedans une forest de la bouche de cinq cens loups. Vostre Majesté peut juger ce que je veulx dire sur ces mots : si les faicts estoient comme les parolles.

Sire, monsieur de Montferrand m'a dit que j'ay de bons amys auprès de vostre Majesté qui me prestent tousjours quelque charité, et que j'ay donné au diable vous, la royne et tout vostre conseil. Pleut à Dieu qu'il m'eust cousté la moitié d'une main, mais qu'il me demeurast deux doigts pour tenir la bride de mon cheval, et que ceulx-là, qui vous font ces rapports, vous fussent autant loyaulx et fidelles serviteurs comme je vous suys, et voz affaires s'en yroient beaucoup mieulx qu'ils ne vont. Je ne me courrouce jamais à vous, mais sy fais bien à la royne et à vostre conseil, pource qu'il fault que de sa Majesté et du dict conseil sorte tout le bien que nous debvons faire pour vostre service; et ne fault poinct que l'on trouve estrange sy la moytié du temps je suis désespéré, quant je voys que vos affaires ne vont comme je vouldrois, qu'est chose impossible; car, sy cella avoit lieu comme mon voulloir le porte, toutes voz parties seroient incontinent destruites. Et se fault seullement informer si je me colère pour mes affaires ou pour les vostres, et, sy c'est pour les vostres, il fault donques que chascun prenne patience de mon impatience. Et croy fermement que ceux-là qui ne s'eschauffent et courroucent, quant ilz voyent que voz affaires ne vont comme nous les devons désirer, il ne leur touche guières au cueur; et croy encore qu'ils ne s'en soucient guières et vouldrois que le mal, que je ne souhaitte à la royne ne à homme de vostre conseil, advint sur moy seul, et elle et vostre dict conseil en seroient assez quictes. Je prie à Dieu qu'il face la grâce à tous ceulx qui sont de vostre conseil qu'ils vous conseillent sy bien que nous vous puissions veoir en la prospérité et grandesse que j'ay veu voz prédécesseurs, et que l'on ne prenne poinct garde à mon impatience, mais qu'on regarde si je m'adonne à passe-temps quelconque que à veiller et travailler pour les affaires de vostre service, et, sy je pouvois faire mieulx, vostre Majesté se peult asseurer que je le feroys.

Sire, j'ay esté adverty que le sieur dom Francisco d'Est est décédé. S'il plaisoit à vostre Majesté donner sa compaignie de gens d'armes au sieur de Tilladet l'aisné, je vous asseureroy que vous en serez sy bien servy que de cappitaine de France, ce que je vous supplie très humblement luy voulloir donner.

Sire, je supplie le Créateur vous donner en toute félicité et santé très longue et très heureuse vie.

D'Agen, ce IIIme de février 1569.

   Vostre très humble et très obéissant suget
    et serviteur,
          De Monluc.

(Lettre rapportée de Saint-Pétersbourg et communiquée par M. le comte de Laferrière.)

---

194. — AU ROY.

[Agen, 5 février 1569.]

Sire, despuis ma lettre cloze, qui est dans ce pacquet, monsieur de Saincte Coulombe est arrivé de Béarn, ayant faict ce dont vous l'aviez chargé, mesmes à l'endroict de monsieur de Gramont; et pource qu'il vous en escript au long, mesmes les paroles que le dict sieur de Gramont luy a tenu sur le faict que luy a esté proposé de la part de vostre Majesté, je ne vous en diray aultre chose, sinon que je vous supplie très humblement, Sire, juger les propos que le dict sieur de Gramont a tenus, qui sont avoir faict mesme serment de fidélité à vostre Majesté et à la royne de Navarre et que jamais il n'y a eu traistre en sa maison. Vous le devez, comme il me semble, faire parler clairement et qu'il se déclare à qui il ayme mieulx tenir le serment de fidélité, car, ayant la royne de Navarre commis félonnye contre vostre Majesté, s'estant rendue avec voz ennemys, le dict sieur de Gramont, s'il déclare qu'il ayme mieulx tenir le dict serment à la royne de Navarre qu'à vostre Majesté, il ne se peut excuser qu'il n'aye encoureu et commis mesme crime de félonnye, vous estant subject naturel, et par ce luy pouvez justement confisquer ses biens. Vous suppliant très humblement, Sire, ne croire ne penser qu'il puysse et aye moyen d'exécuter les entreprinses qu'il vouldroit contre vostre Majesté, car j'y ay pourveu en telle sorte que ses parties, avec la faveur que jé luy donneroy, luy seront de sy près que il n'aura moyen d'exécuter ses dessaings, et ne se trouvera onques à sa vie sy empesché.

Sire, messieurs d'Andaux et de Saincte Coulombe ont esté d'advis, que, pendant que je seray le long de la Dourdoigne, comme je vous ay escript, debvoir envoier quelque personnaige d'auctorité pour sommer les habitans de Béarn de se mettre sous vostre protection; s'estant mesme ledict sieur de Gramont excuzé que de la part de vostre Majesté n'avoit esté sommé ce faire, j'ay envoyé pour vostre service monsieur de Terride, afin qu'estant sommé il soit sans excuse.

Sire, je supplie le Créateur en très bonne santé vous donner très longue et très heureuse vie.

D'Agen, le Vme de février 1569.

  Vostre très humble et très obéissant suget et serviteur,

        De Monluc.

Sire, depuis la présente escripte, j'ay receu une lettre de monsieur de Madaillan, mon lieutenant, par laquelle me mande que, luy menant ma compaignie avec les sieurs de Sivrac, Montgairal et quarante ou cinquante harquebusiers, ont deffaict cinquante ou soixante des ennemys auprès d'Eymet, sans que d'iceulx il se soit sauvé que deux ou trois qui estoient à cheval, l'un desquels feut blessé de dix coups de pistollet et amené ainsy jusques au dict Eymet, lequel n'eut eu un quart d'heure de respit pour prolonger sy n'eust esté qu'ilz prindrent langue de luy. Je vous puis asseurer, Sire, que les dicts gentilzhommes ont aussi bien faict leur devoir qu'il est possible. J'attends monsieur de Bellegarde, lequel estant joinct avec noz forces, j'espère que nous ferons quelque chose de bon pour vostre service. Monsieur de Gramont a dit à monsieur de Saincte Coulombe qu'il avoit receu lettres de moy bien gratieuses, ce que j'accorderoy avoir faict auparavant qu'il feist tenir les estats en Béarn, mais despuis, ayant entendu ce qu'il y avoit faict et qu'il s'estoit déclairé qu'il prendroit les armes pour la royne de Navarre, ne se trouvera que luy aye aucunement escript.

(Lettre rapportée de Saint-Pétersbourg et communiquée par M. le comte de Laferrière.)

195. — *Mémoire à monsieur de Salyes de supplier très humblement Monseigneur, de ma part, m'envoyer permission de prendre argent des finances du roy pour le payement de quatre compaignies de gens de pied, qui sont : le baron de Pourdéac, le sieur de Sainct Salvy, frère de monsieur de Terride, les capitaines*

Castera et Montoussier, lesquels n'avoient pas faict monstre lorsque je receus la lettre de mon dict seigneur, par laquelle il me deffend ne toucher aux dictes finances sans l'expresse permission du roy ou de luy, ce que je n'ay voulu faire ; toutesfoys il n'est point raisonnable de rendre mal contans et désespérés telz gentilzhommes, qui sont tous de bonne maison et ayans fort belles compaignies.

[Sainte-Foy, 13 mars 1569.]

Sa Majesté et mon dict seigneur ne trouveront poinct que les finances de la Guienne ayent esté si mal mesnagées qu'on leur a voulu faire entendre, car monsieur de Valence m'a mandé que sa Majesté et mon dict seigneur seront satisfaits des dites finances pour plus de la moitié qu'ils ne pensoient, et trouveront qu'il n'y a province ou royaume de France, où les dictes finances ayent esté si bien mesnagées que en la Guienne, ny qu'ils en tirent tant comme ils feront à présent, dont mon dict seigneur en sera satisfaict plus particulièrement par Quinse et Sureau.

Au reste luy remonstrera comme le jour d'yer mon fils le chevalier entra à Bragerac avec toutes ses trouppes, et ayant les ennemys habandonné la mesme nuict qu'ils entendirent la routte des autres, dont le lendemain, environ l'heure de midy, Marchastel y arriva avec douze vingts chevaulx d'élite que monsieur le prince de Condé envoyoit au devant des viscontes, pource qu'ils sont faibles de cavalerie, mais quant ils entendirent le désordre des autres, incontinant après avoir reppu, montèrent à cheval et reculèrent devers Pilles, avec lequel ils se relièrent à sept lieues d'icy. Et ne fault point que mon dict seigneur ayt opinion que les forces, que le dict Pilles a rassemblé, soient pour ranforcer de beaucoup celles du dict sieur prince, car en tout ce qu'il a peu rassembler ne scauroient estre plus hault de mil ou douze cens hommes, qui sont ceulx qui eurent la peur et qui s'enfouyrent les premiers; de gens de pied il n'avoit que quatre cens hommes qu'il avoit layssé en ceste ville ou à Bragerac.

Je suis après pour faire desmanteler la dicte ville de Bragerac, mais en tout ce pays il ne se trouve aucun vilain qui y veuille aller, pource que tous sont de la nouvelle religion, et, si je n'en puis trouver, je y feray mettre le feu, pource que c'est la plus traistre et desloyalle ville qu'il en y eust jamais au monde.

J'euz au soir l'advertissement que les viscontes sont délibérés passer et qu'ils ne veulent laysser garnison que en quatre lieux, que sont Montauban, Sainct Anthony, Millau et Castres, et tout le demeurant veulent desmanteler. Je fais partir ce matin monsieur de Bellegarde avec mil harquebusiers, sa compaignie et une de chevaulx-légiers, tirant droit à Cahors entre les rivières de Loth et Dourdoigne, afin de s'approcher de Roergue pour, si les dicts ennemys vouloient tenir ce chemin, qu'il puisse estre au devant pour leur empescher le passaige. Toutesfoys, à mesme que messieurs de Constang et de Sainct Venza l'advertiront, comme je leur ay mandé, il s'acheminera, n'ayant charge le dict sieur de Bellegarde de faire plus hault de deux lieues par jour, affin que, si monsieur le prince de Condé vouloit prendre son chemin en ce pays de deçà, il puysse faire en ung jour et demy ce qu'il aura faict en cinq pour s'en retourner joindre avecques nous.

J'ay dépesché ce matin messieurs de Fontenille, de Madaillan et cappitaine Monluc, avec troys ou quatre autres cappitaines de gens de pied, qui avoient des harquebusiers à cheval, pour aller à Marmande et Domazan et revencher les meurtres, massacres et inhumanités que les ennemys ont exercé sur les catholicques, mais c'est sur ceulx de la nouvelle religion[1], encores qui n'ayent bougé de leurs maisons, pource qu'il n'y a rien plus certain, quelle mine qu'ils ayent faict de ne bouger, qu'ils y ont faict venir les autres. Et leur ay commandé en faire autant à Clairac et Thonneins. Et vouldroys de bon cueur qu'il ne y eust aucun ennemy en tout ce pays de deçà, afin que toutes les forces s'allassent joindre avec mon dict seigneur. Je ne scay si ceulx de Thoulouze et Bourdeaulx en pourroient faire autant, entendant ce que les autres auront faict, non que je leur en mande rien; et de cela mon dict seigneur s'en peult asseurer; mais s'ils le font, je n'en pleureray poinct, dont en tout je supplie très humblement mon dict seigneur en advertir le roy.

Remonstrera aussi le dict sieur de Salyes à mon dict seigneur qu'il escrive au roy de faire l'édict que je luy ay desjà escript, c'est que tous ceulx de la re-

---

1. C'est-à-dire *pour revencher les meurtres.... sur ceulx de la nouvelle religion...*

ligion nouvelle soyent obligés de se rendre auprès de luy ou auprès de ses lieutenans, avec armes et équipaige, sans excepter aucune personne, de quelque qualité que soit, ou autrement qu'il les déclare rebelles et traistres à la couronne aussi bien que les autres, et qu'il ne veult qu'ils jouyssent aucunement de l'édict qu'il avoit faict, qu'on ne leur demandera rien vivant en paix en leurs maisons; car de là nous viennent tous les maux et malheurs; et il vault mieulx avoir ennemys descouverts que couverts. Et si le roy nous veult envoyer cet édict et qu'il soit publié par les courts de parlement et sièges présidiaulx, nous reviendrons aux premiers troubles, que il en feut tué plus de vingt mille; et n'y auroit nul en tout le pays, feut-ce en les terres de la royne de Navarre ou d'ailleurs, qui se osast dire de la nouvelle religion. Et ne le faisant poinct, ceulx qui demeureront nous trahiront tous.

A Saincte Foy, le XIIIme de mars 1569,

De Monluc.

(Lettre rapportée de Saint-Pétersbourg et communiquée par M. le comte de Laferrière.)

196. — A MESSIEURS DE LA LANDE ET CONSULS D'AGEN.

[Astaffort, 18 mars 1569.]

Messieurs de la Lande et consulz d'Agen, pource que le roy a envoyé commission à monsieur de Terride pour aller en Biarn[1] et exécuter la volonté de

1. Antoine de Lomagne, seigneur de Terride, avait reçu par

sa Majesté, me commander de luy ayder de forces, artillerie, pouldres et autres munitions, je vous prie délivrer à Tiboville les quatre piéces de campagne que j'ay à Agen, ensemble les bolletz, et retenant récépissé dudit Tiboville avec la présente, vous servira descharge. Et sur ce metré fin à la présente, priant Dieu vous donner ce que désirés.

D'Estefort, ce XVIIIme de mars 1569.

Vostre meilleur voysin et amy,

De Monluc[1]..

(Copie; Arch. mun. d'Agen; Reg. cons., f° 223.)

---

197. — AU ROY.

[Sainte-Foy, 16 avril 1569.]

Sire, je vous supplie très humblement ne trouver mauvais si je ne vous escripts si souvent comme je désirerois afin de vous advertir comme voz affaires passent en ces quartiers de deçà, pource que vostre Majesté est si loing d'icy qu'il n'y a guières personne que y aille; et s'il en y va, aucun ne vient à ma cognoissance. Je pensois vous escrire bien au long

---

lettres patentes du duc d'Anjou, du 4 mars 1569, le commandement de l'expédition dirigée contre le Béarn (Olhagaray, p. 587). Il dressa son armée en Armagnac, Fezensac et Bigorre et fit de formidables réquisitions, dont les détails remplissent les registres consulaires d'Agen, Tarbes, Bagnères de Bigorre et Auch.

1. A la suite de cette lettre, sur le registre consulaire, on lit le récépissé des quatre pièces de campagne, signé par Tiboville.

par Quinse, qui m'avoit promis passer la part où je serois, s'en retournant vers vostre dicte Majesté, mais ayant trouvé commodité par autre chemin, comme il me le manda, je ne le vis poinct. Toutesfois il ne passe chose aucune concernant vostre service que je n'en advertisse Monsieur, qui du tout vous donne advis, ainsi qu'il m'a mandé, qui me gardera vous en faire autre discours par la présente, si ce n'est seulement pour vous advertir qu'il y a desjà quelques jours que les viscontes font semblant de s'acheminer pour s'aller joindre avec monsieur l'admiral; et ont tousjours avec eulx le frère de monsieur de Biron[1], qui les presche de s'advancer; mais pour cela ilz ne font poinct semblant de passer, car, s'ilz s'avancent de quatre pas en ung jour, le lendemain ilz reculent de quatorze. Si est-ce que, s'ilz poursuivent leur chemin et que j'entende qu'ilz ont passé la rivière de Dordoigne, je seray au devant d'eux pour les combattre, et ne se joindront jamais avec le dict sieur admiral qu'ilz ne trouvent rencontre et que nous ne nous soyons bien battus.

Sire, la royne de Navarre cy-devant avoit mis en vente certains bois qu'elle a en ces quartiers de deçà[2]; si vostre Majesté trouve bon d'envoyer commission

1. Foucault de Biron, seigneur de Puybeton et de Laudian, tué à la bataille de Moncontour.
2. Aussitôt après la mort du prince de Condé (13 mars 1569), Jeanne d'Albret conduisit au camp son fils Henri de Navarre. Le jeune prince fut reconnu comme le chef des réformés. Jeanne avait donné ses bijoux et mis ses terres en vente pour continuer la guerre. Voyez l'*Histoire des Condé* de S. A. R. M. le duc d'Aumale, t. II, p. 87 et suiv.

à vostre procureur général de Bourdeaulx pour les faire vendre, il s'en tirera plus de deux cens mil francs, qui serviront à payer une partie des frais de la guerre.

Au demeurant le gentilhomme, présent porteur, nommé le jeune Montgairal, s'en va vers votre dicte Majesté pour vous faire entendre comme ceulx de Bourdeaulx ont faict quelque plainte contre monsieur de Bordeaux[1], mon dict sieur, pour raison de la fausse porte de son jardin, dont n'estoit besoing faire telle plainte, car, si j'eusse cogneu qu'elle eust porté préjudice à vostre service ou à la ville, il y a longtemps que je l'eusse faicte fermer, ce que fust esté bien aisé, de tant que le dict sieur de Bourdeaulx et tous les siens vous sont si fidelles subjects et serviteurs que, à la première presse que je luy en eusse faicte, il n'eust faict reffuz. Mais je cognois le naturel de ces gens de ville, qui est tel qu'il en y a tousjours une trentaine qui veulent faire accroire qu'ilz sont fidelles serviteurs, et sur ce prétexte inventer d'eulx-mesmes plusieurs nouvelles, que après font trouver bonnes aux autres. Quant aux chevaulx, je ne voys nulle apparance de suspeçon pour fermer les fausses portes, pourveu que les cappitaines d'iceulx y tiennent des gens de bien et affectionnez à vostre service, comme ilz promettent qu'ilz font. Monsieur de Montferrand a le cueur à toutes choses, qui y faict tout le debvoir que ung vray et fidelle serviteur doibt faire à l'endroict du service de son maistre, qui me faict vous supplier n'en estre en peine. Mon dict

---

1. Antoine Prévost, archevêque de Bordeaux.

seigneur avoit renvoyé ce faict à moy pour y pourvoir, toutesfois je n'y ay voulu toucher, voiant la nécessité ne le requérant.

Sire, il y a desjà quelque temps que je vous ay supplié très humblement me voulloir accorder la creue de ma compagnie jusques à cinquante hommes d'armes, dont mon dict sieur vous en a escript, et m'a mandé que ma dicte compagnie ne pouvoit estre du dict nombre, pource que tous les gouverneurs des autres provinces en ont soixante, et que vostre dicte Majesté ne bailleroit la creue jusques au dict nombre. S'il est le bon plaisir de vostre Majesté la m'accorder et commander que les dépesches nécessaires me soient envoyées, j'espère que fera une des belles compaignies du royaulme de France, du nombre qu'elle sera, de laquelle vous en tirerés fidelle service. Et moy la conduiray en propre personne si je ne suis engagé ailleurs; ou bien, si je n'y suis en personne, elle sera toujours preste pour aller où il plairra à vostre Majesté commander. Le tout est pour vous et non pour moy, qui ne vous demande de bienfaicts ny de grandz présents. Qui me faict vous supplier très humblement encores ce coup la m'accorder. Autrement je craings que je perdray ung infinité de gentilzhommes bons soldarts, que j'entretiens soubz l'espérance de la dicte creue. Et peult estre, si je n'en ay bientost les expéditions, quant vous vouldrez que je les assemble et que m'envoyerez les dites expéditions, ne sera poinct temps alors, ayant perdu les dicts gentilzhommes qui auront prins autre party ailleurs.

Sire, je supplie le Créateur en très bonne santé et

toute félicité vous donner très longue et très heureuse vie.

De Sainte Foy, le XVIme jour d'avril 1569.

Vostre très humble et très obéissant suget et serviteur,

De Monluc.

(Lettre rapportée de Saint-Pétersbourg et communiquée par M. le comte de Laferrière.)

198[1]. — A MONSIEUR DAMVILLE.

[Agen, 26 mai 1569.]

Monsieur, j'ay esté adverty que vous estez arrivé au camp en bonne santé, dont j'en loue Dieu et en suis autant ayse que serviteur ny amy que vous ayez en ce monde, pource que les afferes du roy ne s'en porteront que mieulx. Au reste je suis asseuré que vous verrez la dépesche, que je faiz présentement à Monseigneur, par laquelle je le supplie me permectre que je l'aille trouver, si cas est que monsieur l'admiral s'en aille avec ses forces pour s'aller joindre avec le duc de Deux-Pontz, comme je croy qu'il fera, qui me faict vous supplier m'estre aydant envers

---

1. Cette lettre est la première d'une série de lettres adressées à Damville, et conservées à la Bibliothèque nationale parmi les papiers de Montmorency. Elles s'appliquent toutes à l'expédition de Montgonmery. Il semble que pour répondre aux accusations de Monluc (voyez la lettre du 18 octobre 1569) Damville ait préparé un dossier particulier. Toutes ces lettres portent pour suscription : *A monsieur Damville, mareschal de France, gouverneur et lieutenant général pour le roy en Languedoc*. Nous avons abrégé cette suscription uniforme.

mondit sieur, ledit cas advenant, et faire en sorte qu'il me permecte que je l'aille trouver. Car à présent, estant sur mes vieulx ans, je me sentiray trop heureux que d'avoir cest honneur de mourir à une telle bataille qui se présente, à laquelle peult estre que par ma longue expérience je pourray faire quelque notable service au roy. Il est temps à présent de ce préparer ung chacun, car ladite bataille est de telle importence que, si le roy en demeure le vaincueur, comme j'espère qu'il fera, il ne y aura halemant qui entre jamais dans le royaume de France, lequel demeurera en paix ; aussi si la fortune estoict si contraire à sa Majesté et à nous tous que nous la perdissions, tout est perdu pour nous. Par ainsin je vous supplie encores ce coup m'estre aydant à ce que mondict sieur me permete que je l'aille trouver, et adviser ez endroictz où cognoistrés que j'auray moyen vous faire service, vous asseurant que le feray d'aussy bonne volunté que serviteur que vous ayez, présentant en cest endroict mes très humbles recommandations à vostre bonne grâce ; priant Dieu, Monsieur, en bonne santé vous donner longue et heureuse vie.

D'Agen, ce XXVIme de mai 1569.

  Vostre humble serviteur,

    De Monluc.

(Lettre originale ; signature autographe ; Bibl. nat., f. fr., vol. 3242, f° 1.)

199. — A MONSIEUR MON COMPAIGNON, MONSIEUR DE LA VALETTE, CHEVALIER DE L'ORDRE DU ROY ET CAPPITAINE DE CINQUANTE HOMMES D'ARMES.

[Agen, 2 juin 1569.]

Monsieur mon compaignon, je viens présentement d'estre adverty par messieurs de Saint Geniès et de Bories que le camp des ennemis est à une lieue de Peyrigeux; Monsieur est à une lieue et demye, deux pour le plus. Ledit sieur de Saint Geniès partoiet pour aller fere la révérance à mondict sieur. Je vous prie aultant qu'il m'est possible vous en venir en la plus grand dilligence que pourrés avec vostre compaignie, sy vous avés envye de vous trouver à la bataille, comme je m'asseure bien que vous désirés. Je partz ce soir icy pour passer la rivière de Dordoigne et me trouver à la bataihe. Je vous prie, sy monsieur d'Arné est près de vous, l'advertir. Que sera fin de ma lettre, me recommandant de très bon cœur à vostre bonne grâce; et prie Dieu vous donner, Monsieur mon compaignon, heureuse et longue vie.

D'Agen, ce IIme de juin 1569.

Vostre meilleur compaignon et amy à vous fere service,

De Monluc.

(Lettre originale; signature autographe; Bibl. nat., f. fr., vol. 3242, f° 6.)

200. — AU ROY.

[Agen, 16 juin 1569.]

Sire, les gens des troys estats du pays de Quercy me sont venus remonstrer que tout le monde au dict pays est demy désespéré de ce qu'ils se voient sans séneschal et sans chef pour les conduire et commander, car celluy qui y est n'est digne de telle charge [1], pource qu'il n'est soldat et n'a jamais veu chose aucune, pour qui il deust avoir l'administration d'ung tel pays, où y a grand nombre de noblesse qui ne le vouldroient suivre, honorer ny révérer, comme ils n'ont jamais faict, estant homme de peu de valeur; me suppliant le dict pays y voulloir pourvoir, autrement ils estoient contraincts habandonner icelluy et leurs biens avec leurs femmes et enfants pour se retirer en quelque autre; sur lesquelles remonstrances monsieur de la Chappelle Louzières est arrivé ici, voulant prendre son chemin pour aller trouver Monseigneur, vostre frère, comme il en avoit longtemps jà envye, mais à ma prière il est tousjours demeuré sur l'assurance que je luy donnoys que vostre Majesté ny mon dict seigneur ne le trouveriez poinct mauvais; lequel les délégués du dict pays de Quercy me sont venus supplier à mains jointes faire en sorte qu'il demeure pour leur chef et pour les commander en mon absence, voyant que les affaires me pressent tant d'ung cousté et d'autre que je ne puis suppléer au tout, ce que libérallement je leur

1. François Seguier, seigneur de la Gravière (t. II, p. 329, note 1).

ay accordé d'y faire tout ce qu'il me seroit poussible, veu mesmes les grandes exclamations que ce pouvre peuple faisoit, disant que, s'ils sont habandonnés des personnes de bon entendement et qui sont expérimentés, ils n'ont nul moyen de sauver leurs vies et biens, et que, si le dict sieur de la Chappelle vouloit accepter ceste charge, ils en demoureroient grandement soulaigés et satisfaits et que tout le monde luy obéyroit.

Et de faict j'en ay faict requeste et instante prière au dict sieur de la Chappelle, qui m'a respondu qu'il désireroit fort aller trouver mon dict seigneur, pour la bonne volonté et affection qu'il a au service de vostre Majesté, et qu'il craignoit, acceptant la dicte charge et estant esloigné de la présence de mon dict seigneur, estre frustré de l'espérance qu'il a, les occasions se présentant d'estre recogneu et récompensé de longs et recommandables services qu'il a faicts ; toutesfoys, qu'en continuant ceste bonne volunté et pour l'amour de moy, il accepteroit la dicte charge, me priant vous en vouloir escrire et à mon dict seigneur et vous faire entendre bien amplement les occasions pour lesquelles il n'est allé trouver mon dict seigneur; qui me fait vous supplier très humblement, Sire, ne trouver mauvais qu'il demeure et que, les occasions se présentant et en son absence, il ne soit reculé ny frustré de sa dite attente, qui est d'avoir une compaignie de gens d'armes ; car le cognoissant de telle volunté et affection au service de vostre Majesté, et d'autre part qu'il le mérite, me semble qu'il ne doibt être oblyé, veu mesmement qu'il est grandement nécessaire au dict pays, et sur lequel je me repose entièrement pour la vertu et longue expérience qui est en luy. Qui me faict vous supplier encore très humblement ce coup ne le mettre en obly; autrement il n'y auroit personne digne d'avoir charge et de bon entendement, comme il est, qui voulust demeurer dans le pays, et tous l'abandonneroient; qui seroit l'entière ruyne et perte d'icelluy, car il y a peu de personnes par deçà, qui soient dignes d'avoir telles charges, et sur lesquels je me puisse reposer comme je fais en luy. Et vous plaira luy escrire comme vous avez agréable qu'il ayt accepté la dicte charge, autrement il penseroit que vostre Majesté ne l'auroit trouvé bon.

Sire, je supplie le Créateur en très bonne santé et toute félicité vous donner très longue et très heureuse vie.

D'Agen, le XVIme jour de juing 1569.

Vostre très humble et très obéissant suget et serviteur, De Monluc.

(Lettre rapportée de Saint-Pétersbourg et communiquée par M. le comte de Laferrière.)

---

201. — A MONSIEUR DE DAMVILLE [1].

[Agen, 21 juin 1569.]

Monsieur, je vous ay escript par la voye de monsieur de Lestang et mandé comme le chemin de

---

1. Le parlement de Toulouse, effrayé des progrès des réformés, avait écrit au duc d'Anjou pour le prier de renvoyer les gouverneurs du Languedoc. Le duc d'Anjou renvoya Joyeuse et bientôt après Damville (lettre du parlement de Toulouse; coll. Harlay S. G., vol 323, f° 232).

Rodez à Tholoze, du cousté d'Alby, estoit mal seur à cause que les trouppes des ennemys sont de ce cousté-là et que vostre plus sur seroit de passer de Rodez à Villefranche, à Cahors et à Villeneufve d'Agen, ayant mandé audit sieur de Lestang vous aller trouver au devant avec toutes ses forces pour vous y faire service et compaignie. Et pource que je partz demain avecques les trouppes que j'ay icy, prenant ce chemin, je vous ay bien voulu faire la présente pour vous supplier humblement de prendre ledit chemin, affin que j'aye cest heur de communicquer deux heures avec vous de ce qui ce présente pour le service du roy en ce gouvernement, auquel vous avés autant de puyssance et vous y sera tellement obéy comme à vostre propre gouvernement, comme je feray de ma part toute ma vie.

J'ay esté bien marry d'antandre qu'estes party du camp de Monseigneur, pour l'assurance que j'avoys que vostre présence y serviroit de beaucoup. Toutesfoys je m'assure que cella ne se faict sans quelque bonne et légitime occasion : et espère qu'il se pourra dresser de deçà occasion pour faire quelque bon service à sa dite Majesté, à quoy je ne m'espargneray pour vous y servir, non plus que le meilleur et plus affectionné serviteur que vous ayés. Et en cest endroict je salueray vos bonnes grâces de mes humbles recommandations, et prye Dieu vous donner, Monsieur, en très parfaicte santé longue et heureuse vie.

D'Agen, ce XXIme de juin 1569.

Vostre humble serviteur,

De Monluc.

(Lettre originale; signature autographe; Bibl. nat., f. fr., vol. 3242, f° 10)

202. — A MONSIEUR DAMVILLE.

[Villeneuve-d'Agen, 24 juin 1569.]

Monsieur, estant en ceste ville de Villeneufve, j'ay receu la deuxiesme de voz lettres et vous ay faict responce à la première, par la voye du sieur de Montesquieu, fils de monsieur de Sainct Proget, que, je croy, ne se sera poinct tant oblié qu'il ne la vous aye faicte tenir. Je vous mandoys que je craignoys que vous trouvissiez rencontre, allant à Thoulouse par le chemin d'Alby, et vous prioys prendre vostre chemin droict à Cahors, en ceste dicte ville et à Agen. Toutesfoys, depuis en çà j'ay esté adverty que vous vouliez aller droict à Lavaur; mais je vous supplie, Monsieur, adviser que vous passez à deux lieues des ennemys et que, peult estre, ayant esté advertiz de vostre venue, ilz se sont advancez en ces cartiers de delà pour vous faire une escorne. Pour ainsin je vous prie vouloir prendre le chemin droict à Cahors, où je me rendray avec toutes mes forces que je fais assembler; et de là pourrez prendre vostre chemin droict à Moyssac, qui est le plus court; m'asseurant que estans ensemble nous ferons une bonne résolution pour le service du roy et soulagement de tout le pays. Que, plaise à Dieu, en tous les autres endroictz, sa Majesté en vînt si bien à bout que nous ferons de par deçà. Et s'il vous plaist prendre ce chemin, je ne fauldray me rendre audict Cahors, car si vous avez envye de me veoir, je l'ay encores plus grande, sans comparaison, de vous veoir à vous que vous à moy, tant pource que je sçay que vostre venue portera proffict et soulagement au service du roy, que pour le désir que j'ay de vous faire humble service.

Et si vous ne voulez prendre le dit chemin, je verray, avec les forces que j'auray, si les viscontes et Montgomery[1] veulent passer, de les empescher; toutesfoys il sera bien mal aysé, de tant que les rivières sont gayables en plusieurs endroicts. Et si je voys qu'ilz m'eschappent et que je ne les puysse empescher, je m'en yray droict à Thoulouse vous trouver. Si cependant ilz se vouloient perforcer de vous faire quelque escorne, je suis certain que vous leur monstrerez que vous estes tel qu'avez tousjours esté, et que leur parlerez langage qu'ilz ne vouldroient ouyr parler. Mais, s'il vous plaisoict prendre le chemin de Cahors, je vous diray la conséquence qu'il en adviendroict: c'est, qu'entendant les ennemys les bonnes et belles forces que vous aurez avec celles que vous menez, et que je vous joindray, ilz n'oseront entreprendre de passer, craignant estre combattuz; et n'auront moyen d'envoyer l'argent à leurs reistres, qui n'est pas si petite somme que ne soict cent mil escuz. Et si les enfermerons de sorte qu'ilz n'oseront bouger; comme vous pourrez veoir la conséquence que vostre venue apportera par une lettre que je vous envoye, laquelle ung gentilhomme, qui ne me donna jamais advertissement qui ne soict véritable, m'a escripte. Vous adviserez, s'il vous

---

1. Le 21 juin Montgonmery s'était mis en campagne. Pour la liaison des événements qui vont suivre, voyez les *Commentaires*, t. III, p. 254 et suivantes.

plaist, en ceste conséquence et le proffict que ce seroict au service du roy, de vostre venue, combien que je vouldroys, comme je vous ay escript, que vous fussiez au camp bien comptant ; il vous plaira me faire entendre vostre résolution et le chemin que vous tiendrez. Présentant en cest endroict mes humbles recommandations à vostre bonne grâce : priant Dieu, Monsieur, en bonne santé vous donner longue et heureuse vie.

De Villeneufve, le XXIVme jour de juing 1569.

Vostre humble serviteur,

De Monluc.

Je vous advise, Monsieur, que Montgomery partist lundy au soir de Montauban, s'en allant vers Castres, avec toutes leurs forces ; et n'en a laissé de par deçà que bien peu. Les ungz disent que c'est pour aller quérir l'argent ; mais il est à craindre que c'est pour vous aller au devant ; je vous supplie y penser, car il ne seroict besoing pour le service du roy ny de tout le pays que vous receussiez ung escorne.

Monsieur le visconte de Lausun est icy, qui sera de la partie.

(Lettre originale; signature autographe; Bibl. nat., f. fr., vol. 3242, f° 12.)

203. — A MONSIEUR DAMPVILLE.

[Villeneuve-d'Agen, 25 juin 1569.]

Monsieur, j'ay receu la lettre qu'il vous a pleu m'escrire, respondant à celle que je vous avois escrit, et incontinant ay eu des gens qui cognoissent le chemin d'icy à Alby, où j'avois délibéré m'acheminer ; mais je trouve qu'il y a vint-cinq lieues d'icy et fort mauvais chemin ; et d'aultre part qu'il fauldroit que je passasse tousjours à la barbe de l'ennemy, tellement que je ne pourrois aller jusques à vous, sans que je prinsse toutes les forces de gens de cheval que j'ay ; et me fauldroit laisser ce païs despourveu de gens, et, avant que je fusse allé et venu, tous noz grandz chevaulx seroient tant harassez qu'ilz ne pourroient aller. Toutesfois toutes ces raysons ne me retiennent point ; mais la principalle est que la royne m'a escript une lettre, me commandant par icelle de m'en aller à Bourdeaulx, pour quelque advertissement que sa Majesté avoit eu que les ennemys voulloient tenir le chemin de ce cousté-là, comme verrez par la coppie de la dicte lettre que je vous envoye[1]. Et si j'abandonnoys ce païs, je m'esloigneroys dudict Bourdeaulx de plus de quarante lieues ; de sorte que, s'il estoit besoing de la secourir, je ne m'y pourrois rendre assez à temps. Je temporiseray seullement ; j'ay trois ou quatre jours pour entendre en quoy vouldra devenir Montgomery et les viscontes, et aussy pour entendre si le camp de monsieur l'admiral, qui est à Sainct Yriex la Perche, en deslogera, et s'il prent le chemin de Bourdelois

---

1. Une copie de la lettre de la reine, datée du 17 juin, probablement celle qui fut remise à Damville, est conservée à côté de la présente lettre de Monluc (f. fr., vol. 3242, f° 8). Déjà, le 12 mai, le duc d'Anjou avait prévenu l'auteur des *Commentaires* des projets des réformés sur Libourne et Bordeaux, et lui avait donné l'ordre de mettre ces deux villes en état de défense (Arch. nat., K. 1509, n° 2).

ou de deçà; et où j'entendray qu'il ne bouge poinct, je laisseray toutes les forces de par deçà pour faire teste ausdictz Montgomery et viscontes, s'ilz voulloient passer. Et monsieur le visconte de Lausun et moy nous en yrons sur des courtaus, en dilligence, sans mener mulletz et coffres ny autre bagage, pour vous aller trouver à Thoulouse.

Cependant, je vous veulx bien advertir comme, ceste nuyct passée, la compaignie de monsieur de Fontenilles et dix ou douze sallades de la mienne ont deffaict vingt cinq sallades et cinquante harquebouziers à cheval qui estoient sortiz d'ung chasteau, nommé Rocquecor[1]; et en ont mis en pièces environ cinquante; et tout le reste s'est saulvé et mis en fuitte; et les nostres ont gaigné force chevaulx. Le dict sieur visconte de Lauzun vient expressément pour vous supplier accepter trois filleulz qu'il vous présente pour tenir sur les fonts de baptesme : l'un est des plus belles damoyselles de ce pays, qui est à sa femme, et les deux autres il les a tirez de deux chambrières belles, qui sont à madame de Lauzun. Il vous veult faire ce présent, s'asseurant que sy telle commodité se vous présentoit, vous feriez comme luy. Qu'est tout ce que je vous puis escrire pour le présent, salluant voz bonnes grâces de mes très humbles recommandacions; priant Dieu vous donner, Monsieur, très bonne santé, longue et heureuse vie.

De Villeneufve, le XXVme de jung 1569.

Vostre humble serviteur, ·De Monluc.

(Lettre originale; signature autographe; Bibl. nat., f. fr., vol. 3242, f° 15.)

1. Monluc a déjà parlé de cette rencontre, t. I, p. 21.

204. — A MONSEIGNEUR LE DUC D'ANJOU.

[Villeneuve-d'Agen, 27 juin 1569.]

Monseigneur, la Marque est passé icy, s'en allant trouver monsieur de Terride, pensant qu'il soit encores au siége de Navarrens, mais il ne luy trouvera poinct, car j'ay aprins par une lettre, que ung de ses mareschaulx de camp a escripte à ung gentilhomme de ce pays, de mercredy dernier, vingt deuxiesme du présent, par laquelle luy mande qu'ayant faict la monstre de leurs gens de pied, qui s'estoient trouvés quatre mil cinq cens hommes, et en ayant faict le paiement, il ne s'est point trouvé dans trois jours après sept cens hommes. Les ungs disoient que les cappitaines ont trouvé moyen de faire retirer les soldatz sans qu'il vienne d'eulx, craignant qu'estant faicte la bapterie, il n'y eust breiche suffisante et qu'on les feit aller à l'assault, pource que c'est une belle et forte ville de guerre[1]; les autres disent que les dictz cappitaines ont tant dérobé de payes que les soldats les ont habandonnés, tellement que ledict sieur de Terride a esté contrainct lever le siége. Et commença se retirer le dict jour de mercredy avec son artillerie, s'en allant à Floron[2].

1. La place de Navarreins, fortifiée par Henri d'Albret au moment de ses premières entreprises contre l'Espagne, passait pour imprenable. On conserve aux Archives nationales un plan de Navarreins dressé et envoyé à Philippe II à cette époque par Juan Martinez Descurra, espion espagnol (K. 1499, n° 6).

2. Tous les contemporains attribuent la dispersion de l'armée de Terride à l'indiscipline des soldats. — C'est par erreur que

La royne me mande par le dict la Marque qu'elle continue d'avoir advertissement comme les ennemis veullent prendre le chemin de vers Libourne, pour après se jeter entre deux mers, me priant pourvoir promptement et avoir soigneusement l'œil audict Libourne et à Bourdeaulx, dont incontinant j'ay despesché mon nepveu de Leberon avec troys compaignies de gens de pied pour s'en aller en toute diligence audict Libourne, et ay mandé à monsieur de Bories que, si cas est que les dictz ennemys prennent ce chemin, qu'il me renvoie incontinant les sept compaignies du régiment de mon fils le chevalier, qui sont à Périgueux, de par deçà, desquelles j'en laisseroy troys en ceste ville, et le reste à Agen et où je verroy estre nécessaire. Vous suppliant très humblement, Monseigneur, croire que les dictz ennemys tiendront ce chemin, car le dict la Marque m'a assuré que, lorsque monsieur l'admiral s'en alla trouver leurs reistres, il laissa toute son infanterie en Angoulmoys et Xaintonge ; qui est aysé à croire que c'estoit pour reprendre le chemin vers ces cartiers de delà.

Et oultre ce que la royne m'en escript, il vous plaira considérer si mon discours est bien prins : en premier, s'ilz vouloient prendre leur chemin vers Gramat pour passer la rivière de Dordoigne, il faut qu'ilz passent à vostre teste et que vous les combattiez, ce qu'ilz veulent fuyr à cause qu'ilz n'ont point

---

nous avons dit (t. I, p. 28, note), d'après tous les historiens, que Terride n'abandonna le siége de Navarreins qu'à la nouvelle de l'arrivée de Montgonmery. On voit par la lettre de Monluc qu'il se retira beaucoup plus tôt.

d'infanterie; s'ils prennent le chemin droict vers sainct Emillion et Castillon, ilz s'approchent de leurs gens de pied et passeront en plusieurs endroits ladite rivière de Dordoigne pource qu'elle est gayable. D'autre part le conte de Mongommery, qui est allé vers Castres pour assembler le plus d'argent qu'il pourra, ensemble toutes leurs forces de par deçà, ne faict nul semblant de s'en aller; et tant s'en fault qu'ilz veullent passer, car tous les jours il leur arrive des trouppes de gens de cheval qui s'en vont à Montauban; et, lorsqu'il entendra que le camp de monsieur l'admiral s'approchera de la rivière de Dordoigne, il prendra son chemin en ce pays d'Agennoys et entre les deux rivières de Dordoigne et Garonne pour s'aller joindre avec les autres, où ilz trouveront tant de vivres qu'ilz vouldront. Et pour la dernière résolution de mon discours, la nécessité les contraindra de prendre le dict chemin, de tant qu'il est impossible pouvoir trouver vivres ailleurs.

Mais j'espère que vous userez de vostre diligence et vigilence accoustumée, qu'ilz ne seront si tost que vous soyez sur leur queue pour leur donner la bataille, dont je seray bien ayse qu'elle se donne en ce pays, pource que j'espère avec les trouppes de monsieur le mareschal Damville, lequel je vous supplie très humblement escrire qu'il s'approche de Chasteau Sarrazin et Moyssac, combien que je l'advertis de tout; les trouppes de messieurs de la Valette, d'Arné et de Clermont, que j'attends et les hâste tant que je puis, et celles que je meneroy, estant joinctes ensemble, pourrez faire estat de mil à douze cens gentilzhommes pour combattre. Vous suppliant vous en venir résolûment, comme avez toujours faict, car nous espérons tous faire ung si bon service au roy et à vous que vous louerez à jamais la nation gasconne. Cependant j'ay escript à monsieur de Montferrand, messieurs de la court de parlement et juratz de Bourdeaulx, de faire la plus grande provision de foins, pailles, avoines et autres vivres qu'ilz pourront ensemble, et faissines et autres choses nécessaires pour la fortiffication de la dicte ville. Voylà tout l'ordre que je y ay mis jusques à présent.

Si vous trouviez bon que le cappitaine Bardachin vous allast trouver avec les troys mil harquebuziers, vous plaira luy en escrire; toutesfoys en ce cas il vous plaira par mesme moyen mander à Thoulouze qu'on luy baille de l'argent pour contenter les soldats. Autrement il est pauvre gentilhomme et n'auroit moyen de les contenter. Qui est tout ce que je vous diray par le présent, vous suppliant très humblement me tenir tousjours sous vostre protection et bonne grâce, priant Dieu, Monseigneur, en très bonne santé vous donner très longue et très heureuse vie.

De Villeneufve d'Agennoys, le XXVIIme jour de juing 1569.

    Vostre très humble et très obéissant serviteur,

De Monluc.

Monseigneur, après avoir signé la présente, j'ay receu advertissement que le comte Mongonmery est vers Castres avec vingt enseignes de gens de pied et six ou sept cens chevaulx, lesquels ayant prins ung chasteau, nommé Brassac, et couppé la gorge à la femme Fizalle, de Castres, et tous ceulx qu'ilz y ont trouvé, asseurez-vous qu'ilz prendront le dict chemin. Qui me fait vous supplier encores ung coup escrire à monsieur le mareschal Damville qu'il s'approche de Moyssac, affin que tous ensemble vous allions trouver pour estre à la bataille. Je luy mande que moy et toutes les forces de la Guyenne luy obéirons et le faisons nostre chef, car je ne veulx regarder la dignité aucune que le service du roy et le vostre.

(Lettre rapportée de Saint-Pétersbourg et communiquée par M. le comte de Laferrière.)

205. — A MONSIEUR DAMPVILLE.

[Agen, 28 juin 1569.]

Monsieur, monsieur le conte de Negrepelice s'en va vous trouver et vous faire la révérence, lequel vous fera le discours de la résolution qu'a esté faicte et du chemin qu'il me semble, les ennemys prendront[1], pour les raisons qu'il vous desduyra, vous suppliant humblement le vouloir ouyr et me faire entendre sur ce vostre résolution. Et encores que pour le debvoir de vostre estat, l'honneur vous apappartienne pour nous commander, si est-ce qu'en particulier je vous offre tout service à vous obéyr, comme je feroys le roy, s'il y estoit en sa propre personne; vous asseurant qu'avec les troupes que

1. Il s'agit ici de Montgonmery qui préparait à Castres son expédition en Béarn.

vous menez et celles que nous vous joindrons, j'espère, ferez ung service pour le roy signalé et remarquable à jamais. Je ne puis vous aller trouver pour ce que la royne m'a encores mandé par la Marque, qui est icy, qui s'en va en Béarn, qu'elle est advertie que les ennemys veulent prendre le chemin vers Liborne et me commande estre asseuré du dict Liborne et de Bourdeaulx ; mais vous plaira me commander pour vostre service, vous asseurant que ny a gentilhomme en France ny en Guienne qui de meilleur cueur vous obéysse que moy. Et sur ce salueray vos bonnes grâces de mes humbles recommandations, suppliant le Créateur, Monsieur, en bonne santé vous donner longue et heureuse vie.

D'Agen, le XXVIIIme jour de jung 1569.

Vostre humble serviteur,

De Monluc.

(Lettre originale; signature autographe; Bibl. nat., f. fr., vol. 3242, f° 18.)

206. — A MONSIEUR DAMVILLE.

[Agen, 1er juillet 1569.]

Monsieur, despuis mon autre lettre escripte est arrivé ung soldat de la compaignie du cappitaine Monluc, mon filz, qui vient du camp et m'a apporté lettres de mon dit fils ; lequel, oultre le contenu d'icelles, m'a dict comme toutes choses passent en nostre camp. Qui est cause que je suis constrainct reprendre mes premieres erres, m'asseurant que ne trouverez mauvais que j'aille où je voys, m'estant tant amy comme vous m'estes. Cependant monsieur de Panjas, mon cousin, s'en va devers vous, qui vous fera entendre toutes les nouvelles aprinses, ensemble quelque autre chose de ma part. Je vous supplie le croire comme feriez à moy-mesmes, et, s'il y a quelque chose hastée, le me mander par luy, et ce qu'il vous plaist que je face pour le service du roy et vostre; et je ne fauldray incontinant vous obéyr et faire toute ma vie humble service d'aussi bonne volunté que je supplie le Créateur, Monsieur, en parfaicte santé vous donner longue et heureuse vie, saluant vos bonnes grâces de mes humbles recommandations.

D'Agen, le premier jour de juillet 1569.

Vostre humble serviteur,

De Monluc.

(Lettre originale; signature autographe; Bibl. nat., f. fr., vol. 3242, f° 20.)

---

207. — A MONSIEUR DAMVILLE.

[Agen, 2 juillet 1569.]

Monsieur, présentement j'ay receu deux lettres, l'une de monsieur de Bories et l'autre de monsieur de Saint Geniès, du dixiesme du passé, par lesquelles m'est mandé comme monsieur l'admiral, avec son avant-garde, est à Saint Jehan de Collé, et sa bataille vers Gornac et Tiviers; que Monseigneur avec son armée arriva le pénultiesme du dernier à Bonneval et Sainct Anthoine et ez environs, à une lieue de la Douze, à trois petites lieues de Périgueulx, poursuyvant tousjours les ennemys pour leur donner la bataille. Et affin que j'aye le moyen de m'y trouver, ce que je désire bien fort, je m'achemineray toute ceste nuict droict à Villeneufve pour aller passer la Dordoigne en la plus grande diligence que faire se pourra, espérant m'y trouver à temps et à propos. Et si je ne voy que les affaires allent en longueur et dissimulation, je vous assure que m'en retourneray bientost par deçà pour vous aller trouver, comme vous ay mandé par monsieur de Panjas, admenant avecques moy toute la gendarmerie et forces qui sont par deçà. Qu'est la cause que vous supplie vouloir envoyer messieurs de Joyeuse et de Bellegarde vers Moyssac pour tenir en bride les viscomtes, affin qu'ils ne pillent tout le plat pays, et que vous puissiez conserver non seullement le païs de Languedoc mais aussi la Guyenne. Qui sera fin après m'estre très humblement recommandé à vostre bonne grâce, et pryé Dieu vous donner, Monsieur, en très parfaicte santé longue et heureuse vie.

D'Agen, ce IIme de juillet 1569.

Vostre humble serviteur,

De Monluc.

(Lettre originale; signature autographe; Bibl. nat., f. fr., vol. 3232, f° 22.)

208. — A MONSIEUR DAMVILLE.

[Agen, 3 juillet 1569.]

Monsieur, vous sçavez combien les gens de bien, bons et fidelles subgectz et serviteurs du roy doyvent à présent estre respectez, sans que, pendant qu'ilz sont au service de sa Majesté, on les doyve surprendre par procès. Je dis cecy pource que le sieur de Gensac, père de monsieur de Fontenilles, a ung procès en la court de parlement de Tholouze, le jugement duquel sa partye poursuit pendant qu'il est absent, qui est enseigne de la compagnie dudit sieur de Fontenilles. Et nonobstant que le beau-filz[1] de monsieur de Bellegarde soit sa partie et que vous soyez bien son amy, si est-ce que je n'arresteray pour cela à vous supplier faire en sorte envers monsieur le premier président que le jugement du dict procès cesse jusques que la guerre soit finie, et après l'ung et l'aultre pourra poursuyvre son droict. Et oultre l'obligation que les dicts sieur de Fontenilles, de Genssac et les leurs vous en auront à jamais, vous m'obligerez ainsy de plus en plus à vous en rendre toute ma vie humble service. Au reste, Monsieur, je partz présentement pour m'approcher de la rivière de Dordoigne, vous asseurant que, si j'entendz que les affaires aillent en longueur, que j'en seray bien tost de retour pour incontinant vous aller trouver : saluant en cest endroict voz bonnes grâces de mes très humbles recommandacions, priant Dieu, Monsieur, en très bonne santé, vous donner longue et heureuse vie.

D'Agen, le IIIme jour de juillet 1569.

Vostre humble serviteur,

De Monluc.

(Lettre originale; signature autographe; Bibl. nat., f. fr., vol. 3242, f° 27.)

1. Jean de Nogaret, seigneur de la Valette, époux depuis 1551 de Jeanne de Saint Lary, fille du baron de Bellegarde.

209. — A MONSIEUR DE DAMPVILLE.

[Villeneuve d'Agen, 3 juillet 1569.]

Monsieur, vous aurez veu à cest heure monsieur de Panjas, mon cousin, que je vous ay envoyé, ensemble ung messager exprès que je vous dépeschay hier, sur l'advertissement que j'euz de monsieur de Sainct Geniez, qui me mandoit que le camp de Monsieur estoit à la Dronne. A présent j'ay receu d'aultres lettres dudict sieur de Sainct Geniez contraires au premier advertissement, desquelles je vous envoye une copie. Et à l'heure mesme en ay receu une autre de mon nepveu, monsieur de Lebéron, qui est dans Libourne avec quatre compaignies de gens de pied; qui me mande avoir eu lettre de madame de Ribérac, l'advertissant qu'il prinst garde à la ville, d'aultant que l'avant garde des ennemys devoit arriver, à ce qu'elle dit, qui est à Montagrier, à Ribérac vendredy; qui est le plus droict chemin qu'ilz puissent tenir, partant de Thiviers pour venir à Libourne, et prendre en passant leur artillerie. Qui est cause que je me suis acheminé vers la rivière de Dourdoigne; mais de la passer, comme je vous ay escript, je me crains ne le pouvoir faire, pour aultant que la gendarmerye, que je pensois mener avec moy, m'ont faict pour responce qu'ilz ne la passeroient poinct, à cause que les vivres sont bien chers au camp de Monseigneur, et qu'ilz n'avoient faict monstre comme celles de son camp et les autres compaignies de ce royaume. Je luy en ay par cydevant escript, luy remonstrant le desdaing et jalousie qu'il mettoit en ceste nation, qui est assés bigearre d'elle-mesmes, sans leur donner occasion d'en estre davantaige.

Sy lesdictz ennemys prennent leur chemin, comme aucuns disent, vers Angoulesme, je croy que c'est pour secourir Nyort que monsieur de Lude tient assiégé de bien près ; que s'ilz ne font bonne dilligence, il l'aura reprins avant qu'ilz soient à my-chemin. J'ay bien oppinion qu'ilz ne vouldroyent pas perdre ceste ville ; et sy ainsy est, je tourneray tout court pour vous aller trouver, avec intention de ne vous abandonner d'ung seul pas. Qu'est tout ce que pour le présent je vous puis escrire, me recommandant bien humblement à vostre bonne grâce ; priant Dieu vous donner, Monsieur, en très bonne santé, longue et heureuse vye.

De Villeneufve, le IIIme de juillet 1569.

Vostre obéyssant serviteur,

De Monluc.

Depuis la présente escripte, m'est arrivé ung courrier du camp, qui dit que, après la prinse du seigneur Strozzy[1], le conte Saincte-Fior[2] dit à Monseigneur que, s'il n'estoyt délibéré de combatre bientost les ennemys, il estoyt résolu de s'en retourner

---

1. Combat de la Roche l'Abeille, 25 juin 1569. Philippe Strozzi, colonel général de l'infanterie, y fut fait prisonnier.

2. Sforce, comte de Santa Fior, avait conduit au camp du duc d'Anjou, à Saint-Jean-de-Livron, au mois de juin, un corps de troupes auxiliaires de 5000 hommes de pied et de 1500 chevaux, levés et soudoyés par le pape Pie V. (Lettre d'Alava au duc de Medina Cœli, du 17 juin 1569 ; Arch. nat., K. 1514, n° 134.)

avec sa trouppe, car il n'estoyt venu là sinon pour faire ung grand service au roy le jour d'une bataille; mesmes qu'ilz estoient de si loing qu'ilz seroient constrainctz de mendier, après que l'argent leur seroyt failly, pource qu'il voyoit les armées sy près l'une de l'autre sans combatre; qui luy donne à penser que cela yra en longueur.

(Lettre originale; signature autographe; Bibl. nat, f. fr., vol. 3242, f° 24.)

210. — A MONSIEUR DE DAMPVILLE.

[Villeneuve d'Agen, 5 juillet 1569.]

Monsieur, je n'arresteray jamais à vous advertir de tout ce que je pourray entendre : monsieur de Sainct Geniez m'a envoyé la coppie d'une lectre qu'il a receu d'ung cappitaine, de laquelle je vous envoye aussi ung double, par lequel pourrez, s'il vous plaist, veoir comme les ennemys font semblant de reculer; et croy qu'il est véritable, pource qu'ilz estoient tout au plus près de Périgueux. J'en attendray encore de plus certaines nouvelles, et à l'instant que j'en recevray ne faudray de vous en advertir.

J'attendray icy demain monsieur de la Vallette, qui doibt passer par ceste ville; et tout incontinant partiray pour m'en aller sur la rivière de Dordogne, au lieu où je seray adverty que les dictz ennemis yront; j'entendz, s'ilz entreprennent d'aller vers Libourne; mais, s'ilz s'en vont, je reculeray pour vous aller trouver en toute dilligence. Et sur ce je me recommande très humblement à vostre bonne grâce, priant Dieu vous donner, Monsieur, en très bonne santé longue et heureuse vye.

De Villeneufve, le Vme de juillet 1569.

Vostre obéyssant serviteur,

De Monluc.

(Lettre originale; signature autographe; Bibl. nat., f. fr., vol. 3242, f° 29.)

---

211. — A MONSIEUR DE DAMPVILLE.

[Villeneuve d'Agen, 5 juillet 1569.]

Monsieur, ung gentilhomme, nommé le sieur de Roux, qui est habitant de Castelsarrazin, est de ma compaignie. Les consulz dudict Castelsarrazin le comprennent ordinairement, contre tout devoir et raison, en toutes impousitions qu'ilz font pour leurs communes, nécessitez, et mesmes dernièrement l'ont cothizé en l'emprunt des biens aysés. Son revenu n'est si grand qu'il se puysse entretenir, monté et armé pour le service du roy, et payer les susdictes charges. Qui faict que je vous prie, Monsieur, autant qu'il m'est possible, commander ausditz consulz de descharger desdictz fraiz extraordinaires et de l'emprunt; ce pour luy donner meilleur moyen de se tenir en campaigne pour le service du roy.

Monsieur, je me recommande humblement à vostre bonne grâce et prie Dieu vous donner en santé, longue et heureuze vye.

De Villeneufve d'Agen, ce Vme jour de juillet 1569.

Vostre obéyssant serviteur,

De Monluc.

(Lettre originale; signature autographe; Bibl. nat., f. fr., vol. 3242, f° 31.)

212. — A MONSIEUR DAMPVILLE.

[Villeneuve d'Agen, 6 juillet 1560.]

Monsieur, despuis ma lettre, que je vous escripvis yer, avec la coppie de celle que monsieur de Sainct Geniès m'a escript et que je vous ay envoyé, j'ay receu une letre du roy[1] et une de Monsieur[2], desquelles je vous envoye les coppies. Par celle de sa Majesté vous verrez que monsieur le baron de la Garde est party avec les galères[3]. Je partiray demain pour aller à Bourdeaulx donner ordre aux biscuitz, chières sallées et autres choses nécessaires pour l'avitailhement des dictes galères. Et feusse desjà party, sans que j'atends monsieur de la Vallete qui doibt passer ce jour d'huy en ceste ville. Par la coppie de celle de Monsieur vous verrés quelle est son intension et ce que je dois faire. Que me gardera vous escrire autre chose, sinon que je croy que vous avez veu à présent monsieur de Panjas, qui vous aura discoreu au long de tous affaires. Monsieur le visconte de Lauzun est sur son partement pour vous aller faire la révérance. S'il survyent quelque chose, je ne

1. Une copie de la lettre du roi, datée du 24 juin, est conservée dans la collection Clerambault, vol. LXVII, f° 6287.
2. La copie de la lettre du duc d'Anjou à Monluc, datée du 1er juillet, est conservée à côté de la présente lettre de Monluc. Elle lui donne l'ordre d'occuper Bordeaux, d'envoyer les capitaines Monluc et des Bories à Libourne et à Bourg (f. fr., vol. 3242, f° 40.)
3. Le baron de la Garde avait reçu l'ordre de tenter par mer un coup de main contre la Rochelle, qui depuis le 11 février 1567, appartenait aux réformés. Cette expédition n'eut aucun succès.

fauldray vous en advertir par luy. Monsieur, je me recommande humblement à vostre bonne grâce et prie Dieu vous donner, en santé, longue et heureuse vie.

De Villeneufve d'Agen, ce VIme juillet 1569.

Vostre obéissant serviteur,

De Monluc.

(Lettre originale; signature autographe; Bibl. nat., f. fr., vol. 3242, f° 33.)

---

213. — A MONSIEUR DAMPVILLE.

[Villeneuve d'Agen, 7 juillet 1569.]

Monsieur, je vous ay faict ses jours passés plusieurs dépesches sur celles que j'avoys receues de toutes partz. Ce jour d'huy est arrivé du camp le cappitaine Bailherbas, guydon de deffunct monsieur de Massès, duquel je ne sçay à qui le roy et Monsieur donneront la compaignie. Il m'a asseuré que les ennemys s'acheminoyent par Saincte Gestie et Confolens vers la rivière de Loire, et que mondict sieur les suyvoict, mays non de si prez qu'ilz ne peussent gaigner grand advantaige et arryver plus tost vers la dicte rivière. Monsieur de Sainct Geniez m'a escrit le mesmes du jour de yer et envoyé une lectre de monsieur de Boryes de mesme substance, par où je suis confirmé en ceste opignion qu'ilz prenent ce chemin, et que pour soy rencontrer ensemble, le conte de Montgommery prent le chemin par Auvergnye et les mesmes lieux par où passa Ponsenac[1].

1. Poncenac, gentilhomme du Forez, après avoir longtemps

Cependant, je m'en vays jusques Agen pour me faire pencer d'ung mal de tétin, quy m'est venu, et me tourmente si fort que je ne puis durer, et en ay ung espèce de fièvre; sans lequel je n'eusse failly vous aller trouver et adviser ce qui est de faire, comme je feray incontinent après me trouver ung petit mieulx de mon dict mal et avec intension et désir d'exécuter tout ce entièrement que vous aurés advisé, quant bien je me debvroys faire pourter en litière, tant je désire vous obéyr en toutes choses, pour la raison et devoir et aussi pour l'affection particullière que je vous ay tousjours pourtée et porte plus grande que aulcun aultre seigneur.

Il est vray que je désireroys, Monsieur, que l'entreprinse que je vous ay envoyée communiquer par monsieur de Panjas peult estre celle par laquelle vous commencissiés à enployer les forces que vous aurés assemblées et qui vous rendront facilles toutes les autres. Je ne veulx aussi obmectre à vous dire que j'ay sceu, tant par le dict sieur de Bailherbas que par plusieurs aultres, que les enemys ont envoyé demander à Monseigneur ung passeport pour deux ou troys gentilzhommes, qu'ils veulent envoyer devers sa Majesté la suplier d'avoir pityé de sa noblesse et la laisser vivre en liberté de leurs consiences [1]. Le-

---

guerroyé en Languedoc auprès de d'Acier, conçut le hardi projet de rejoindre le prince de Condé. Il traversa toute l'Auvergne et fut tué dans une rencontre en Bourbonnais au commencement de 1568.

1. Cette requête et les pourparlers auxquels elle donna lieu sont rapportés par de Thou, liv. XLV. Voyez aussi le *Traité des Preuves de l'Histoire*, par le P. Griffet, 1770, p. 225.

quel passeport leur a esté accordé et pence qu'ilz sont desjà partiz. Ilz ont esté occasionnés de ce faire, tant du scisme et division quy est entre leurs reystres, à cause du commandement donné et defféré au conte Mansfeld [1], au préjudice de deux aultres contes de plus grande maison, que aussi pource que plusieurs des Provensaulx et aultres de dessà, ayant veu leur résolution d'aller en France et s'esloigner tant plus de leur pays, ce desbandent ordinairement de leur camp, dont aulcuns ont esté tellement poursuyvys et coreus à force par les communes, les gens du sieur de Sainct Geniez et ceulx que j'avoys envoyés aux envyrons de la rivière de Dordoigne, que la pluspart d'eulx ont esté tués et le reste prisonniers : advouant tous ledict scisme et division d'entre lesdictz reystres et la volonté de la plus part des Françoys de ce retirer dudict camp en leurs maisons ; ce que je n'ay voleu failhir, Monsieur, de vous escrire ainsi particullièrement par le mesme, comme je feray toutes aultres choses que je entendray. Cependant je prieray le Créateur, Monsieur, vous donner, en parfaicte santé, très heureuse et longue vie, après m'estre recommandé à vostre bonne grâce.

A Villeneufve, le VIIme jour de juillet 1569.

Vostre obéissant serviteur,

De Monluc.

Craignant que ledit sieur de Panjas n'eust bien

---

1. Wolfgang de Bavière, duc des Deux-Ponts, était mort d'une fièvre quarte, le 11 juin, à Necson, près de Limoges. Il laissa le commandement de son armée à Wolrad de Mansfeld, son lieutenant.

retenu et vous eust dict le nom de la dicte ville : c'est celle de Pouldres en la montagne.

(Lettre originale; signature autographe; Bibl. nat., f. fr., vol. 3242, f° 35.)

214. — A MONSIEUR DAMVILLE.

[Agen, 9 juillet 1569.]

Monsieur, je vous escrivis part yer et envoyé les derniers advertissemens que j'avoys receu du chemin que les ennemys tenoient. A présent je vous envoye la coppie d'une lettre que Monseigneur m'a escripte, par laquelle verrez qu'il n'y a rien d'asseuré du chemin que lesdictz ennemys veulent prendre; et croy que c'est ung malheur pour nous et que Dieu nous veult pugnir, car il n'y a personne en nostre camp qui puisse estre asseurée, au vray, desdictz ennemys et de leur desseing, combien que parfoys ilz sont à deux lieues l'ung de l'aultre. Incontinant que j'en auray nouvelles plus certaines je ne fauldray vous donner adviz du tout; et si j'entendz que lesdictz ennemys prenent le chemin de France, je m'en yray vous trouver, comme je vous ay mandé, porveu que je puysse aller à cheval : car le mal de mon tétin me presse fort tellement que je ne puys aller à Bourdeaulx. Et attendant que je vous puysse mander d'aultres nouvelles, mettray fin à la présente, aprez m'estre recommandé humblement à vostre bonne grâce, priant Dieu, Monsieur, en parfaicte santé vous donner longue et heureuse vie.

D'Agen, le IXme jour de juillet 1569.

Vostre humble serviteur, De Monluc.

(Lettre originale; signature autographe; Bibl. nat., f. fr., vol. 3242, f° 38.)

215. — A MONSIEUR DANVILLE.

[Agen, 10 juillet 1569.]

Monsieur, j'ay receu par ce pourteur deux de vos lettres, l'une escripte à Alby, du XXVIIme de jung, et l'autre à Tholoze, du XXIXme du dit mois, dont je suys esté infiniment ayse d'avoir entendu vostre arrivée audit Tholoze, car je craignois que ces gens, qui font tant de mauvais, se feussent advancés pour vous donner une estroite. Toutesfoys, je sçay bien qu'il ne leur estoit pas bien aysé, car, s'ilz s'en feussent essayés, ilz eussent payé la plus grande partie des despens. Au reste, monsieur de Panjas, mon cousin, partira demain mastin, pour s'en aller devers vous; lequel vous fera entendre toutes les nouvelles que j'ay aprins par ma résolution; qui me gardera vous en faire redicte. Cependant je vous envoye les lettres que monsieur de Saint Genyès m'a envoyées, par lesquelles voirés que les deux armées sont bien près l'une de l'autre. Et remectant le surplus sur ce que le dict sieur de Panjas vous apourtera, supplieray le Créateur, Monsieur, vous donner en très parfaicte santé longue et heureuse vie, me recommandant très humblement à vostre bonne grâce.

D'Agen, ce Xme jour de juillet 1569.

Vostre humble serviteur,

De Monluc.

(Lettre originale; signature autographe; Bibl. nat., f. fr., vol. 3242, f° 61.)

216. — A MONSIEUR DAMPVILLE.

[Agen, 13 juillet 1569.]

Monsieur, je cuydoys partyr jeudy de ceste ville pour vous aller faire la révérance à Tholoze ; mais la postume qui m'est venue sur le tétin me donne plus de douleur que ne faisoit avant qu'elle feust percée. Cella me pourra retarder pour quelques jours et me garder de partir plus tost de dimanche, avec d'aultres occasions qui s'offrent, comme monsieur de Fontenilles vous fera entendre de ma part, vous priant le croire. Cependant, je vous prie vouloir entreprandre et vous me trouverés tousjours prest de suyvre.

Monsieur, je me recommande très humblement à vostre bonne grâce et prie Dieu vous donner, en santé, très longue et heureuse vie.

D'Agen, ce XIIIme de juillet 1569.

Vostre obéyssant serviteur,

De Monluc.

(Lettre originale; signature autographe; Bibl. nat., f. fr., vol. 3242, f° 42.)

217. — A MONSIEUR DAMPVILLE.

[Lectoure, 14 juillet 1569.]

Monsieur, je me suis acheminé ce jour d'huy pour me rendre en ceste ville de Lectoure ; mais j'ay soufert en chemin tant de doleur de la postume que j'ay sur le tétin que je n'en. enduris jamais de pareil, sauf depuis une lieue que j'ay eu quelque peu de repoz; s'il me continue, je partiray sabmedy matin. Il est vray que je pourrois estre empêché d'aller devers vous pour une nouvelle qui m'est venue comme je montois à cheval, l'après disnée, de la part de monsieur de la Chappelle, lieutenant de monsieur de Biron, qui est à Cahours, qui me mande que le comte de Montgomery et les viscontes sont de retour à Montauban. Il a mandé pour envoyer une compaignie à Moyssac. S'il est ainsi qu'ilz y soient, je ne pourray aller devers vous, car il fault que je regarde ce qu'ilz vouldront faire. J'ay despêché incontinant ung des gens de monsieur de Brassac, qui sera icy demain et m'en appourtera nouvelles asseurées. Il est vray que monsieur le marquis de Vilars, vostre oncle, a escript une lectre du septiesme de ce mois à son homme, Poldé, par laquelle il le prie parler à monsieur de Naux, marchant d'Agen, pour le prier de vendre les bleds de toutes ses terres; car aussi bien les ennemys ou amys le prendroient. Qui me faict doubter que le camp des reystres soit en oppinion de passer par deçà, car le dit sieur n'escript cela sans quelque occasion. Toutesfois, monsieur de Thonens partit l'huytiesme de ce mois du camp de Monsieur, qui m'asseure que les ennemys s'en alloient en France, et qu'ilz estoient, dès lors qu'il partist, bien avant tirant vers Chastelerault. Le mesme langaige tiennent tous ceulx qui viennent du camp. Il ne peult estre que dans deux jours nous ne sçachions des nouvelles à la vérité. Si ces viscontes sont par deçà, je ne vous pourray veoir si tost, qui me sera ung très grand desplaizir, car je m'asseure que j'aurois ung grand plaisir, proffit et contantement de vous veoir. Qui est l'endroict que je me recommande très humblement à vostre bonne grâce, prie le Créateur vous donner, Monsieur, heureuse et longue vie.

De Lectore, ce XIIIIme juillet.

Vostre humble serviteur,

De Monluc.

(Lettre originale; signature autographe; Bibl. nat., f. fr., vol. 3242, f° 46.)

---

218. — A MONSIEUR DE DAMPVILLE.

[Lectoure, 17 juillet 1569.]

Monsieur, suyvant ce que je vous ay escript, je pensoys partir de ceste ville pour vous aller trouver; mais tout le jour de yer et toute ceste nuict passée je me suis trouvé si mal de mon tétin qu'il a failleu que les médecins et cirurgiens m'ayent faict ung aultre trou; et par l'adviz d'iceulx je suis constrainct m'arrester encores pour troys ou quatre jours, dans lesquelz ilz m'asseurent que je pourray monter à cheval et m'acheminer sans danger, ce que je feray incontinant. Toutesfoys je y faiz doubte, car il m'y mène si grand douleur que, si elle me continue, je suis constrainct de tenir le lict; et si crains que mon mal se tourne en ung cancer, pource qu'il n'est poinct ung fluroncle; car c'est ung catarre qui m'est tombé là-dessus. Toutesfoys les dictz médecins et cirurgiens m'asseurent que je pourray monter à cheval dans quatre jours. Du reste, depuis vous avoir escript, je n'ay receu nouvelles aucunes dignes de vous estre escriptes, si ce n'est qu'on me mande aujourdhuy que Montgomery et les viscontes veulent passer pour aller en Béarn, mais je n'en croys rien, comme aussi n'est aysé à croire qu'ils veuillent suyvre monsieur l'admiral. Il ne peult estre que dans troys ou quatre jours nous ne soyons advertiz en quoy ilz deviendront; dont je vous advertiray de cela et de toutes autres choses que j'entendray incontinant. Saluant en cest endroict vos bonnes grâces de mes humbles recommandations; priant Dieu, Monsieur, en bonne santé vous donner longue et heureuse vie.

De Lectoure, le XVIIme jour de juillet 1569.

Vostre humble serviteur,

De Monluc.

(Lettre originale; signature autographe; Bibl. nat., f. fr., vol. 3242, f° 44.)

---

219. — A MONSIEUR DAMPVILLE.

[Lectoure, 18 juillet 1569.]

Monsieur, je vous escriviz hier par ung mien soldat, je vous mandois que je ne pouvois partir de ceste ville de trois ou quatre jours, à cause de la douleur extrême que le catarre qui m'est descendu sur le tétin me donnoyt, m'y ayant faist les serurgiens une nouvelle ouverture. Ce jour d'huy matin je me suis commencé à bien porter et partiray demain, qui est mardy, pour aller coucher à Beaumont de Lomaigne et me rendre à Granade, espérant de disner jeudy à Tholouse en vostre compaignie. A ce matin de bonne fortune m'est arrivé ung autre de mes soldats que j'avois envoyé au camp avec mon maistre d'hostel, pour prier Monsieur voulloir escrire en ma faveur au roy, pour la réserve de l'évesché de Condom, estant l'évesque, qui cy-devant en a esté pourveu a ma prière, mallade. Lorsque mes gens sont arrivés au camp, ilz ont trouvé que le cappitaine Caussens estoit sur son partement pour aller en court devers leurs Majestez, à qui Monsieur a baillé les despêches nécessaires pour mon dit affaire. Le soldat qui y estoyt allé, par qui Monsieur m'a escript, partit du camp mercredy dernier et le laissa à Lynard, la Jaille et Saint Léonard, où mondit sieur attendoyt monsieur de la Valete, et le chevalier, mon filz, que depuis ledit soldat a trouvé au costé de Saint Yriex, en sorte qu'ils sont à présent au camp. Le camp des ennemys estoyt pour lors à Montmorillon. Monsieur se délibéroyt, ayant receu les forces dudit sieur de la Valette et du chevalier, les aller trouver, et pour faire plus de dilligence il a layssé les ponts, charetes, chariots et autres bagages.

Monsieur de Biron a commandé à mondit maistre d'hostel m'escrire que le roy est résolu n'entendre aucunement à la paix. Monsieur l'admiral avoyt envoyé devers sa majesté pour le supplier très humblement voulloir permettre qu'il se retirast hors le royaume de France[1], layssant vivre ceulx de la prétendue relligion en liberté de conscience, en leurs maisons, suivant l'édit de septembre dernier[2]; et pour

1. Sur les négociations qui suivirent le combat de la Roche l'Abeille, voyez la note 1 de la page 136.
2. Cet édit, oublié par Fontanon et tous les autres compila-

cest effect il y a envoyé deux gentilzhommes. Ung maistre d'hostel dudit sieur de Biron a aussi dit à mondit maistre d'hostel, comme le soldat m'a rapporté, que le roy a envoyé monsieur le mareschal de Montmorency, vostre frère, avec toutes les forces qu'il a peu assembler, le long de la rivière de Loyre, pour empescher le passage du camp des ennemys. Voilà l'estat auquel estoient les affaires, lorsque ledit soldat partit du camp; de quoy je vous ay bien voullu advertir, m'asseurant que vous resjouyrés de sy bonnes nouvelles. Et sur ce je me recommande très humblement à vostre bonne grâce; priant Dieu vous donner, Monsieur, en bonne santé très longue et heureuse vye.

De Lectore, le XVIIIme de juillet 1569.

Vostre obéyssant serviteur,

De Monluc.

(Lettre originale; signature autographe; Bibl. nat., f. fr., vol. 3242, f° 49.)

---

220. — A MONSIEUR DAMPVILLE.

[Grenade, 24 juillet 1569.]

Monsieur, je vous parlay yer de l'affere du sieur de Souppetz, cousin germain de ma femme, et des cothisations qu'on l'a chargé, dont de vostre grâce me promistes qu'il n'en payeroit rien. Toutesfoys, nonobstant qu'il ayt contribué au ban et arrière ban et qu'il soit à présent employé au service du roy, le

---

teurs, est conservé aux Archives nationales, K. 1537, n°^{s} 10 et 11.

senneschal de Lauragoys, son lieutenant, ou consul de Chasteauneuf d'Ary, ne y ont aucun esgard, ains luy ont faict saisir et mettre sous la main de sa Majesté tous les fruictz à luy appartenans, comme vous plaira veoir par la requeste que ce porteur vous présentera de la part du sieur de Souppetz. Vous suppliant le vouloir descharger de ceste cothisation, vous asseurant qu'il employera l'argent à achapter des armes et chevaulx pour le service de sa Majesté : et luy et moy vous en demeurerons d'autant plus obligés. Me recommandant sur ce humblement à vostre bonne grâce; priant Dieu, Monsieur, en bonne santé vous donner longue et heureuse vye.

De Grenade, le XXIIIme jour de juillet 1569.

Vostre humble serviteur,

De Monluc.

Monsieur, je suis asseuré que si vous escripviés au senneschal de Lauragoys ou à ceulx qui ont faict saisir les biens dudict sieur de Souppetz qu'ilz n'ayent à passer oultre, ilz s'en depporteront, veu mesmement qu'il est gentilhomme et de maison, lequel se met en équipaige pour s'aller rendre auprès de vous et vous faire très humble service.

(Lettre originale; signature autographe; Bibl. nat., f. fr. vol. 3242, f° 54.)

221. — A MONSIEUR DE DAMPVILLE.

[Verdun, 24 juillet 1569.]

Monsieur, comme monsieur le conte de Negrepelice et moy arrivions en ce lieu de Verdun, j'ay receu une lectre, de laquelle je vous envoye l'extraict.

Et en mesme instant est arrivé l'homme que monsieur de Sainct Girons avoit envoyé à Montauban; lequel dict et asseure que le visconte de Montclar et le sieur de Sérignac sont arrivés audict Montauban et que ceulx de la ville ne font que pleurer, disans qu'ilz ne les veulent poinct habandonner, qui est signe qu'ilz s'en veulent aller. Le dict sieur de Sainct Girons y a renvoyé le dict homme, et espère dans demain au soir en sçavoir encores plus amples nouvelles, dont incontinant il vous en advertira et à moy aussi. Cependant j'escriptz à monsieur de Fontenilles que, si vous le trouvez bon, il s'en aille avec sa compaignie à Moyssac; et le dict sieur conte de Négrepelice assemblera vingt cinq ou trente salades de sa compaignie, qui s'en sont venuz du siége de Navarrens, afin que nous commensons nous approcher du cousté de Moyssac, si les ennemys s'en veulent aller. Qui sera fin, aprez avoir salué voz bonnes grâces de mes humbles recommandations, priant Dieu, Monsieur, en parfaite santé vous donner longue et heureuse vie.

De Verdun, le XXIIIme jour de juilhet 1569.

Vostre humble serviteur,

de Monluc.

(Lettre originale; signature autographe; Bibl. nat., f. fr., vol. 3242, f° 52.)

222. — A MONSIEUR DAMPVILLE.

[Cassaigne, 29 juillet 1569.]

Monsieur, je partiray demain en la compaignie de monsieur de Vallence, mon frère, pour m'en aller à

Agen où je fais assembler une partie des scindicz de la Guyenne, pour entendre d'eulx de quoy ilz vous pourront ayder à l'exécution de voz entreprinses; et espère qu'ilz s'accorderont pour le service du roy à ce que leur sera dict. J'ay quatre compaignies de gens de pied ausquelles je feray faire monstre mardy prochain, pour les envoyer la part où il vous plaira. Et vous supplie très humblement m'advertir de la résoullution que vous avez prinse, ou quel lieu devez commancer, affin que je me preste pour vous aller trouver avec la cavallerye.

Au reste, Monsieur, je suis adverty que le cappitaine Sendat s'en va vous trouver avec quelques trouppes; si d'avanture vous le reteniés pour faire service au roy et à vous, je vous supplie ne trouver estrange si je n'y vayes, et vous choisirés duquel vous aymés myeulx servir, de moy ou de luy. Et affin que vous coignoissiés quel personnaige c'est : il a volleu tuer son père par poiczon, et voyant qu'il avoyt failly à exécuter sa malheureuse et meschante intention, il voulust estrangler son dict père dans le lict, comme ses complices ont depposé au supplice. C'est ung traistre au roy, qui abandonna Bourg, où il estoyt en garnison, lorsqu'il entendit que les ennemys le venoyent assiéger, et si en a enpourté l'argent du roy. C'est ung volleur, ung brigant, qui a commis ung infinité de pilleries et larcyns, comme j'espère vous faire aparoir par informations. Brief, qu'il n'y a sorte de crime qu'il n'en soit taché. Et à présent que je me fie de luy! je ne le puys ny ne le doys; car, estant en vostre camp, il me pourroit faire thuer par derrière à quelqu'un de ces quarante ou soixante volleurs qu'il a auprès de luy, qui sont de telle vie et honneur qu'il est : je vous prie donc, Monsieur, y adviser. Je suys résolleu le poursuyvre devant le roy et avoir repparation des tortz qu'il a faictz en ce gouvernement. Et me deust-il couster tout ce que j'ay en ce monde, sa vie meschante et vicieuse me contrainst vous en parler franchement. Et en cest endroict je feray fin à la présente par mes très humbles recommandations à vostre bonne grâce, priant Dieu vous donner, Monsieur, en santé longue et heureuse vie.

De Cassaigne, ce XXIXme juillet 1569.

    Vostre obéyssant serviteur,

                    De Monluc.

Monsieur, ledict capitaine Sendat avoit prins son chemin pour s'en aller en France, et auprès de la Dordoigne, luy et des gens de monsieur de Saint Géniés se retirarent ensemble et trouvarent cent ou six vingtz pauvres prouvançaux, maistres ou valetz, qui s'en alloient en Prouvance en leurs maisons, veneans du camp de monsieur l'admiral, sans faire desplaizir à personne; et c'estoit, suyvant ce que Monsieur avoyt mandé secretement en leur camp, par mon adviz et conseil. Lesquelz, dès qu'ilz virent ledit Sendat, layssarent les armes, ne tirarent jamais coup, cryant miséricorde, les thuarent tous, reservé quinze ou vingt. Deux des gens dudit sieur de Saint Géniés, qui y estoyent, m'ont conté l'ystoire. Et puys s'en est retourné, n'ayant ouzé passer pour aller trouver le camp de Monsieur, comme il disoit; et a heu craincte aussi que monsieur de Vallance, mon frère, heusse envoyé des informations que le procureur du roy de Bourdeaulx et les maire et juratz de Bourg ont faict conte de luy à monsieur le mareschal, vostre frère, ayant oppinion qu'ilz le favorizoyent. Toutesfoys, monsieur de Vallance et monsieur de Dacgz en ont adverty ledit sieur mareschal. Et vous feray toucher au doyt qu'il s'entend avec la royne de Navarre et avec ses officiers; et vous puys asseurer, si le roy avoit une bastonnade et qu'elle vînt de par deçà, il seroit bientost avecques elle. Il c'est mis avec la compaignie du visconte de Lauzun pour passer; mais si je feusse esté icy, je l'heusse allé tailhier en pièces entre les mains du guydon que le retire, combien que je pense que ledit guydon n'estoit point adverty de ses meschancetés; et croy qu'il a faict pour monstrer, par là où il passeroit, que sa compaignie est grosse; car aussi bien a-il vouleu les terres de son frère, qui est monsieur de Caucin, comme des autres, ou bien a eu craincte que monsieur de la Vallete le fisse prandre au camp, comme il me dict en passant qu'il volloit faire, s'il y alloit, pour un faulx instrument qu'il a fait faire de quinze centz escutz contre madamoyselle de Monquassin, sa sœur, lequel a esté prouvé faulx; et ce n'est la première faulceté qu'il a faict, car en y a plus de quatre autres; et je luy tire la corde du coul et non autre; mais quant j'ay veu qu'il touchoit au service du roy, je n'ay vollu soustenir en ses meschancetés.

(Lettre originale; signature autographe; Bibl. nat., f. fr., vol. 3242, f° 56.)

223. — A MONSIEUR DE DAMVILLE.

[Agen, 31 juillet 1569.]

Monsieur, j'ay receu vostre lectre sur le point que j'avoys délibéré vous envoyer ung double de la lettre que monsieur de Leberon m'a escript. J'ay mandé ma compaignie de se rendre à Nérac, et d'icy à quatre ou cinq jours je seré à Mauvesin avec cinq compaignies de gens de pied, et attendré cependent de vos nouvelles, pour vous aller trouver la part que me manderés. J'ay mandé la compaignie de monsieur de Gondrin se tenir devers Saincte Foy et le long de la rivière de Dordoigne; et à monsieur de Leberon de garder ce coing avec troys aultres compaignies de gens de pied, afin d'empêcher que les ennemys ne passent la dicte rivière, pendent que je seré avec vous. Vous voierés par le dit double de lettre comme monsieur l'admiral, de peur que ses reistres ne s'en aillent, ne veult passer la rivière de Loire; ce que je pense estre véritable. Et est à croire que, si la reyne de Navarre aura jamais crédit en son camp, elle tâchera de le faire venir en Béarn pour secourir son Navarrens. Et pleust à Dieu qu'ainsin feust, car je m'asseure que nos donrions à cognoistre que ne playderions pas tant à combatre comme a faict nostre camp; et voldrois qu'il m'eust costé ung doibt de ma main, sans mourir, et que nous eussions tous lesdiz ennemys ensemble, pour ce fere et ne delayer tant comme a faict nostre camp; qu'est l'occasion que noz soldatz se descouraigent et mesprisent leurs chefz, dont ceulx qui ne scavent que l'intention de noz chefz est de gaigner en delayant, panseront que ce soit plus tost par pusillanimité que aultrement. Qu'est tout ce que vous ay à dire à présent; et se aulcune aultre chose surviendra, je vous tyendray adverty de jour à aultre; cependant me recommandant très humblement à vostre bonne grâce, je prie Dieu, Monsieur, vous donner en parfaicte sancté, très heureuse et longue vye.

D'Agen, ce dernier de juillet 1569.

Vostre obéyssant serviteur,

De Monluc.

(Lettre originale; signature autographe; Bibl. nat., f. fr., vol. 3242, f° 59.)

224. — A MONSIEUR DE DAMPVILLE.

[Agen, 2 août 1569.]

Monsieur, sur les quatre heures d'ier soir j'ay receu vostre lettre et advertissement du dernier du passé, dont en l'instant ung chevalier de l'ordre m'a asseuré qu'il ne y a rien plus certain que les ennemys passent la rivière de l'Ariége pour passer en Béarn; que me faict croire l'advertissement estre véritable. Qu'il esté la cause que incontinant j'ay mandé ma compaignie et celle de monsieur de Gondrin s'acheminer en diligence, prenant le chemin vers l'Isle en Jordain, où je m'en voys demain matin, à la pointe du jour, avec quatre compaignies de gens de pied. Et assembleray toutes les forces qu'il me sera possible, vous suppliant en faire le semblable de vostre cousté, affin que bientôst nous joignons nos forces ensemble et allons combatre les dicts ennemys. Saluant sur ce voz bonnes grâces de mes humbles recommandations, priant Dieu, Monsieur, en bonne santé vous donner longue et heureuse vye.

D'Agen, le IIme jour d'aoust 1569.

Vostre humble serviteur,

De Monluc.

Pource que le sieur de Damesaing m'a dict que les dicts ennemys ne se oseroient hazarder pour passer en Béarn, et qu'il pense qu'ilz vont trouver le sieur de Sérignac au Carla, pourroit bien estre, si nous avions bientost nos forces ensemble, que nous les combattrions à leur retour. Toutesfoys ung aultre gentilhomme me vient de dire avoir veu une lettre que la royne de Navarre escript au comte de Mongomery, luy mandant par icelle s'en aller en Béarn, avec toutes ses forces de par delà, pour mettre en pièces tout ce qu'il trouvera d'ennemys devant Navarreins.

(Lettre originale; signature autographe; Bibl. nat., f. fr., vol. 3242, f° 63.)

---

225. — A MONSIEUR DE LUSSAN.

[Agen, 4 août 1569.]

Monsieur mon cousin, je vous prie, veue la présente, que vous vous mettés dans la ville d'Aux avec toute la force que vous pourrés. Je vous envoye le cappitaine Mosseron, présent porteur, avec sa compaignie, que luy comanderés et il vous obéyra. Et sur ce, Monsieur mon cousin, je me recommande à vos bonnes grâces, priant Dieu vous doint ce que désirés.

D'Agen, en diligence, ce quatriesme aoust 1569.

Vostre meilheur cousin à vous faire service,

De Monluc.

(Copie; Arch. mun. d'Auch; Reg. cons., f° 320.)

226. — A MONSIEUR DE DAMPVILLE.

[Agen, 4 août 1569.]

Monsieur, de tout temps et ancieneté le pays de Commenge est de la Guyenne, portant les charges tant ordinaires que extraordinaires avec icelle, et partant ne peult estre aucunement cottisé pour le faict de la guerre que audit pays de Guyenne, ayant de ce exprès privilège confirmé par le roy, qui est à présent. Toutesfoys, estant le siège devant le Carla, le Maz d'Azil et Mazères, messieurs de Tholoze ont voullu contribuer ledit pays en vivres, pour l'entretenement du camp; ce qu'ayant entendu je les auroys exemptez de telle charge et deffendu très expressément de ne fournir rien de tout ce que leur seroyt commandé par ceulx dudit Tholoze; me desplaisant qu'ils entreprennent sur mon gouvernement; mais nonobstant madicte exemption et ordonnance, le scindic dudit Tholoze auroyt, après ledit siége levé, obtenu appoinctement du séneschal dudit Tholoze, ou son lieutenant, portant condempnation contre le scindic et trésorier dudit Commenge, à luy bailler la somme de quatre mil cinq cens livres, au lieu desdictz vivres, et à ces fins faict emprisonner ledict thrésorier. Pour quoy, Monsieur, je vous supplie très humblement ne permectre que pour ledit faict de la guerre ledit scindic de Tholoze puisse constraindre les habitans dudit pays de Comenge à luy bailler la dicte somme, attendu qu'ils sont contribuables à Navarrenx; l'enjoignant de vostre auctorité faire eslargir ledit thrésorier et descharger ledit païs de la dicte somme, affin que par telle confusion le service du roy ne soye retardé. Et sur ce je m'en voys recommander très humblement à vostre bonne grâce, priant Dieu vous donner, Monsieur, en très bonne santé, longue et heureuse vie.

D'Agen, le IVme aoust 1569.

Vostre obéyssant serviteur,

De Monluc.

(Lettre originale; signature autographe; Bibl. nat., f. fr., vol. 3242, f° 65.)

---

227. — A MONSIEUR DE DAMPVILLE.

[Lectoure, 5 août 1569.]

Monsieur, yer au soir, à mon arrivée en ceste ville, je vous fiz une dépesche, vous mandant par icelle la résolution que j'avoys prinse et que je me rendroye demain à Mauvesin. Toutesfoys présentement le cappitaine Mausan, qu'est de ma compaignie, est arrivé, venant de ce pays hault, qui m'a asseuré que les ennemys sont desjà tant advancez qu'aujourd'huy ilz peuvent estre en Béarn; qui est cause que j'ay rompu mon desseing et partz demain matin pour m'en aler en deligence au Mont de Marsan, où je faiz acheminer cinq compaignies de gens de pied, ensemble la mienne que j'ay mandé toute ceste nuyct, pource que dans ledict Mont de Marsan et dans Ayre y a beaucoup de vivres, desquelz je ne veulx que les ennemys se puyssent ayder; mais ung commissaire des guerres, qu'est ce jour d'huy venu de ce pays de Béarn, me asseure que monsieur de Terride n'a rien touché aux vivres des villages, qui sont à deux lieues de Navarrens, ce que, je pence, les ennemys ont entendu et que cela leur a donné cueur. Je ne sçay si monsieur de Fontenilles a faict le paresseux d'envoyer quérir sa compaignie, qu'estoit à Moyssac, lequel j'en ay assez solicité; et croy que jamais je n'ay faict telle deligence que j'ay faict et faiz encores pour haster tout le monde. Et si ledit sieur de Fontenilles n'avoit faict la deligence requise, je luy escriptz encore me venir trouver en deligence. Je supplie commander que ma lettre luy soyt envoyée promptement.

Du reste, Monsieur, je vous supplie aussy vous acheminer vous-mesmes, car comme je vous ay escript, tant que vous demeurerez à Tholoze, il ne y aura que bien peu de gens qui se vueillent mettre aux champs, mais incontinant que vous serez en campaigne tout le monde s'y mettra. Et vous supplie encores ce coup ne retarder davantaige; car puisque nous ne les pouvons combattre à l'aller, il fault que nous les combattons au retour. Et vous feray encores ceste supplication de ne partir point de Tholoze que ne faictes conduyre pour le moingz dix barrils de pouldre pour l'arquebuserie, avec laquelle nous serons constrainstz de combattre dans les montaignes, et aussi fair conduyre après vous troys ou quatre cens lances. Je seray vers le Mont de Marsan, où je vous feray de jour à autre entendre de mes nouvelles, comme il vous plaira faire le semblable de vostre cousté; vous advisant que, si j'ay deux cens chevaulx avecques moy, je m'en yray gecter sur la frontière de Béarn, si ce n'est que vous me mandez que vous estes en chemin et que venez en deligence; en ce cas je vous attendray, afin de me joindre avecques vous. Qui est tout ce que je vous puis escrire pour ceste heure, me recommandant humblement à vostre bonne grâce, priant Dieu, Monsieur, en parfaicte santé vous donner longue et heureuse vie.

De Lectoure, ce vendredy au soir, Vme jour d'aoust 1569.

Vostre obéyssant serviteur,

De Monluc.

Monsieur, ne m'estimés jamais soldat, si nous ne sommes troys cens lances ensemble, ayant la suitte et la faveur du pays, si nous ne les desfaisons.

(Lettre originale; signature autographe; Bibl. nat., f. fr., vol. 3242s f° 68.)

---

228. — MONSIEUR MON COMPAIGNON, MONSIEUR DE BELLEGARDE, CHEVALIER DE L'ORDRE DU ROY ET CAPPITAINE DE CINQUANTE HOMMES D'ARMES DE SES ORDONNANCES.

[Nogaro, 7 août 1569.]

Monsieur mon compaignon, j'ay receu vostre lettre qui m'a rendu si fasché que je fuz jamais de chose qui me soict advenue, car je pensoys que vous feussiez à la guerre des ennemys avec voz forces, pource que, nous estans joins ensemble, les combaptissions, qui a esté cause que je me suys tant advancé ; et encores demain matin je m'en voys à Ayre, comme vous dira le cappitaine Maussan, présent porteur, lequel j'envoye expressément devers vous, vous priant le croire de tout ce qu'il vous dira de ma part, comme feriez moy-mesmes. Il ne reste, sinon que si vous avez envye de faire ung grand et notable service au roy, de vous advancer et faire deligence jour et nuict pour vous en venir, car si nous ne les combattons, à tout le moingz garderons-nous qu'ilz ne taillent point en piéces ceulx qui sont devant Navarrens ny n'en appourteront l'artillerie. J'ay icy avecques moy ma compaignie et cinq enseignes de gens de pied. J'attends le baron de Gondrin avec la compaignie de monsieur de Gondrin ; j'attendz aussi monsieur de la Chappelle Lauzières qui s'en vient avec une partie de la noblesse de Quercy. Je vous prie vous en venir en diligence, sans attendre personne, et ceulx qui auront envye de venir viendront bien après.

Quant aux consulz de Sainct Gaudens et Montréal[1],

---

1. Les consuls de Saint-Gaudens et de Monréal de Rivière (Montréjeau) avaient été avertis du passage des ennemis par une lettre pressante du baron de Larboust (Coll. de M. le baron de Lassus à Montréjeau). A l'égard des consuls de Saint-Gaudens, au moins, les reproches de Monluc semblent injustes. Une pièce, conservée dans les Archives municipales de cette ville, nous apprend qu'elle avait été ruinée de fond en comble par Mongonmery.

je vous prie les envoyer à Tholoze, afin que la court de parlement leur face leur procès, lesquelz ont faict ung traytié si malheureux. Et si ne les envoyez à Tholoze, menez-les moy, car je les feray pendre et estrangler incontinent. Et remettant le surplus sur la suffisance dudict sieur de Mausan, mettray fin à la présente, après m'estre recommandé de bon cueur à vostre bonne grâce, priant Dieu, Monsieur mon compaignon, en bonne santé vous donner longue et heureuse vye.

De Nogaro, ce dimenche, VIIme jour d'aout 1569.

Vostre meilleur compaignon et amy à vous faire service,

De Monluc.

Je ne escriptz poinct au cappitaine Arné, à cause de l'occupation des affaires, mais, en escripvant à vous, je pense satisfaire au tout.

(Lettre originale; signature autographe; Bibl. nat., f. fr., vol. 3242, f° 71.)

229. — A MONSIEUR DE DAMPVILLE.

[Ayre, 8 août 1569.]

Monsieur, à ce soir j'ay receu la lettre que m'avez escripte. Vous ne sçauryés croyre l'ayse et le contantement que m'avez donné, ensemble à toute ceste bonne compaignie, entendant la résoullution que vous avez prins de vous achemyner par deçà; et si vous continuez, je tiens noz ennemys pour deffaictz; mais il est besoing de user d'une extrême dilligence, vous suppliant ne vous attandre aux promesses de ceulx qui disent qu'ilz viendront, mais sans plus différer vous achemyner à haste, car cent hommes, vennant dellibérez et d'une prompte gailhardise, en vallent plus que cinq cens de ceulx qui partent après et à loysir. Et d'aultre part ceulx qui auront bonne volunté, chemyneront jour et nuict pour se trouver en une si belle occazion. Et usant de ceste delligence que je vous dis, il fault que vous commandez à ceulx qui vous suyvront de faire mener leurs chevaulx de service en main, affin qu'ilz soient frech à l'arrivée. Tous tant que nous sommes icy, désirons infiniment que gaignez ceste bataille. C'est une belle occazion que ce présente pour faire crever voz ennemys. J'envoye à monsieur de Bellegarde une lettre de monsieur de Tarride, pour la vous envoyer, par laquelle cognoistrez sa délibération. Qui est tout, me recommandant à vostre bonne grâce, priant Dieu, Monsieur, en très bonne santé, vous donner heureuse et longue vye.

D'Ayre, ce VIIIme jour d'aoust 1569.

Vostre obéyssant serviteur,

De Monluc.

(Lettre originale; signature autographe; Bibl. nat., f. f., vol. 3242, f° 7;

230. — A MONSIEUR DE DAMPVILLE.

[Saint-Sever, 12 août 1569.]

Monsieur, je vous diray en briefves parolles pour n'avoyr loysir à vous escripre, c'est que monsieur de Tarride c'est layssé surprendre dedans Hortès[1],

---

1. Voyez les *Commentaires*, t. III, p. 281, note, La Popelinière, livre XVIII, et Dupleix, t. III, p. 707 et suivantes. Dupleix

où il avoyt toute son infanterie et cavalerye. Je ne vous sçauroys dire comme cella c'est faict. Pour le moings il n'y a point faulte de malleur. Il c'est retiré dans le chasteau, où il n'y a point vivres pour deux jours. Je m'estoys mys en ceste ville, actendant monsieur de Bellegarde, qui devoyt estre icy dans deux jours, pour puys après nous ralhier avec ledit sieur de Tarride et combatre les ennemys; mais maintenant je demeure seul avec cinq compaignies de gens de pied, n'ayant moyen d'envoyer d'autre, pource que, Monsieur, y vont toutes les finances du roy de toutes natures; et ne me laysse point ung soul pour payer les soldatz, et ne puys faire davantaige. Cessi sera cause de rompre vostre entreprinse; et suys d'avis que vous layssés Lavaur, et veniez dresser vostre camp à l'Isle en Jourdain. Là vous garderés le pays aux environs de Tholoze, fairés teste aux ennemys et je m'en yray joindre avec vous pour les combatre avec ce que j'ay. Il ne fault point faire estat de l'infanterie de monsieur de Tarride, car douze cens harquebusiers qu'il avoit avec luy ce sont layssé prendre dedans Hortès par escalade, et si y avoit six vingtz salades. Qu'est tout, me recommandant très humblement à vostre bonne grâce, priant Dieu vous

---

mérite d'autant plus de confiance que son père servait dans l'armée catholique. Ces trois historiens sont les seuls parmi les contemporains qui parlent de la mémorable expédition de Mongommery. Les documents inédits sont presque innombrables. Outre les lettres conservées à la Bibliothèque nationale, principalement dans la collection Harlay S.-G., vol. 323 et suivants, nous citerons : aux archives de Pau la série B, 952 à 958, les registres consulaires d'Auch, les registres de Larcher aux Archives de Tarbes, les registres consulaires de Bagnères de Bigorre, etc.

donner, Monsieur, en bonne santé, heureuse et longue vye.

De Saint Sever, ce XIIme d'aoust, du matin, 1569.

Vostre obéyssant serviteur,

De Monluc.

(Lettre originale; signature autographe; Bibl. nat., f. fr., vol. 3242, f° 76.)

231. — A MONSIEUR DAMPVILLE.

[Saint-Sever, 12 août 1569.]

Monsieur, je vous ay escript par autre voye la desfortune qui est advenue à monsieur de Terride. J'arrivay seulement hier en ceste ville, ayant mandé à monsieur de Bellegarde de s'acheminer; mays, du premier jour que les ennemys ont esté devant Orthès, ils ont prins la ville et enfermé monsieur de Terride dans le chasteau, qui n'y sçauroyt demeurer deux jours; et a là perdu douze cens harquebusiers qu'il avoyt dans ladicte ville; qu'est cause que je vous supplie, sy le trouvés bon, vous en venir à Tholoze et assembler vostre camp à l'Isle en Jordain, afin que nous nous liguons ensemble et faire ung camp pour faire teste aux ennemys; autrement vous pouvés considérer sy je puys faire teste à gens victorieux, estant sy foible; pour quoi je vous supplie, Monsieur, y adviser et me mander, s'il vous plaist, de voz nouvelles.

Escript à haste, à Saint Sever, le XIIme d'aoust 1569.

Vostre obéyssant serviteur,

De Monluc.

(Lettre originale; signature autographe; Bibl. nat., f. fr., vol. 3242, f° 78.)

232. — A MONSIEUR DAMPVILLE.

[Saint-Sever, 12 août 1569.]

Monsieur, voicy la troisiesme lettre que je vous ay ce jour d'huy escript, touchant le désastre de monsieur de Terride, de quoy je ne vous ause parler; toutesfoys quant on faict tout ce que l'on peult et entend, on peult laisser faire le reste à Dieu, bien qu'on ne se peult excuser qu'il n'y aye eu de la faulte. Je me suys délibéré pour ma dernière résollution de demourer en ceste ville ou à une lieue près, pour couvrir tout ce plat pays de la Guyenne jusques aux portes de Tholoze, car sy je reculoys, tout le monde perdroit cueur; lequel, ce faisant, je tiendray asseuré, ayant envoyé une compaignie de gens de pied à Dacqz avec le gouverneur que j'ay trouvé icy à propos, et mandé à monsieur le visconte d'Horte d'assembler des gens de son cousté pour la conservation de la ville de Bayonne. Je vous supplie donc aultant qu'il m'est possible vous résouldre du tout en tout ce que vous délibérés de faire. Je vous ay escript aujourd'huy qu'il me sembloyt, sy le trouviés bon, d'assembler vostre camp à l'Isle Jordain; et ce faisant, monsieur de Bellegarde se pourra tenir vers Ayre et Nogaro, pour estre les ungs près des autres. Et me semble que vous ne pouvés assembler et faire vostre camp en Lauragois, ains en Guyenne, pource que, iceluy assemblé, nous nous pourrons tous joindre ensemble pour aller combatre les ennemys, à ung prix ou à autre. Et ne puis encores comprendre ce qu'ilz veullent faire, s'ilz se veullent contenter de reprendre les villes de Béarn ou s'ilz se veullent emparer de celles du roy, à quoy il n'y a personne qui les en garde, sy vous ne vous mectés le plus tost que faire se pourra en campaigne, et mander cependant à monsieur de Bellegarde de demourer par deçà; n'estant à présent besoing que ce païs soyt abandonné de forces, d'aultant que je n'ay avec moy que deux ou trois compaignies de gens de pied que je puisse mectre en campaigne, et ausquelz je ne puys avoyr grand fiance qu'ilz facent rien de bon lorsque je vouldray exécuter quelque chose, comme j'ay peu cognoistre en ceulx de monsieur de Terride. Quant à la cavallerye, je n'en ay aussi qui soyt assés forte pour les combatre. De sorte que si vous ne trouvés bon ce que je vous ay mandé de faire assembler vostre camp à l'Isle en Jordain, et le plustost qu'il sera possible, affin que nous joignons noz forces ensemble, je ne voy poinct d'ordre. Quoyque ce soyt, j'ay prins pour mon dernier et seul conseil que je n'abandonneray ce quartier. Monsieur de Terride et les autres seigneurs et cappitaines se fussent peu retirer, s'ilz eussent voullu, sans perdre ung soldat, là où à présent ilz se sont retirés dans ung chasteau, où il n'y a nulz vivres, et n'en puys espérer rien de bon. Je vous supplye, Monsieur, m'envoyer vostre résolution et ce que délibérés de faire, ensemble de voz nouvelles; et sy ne trouvés meilleur conseil que le mien, le voulloyr prendre.

Escript à haste, à Saint Sever, le XIIme d'aoust 1569.

Vostre obéyssant serviteur,

De Monluc.

Lettre originale; signature autographe; Bibl. nat., f. fr., vol. 3242, f° 80.)

233. — A MONSIEUR DAMPVILLE.

[Ayre, 15 août 1569.]

Monsieur, j'ay receu présentement la letre qu'il vous a pleu m'escripre du dixiesme à Lavaur. Je vous ay despêché deux hommes, dont en y a ung chanoyne de Lombès, pour vous advertir la desfaicte de monsieur de Terride dans la ville mesmes de Hortès, qui a esté par ung grand désordre, par une improvoïance, et pour ung grand estonnement. Il c'est sauvé, presque tous ceulx de la compaignie de monsieur de Negrepelisse et quelque peu de la scienne. Quant aux gens de pied, il n'en fault faire aucun estat, car je pence que tous ce qui estoit de bon est mort; messieurs de Terride, Saint Phelipes, Saincte Colombe, Jardres, Bedelhac, Pourdéac et plusieurs autres sont encores dans le chasteau; qui, s'ilz ne sont encores bien secoureulx, ilz sont aussi perdeuz que le demourant, et dix sept pièces de grosse artilherie, qui est tout ce qu'estoit à Bayonne et à Dacqs. Monsieur, sy vous voullés laysser pour quelques jours vostre entreprince et vous en venir en deligence par deçà avec toutes voz forces, je vous respons de ma vie qu'ilz sont à nous, et que sans cannon vous prendrés toutes les villes que vous voullés assiéger. Tout le pays de Basques, Béarn et de toutes les vallées sont en armes, et ne scauryés croyre comme ceste comune a bonne volunté d'assister au conbat. Vous vous mectés une coronne sur la teste pour jamais et obligés le roy, quoyqu'il soyt nostre maistre, à vous, et faictes crever voz ennemys, lesquelz ne font rien que vailhe, et exsaussés et soustennés tousjours le nom de monsieur le coignestable; et s'il y a homme qui vous conseilhe au contraire, il n'est vostre amy ny vostre serviteur ny n'ayme la prospérité de vostre maison, car, puysque Dieu vous envoye la comodité, vous la devez prendre, car peult estre jamais ne s'en vous en présentera une de sy grand importance que stuycy; et si je ne vous aymois, je ne vous escriproys ce que je vous escrips. Et vous fault venir en grand deligence, car les ennemis en seront advertis et ce vouldront retirer pour vostre venue, et par quelque part que ce soyt nous leur coupperons chemyn avec la grosse delligence que je feray de me ralyer avecques vous. Qui est tout ce que je vous pourray pour le présent escripre, sinon que n'ayant jamais coigneu que vous craignés à combatre, me faict espérer et asseurer vostre venue. Et sur ce je me recommande humblement à vostre bonne grâce, priant Dieu, Monsieur, en très bonne sancté, vous donner heureuse et longue vye.

D'Ayre, ce XVme d'aoust 1569.

Vostre obéyssant serviteur,

De Monluc.

(Lettre originale; signature autographe; Bibl. nat., f. fr., vol. 3242, f° 83.)

234. — A MONSIEUR DAMPVILLE.

[Camp d'Aire, 21 août 1569.]

Monsieur, sur l'heure de quatre heures de ce jour, j'ay receu la lettre qu'il vous a pleu m'escripre par le cappitaine Mausan, et vous prie croire que ma joye c'est redoublée entendant la deligence qu'il vous plaist faire. Monsieur de Bellegarde m'a escript sur l'heure mesmes que ceulx qui estoient dans la ville de Nay l'ont habandonné, et les ennemys s'en sont emparés. Ilz ont faict tout ainsi que ceulx de Pau, qui s'en sont allés de vye; et me mande aussi qu'ilz s'en vont droict à Oloron, avec l'artillerie; et les quatre cens Espaignols y sont entrés, comme on m'a dit : ilz pourront tenir trois ou quatre jours. J'ay faict partir mon nepveu de Leberon, sur l'heure mesmes, pour sçavoir s'il est vray de Nay; luy ayant baillé la coppie de vostre lettre pour la monstrer à celluy qui commande à Oleron, où Nay seroit prins, pour leur donner couraige de ne se randre si ayséement.

Je ne suys bougé de ce lieu d'Aire, encores qu'il soit ouvert, et faiz atalbanizer[1], estant à cheval jour et nuyt; si les ennemys veillent, ilz ne me trouveront endormy. J'assembleray demain quelques ungs du païs, pour me résoldre avec eulx quel chemyn vous devés tenir pour entrer en Béarn, et ne fauldray incontinant vous en advertir. Cependant, j'ay faict partir monsieur de la Chappelle, mon nepveu, pour s'en aller droict à eulx faire pourter tant de vivres que nous puyssions vivre avec vostre camp sept ou huict jours en Béarn. Et espérant m'aprocher de vous et vous joindre dans mercredy, j'ay esté très ayse de ce que le cappitaine Maussan m'a dit qu'il vous plaist faire pourter douze cens lances et munition de pouldre, qu'est une bonne provision, estant

---

1. *Atalbaniser*, fortifier.

impossible d'en recouvrer par deçà, l'ayant monsieur de Terride despandue entièrement. Qu'est la fin, me recommandant à vostre bonne grâce et priant Dieu vous donner, Monsieur, en parfaicte santé longue et heureuse vie.

Du camp d'Aire, ce XXIme d'aoust 1569.

Vostre obéyssant serviteur,

De Monluc.

(Lettre originale; signature autographe; Bibl. nat., f. fr., vol. 3242, f° 86.)

235. — A MONSIEUR DAMPVILLE.

[Aire, 22 août 1569.]

Monsieur, je vous envoye le cappitaine Mausan pour vous advertir du chemin qu'il nous semble que devez tenir pour entrer en Béarn, qu'est qu'il nous est adviz que devés prendre vostre chemin droit à Massiac où monsieur de Bellegarde et moy nous joindrons avec vous ; et de là nous yrons droict à Morlas et de là à Coarraze, où vous pourrés passer la rivière, ou plus bas, pour entrer en Béarn. J'ay faict ce jour d'huy deux dépesches à messieurs de Lusse, d'Andaux, de Domesain ; l'une que j'ay envoyé par la voye de Saint Sever, et l'autre, par ung jeune homme qui s'est hazardé pour aller trouver le dict sieur de Lusse et aller dans Oloron porter une lettre que j'ay escripte à monsieur d'Esgarrabacques [1], le

1. Le seigneur d'Esgarrebaque suivit mal les instructions de Monluc. Il abandonna Oloron à la première sommation (Poydavant, t. I, p. 362). Il mourut peu après en Navarre (Lettre de Laplace à Fourquevaux, décembre 1569; Arch. nationales, K. 1511, n° 162).

priant de tenir pour six jours et que dans ce temps vous le secourrés. Je vous envoye la coppie de la lettre de monsieur de Lusse. J'adverty monsieur de Bellegarde pour se rendre demain sur les neuf heures à l'abbaye de Betous, pour résouldre du chemyn que devons tenir pour vous aller trouver; l'advertissement que j'ay des ennemys est que la pluspart de ceulx qui estoient à Pau, passarent hier là la rivière et s'en vont droict à Oloron, menans huict pièces de batterye. J'ay envoyé monsieur de la Chappelle à Aux pour faire suyvre force vivres à vostre camp, affin qu'il puisse vivre en Béarn. Ma femme, qui est à Cassaigne, m'a escript des nouvelles qu'elle a d'une saillye que monsieur de Guyse a faict devant Poictiers [1]. Ceste nouvelle m'a esté confirmée sur l'heure mesmes par monsieur de Monferrand, gouverneur de Bourdeaulx. Sy elle est véritable, à peyne prendront-ilz Poictiers, comme ilz se vantent de ce faire. Je ne fauldray de vous tenir adverty à toute heure de ce qui concernera vostre entreprinse. Et sur ce je me recommande très humblement à vostre bonne grâce; suppliant Dieu vous donner, Monsieur, en très bonne santé, longue et heureuse vie.

D'Ayre, le XXIIme d'aoust 1569.

Vostre obéyssant serviteur,

De Monluc.

Monsieur, depuis la présente escripte, la Breuille, vostre maistre d'hostel, m'est venu trouver en ce

---

[1]. Coligny assiégeait Poitiers depuis le 22 juillet; la ville était défendue par le duc de Guise, Mayenne et quelques autres seigneurs. Le siége fut levé avant le 9 septembre.

lieu, à qui j'ay au long discouru la résollution que j'ay prinse, pour la vous communiquer, affin qu'il vous plaise m'en mander là dessus vostre intention ; et aussi je vous supplie faire apporter quatre cens lances et force pouldre, vous asseurant que vous verrez une belle noblesse.

(Lettre originale; signature autographe; Bibl. nat., f. fr., vol. 3242, f° 88.)

236. — A MONSIEUR DAMPVILLE.

[Nogaro, 23 août 1569.]

Monsieur, monsieur de Bellegarde et moy nous sommes trouvés en chemyn et avons discoureu longuement ensemble. J'ai prié mon nepveu, monsieur de Leberon, présent pourteur, vous aller trouver et vous faire entendre la résolution qu'avons prinse pour recepvoir là dessus voz commandemens, il vous dira comme toutes choses sont passées, despuys ma dernière letre, en Béarn, et vous fera entendre plus particulièrement toutes choses que je ne vous puys escripre; vous priant le croire comme feriés à moy-mesmes; et me remectant à sa suffizance, ne vous feray plus longue letre, fortz pour me recommander très humblement à vostre bonne grâce, et prye Dieu vous donner, Monsieur, en parfaite santé, longue et heureuse vye.

De Noguero, ce XXIIIme d'aoust 1569.

    Vostre obéyssant serviteur,

                              De Monluc.

(Lettre originale; signature autographe; Bibl. nat., f. fr., vol. 3242, f° 93.)

237. — A MONSIEUR DAMPVILLE.

[Nogaro, 25 août 1569.]

Monsieur, despuys que mon nepveu de Leberon est parti d'ycy pour vous aller trouver, monsieur de la Grave est arrivé avec des lettres du roy, de la royne et de Monsieur, qui est cause que je me rendray jeudy matin à Aux et vous apourteray les dictes letres, et admeneray monsieur de Bellegarde, car il est nécessaire que promptement vous entendiés le tout. Et si vous n'estes encores à Aux, et n'en fussiés que deux ou trois heures, s'il vous plaisoit vous y advancer, affin que de là nous pourvoiryons à ce qu'il commande, que sera bien difficille, veu le désordre en quoy sont les affaires de par desà; mais il fauldra que vous advisés à tous les moyens que nous pourrons tenir. Que sera fin, après m'estre recommandé humblement à vostre bonne grâce, priant Dieu, Monsieur, en très bonne santé, vous donner longue et heureuse vye.

De Nogaro, ce XXVme d'aoust 1569.

Vostre obéyssant serviteur,

De Monluc.

(Lettre originale; signature autographe; Bibl. nat., f. fr., vol. 3242, f° 91.)

238. — A MONSIEUR DAMPVILLE.

[Vic-Fezensac, 25 août 1569.]

Monsieur, j'ay receu la lettre que m'avez escripte; et pource que je vous ay dépesché monsieur de Leberon, mon nepveu, instruict au long des affaires du pays de Béarn et de la perte d'icelluy, et que monsieur de la Grave, de qui je vous faisois mention par ma letre, est arrivé, il m'a semblé bon que je me doibz achemyner pour vous aller trouver et vous discourir sur quelque chose concernant le faict de la guerre. Je ne sçay sy le trouverés bon; toutesfoys je vous supplie, Monsieur, vous voulloir advancer avec vostre train seullement jusques à Gymont, où je m'en voys tout droict, car je ne puys m'acheminer plus avant vers Tholoze. Aussy sy vous trouvés bon ce que je vous diray, il n'est jà besoing que voz forces s'avancent davantage, ains qu'elles demourent où elles sont de présent. Bien pouvés, s'il vous plaist, faire courir le bruict partout que vous les faictes achemyner en toute dilligence droict audict pays de Béarn. Et pource que j'espère vous veoir bientost, je ne vous escriray autre chose par la présente, me recommandant très humblement à vostre bonne grâce, priant Dieu vous donner, Monsieur, en très bonne santé, longue et heureuse vye.

De Vic Fezenssac, le XXVme d'aoust 1569.

Vostre obéyssant serviteur,

De Monluc.

<small>Lettre originale; signature autographe; Bibl. nat., f. fr., vol. 3242, f° 95.)</small>

239. — A MONSIEUR DAMPVILLE.

[Auch, 26 août 1569.]

Monsieur, depuis que monsieur de Joyeuse s'en est allé j'ay receu ung advertissement, lequel je vous envoye, et le trouve véritable à cause que j'en ay receu deux semblables, de Saint-Sever et de ces quartiers-là. Je ne sçay sy vous serez de mon oppinion, qui est que je pense que les ennemys veullent laysser le pays de Béarn armé de gens d'icelluy mesmes et se veullent puis retirer. Ilz ont mandé à la rivière de Garonne que tous tant à pied que à cheval se rendent en dilligence avecques eulx à Pau. Par cela on peult cognoistre qu'ilz se veullent renforcer encore de tant de gens qu'ilz pourront. Au reste monsieur de Bellegarde m'a mandé que ceulx de Tarbes ont grand nécessité de pouldre, qui seroyt cause, sy l'ennemy se présente devant, de la perte de la ville. Je vous prie, Monsieur, les en voulloyr faire accomoder de quelque quantité, laquelle ilz veullent bien payer. Je m'achemyneray après disner pour aller trouver ledit sieur de Bellegarde à Marsiac. Et en cest endroist je me recommande très humblement à vostre bonne grâce, priant Dieu vous donner, Monsieur, en très bonne santé, longue et heureuse vye.

D'Aux, le XXVIme d'aoust 1569.

Vostre obéyssant serviteur,

De Monluc.

(Lettre originale; signature autographe; Bibl. nat., f. fr., vol. 3242, f° 100.)

240. — A MONSIEUR DAMPVILLE.

[Auch, 26 août 1569.]

Monsieur, j'ay veu voz letres, et deux heures avant la venue du porteur d'icelles, je vous avois dépesché ung messager pour vous porter les advertissements que j'avois des ennemys; et puysque n'ay ce bien de vous veoir, me suys résollu partir présentement pour m'en aller à Marsiac, espérant y estre demain et entrer en conseil avec monsieur de Bellegarde et autres estant audit camp, pour arrester ce que sera à faire, sellon les advertissemens que auront peu apprendre, pour incontinant m'en aller d'une course à Libourne, pour y mectre le meilleur ordre qu'il me sera possible, affin de garder que l'ennemy n'y puisse faire aucune surprinse; mais ce ne sera que je n'aye premièrement pourveu de deçà à tout ce qui sera requis, et dont vous aurés advertissement certain et de tout ce qui surviendra d'heure à autre.

Au demourant, j'ay veu le pouvoyr qu'avez faict publier, lequel est sy ample qu'il semble desroger à l'autorité que sa Majesté m'a donnée en ce pays et gouvernement de Guyenne. Je ne le dis pour aucune difficulté que je face de vous obéyr, car oultre ce que je le doibs, comme vous estant mareschal de France, je vous veulx toute ma vie obéyr et servir pour la singulière amytié et affection que je vous porte et ay tousjours portée. Mais d'aultant que sadicte Majesté ne m'en a mandé aucune chose et que vous ne m'en avés aussi rien dit, lorsque vous suis allé trouver, ny depuys escript, ains la seulle publication m'en a donné l'advertissement, qui me faict penser que sa dicte Majesté ne veult point que je m'en entremette plus. Sy ainsy est, c'est ce que je désire, que j'ay assés souvent demandé, pour monstrer que je n'ay envye de commander avec tant de

peyne et fascherye. Toutesfois je veulx bien envoyer
vers elle pour en sçavoir son intention. Cependant
vous prie me voulloir mander cependant la vostre.
Et ne trouvés mauvays sy j'envoye vers sadicte Majesté, vous asseurant que je ne le fais à autre fin que
pour seullement sçavoyr et entendre sur ce ses voulloirs et intentions, et qu'il n'y a chose qui me puisse
refroidir en rien que soyt de l'affection que j'ay
tousjours eue à son service et au vostre particulier.
Et sur ce je me recommande très humblement à vostre bonne grâce, priant Dieu vous donner, Monsieur, en très bonne santé, longue et heureuse vye.

D'Aux, le XXVIme d'aoust 1569.

Vostre obéyssant serviteur,

De Monluc.

(Lettre originale; signature autographe; Bibl. nat., f. fr., vol, 3242, f° 97.)

241. — A MONSIEUR DAMVILLE.

[Marsiac, 27 août 1569.]

Monsieur, monsieur de Jalenques a assisté au
conseil que nous avons tenu en ceste ville, là où
s'est trouvé monsieur de Bellegarde et plusieurs autres chevaliers de l'ordre, qu'il vous dira. Nous avons
discoureu longuement ce qui peult survenir de l'affaire de ce pays; et après avoir le tout bien pesé,
avons esté génerallement d'oppinion de ne debvoyr
attendre l'ennemy soubz l'espérance d'une retraicte,
car ce seroyt la plus grant deffaveur que nous sçaurions faire au roy et à vous avec voz forces, ayant
l'ennemy à deux lieues d'icy. Mais au contraire nous

a semblé bon de nous retirer peu à peu, comme nous partons présentement pour cest effect, tirant vers Auch et Condomoys. Et pource que ledit sieur de Jalenques vous dira, oultre ce que je vous mande, comme toutes choses se passent, je ne vous feray la présente plus longue, sy ce n'est pour me recommander très humblement à vostre bonne grâce, priant Dieu vous donner, Monsieur, en très bonne santé, longue et heureuse vye.

De Marsiac, le XXVIIme d'aoust 1569.

    Vostre obéyssant serviteur,

                              De Monluc.

(Lettre originale; signature autographe; Bibl. nat., f. fr., vol. 3242, f° 102.)

---

242. — A MONSIEUR DAMPVILLE.

[Cassaigne, 29 août 1569.]

Monsieur, j'ay receu la letre que m'avez escripte, de laquelle je n'ay peu me garder me mectre en colère, pource qu'il me semble que les reproches que vous me faictes que je ne doys ainsin habandonner le pays m'a touché trop, car je vous asseure que cella n'a jamais esté de mon volloir ny délibération. En premier, monsieur de Joyeuse m'a dict et vous-mesmes me l'avez escript que puysque toutes les villes de Béarn estoient perdeues et monsieur de Terride prisonnier, ne tenant rien en Béarn, les ennemys ne nous conbatroient, s'ilz ne voulloient, ayant toutes les villes et le pays pour eulx; qui est chose véritable, et que pour ceste occazion vous vous en alliés après vostre première entreprinse, pour reprendre les places de vostre gouvernement, et que vous partiriés lendemain après que ledit sieur de Joyeuse vous seroit arrivé. Et voyant cella et que je n'estois pour leur donner baptaille dans le pays, j'ay layssé à troys lieues de Marciac cinq compaignies de gens de pied et le baron de Gondrin avec le service de gens de cheval, pour recepvoir toutes nouvelles qui viendroient tant du costé de Tarbe que de Dacqs, affin que, sy l'ennemy prennoit le chemyn de Dacqs, j'eusse cependant ung corps de gens de pied ensemble pour me aprocher de Mont de Marsan ; et, s'ilz prennoyent le chemyn par où ilz sont venuz, que ce sera marchant là où vous seriés. Et cependant j'envoyés monsieur de Fontenilhes et monsieur de Madailhan, mon lieutenant, faire une cavalcade, jusques auprès du Mas et Castelgeloux, pour attraper cent ou six vingtz chevaulx que a le jeune Calonges ; lesquelz sont en chemyn, et dans demain au soir, s'il ne s'en est retourné en Béarn, vous en oyrés parler. Je me vollois tenir icy pour entendre toutes les nouvelles qui me viendroient tant du costé de Dacqs, Tarbe, Bordeaulx, Libourne et Périgort, pour puys après me résouldre là où je serois plus nescessaire et là m'achemyner. Et ay mandé homme exprès jusques à Périgueulx, Libourne, Dacqs et dans leur camp, pour me tenir adverty. Et cependant, pour satisfaire au roy, que encores par l'advocat de sa Majesté de Bourdeaulx, nommé du Sault, il me mande de m'en aller audit Libourne, je ne l'ay volleu faire, ains y ay envoyé le lieutenant de Fabian, mon filz, et une compaignie de gens de pied pour le renforcer ; et mon nepveu de Leberon y arrivera au soir, pour faire extrême deligence de fortiffier la place, et pour entendre de tous costés si monsieur l'admirailh revient pour l'assiéger, affin de y courir avec tous les bons serviteurs du roy qui sont par deçà. Voylà ma dellibération, n'en ayant jamais prins d'autres ny volunté de le faire.

Or puysque je voys à ceste heure que vous layssez voz premières entreprises de reprendre les places de vostre gouvernement et que vous vous résoulvez de donner la bataille en ces quartiers de Guyenne, je vous supplie faire estat que vous ne me sçauriés au monde donner ung plus grand contantement que celluy-là. Et quant je serois à Libourne, je m'en viendrois en poste pour me trouver auprès de vous. Et s'il vous plaist dresser vostre camp à Lisle ou à Gymont, nous nous rendrons tous auprès de vous et les constraindrons de prendre le chemyn des Landes pour aller passer la Garonne, ung à ung, où nous les attraperons ; et n'y aura poinct de faulte. Vous suppliant, incontinent la présente receue, me mander si vous estes en ceste délibération, car incontinant je me rendray auprès de vous et beaucoup de gentilzhommes que je manderay encores en Périgort, Agen et autres endroictz. Et sur ce, attendant de vos nouvelles, je me recommande très humblement à vostre bonne grâce, priant Dieu vous donner, Monsieur, en très bonne santé, longue et heureuse vye.

De Cassaigne, le XXIXme d'aoust 1569.

    Vostre obéyssant serviteur,

                      De Monluc.

J'ay dict quelque chose au cappitaine Valettes touchant l'argent et autres choses de la royne de Navarre que les ennemys en apportent; je vous supplie de croyre et considérer le prouffit que cela leur rapporte.

(Lettre originale; signature autographe; Bibl. nat., f. fr., vol. 3242, f° 404.)

243. — A MONSIEUR DE DAMPVILLE.

[Condom, 30 août 1569.]

Monsieur, je vous ay renvoïé le cappitaine Valette, depuis le partement duquel est arrivé ung gentilhomme de monsieur de Tarride, qui m'a informé à plain de l'estat des ennemys avec le nombre de leurs enseignes de gens de pied et compaignies de cheval, ensemble les lieux où ilz sont, comme pourrés veoir par le roole que je vous envoie. Et par là pourrés cognoistre que leur chemin s'adresse plus devers Sainct Sever que vers Tarbe, tellement que je pense qu'ilz veullent passer à Thonenx ou à quelque autre port ès environs; d'aultant aussi que ledit gentilhomme m'a asseuré qu'ilz ont envoyé le cappitaine Calonges, qui est party, troys jours a, vers monsieur l'admiral, luy demander gens pour se saisir des passages de la rivière, afin qu'ilz se puissent plus aiseément conduire. Et croy-je que s'ilz se saisissent d'aucun port, ce sera sur la rivière de Dourdoigne. Cependant lesdiz enemys ne bougent jusques à ce qu'ilz aient eu nouvelles dudit Calonges. Et par cela pourrés adviser ce que vous avés affaire. Et s'il vous plaist vous en venir à l'Isle en Jourdain ou à Lavit de Lomaigne, nous aurons moïen de les combattre. De ma part je ne fauldray vous aller trouver aussi tost que serés arrivé et que me manderés. Cependant j'envoye quelques gens pour renfourcer la garnison de Libourne.

Le gentilhomme qui m'a adverty de tout ce que dessus m'a aussy asseuré, pour l'avoir veu, que le vingt uniesme de ce mois d'aoust[1] les ennemys, ayant faict sourtir hors de Navarrens monsieur de Tarride, monsieur de Sainct Félix, monsieur d'Amou et monsieur de Bazilhac, la nuict, dresserent quelques eschelles à une maison où monsieur de Saincte Colonne, monsieur de Pourdéac, monsieur de Gerderest et autres[2] avec eulx estoient; et faignant qu'ilz s'estoient vouluz sauver par lesdictes eschelles, pour avoir quelque occazion et moïen de les massacrer, entrarent dans le lougiz où ilz estoient couchés, avec des espées et dagues, dont monsieur de Saincte

1. Ainsi tombe le récit imaginé par Favyn (*Hist. de Navarre*, liv. XIV), et adopté par presque tous les historiens. Ils assurent que le massacre des prisonniers d'Orthez fut commis le 24 août, et que Charles IX, en apprenant cette nouvelle, jura « qu'il ferait une seconde Saint-Barthélemy en expiation de la première. »

2. Les autres capitaines tués furent d'Aïdie, Goas, Sus, Abidos, Candau, Sallies et Favas. Pour justifier ce crime, on prétendit plus tard que ces capitaines étaient sujets de la reine de Navarre, et qu'ils avaient été traités non comme prisonniers de guerre, mais comme coupables de haute trahison. La reine Jeanne d'Albret écrivit le 21 septembre au duc d'Anjou qu'ils avaient été punis pour « avoir voulu se sauver des prisons où ils étaient.... « ayant été tués à coups d'arquebuzades par les soldats de la ville, « estant sur la teste d'une maison qu'ilz avoient jà gaignée. » (Coll. Harlay S.-G., vol. 223, 2, f° 89.)

Colombe, n'ayant aucunes armes, se saisit d'une
pièce de bois qui estoit en sa chambre, et se deffen-
dist tant qu'il peust, et monsieur de Pourdéac housta
une espée à ung des ennemys, avec laquelle il luy
couppa ung bras. Toutesfoys finallement ils furent
trestous meurtris ensemble, le nombre de dix avec
eulx, comme ledit gentilhomme m'a asseuré, pour
les avoir veuz mortz, d'aultant qu'il avoit moïen
d'aller et venir partout, s'estant donné à monsieur
de Sérignac, frère de monsieur de Tarride, qui luy
faizoit avoir accès partout où il voulloit. Le camp
des ennemys est à Theze, à deux lieues d'Ortès, et
tiennent d'estendue jusques auprès d'Arzac. Et par-
tit-il hier à midy d'avec eulx.

Ledit Calonges partist, six jours a, de leur camp
et passa la rivière de Garonne, trois jours a, qui sera
cause que messieurs de Fontanilhes et Madailhan ne
l'auront peu atacquer pour le combattre. Ledit gentilhomme m'a en oultre dit qu'il estoit lougé ung jour
avec le viconte de Monclar, lequel tenoit propoz avec
celluy de Paullin et les autres principaulx de leur
trouppe, en quelle sorte ilz pourroient avoir le chasteau de Foix; lors l'ung d'iceulx dit qu'il ne failloit
qu'ilz s'en souciassent et qu'ilz l'auroyent bien ay-
seément, pource qu'ilz détenoient prisonnier le filz
du chastelain, lequel, si son père ne leur veult rendre
ledit chasteau, ilz fairont pendre. Et ne reste, sinon
qu'ilz passent par devant, car, occasion de cela, ilz
l'auront à leur ellection toutesfois et quantes qu'ilz
le vouldront. Qu'est tout ce que pour le présent je
vous puis escrire, me recommandant très humble
ment à votre bonne grâce, priant Dieu vous donner,

Monsieur, en très bonne sancté, longue et glorieuse vye.

De Condom, ce XXXme aoust 1569.

Vostre obéissant serviteur,
De Monluc.

(Lettre originale; signature autographe; Bibl. nat., f. fr., vol. 3242, f° 107.)

244. — A MONSIEUR DAMPVILLE.

Cassaigne, 31 août 1569.]

Monsieur, j'ay ce jour d'huy receu ung pacquet de monsieur d'Andaux, par la voye du gouverneur d'Acqs; et ay envoyé le propre original de sa lettre et de celle que le vice-roy de Navarre[1] luy a escript, au roy, par ung gentilhomme que j'envoye à sa Majesté en dilligence, tant pour l'advertir des affaires qui sont survenuz que pour l'évesché de Condom, affin que aucun ne m'y puisse donner quelque venue[2]; et m'a semblé bon de vous envoyer la coppie de tout ce dessus, comme fais. Au reste, j'ay esté aujourd'huy adverty que pour tout certain les ennemys prennent le chemin droict à la ville de Saint Sever, laquelle ilz se font fortz d'avoir bien ayséement, ce que je croy qu'ilz feront sy vous ne vous avancez vers Gymont; et me doubte qu'ilz em-

1. Jean de la Cerda, duc de Medina Cœli, marquis de Collogudo, comte du Port-Sainte-Marie, vice roi de la basse Navarre.
2. Robert de Gontault, évêque de Condom, était mort le 25 août 1569. Il eut pour successeur Jean de Monluc, fils de l'auteur des *Commentaires* et de sa première femme, Jeanne Ysalguier.

porteront aussi Dacqs, pource qu'il n'y a point de gens. Par quoy, je vous supplie, Monsieur, vous voulloir avancer avec vostre camp en toute dilligence. Et ne se fault attendre qu'ilz s'en vueillent retourner par où ilz sont venuz, car ilz ne prendroient le chemin qu'ilz prennent. Et ne vous diray autre chose pour le présent, sy ce n'est que la dilligence est le faict du gain de la guerre, de laquelle, je m'asseure, vous userés à ce coup qu'il en est tant besoing. Et me recommandant très humblement à vostre bonne grâce, je vais prier Dieu vous donner, Monsieur, en très bonne santé, longue et heureuse vie.

De Cassaigne, le dernier d'aoust 1569.

Vostre obéyssant serviteur,

De Monluc.

(Lettre originale; signature autographe; Bibl. nat., f. fr., vol. 3242. f° 110.)

---

245. — AU ROY.

[Cassaigne, 1er septembre 1569.]

Sire, j'ay prié le sieur de Moreau, mon cousin, présent porteur, d'aller de ma part vers voz Majestés pour vous faire entendre au vray l'estat des affaires de deçà et le succès de ceulx de Béarn, vous suppliant très humblement le vouloir entendre comme à moy-mesmes, et vous asseurer, Sire, que, si vous eussiez esté en la place de monsieur de Terride, je n'eusse peu faire une plus grande et extrême dilligence pour vous secourir que j'ay faict pour luy à peine de ma teste. Ledict sieur de Moreau vous discourra l'ordre que j'ay donné en ce païs, il vous plaira voulloir sur ce prendre une bonne et briefve résollution et me renvoyer le dict sieur de Moreau promptement, instruit de ce qu'il plaist à vostre Majesté que je face, sans temporiser longuement à faire les dépesches, car le temps que l'on emploie sans rien faire donne loysir aux ennemys d'exécuter ce qu'ils veullent. Et, m'asseurant que ledict sieur de Moreau n'obliera rien à vous dire de ce qui concerne vostre service, je ne vous en feray la présente plus longue, suppliant Dieu vous donner, Sire, en très bonne santé très longue et très heureuse vie.

De Cassaigne, ce premier de septembre 1569.

Vostre très humble et très obéissant sujet et serviteur,

De Monluc.

(Lettre rapportée de Saint-Pétersbourg et communiquée par M. le comte de Laferrière.)

246. — A MONSIEUR DAMPVILLE.

[Cassaigne, 1er septembre 1569.]

Monsieur, j'ay receu la lettre que m'avez escripte par ce courrier, et voy bien que vous estes résollu de demourer vers Muret, qui est au contraire de ce que j'espérois, car le cappitaine la Vallette m'avoit dit que vous ne désiriés autre chose que combatre les ennemys, ce que vous ne pouvés faire demourant là; et vous en voy bailler la figure : en premier, il n'y a rien plus certain qu'ilz sont à trois petites lieues de Saint Sever et à cinq du Mont de Marsan, où ilz yront en ung jour; et de là jusques à Thonenx et au Mas, où ilz prétendent passer la Garonne, il n'y a que dix lieues, lesquelles ilz feront en deux jours à leur ayse. De là où ilz sont jusques à moy, il y a douze lieues, et d'icy jusques à vous quatorze, qui sont vingt-six. Avant que je sois adverty de leur partement, ilz seront au Mont de Marsan, et plus tost que celluy par lequel je vous advertiray soit à vous, ilz seront sur le bort de la rivière. Or regardez, s'ils vous plaist, sy, pour bonne dilligence que vous puissiez après faire, vous les sçauriez garder de passer, ayant à cheminer vingt-huict ou trente lieues; par quoy vous y adviserés, s'il vous plaist.

Au reste, quant aux quatre mil Hespaignolz, je vous ay ce jour d'huy matin dépesché ung pacquet et vous ay envoyé ung double de la lettre que monsieur d'Andaux m'a escript, et de celle que le duc de Medina Celi, vice-roy de la basse Navarre, luy a escript à luy. Par là vous pourrés veoir qu'ilz ne pourront estre si tost prestz que lesditz ennemys ne soient passez, s'ilz veullent s'en retourner, comme l'on m'asseure par tous les advertissemens que j'ay de tous coustez. Quant à ce que me mandés que j'ay cy-devant escript et conseillé au clergé d'Aux de se sauver, je ne pouvois faire de moins, si de tout point je ne voullois laysser ces pouvres gens en prede aulx ennemys, m'ayant asseuré monsieur de Joyeuse que, dès lendemain que nous tinsmes le conseil à Aux, vous repasseriez toutes vos forces à Tholoze pour de là vous en aller suyvre vostre première entreprinse. Et de moy je n'estois assés fort, sy les ennemys eussent prins ce chemyn-là et à Condom, pour les empescher. Sy vous voulliés advancer en çà, nous secourerions Saint Sever qu'ilz empourteront et peult estre Dacqs. Toutesfoys ma résollution est telle que, s'ilz le veullent forcer, je m'iray perdre avec trois compaignies de cavallerye et cinq d'infanterie que j'ay pour le secourir; non que je les vueille combatre, mais je me mectray en quelque lieu auprès : que, encore que je n'y puisse de rien servir, sy ne veulx-je pas que l'on dye que je l'ay laissé perdre sans m'en estre aucunement approché. Et en cest endroict je me recommande très humblement à vostre bonne grâce, priant Dieu vous donner, Monsieur, en très bonne santé longue et heureuse vie.

De Cassaigne, le premier de septembre 1569.

Vostre obéyssant serviteur,

De Monluc.

Ayant entendu ces nouvelles que monsieur de Lussan me manda et qu'il vous en advertist, je m'achemineray demain droict à Casteljaloux et le Mas avec les cinq compaignies des gens de pied et les trois de gens à cheval, ayant envoyé quérir celle de monsieur de Gondrin, qui est derrière; et ne veulx que l'on dye les ennemys avoir passé sans que je les aye veuz. Et vous asseure que de tout ce que je pourray je les empescheray sur leur passage.

(Lettre originale; signature autographe; Bibl. nat., f. fr., vol. 3242, f° 112.)

247. — AU ROY.

[Agen, 4 septembre 1569.]

Sire, monsieur de la Grave, présent porteur, vous dira en quel lieu je me trouve en son arrivée par deçà, et s'en retourne vers vostre Majesté bien instruit par beaucoup de gens de bien comme voz affaires sont allés au pays de Béarn. Oultre les mémoires que j'en ay baillé et dit de bouche audict sieur de Moreau, je les estime tous deux si gens de bien qu'ils ne vous desguiseront la vérité. Quant à moy, je ne veulx ny prétends charger ny descharger personne, voullant toutesfois que, où vostre Majesté saura que j'en suis coulpable de la moindre chose du monde et que je n'aye faict mon devoir, elle me face trancher la teste. J'ay baillé audict sieur de Moreau une carte par laquelle vous verrez où les ennemys se sont assamblez, le chemin qu'ilz ont prins, là où ilz ont passé les rivières, et la grand distance qu'il y a eu toujours entre eulx et moy, qui est pour le moins de vingt cinq ou trente lieues. Non que pour cela aussi je veuille excuser monsieur de Terride, encore que la Marque s'en aille vers vostre Majesté pour ce faire, car la faulte est énormément grande, je vous veux bien dire que j'ay tousjours, comme tout le monde sçait de par deçà, faict une sy grande dilligence que, sy vous feussiez esté en la place dudict sieur de Terride, je ne l'eusse sceu faire plus grande pour vous secourir.

Au reste, Sire, quant à la ville de Libourne, vostre Majesté pourra veoir par les instructions dudict sieur de Moreau l'ordre que j'y ay donné et par ledict sieur de la Grave ce qu'il en a veu et entendu, qui me suffit pour ceste heure, vous voullant seullement dire que, sy vous ne vous hastez d'envoyer des forces de vostre camp par deçà, Montgomery amènera à monsieur l'admiral trois mil hommes de pied et douze cens chevaulx, qui renforcera et raffreschira de beaucoup son camp, comme vostre Majesté peult estimer. Il luy porte six cens mil escus, par le moyen de quoy ilz feront de beaucoup prolonger la guerre; cecy adviendra donc si vous n'y prenez garde, car je ne les en puis empescher, n'ayant que trois compaignies de gens d'armes et cinq de gens de pied, par quoy vostre Majesté advisera, s'il luy plaist, ce qu'il est besoing de faire pour le mieulx. Et ne vous en feray la présente plus longue, sy ce n'est pour vous supplier très humblement voulloir entendre et croire ledict sieur de la Grave comme à moy-mesme; suppliant Dieu vous donner, Sire, en très bonne santé très longue et très heureuse vie.

D'Agen, le IVme de septembre 1569.

  Vostre très humble et très obéissant sujet et serviteur,

De Monluc.

(Lettre rapportée de Saint-Pétersbourg et communiquée par M. le comte de Laferrière.)

248. — A LA ROYNE.

[Agen, 4 septembre 1569.]

Madame, vous pourrez entendre par les sieurs de la Grave et de Moreau comme les affaires de deçà vont et le succès de ceulx de Béarn, mais le temps est aujourd'huy disposé de telle sorte que personne ne vous auze discourir aulcune chose que la moitié ne soit par dissimulation ; toutesfois je m'asseure que, si vous tirez l'un d'eulx à part, ilz ne vous céleront la vérité, vous suppliant très humblement les voulloir entendre et croyre comme à moy-mesme. Au reste, Madame, vous m'avez commandé d'admonester et remonstrer à monsieur de Monferrand, d'autant qu'il a esté mis par vostre eslection en la ville de Bourdeaulx, d'estre vigillant aulx affaires et conservation d'icelle. Je vous diray que je n'ay aucune hoyne contre luy, mais si pendant ces troubles il continue ceste charge, je vous asseure qu'il adviendra de luy comme monsieur de Terride. Sy vos Majestés luy voulloient donner cinquante hommes d'armes pour venir faire service auprès d'elles et connaître quelque homme vieux et vigillant au gouvernement de ladite ville de Bourdeaulx, je m'asseure que voz affaires en iroyent mieulx [1]. Je ne désire qu'il y ayt personne par ma nomination à Paris

---

1. Charles de Monferrand riposta à cette dénonciation de Monluc par plusieurs lettres, où il rappelle aigrement la rivalité de Damville et de Monluc, qui livre la province aux coups de Mongonmery (*Arch. de la Gironde*, t. II, p. 148; coll. Harlay St-Germ., vol. 323, 2, f° 91 et 95).

de quoy l'on puisse penser que j'ay pourchassé d'en tirer ledict sieur de Monferrand; d'autre part vous pouvez considérer le mal que je luy veulx quant je vous supplie luy donner lesdicts cinquante hommes d'armes. Et s'il plaist à vostre Majesté faire informer en ladicte ville de Bourdeaulx et demander tant aux grands qu'aux petits le soing qu'il a des affaires d'icelle et à quoy il applique donc le temps, vous trouverez que je ne vous en escris sans cause. Vous entendrez, s'il vous plaist, ce que je veulx dire par ledict sieur de la Grave. Quant à l'admonester, il n'a tenu qu'à cela, car je m'en suis beaucoup essayé, mais il a prins un tel ply qu'il n'y a homme qui le sceut ou peust redresser. Et ne vous en feray plus long discours, m'asseurant que voz Majestés y pourvoiront. Et sur ce je supplie Dieu vous donner, Madame, en très bonne santé, très longue et très heureuse vie.

D'Agen, le IVme de septembre 1569.

    Vostre très humble et très obéissant sujet et serviteur,

De Monluc.

(Lettre rapportée de Saint-Pétersbourg et communiquée par M. le comte de Laferrière.)

249. — A MESSIEURS DE LA LANDE ET CONSULS D'AGEN.

[Saint-Maurice, 19 septembre 1569.]

Messieurs de la Lande et consuls d'Agen, je vous envoye Mérigon et Imberthon pour vous remonstrer la dilligence qu'il est besoing que vous faictes sans rien espargner à la fortiffication et réparation de vostre ville. Je vous prie les croyre de ce qu'ilz vous diront et continuer de plus en plus lesdictes fortiffications, faisant surtout abatre le molin de Renauld, et m'asseurant qu'ilz n'oblieront rien à voz dire de ce qu'il est nécessaire que vous faciés faire, priant Dieu vous donner en bonne saincté longue vie.

De Sainct Maurice, le 19 septembre 1569.

Vostre melheur cousin et amy,

De Monluc[1].

(Copie; Arch. mun. d'Agen; Reg. cons., f° 241, v°.)

---

250. — AU ROY.

[Agen, 18 octobre 1569.]

Sire, estant dernièrement à Lectoure, monsieur de Panjas, gouverneur de la dicte ville, me pria voulloir commectre autre au gouvernement d'icelle, disant qu'il n'y pouvoit vacquer et demeurer pour beaucoup de grands affaires qui luy estoient survenus en sa maison, lesquelz luy estoit besoing et nécessaire négotier. Toutesfois je croy que c'est pource qu'il n'est payé chasque moys de l'estat de la compaignie qu'il a en la dicte ville, comme si en France toutes les compaignies estoient chasque moys païées. Sy est-ce qu'il a faict neuf monstres en troys moys. Et pource que, je scay, avez baillé la séneschaussée

---

1. On lit à la suite de cette lettre une délibération consulaire qui constate que la lettre de Monluc, portant l'ordre de démolir « le molin de Saint-Georges et Renauld » fut signifiée à MM. la Lande et Cabasse, chanoines de Saint-Caprais, qui en référèrent au chapitre.

d'Armaignac à monsieur de la Valette, n'est besoing
qu'il y ayt autre gouverneur que luy comme séneschal
ou celluy qu'il y commectra, dont vous ay bien
voullu advertir, affin que, si quelqu'un vous venoit
demander le dict gouvernement, il plaise à vostre
Majesté ne le bailler à autre qu'au dict sieur de la
Valette, et cependant j'auray le cueur à la garde et
conservation de la dicte ville, pource que je m'y tiens
et y fais mon habitation. Et si cas est que vostre Majesté
m'emploie hors de ce gouvernement, je la layrray
ès mains dudict sieur de la Valette comme vostre
séneschal en la sénéschaussée d'Armaignac.

Quant aulx affaires de deçà, j'ay aujourd'huy receu
nouvelles certaines que Montgomery est sorti
de Béarn avec la plus grande partie de ses forces et
a laissé audict païs bonne garnison et l'artillerie, et
qu'il estoit jà à cinq lieues d'Aux pour s'en venir
passer la rivière de Garonne, et a-on oppinion que
ce sera au Mas ou à Verdun, qui est à cinq lieues de
Thoulouze, ce qui leur sera bien aisé à faire, de
tant que monsieur le mareschal Dampville, avec
toutes les forces qu'il a, s'est allé engaiger et assiéger
Mazères, et moy je n'ay que trois compaignies de
gens d'armes et six d'infanterie; et c'est bien peu de
force pour les empescher. Toutesfois je tascheray
par tous moyens avec ce que j'ay à la conservation
de ce pays. Et supplie très humblement vostre Majesté
croire qu'il n'a tenu à moy que Montgomery et ses
forces n'ayent esté combattus, car j'y ay faict tout
devoir pour ce faire; et combien que je sois certain
qu'on vous aura faict entendre autrement et que
Lussan vous a dict et à Monsieur aussi, comme l'on

m'a mandé qu'il a tenu propos à mon esgard[1], la vérité est néantmoings telle que je vous escris ; et m'asseure, s'ils passent, ce qu'ils feront si autre empeschement ne leur est donné. On s'en deschargeoit autresfois sur moy, sachant bien que je n'ay personne auprès de vostre Majesté qui présente mes affaires, pour ne m'adresser jamais à personne qu'à vos Majestés, dont vous ay bien voullu advertir en attendant vostre volunté et ce qu'il vous plaira me commander ailleurs hors ceste charge, suyvant ce que je vous ay mandé par le cappitaine Monluc, mon fils. Et sur ce je supplie le Créateur vous donner, Sire, en très bonne santé très longue et très heureuse vie.

D'Agen, le XVIIIme d'octobre de 1569.

Vostre très humble et très obéissant sujet et serviteur,

De Monluc.

(Lettre rapportée de Saint-Pétersbourg et communiquée par M. le comte de Laferrière.)

1. Voyez les *Commentaires*, t. III, p. 331 et suivantes. Damville, qui par sa lenteur avait causé la défaite de Terride, incriminait, pour se disculper, la négligence de Monluc. On a lu dans le livre III la défense de l'auteur des *Commentaires*. Damville n'a rien écrit, mais il semble qu'il ait préparé sa justification, car il avait réuni dans un même dossier toutes les lettres de Monluc depuis le 26 mai jusqu'au 22 octobre. Ce dossier, qui a été conservé dans ses papiers, forme le volume 3242 du fonds français. Les seuls juges de ce différend, les témoins oculaires déplorent la mésintelligence des deux chefs catholiques sans se prononcer entre eux deux (lettres de Roffignac, *Arch. de la Gironde*, t. II, p. 148; des jurats de Bordeaux, coll. Harlay S. G., vol. 323, 2, f° 87; de Monferrand, *ibid.*, f° 91 et 95), etc. Le témoin le mieux informé et le plus explicite est un espion du roi d'Espagne, Juan de Bardachin ; il donne tort à Damville (Arch. nationales, K. 1514, n° 154).

251. — MONSIEUR DAFFIS, CONSEILLER DU ROI ET SON PREMIER PRÉSIDENT EN LA COUR DU PARLEMENT DE THOLOSE, A THOLOSE.

[Lectoure, 22 octobre 1569.]

Monsieur, dès mercredy les ennemys entrarent dans la ville d'Eauze, qu'est vostre ressort; et, par les advertissemens que j'ay receu, ilz doyvent estre à Condom au soir, et après aux environs de Lectore et en tout ce pays jusques à la rivière de Garonne, sans empeschement; car je n'ay que troys compagnies de gens d'armes et six ou sept de gens de pied, avec lesquelz et sans plus grandz frais je ne sçauroys empescher que les ennemys ne soient maistres de la Guyenne de Dacqs jusques à la dicte rivière de Garonne. Et prévoyant ce dangier, j'ay escript par troys ou quatre foys puys peu de jours à monsieur le mareschal Dampville, comme vous pourrez voir par la responce qu'il m'en a faict, que je vous envoye, et par là pourrés entandre son intention, qu'est de garder seullement les passaiges de la rivière, sans volloir plus oultre venir conbaptre les ennemys, leur donnant par ce moyen liberté de ruyner le pays. Et voylà de quoy nous a servy la venue dudit sieur mareschal, avant l'arrivée duquel les affaires alloient fort bien en tout ce pays, et vous, qui commandiés de par delà au faict des armes, et que monsieur de Bellegarde et autres cappitaines ne faisoient rien que par vostre commandement, dont j'en fus marry pour le peu d'espériance que vous avyés au faict des armes, de quoy je m'accuze; en Quercy estoient monsieur de Montauban, les seigneurs de la Chappelle Louzières et de Saint Projet; en Rouergue, les seigneurs de Cornysson et de Lestaing, le seigneur de Cassanelh; et moy estoys en ces quartiers, pourvoyant aux affaires, de sorte que tout y alloit bien, et les ennemys ne faisoient que de petites courses de peu de faict.

Il me semble que mondit sieur le mareschal discort fort mal et ne prend le déshonneur que Mongommery faict à sa repputation, actendeu le peu de forces qu'il a eu esgard à celles dudit sieur mareschal, et qu'il a affaire audit Mongommery, duquel on n'a heu jamais oppinion qu'il allast bien à la guerre, et les sciens ne l'extimoient que bien peu. J'ay escript audit sieur mareschal, comme pourrés veoir par la coppie des lettres que je vous envoye, par lesquelles je ne luy escriptz point ces particullaritez[1], pour qu'on ne cuyde que envie ny mauvaise volunté me menne en son endroict; mais à vous à qui l'affaire touche, et que ce pays duquel l'ennemy taiche de soy emparer est en vostre ressort, j'ay volleu vous escripre plus particullièrement, et vous prie remonstrer audit sieur mareschal le tort qu'il faict à sa renommée. Il ne sera pas atenu de beaucoup à ceulx qui luy bailleront contraire advis. Quant à moy, j'en appelle à Dieu, la noblesse et le peuple en tesmoing de quelle volunté je y veulx aller; et me contanteray de ce qui est escript en l'Escripture *Vox populi*,

---

1. Monluc plaçait mal sa confiance : il est probable que sa présente lettre fut communiquée à Damville, car elle se trouve parmi ses papiers.

vox Dey; ne pouvant, avec le peu de forces que j'ay, empescher la ruyne de tant de villes, villaiges et ung infinité de maisons de gentilzhommes, à mon grand regret. Qu'est tout, me recommandant de bien bon cueur à vostre bonne grâce; priant Dieu, Monsieur, vous donner en santé heureuse et longue vie.

De Lectoure, ce XXIIme d'octobre 1569.

Vostre frère, amy et serviteur,

De Monluc.

Despuys la présente escripte, monsieur le grand séneschal de Guyenne m'a escript une lettre en laquelle sont ses motz : « Nous avons heu quelque advertissement à Bourdeaulx que monseigneur de Montpansyer et monseigneur de Guyse vous viennent trouver avec quelques forces pour combatre Mongommery, car il est grandement nécessaire le garder de passer, pour le service du roy. Je vous advise aussi, Monsieur, que les ennemys sont à Condom, à ce soir; qui est tousjours s'aprocher et gaigner pays. »

(Lettre originale; signature autographe; Bibl. nat., f. fr., vol. 3242, f° 115.)

252. — AU ROY.

[Lectoure, 23 octobre 1569.]

Sire, depuis dix ou douze jours en çà je vous ay escript par trois fois, la première par Dagron, commis du trésorier de l'extraordinaire, la seconde par ung chevaulcheur de vostre escuyerie, et la tierce par ung des gens de monsieur de Madaillan, vous faisant par toutes ces lettres amples discours de

l'estat de vos affaires du cousté de deçà. A présent
beaucoup de chevaliers de l'ordre et autres gentilshommes, qui vont en ceste ville de Lectore, ont esté
d'advis avec moy vous envoyer le sieur de Fieux,
présent porteur, pour faire entendre à vostre Majesté
où sont vos ennemys et comme toutes choses se
passent. Ils sont si avant dans le pays qu'ils sont à
Condom, à trois lieues de ceste ville. Depuys qu'ils
ont commencé de sortir de Béarn, j'ay par plusieurs
fois escript à monsieur le mareschal Dampville, le
priant s'avancer avec ses forces pour les combattre,
comme il plaira à vostre Majesté veoyr par les coppies de mes lettres que je vous envoye avec la dernière qu'il m'a escript. Lesdits ennemys gaignent
tousjours pays, ne leur faisant personne aucune résis-
tance. Toutes les forces que j'ay sont trois régiments
de cavallerie et six enseignes de gens de pied, que
je mettray en ceste ville et à Fleurance. J'eusse laissé
en ceste dicte ville une compaignie de gens d'armes,
si eust esté qu'il n'y a que une yssue qui peult estre
du premier coup bridée. Monsieur de Gondrin y
commande et les sieurs de Panjas, chevaliers de
Romejas et de Monluc, mon fils, avec luy; une infinité de gentilzhommes et damoyselles se sont retirés
en ceste ville pour leur seureté. On dit que les
ennemys font venir dix huit pièces d'artillerie.

Par mes susdictes lettres je vous ay très humblement supplié de voulloyr envoyer monsieur de Mont
pensier, m'asseurant que s'il plaist à vostre Majesté,
puisque vous n'estes engagé à une bataille, vous
ayant Dieu donné une si heureuse victoire, l'envoyer
ou bien monsieur de Guyse, qui est plus portatif.

Quant l'un d'eulx ne viendroit que en poste, toute la noblesse et le reste des soldats sortiront pour combattre sous celluy qu'il plaira à vostre Majesté nous envoyer, ce qu'ils ne feront sous aucun autre. Autrement, Sire, il faut que je vous parle franchement que je voy vostre Guyenne perdue, la noblesse désespérée et se voyant sans secours ; et le commun peuple se rend huguenaut pour conserver leurs biens et vyes. On dict en ung commun proverbe que le médecin pitoyable fait les playes véreuses : je ne vous dissimuleray point vos affaires pour la conséquence que j'en prouve, et affin qu'on ne puisse dire que je ne vous en ay adverty et que, si la Guyenne se perd, vous ne vous en preniez à moy, m'en faisant reproche. Au reste, Sire, j'ay retenu en ceste ville le cappitaine Petitbourg, qui a sa compaignie au régiment de monsieur de Lisle, pource qu'il entend beaucoup à deffendre une ville. Il vous plaira l'excuser s'il n'est pas avec sadicte compaignie. En escrivant ceste lettre, j'ay reçu une lettre de monsieur de la Chapelle Lozières, laquelle je vous envoye. Et sur ce je supplie Dieu vous donner, Sire, en très bonne santé, très longue et très heureuse vie.

De Lectore, le XXIIIme de octobre 1569.

    Vostre très humble et très obéissant suget et serviteur,

                             De Monluc[1].

(Lettre rapportée de Saint-Pétersbourg et communiquée par M. le comte de Laferrière.)

1. On lit au dos : *Receue le IXme novembre* 1569.

253. — A MESSIEURS LES MAYRE ET JURATZ DE BORDEAUX.

[Lectoure, 27 octobre 1569.]

Messieurs, vous scavés comme depuis troys ans il n'y [a eu¹] de bledz à guière grand pris, qui m'a faict garder les [miens] jusques à présent, que j'ay trouvé ung marchant qui me [les] achepte un pris raisonnable, en luy permectant de les charger pour en accomoder nous voisins, ce que je luy ay accordé de faire, vous ayant bien voleu fere ce mot de lettre pour vous prier fort de vostre part le consentir et avoir agréable, et moy[ennant] vostre volonté, par monsieur de Laville que je vous envoye expressément. Et si vous m'employés en quelque autre endroict, vous cognoistrés en quelle obligation vous m'arés mis, par ce plaisir que je recepvray de vous et de quelle affection je m'en revengeray partout où vous m'employerez. Et espérant que le lirez, je clorray la présente de mes humbles recommandations à vous bonnes grâces, suppliant Dieu vous donner, Messieurs, en parfaite santé longue et heureuse vie.

De Leictore, ce XXVIIme octobre 1569.

Vostre bien bon amy à vous fayre plaisir,
De Monluc[1].

(Lettre originale; signature autographe; Arch. mun. de Bordeaux; communication de M. Barkhausen.)

1. Les marges de cette lettre ont été détruites par l'incendie de 1862. Nous rétablissons entre crochets les mots qui manquent à l'original.

254. — AU ROY.

[Lectoure, 8 novembre 1569.]

Sire, je scay bien que vous n'aurez trouvé bon que j'aye quitté le gouvernement, pensant bien que pour cella je laisse de faire comme j'ay toujours accoustumé, je vous supplie très humblement croire que j'aimeroys mieulx estre mort que d'avoir faly à chose aucune qui appartienne à vostre service, et n'en demande d'autre tesmoignage que toute la noblesse, cappitaines et tous les estats de la Guyenne. Ce qui me l'a faict faire, ça esté à cause que je voyois bien qu'il adviendroit ce que nous voyons à ceste heure, qui est la perte de toute la Guyenne, la ruyne des esglises et monastères, de la noblesse, et par conséquant de tout le pauvre peuple. Et ayant par troys foys gardé la Guyenne à vostre Majesté sans avoir qu'une petite poignée de gens qui me demeuroit; et pour cela vous n'arrestiez de tirer force de gens à cheval et de pied de ce païs, l'argent de toutes les tailles ordinaires, derniers emprunts et autres subsides; et voyant qu'il fault qu'il aylle tout au contraire et que ce que j'ay conservé se perde, vostre Majesté ne doit trouver mauvais si je ne veulx perdre ce que j'avoys acquis avec si grand soing et travail, hazardant ma vie, qui estoit d'avoir gardé la Guyenne par trois fois en tous les trois troubles, dont il n'y a princes ny potemptats Crestiens qui n'ayent ouy parler de mes actions et qui ne m'estiment pour avoir servy mon roy et maistre de si grande loyaulté, comme j'ay faict; je n'ay peu faire de moings que de me mettre au désespoir, ayant toutesfoys toujours réservé ne laisser rien en arrière de vostre service, comme je n'ay faict à payne de ma vie.

Il est advenu que Fabian mon fils a été détroussé et mes lettres perdues, par lesquelles je donnois sentiment à vostre Majesté de ce que j'en pensois offrir qu'elle y pourveust de bonne heure. Depuys je vous ay escript par Dagron, commis de l'extraordinaire des guerres, comme tout alloit en perdition, marchant l'ennemy pas à pas tout au long du plat païs, qui a demeuré plus de trois sepmaines à venir jusques à Condom, n'auzant entreprendre de marches davantage, sinon à mesure qu'il voyoit sa commodité, saccaigeant et bruslant toutes les esglises et maisons des gentilzhommes, rançonnant villes et villages et les hommes particuliers, quant ils les pouvoient prendre, de sorte qu'ils ont augmenté leurs finances de plus de cent cinquante mil escus, oultre l'argent tiré des esglises, où ils n'ont laysé ung calice de Dacqs jusques à Agen et aux portes de ceste ville[1].

Après la prinse du Mont de Marsan, monsieur le mareschal s'en alla en son gouvernement de Languedoc pour assiéger Mazères, laquelle il a prins par composition et retourna tout incontinant après à Tholoze, où il a demeuré dix ou douze jours, ayant tout son camp aux environs dudict Tholoze, et cependant ledict Montgommery s'est venu jeter à Condom,

---

1. Presque à la même date, le 5 novembre, le parlement de Toulouse écrivait au roi que Mongonmery pillait la Gascogne et s'approchait de Toulouse avec mille hommes de pied et mille cavaliers (coll. Harlay S. G., vol. 323, 2, f° 161).

comme je vous ay escript par monsieur de Fieux, vous faisant entendre l'estat de la Guyenne, ce que j'avois auparavant faict par ledict sieur Dagron et ung chevaulcheur d'escuyerie de vostre Majesté, nommé Audebert. Et n'a tenu à moy que je n'aye solicité ledict sieur mareschal pour les venir combattre par plusieurs lettres, dont je vous ay envoyé les coppies. Cependant j'advertissois le demeurant de la noblesse de Quercy, qu'estoit près monsieur de la Chappelle Louzières, lequel s'est tout incontinent rendu à Moyssac avec quarante-cinq gentilzhommes, car le jeune Saint Projet avoit le demeurant près dudict sieur mareschal, ayant retiré la garnison qui estoit à Liborne, sinon une compaignie envoyée près monsieur de Montferrand, d'envoyer trois ou quatre cens harquebusiers; et si luy-mesme y voulloit venir, n'estant à craindre que, puisque monsieur le baron de la Garde est devant Bourdeaulx avec ses galaires, inconvéniant en adviendroit, lequel sieur de la Garde j'ay pareillement prié nous prester troys cens hommes d'armes ; et ne pense jamais à ma vie avoir faict une plus grande diligence que j'ay faict à assembler des gens, affin qu'il eust cest honneur de combattre et deffaire le comte de Montgommery.

Mais tout cella ne m'a servy de rien, sinon d'acquérir une haine mortelle de luy, ne m'estimant en en parolle, que, si j'estois son valet de table, il n'en parleroit pas plus indignement qu'il faict, jusques à dire qu'il me rendra le plus petit cappitaine de la Guyenne, ce qu'il ne scauroit faire, estant ma réputation assez cogneue, ne cuydant point qu'il ayt faict en sa vie plus honorables faits que moy. Il me menace de me faire rendre compte de tout l'argent qui a esté levé sur les villes, disant qu'il en a commission de vostre Majesté. Il fault qu'il s'adresse au recepveur Mailliac, qui a receu tout l'argent qui a esté levé de la Guyenne de quelque nature que ce soit. De ma vie je n'ay esté thrésorier ou recepveur. Et s'il se trouve qu'il en soit venu la valeur d'ung sol à ma bourse, qu'il m'aille de la vie si c'est leur argent, duquel les Estats du pays sont imposés. Et faut tenir que vostre Majesté leur fasse rendre compte en quoy l'argent a esté employé.

Les affaires ont esté tirées en telle longueur et a on tant temporisé que messieurs les Princes et l'admirail arrivent aujourd'huy ou demain à Montauban, qui sont en nombre de cinq ou six mil chevaulx. Et tout incontinant qu'il[1] a entendu les nouvelles, s'estant seullement achemyné jusques à Grenade, s'en est retourné dans Tholoze, nous a tous laissés en blanc; me reprochant aussy que je m'estoys formalisé contre sa maison pour le gouvernement de ceste ville, à l'encontre du cappitaine Lussan; mais qu'il me le rendroit bien. Par là, Sire, vous pouvez cognoistre comme il me l'a gardée, m'ayant escript à son arrivée et estant sur les chemins qu'il ne désiroit autre chose sinon que nous joignissions ensemble pour faire quelque bon et notable service à vostre Majesté, disant qu'il me voulloit croire de tout ce que je luy conseillerois et me tenir comme son père. Et, pensant que son zelle fust comme il me disoit de la parolle, je me mys en chemin pour l'aller voir à

---

1. Il s'agit de *Damville*.

Tholoze; et arrestâmes tous deux de faire merveilles pour vostre service, où j'offroys de luy obéyr non seulement pour le service de vostre Majesté mais pour son particulier.

J'appelle Dieu à tesmoing que si vostre Majesté m'eust mandé de faire ellection de personne de vostre royaulme de France pour venir commander en ce pays, reservé messieurs les princes du sang, je l'eusse choisy, ayant telle oppinion de luy qu'il ne désireroit sinon de combattre. Le commencement en fust fort bon, de secourir monsieur de Terride, non que je veuille excuser l'erreur du dict sieur de Terride, car s'il se fust volu retirer aux terres de sa Majesté, comme je l'avois adverty, il ne fust tombé en cest inconvéniant, pource qu'estant nos forces jointes ensemble nous eussions faict teste à l'ennemy. Un chacung scait bien que j'estois le plus loin de dix lieues et le plus tard adverty : si fus-je encores à temps à Aire et à Saint Sever avec trois compaignies de gens d'armes et cinq de gens de pied pour le secourir, attendant des forces pour le tirer hors du chasteau d'Hortès. Et demeuray neuf jours, après qu'il fust perdu, à Ayre. A la fin monsieur de Bellegarde vint avec sa compaignie et celles de messieurs d'Arné, Larboust, et une compaignie de gens de pied pour la seconder. Que l'on regarde ce que nous avons faict, allant ensemble d'un bon accord, pour combattre le dict Montgommery despuys que nous avons prins le Mont de Marsan, et si je ne demeuray trois jours, après qu'il m'eust laissé dans le Mont de Marsan, avec six compaignies de gens de pied que j'avois admené et celles de messieurs de Gondrin et de Fontenilles et la myenne; et ne me demeura pas deux cens hommes des dictes compaignies de gens de pied, car ils s'en allèrent pourter le butin qu'ils avoient faict, n'en pouvant les cappitaines estre maistres, qui est chose qui se faict ordinairement quant le soldat a gaigné; et les faudroit tous atacher qui en voldroit estre maistre. Si est-ce que tout incontinant ou bien peu de jours après ils se rendirent tous et leurs cappitaines.

Et pendant ces trois jours, que je demeuray seul et à cinq petites lieues du camp de l'ennemy, je fis tirer plus de six cens charretées de bled de la dicte ville du Mont de Marsan, le faisant pourter vers Goussies et en plusieurs maisons de gentiltzhommes, avec inventaire pour nous ayder pour le passaige des Espaignols; mais les ennemys ont eu cestuy-là et le nostre davantaige. Et y eusse encores demeuré tant qu'il en y eust ung grain. Mais tous les gens de cheval me demeurèrent sur les bras, n'ayans plus foin ne paille dans la ville ne à trois lieues aux environs; Qui fust cause que je m'en vins et pour refaire les compaignies et pour faire marcher gens de toutes parts pour luy ayder à combattre les ennemys. Et à peine de ma vie, si vous ne trouverez que Montgommery a demeuré onze jours entiers dans Condom et monsieur le mareschal autant dans Tholoze despuis son retour du Mas, et cependant j'estois à la teste de l'ennemy, et si j'ay perdu une heure de temps ny dormy quatre heures en une nuyt, je veulx perdre la vie. Je ne veux nyer qu'il n'y ayt faulte; aussi est-elle toute évidante, estant le pays perdu et ruyné. Et pour entendre qui est cause, je supplie très humblement vostre Majesté voulloir députer quelqu'ung pour en informer ; et s'il se trouve que j'en soys coupable, que ma teste en réponde. Je n'ay poinct de faveurs en court; cella est cause que je suys accusé estre cause de la perte du païs. Vous ne scaurés jamais la vérité qu'il n'en soit enquis.

Voilà comme les trois occasions sont passées. Et si je vous ments d'ung seul mot, je veulx que vostre Majesté me face trancher la teste ; et comme la noblesse a été réduicte, avec femme et enfants, en ceste ville à telle nécessité qu'ils n'ont maison aucune; ny ayans peu faire conduire bledz, vins ou autres choses nécessaires. Ils se sont tous assemblés pour luy escrire une lettre dont ils vous envoient le double, à laquelle il n'a jamais volu respondre par escript, sinon avec injures déshonnestes, touchant à l'honneur des ungs et des autres, et génerallement à tous nous estimant aussi peu que rien. Et moy, pensant que ceste lettre le mouveroit à venir, sans scavoir le fond de ce qui estoit dedans, je m'en suys couru à Agen pour envoyer encores vers messieurs le baron de la Garde et de Montferrand, là où monsieur de la Breuille, maistre d'hostel du dict sieur mareschal, m'est venu trouver et tesmoignera des hastives dépesches que je faisois à tout le monde pour venir au combat, et, sans le secours de Bourdeaulx, luy a faict toucher au doit que j'avois prests de douze à quatorze cens harquebuziers ; et luy ay offert par le dict la Breuille, en la présence de monsieur de Merville, grand sénéschal de Guyenne, qui m'est venu trouver, incontinant que je luy ay escrit pour se trouver au combat avec partie de sa compaignie, ayant l'autre icy auprès, que je me rendroy auprès de luy non pour commander sinon comme simple soldat et l'obéyr pour vostre service, l'asseurant que je n'oblieray rien de tout ce que Dieu m'a aprins au combat, et que je luy feray dire le proverbe des antiens que jamais bon cheval ne devient rosse; ayant faict marcher les trois compaignies que monsieur de Leberon et trois ou quatre autres menoient, et deux cens harquebusiers de la garnison d'Agen et les garnisons de ceste ville et de Fleurance. Et le priois par le dict la Breuille de s'avancer jour et nuict à Fleurance ou aux environs de ceste ville et que le lendemain nous yrions enserrer l'ennemy dans Condom. Le dict sieur la Breuille, ayant entendu mon office, s'en retourna devers luy le plus comptant du monde.

Je croy que la lettre que la noblesse luy escripvist l'a fasché et qu'il a prins quelque oppinion que j'en estois la cause, de laquelle je veulx perdre la vie si j'ay jamais entendu la substance, sinon sommairement, en montant à cheval et venant à Agen pour faire marcher tout ce dessus. Et à mon retour j'ay trouvé response pleine d'injures et de mespris contre moy et la noblesse[1].

Sire, je receus hier lettres de monsieur de Montferrand me mandant qu'il admène mil harquebusiers[2], mais estant messieurs les Princes à Montauban,

---

1. Damville avait écrit au roi, le 1ᵉʳ novembre, de Grenade, pour se plaindre de Monluc et rejeter sur lui les malheurs de Terride. Sa lettre contient presque les mêmes accusations que la lettre de Monluc (coll. Harlay S. G., vol. 323, 2, fº 147).

2. Monferrand, trop faible pour résister aux partis ennemis qui sillonnaient la province, ne put rejoindre alors Monluc, ni lui

comme le sieur de Castelsagrat a mandé à monsieur de Brassac, chevalier de vostre ordre, nos forces ne seroient suffisantes pour combattre. Voyant donc cette troupe inutile, je mande pour le dict sieur de Montferrand me prester trois cens harquebusiers pour les mettre en la ville d'Agen, et qu'il s'en ramène le reste vers Bourdeaulx et Libourne pour garder que les ennemys ne puyssent attenter aucune chose.

Sire, je supplie le Créateur en très parfaicte santé vous donner très longue et très heureuse vie.

De Lectore, ce VIIIme de novembre 1569.

Vostre très humble et très obéissant sujet et serviteur,

De Monluc.

(Lettre rapportée de Saint-Pétersbourg et communiquée par M. le comte de Laferrière.)

---

255. — AU ROY.

[Agen, 12 novembre 1569.]

Sire, je vous ay escript ces jours passés par monsieur de Cauterane (?) au long de l'estat des affaires de deçà ; despuis monsieur de Bayaumont est venu en ce pays, où il arriva mercredy dernier, s'en allant vers monsieur le mareschal luy pourter vostre commandement, qui est, comme on m'a dict, de combattre Montgommery fort ou faible, quant il se devroit perdre et nous aussi. Ceste nouvelle m'a tant pleu et plus que toute autre qu'on m'eust sceu ap-

---

envoyer les arquebusiers qu'il demandait (coll. Harlay S. G., vol. 323, 3, f° 275).

porter, pour le désir que j'ay de combattre; et feray tout ce qui sera en moy affin que ledict Montgommery et les Viscontes soient combattus suyvant l'intention de vostre Majesté, ayant opinion que ledict sieur mareschal suivra vostre commandement. Et si venons au combat espère que par là les gentilshommes et autres, vos bons et loyaulx subjects du païs de Gascoigne, seront délivrés de la captivité où ils sont, et qu'ils retrouveront leurs biens et maisons qui sont occupées. Et seray participant de ce bien, recouvrant les miennes qu'ils tiennent[1]. Et supplie très humblement vostre Majesté croire qu'il n'a tenu à moy que ledict Montgonmery n'ait esté combattu, en ayant sollicité ledict mareschal tant par gentilshommes que par lettres, ne désirant autre chose que de combattre, non que je veille charger ledict sieur mareschal, mais pour vous supplier très humblement croire que c'estoit mon opinion et que, encores que je vous aie quitté ce gouvernement, n'ay esté, suys et seroy à jamais que très affectionné à vous faire très humble service. Et n'y a gentilhomme en France plus content que moy, moyennant que vostre Majesté croye et pense qu'il ne tienne à moy que ledict Montgommery n'ayt esté combattu et que je soys en vos bonnes grâces.

Je vous envoye deux coppies de lettres que mon-

---

1. Ainsi tombe un reproche formulé par Olhagaray et par plusieurs autres historiens contre Monluc. Ils accusent l'auteur des *Commentaires* de s'être accordé avec Mongonmery et d'avoir toujours reculé devant lui; en retour de cette trahison Mongonmery aurait respecté tous les biens de Monluc et de ses vassaux (Olhagaray, p. 622).

sieur de Bellegarde jeune, commandant au camp en l'absence dudict sieur mareschal, m'envoya hier, et la coppie des responses que je luy ay faict; par l'une desquelles lettres il m'oste l'espérance de combattre, par l'autre m'en donne l'espérance. Toutesfoys pource que, par la créance de monsieur de Montbérault, son lieutenant, me mande luy dire les commodités et bailler les moyens d'entrer au combat, cella me faict perdre toute oppinion de venir au combat. Si est-ce que luy ay escript les moyens qu'en avons, comme supplie vostre Majesté veoir par les coppies de mes dictes responses, afin de juger s'il tient à moy qu'on ne combate. Et pensant, il y a quelques jours, combattre, envoyay advertir monsieur de Montferrand, lequel est arrivé depuis trois jours à Thonneins, ayant avec luy mil harquebusiers et trente salades, et faict halte au dict lieu, en attendant le retour dudict sieur de Bayaumont et la response que me fera le sieur de Bellegarde, lequel ne scauroit sitost marcher avec le camp que nous ne partions encore plus tost pour le joindre et l'aller trouver et atacquer les ennemys.

Ledict sieur mareschal a mandé aux sieurs de Gondrin et de Fontenilles mener en son camp leurs compaignies et aussi audict sieur de Madaillan, mon lieutenant, l'aller trouver avec la myenne. Et ledict sieur de Gondrin luy a faict response qu'il ne pouvoit habandonner ce pays de deçà, estant à la teste des ennemys. Et croy que ledict sieur de Fontenilles en fera autant, estant aussy fort près des ennemys. Quant à ma compaignie, elle n'y peult aussi aller, ayant les ennemys en teste; et ne scay qui a meu ledict sieur mareschal de les mander venir en son camp et vers Tholoze, où il ne se parle point des ennemys, pour les ouster des lieulx où ilz sont tousjours à la guerre à la teste des dicts ennemys.

Sire je supplie le Créateur vous donner en très parfaite santé très longue et très heureuse vie.

D'Agen, ce XIIme de novembre 1569.

Vostre très humble et très obéissant sujet et serviteur,

De Monluc.

(*Lettre rapportée de Saint-Pétersbourg et communiquée par M. le comte de Laferrière.*)

---

256. — AU ROY.

[Agen, 9 janvier 1570.]

Sire, le XXXme du passé advertis vostre Majesté comme les Princes et jadis[1] admiral avec leur armée estoient encores deçà la rivière de Garonne, Montgomnery et ses troupes delà, qui avoient perdu la commodité de leur pont, et que je n'attendois autre chose que la venue de monsieur le prince Dauphin[2] pour luy obéir, suyvant ce que vostre Majesté m'avoit escript, ayant advesti de toutes nouvelles des

---

1. Le parlement de Paris avait rendu le 17 mars 1569, contre Coligny, un arrêt qui le déclarait coupable de lèse-majesté et déchu de ses dignités (*Preuves de l'Église gall.*, t. I, p. 152). La publication de cet arrêt fut d'abord suspendue jusqu'au 17 août par un ordre spécial du roi (coll. Dupuy, vol. 801, f° 22), et enfin ordonnée par une lettre du roi à de Thou, en date du 9 septembre (*ibid.*, f° 29).

2. François de Bourbon, duc de Montpensier.

ennemys ledict sieur prince, duquel despuis n'ay sceu aucunes nouvelles. Et à présent ay volu advestir vostre Majesté que Montgommery et ses trouppes ont joinct depuis cinq ou six jours l'armée des Princes et jadis admiral[1], et sont tous deçà la rivière de Garonne; que ils abandonnèrent le Port Sainte Marie, et les dicts Princes allèrent louger à Preyssas, qui est à une lieue et demye du dict Port, et l'admiral à Lusignan, qui est à une lieue de ceste ville, ayant estendu partie de ses forces jusqu'à une lieue et demye d'icy; et l'armée marche vers Autofage.

La Trappe, qui estoit avec moy à Sienne et en Toscane, me envoya dire, il a deux jours, qu'il désiroit parler à moy, et avec mon passeport m'est venu veoir, accompaigné de trois gentilzhommes; je pensois tirer quelque chose de luy, mais n'a esté possible n'en tirer aultre chose, si n'est qu'ilz désirent grandement la paix, et que, s'ilz la pouvoient avoir, ilz ne prendroient jamais les armes qui ne fust par vostre commandement. Je leur ay respondu que j'avois oppinion que vostre Majesté useroit de miséricorde en leur endroit, mais qu'il ne leur accorderoit jamais qu'ilz eussent ministres, sachant bien qu'ilz sont cause de toutes ces guerres, bruslemens, saccaigemens, pilleries et voleries, faictes en ce royaulme, et qu'ilz ne tascheront jamais que d'extirper la religion de l'église Catholique, Apostolique, Romaine, que vostre Majesté tient, en laquelle nous vivons et voulons employer nos vies pour vostre service, et qu'il

---

1. Mongommery avait rejoint l'armée des Princes le 3 janvier 1570 (*Histoire du Languedoc*, t. V, p. 300).

falloit ouster toute occasion de reprendre les armes, qui estoit les ministres. Là dessus ilz m'ont respondu que, ostant les ministres, ilz vivroient sans religion.

J'ay aprins que leur armée marche droict à Lauzerte, à sept lieues de ceste ville et six de Montauban, où ilz veullent temporiser en attandant Teligny[1] et les nouvelles de la paix ; et qu'ilz entendent que leur secours d'Allemagne s'aproche, ilz s'en yront vers la Charité ; et s'ilz voyent qu'ilz ne puyssent encores recouvrer leur secours, ilz s'en yront séjourner en Languedoc, pour le ruyner comme ilz ont faict la Guyenne. Et Dieu veille qu'il soit mieulx défandu que ceste pauvre Guyenne[2], en laquelle ont exercé infinies cruautés, volleries, pilleries, bruslemens, saccaigemens et massacres, ayant tué tous les prestres où ilz sont passés ; bruslés toutes les esglises, ce pour faire perdre la mémoire de nostre religion.

---

1. Un incident particulier avait retardé ces négociations. Les princes, en envoyant Teligny à la cour, avaient demandé et obtenu un passe-port signé du roi. Mais en recevant cette pièce, ils s'aperçurent qu'elle ne contenait de sauvegarde que pour l'aller et non pour le retour. Ils réclamèrent au roi par une lettre du 14 décembre « un passe-port plus ample. » (F. fr., vol. 6619, f° 119, copie.) Les négociations, un moment interrompues, reprirent au mois de mars entre Biron et Teligny. On conserve aux Archives nationales une déclaration et une lettre au roi signées de Henri de Béarn et de Condé, qui exposent les prétentions des Huguenots (Arch. nationales, K. 1525, n° 56 et 66).

2. Le Languedoc ne fut pas mieux défendu que la Guyenne. Une lettre des capitouls de Toulouse, en date du 15 février, trace un tableau lamentable des excès commis aux portes de la ville par les réformés (coll. Harlay S. G., vol. 323, 3, f° 46).

Ilz y ont tué une infinité de Catholiques, tant d'hommes que femmes; et ne sont passés en lieu qu'ilz n'ayent par gehennes et tourmens tué des hommes et des femmes, tout ce qu'il y avoit, mangé et après gasté tous les vivres, en tant qu'il ne sera possible à vostre Majesté tirer ung seul soul de ce païs, auquel tout le peuple et les plus riches sont à la faim[1].

Voylà la désolation de tout ce pays auquel monsieur le conte de Candalle, qui commande les forces de monsieur le mareschal, a d'autre cousté séjourné tousjours et y est encores, en tant que le peuple, se voyant mangé de toutes parts, est demy désespéré que ledict mareschal commande en ceste Guyenne non seullement aux armes, mais à tout et veult tout, et veult mettre, à ce qu'on m'a dict, dans Lectore cinquante hommes d'armes et ung gouverneur. Je supplie très humblement vostre Majesté ne trouver mauvais si je ne l'endure, vous ayant conservé ladicte ville, la présente ville d'Agen, Villeneufve et autres avec deux compaignies de gens à cheval et six ou sept d'infanterie, qui a esté cause qu'ilz n'ont tenu tout ce pays despuys Tholoze jusques à Bourdeaulx, ce qu'ilz eussent faict s'ilz eussent prins les dictes villes et n'eussent de longtemps bougé de ce païs, où, si je n'eusse esté fidelle au service de vostre Majesté, les affaires se fussent beaucoup plus mal portées. Mais je me veulx ensepvelir en ceste fidélité, et, si vostre Majesté eust layssé les forces de la

---

[1]. Telle était la désolation du pays que le roi fut obligé dans le cours de l'année 1570 de promulguer des lettres patentes portant exemption de toutes tailles pour l'Agénois (Arch. mun. d'Agen; Reg cons., f° 262).

Guyenne en mes mains, comme j'avois cy-devant, je l'eusse gardée et conservée et les ennemys n'eussent osé oncques entreprendre de faire ce qu'ilz ont faict, ou il m'eust cousté cent vies si tant j'en eusse peu recouvrer. Et vostre Majesté scait bien si je me vante de rien, vous ayant cy-devant tousjours conservé ceste Guyenne, jusques à ce que les forces m'ayent esté ostées des mains.

Et en cest endroict je supplieray le Créateur vous donner, Sire, en très parfaicte santé très longue et très heureuse vie.

D'Agen, ce IXme de janvier 1570.

Vostre très humble et très obéissant sujet et serviteur,

De Monluc.

(Lettre rapportée de Saint-Pétersbourg et communiquée par M. le comte de Laferrière.)

---

257. — AU ROY.

[Bordeaux, 13 février 1570.]

Sire, m'en revenant en ceste ville[1], j'ay receu vostre lettre de fin de janvier dernier, assez mal content de ce que ceulx à qui j'avois donné charge d'assiéger le chasteau de Bridoire se soient si mal

---

1. Monluc avait été appelé à Bordeaux pour apaiser une émeute causée par un prédicateur fanatique nommé la Godine (Mém. de l'év. de Valence du 12 avril 1570; *Notes sur l'évêque de Valence*, par M. Tamizey de Larroque, p. 62). A cette occasion il présenta au parlement l'apologie complète de sa conduite. Son discours est reproduit d'après les registres du parlement dans l'*Hist. de Bordeaux* de Devienne, p. 164 et 165.

conduits que ceulx de dedans se soient eschappés de nuict sans qu'ils en ayent descouvert aulcune chose ; j'avois espérance, les ayant attrapés, en faire autant comme j'ay faict de ceux de la Roche[1], et par ce moyen vostre Guyenne eust esté libre de vouleurs. Par vostre lettre vostre Majesté me commande que j'aille trouver le prince Dauphin le plus fort et mieulx accompaigné qu'il me sera possible. Je suys et seray tousjours en volunté d'obéyr à vos commandements, mais je n'ay d'autre cavalerie que ma compaignie, estant toutes celles de la Guyenne près de monsieur le mareschal Dampville par son commandement, combien que monsieur le prince Dauphin aye mandé par plusieurs lettres aux cappitaines de l'aller trouver. Et ne puys entendre la raison pour quoy il les détient, puisqu'il ne combat.

Sire, j'avoys envoyé le sieur de Fontenilles avec sa compagnie vers Tarbes, après qu'il fust sorty d'Agen, pour faire teste à Montamat[2], qui faict une infinité de maux sur vostre pouvre peuple ; le dict sieur mareschal luy a escript une lettre, de laquelle je vous envoye la copie, et par là vostre Majesté pourra voir s'il luy plaist que le dict sieur mareschal commande en gouverneur et lieutenant de roy en Guyenne, défendant à trestous de m'obéyr. Sire, je supplie très humblement vostre Majesté me faire tant d'hon-

1. Voyez les *Commentaires*, t. III, p. 244.
2. La prise de Tarbes par Bernard d'Astarac, baron de Montamat, remonte aux premiers jours de janvier 1570. Cet événement est raconté avec détails dans une chronique inédite qu'on lit en tête du livre terrier conservé aux Archives municipales de Tarbes.

neur que de m'esclaircir de ce faict et me faire entendre si vostre volunté est telle qu'il commande ou moy. Je recepvray tousjours ce qu'il plaira à vostre Majesté en ordonner avec grand honneur et contentement, pourveu que j'en soys deschargé à vostre bonne grâce; et ce qui m'en a faict faire ce que j'en ay faict jusqu'icy, ça esté que je voyois vostre païs de Guyenne perdu. J'espère qu'après que Dieu vous aura faict la grâce de surmonter vos ennemys, vous me ferés cest honneur, permettre de me retirer et envoyer quelque autre en ma place ou lors ou à présent. Cependant je obéiray de cueur et d'affection à vos commandemens en tout ce qu'il vous plaira me commander. Si vostre Majesté veult que j'aille trouver monsieur le prince Dauphin et que le dict sieur mareschal s'y trouve, je vous supplie très humblement, Sire, ne trouver mauvais si je n'y vays, car cella ne pourroit servir que d'engendrer ung trouble et division en vostre arrivée, aymant beaucoup mieulx que vostre Majesté me fasse jetter dans ung sac dans l'eau que d'obéyr au dict sieur mareschal pour la haine qu'il me porte.

Sire, il s'offre une occasion qui n'est à mépriser pour vostre service. Vostre court de parlement de ceste ville et les Jurats vous en escripvent. J'ay baillé à ce gentilhomme, présent pourteur, l'estat de ce qu'il me semble estre nécessaire pour l'exécution de ceste entreprinse, en laquelle je employeray pour le service de vostre Majesté tout ce que Dieu a mis en moy de l'art de la guerre. Je vous supplie très humblement me commander ce qu'il en soit faict. Si vostre Majesté fait estat de se servir de la gendarmerie de la Guyenne, il vous plaira ordonner que nous ne soyons de pire condition que les autres et nous faire faire monstre pour ung cartier. Tout l'argent de la Guyenne s'en va à Tholose. Monsieur le mareschal fait faire monstre à qui bon luy semble, et cependant les pouvres gendarmes, qui sont par deçà, sont hors d'espérance de recepvoir ung seul denier de ce pays, si ce n'est pour vostre commandement.

Sire, je supplie en cest endroit le Créateur vous donner en très parfaicte santé très longue et très heureuse vie.

De Bourdeaulx, ce XIIIme de février 1870.

    Vostre très humble et très obéissant suget et serviteur,

                            De Monluc.

Sire, je vous envoie une criée que les princes ont faict faire dans leur camp et à Montauban; elle a esté exécutée ès environ de Tholoze, et hier mesme est venu ung homme de monsieur le grand sénéschal de Guyenne, qui n'a bougé de Tholoze durant que leur camp a esté ès environs, qui dict qu'il y a quatre mil maisons de bruslées[1].

(Lettre rapportée de Saint-Pétersbourg et communiquée par M. le comte de Laferrière.)

1. Monluc désigne ici une déclaration promulguée par les Princes contre les conseillers du parlement de Toulouse, en représailles de l'exécution de Philibert Rapin en 1566 (t. II, p. 399, note 1). Cette déclaration est conservée aux Archives nationales (K. 1515, n° 7).

258. — AU ROY.

[Mars ou avril 1570]

Sire, il m'a esté envoyé une coppie de lettre qu'on dit que monsieur le mareschal Danville vous a escritte contre moi[1], usant d'une infinité de menteries, et mesmement sur ce que le sieur de Durfort, aultrement nommé de Bayaumont, vous a faict entendre de ma part. Son voiaige tendoyt à deux fins : la première pour vous dire à la vérité le nombre des gens de pied et de cheval que messieurs les Princes et admiral avoient joinct, que feut Montgommery avec eulx, comme ayant veu leur armée plusieurs foys, estant tous logés ès envyrons de son chasteau de Bayaumont, mesmes le jour que le dict camp deslogea du Port Saincte Marie, car il passa le plus loing à une harquebuzade dudict chasteau ; et me sembla chose très raisonnable et nécessaire d'en donner advis à vostre Majesté. La seconde estoyt pour vous supplyer très humblement faire avancer monseigneur le prince Daulphin avec vostre armée, prenant le chemyn vers Alby et tirer sur Laurageois, estant certains qu'ilz prenoint le chemyn de Tholoze, comme j'avois esté adverty avant qu'ilz deslogeassent du dict Port Saincte Marie, plus de quatre jours ; et

---

[1]. Damville, qui avait eu communication des dénonciations de Monluc, avait écrit à son tour au roi pour se disculper et accuser son rival. L'original de sa lettre, datée du 27 février 1570, a été signalé à la Bibliothèque de l'Institut par M. Tamizey de Larroque (coll. Godefroy, 257). Elle avait été imprimée dans les *Mémoires de Castelnau*, 1731, t. II, p. 130.

de faict je l'ay mandé à monsieur le premier président de Tholoze, et qu'ilz fissent en sorte que messieurs de Negrepelice et de la Vallette se rendissent dans la dicte ville, et que leur assuroys sur mon honneur que les ennemys prenoint ce chemyn-là, délibérés de brusler touttes les maisons qui estoient à deux lieues ès envyrons du dict Tholoze. Et faisoys cela pource qu'ilz fissent serrer tous les meubles et bestial qu'ils avoient aux champs, car ilz ne tâchoient pas de moins que de camper aux faubourgs, et affin qu'ils eussent tousjours plus grand nombre de vaillans cappitaines dans leur ville, ne y en pouvans pas trop avoir, pour le grand malheur qui feut advenu à vostre service si par inconvénient ceste ville se feut perdue.

Et si en cela j'ay faict acte de bon, loïal subject et serviteur de vostre Majesté, les démenties que le dict sieur mareschal me donne ne sont point de mise en mon endroyct, veu que tout ce que j'ay mandé a esté accomply, comme ceulx de Tholoze vous auront affirmé. Et pleut à Dieu que j'eusse menty de l'advertissement! Et la dicte ville n'auroyt esté ruynée pour plus de cinq cens mil escus, comme elle a esté. Et si ledict sieur de Durfort vous a faict entendre que vous deviés prendre garde et mander à Narbonne, Montpellier et le Pont Sainct Esperit, advertir les chefz, qui estoient là, de bien prendre garde à vostre service, cela luy a esté baillé en charge par l'évesque d'Agen, qui depuis, sans nulle occasion, a tenu la main à ce que j'ay pryé messieurs de Byron et de la Roche vous dire de ma part.

Voilà l'occasion du voyaige dudict sieur de Durfort, n'ayant aucune espérance que voz ennemys feussent combattuz, synon par le moyen dudict sieur prince, en cas que vostre Majesté ny Monsieur n'y peussent venir ; car nous avons veu tant de belles occasions se présenter, tant au Mont de Marsan que depuys que Montgonmery feut arrivé à Condon, que si ledict sieur mareschal eut voulu fere marcher son camp jusques aux ennemys de Lectore, ledict Montgommery se feut retourné à vau de routte en Béarn, et peult estre que, avant qu'il y feut esté, nous l'eussions tenu de si près que à tout le moins les gens de pied nous feussent demourés, nous estans beaucoup plus fortz de cavallerye et de gens de pied que luy, ayant monsieur de Montferrand faict extreme diligence de se rendre à nous avec mil harquebuziers ; et estoyct dèsjà au Port Saincte Marie, deux lieues près de ceste ville, quant, entendant que monsieur le mareschal ne marchait point, il se retira. Et, à ce que j'ay entendu, le dict mareschal laissa de s'acheminer, ainsy que son maistre d'hostel, la Bruille, m'avoyt assuré que le faisoyt, pour une lettre que la noblesse d'Armaignac luy escrivoit, luy demandant secours, me chargeant que c'estoyt moy qui avoys faict que la noblesse escrivoit la lettre. Que l'on demande à monsieur de Valence, qui est de ses féaus amys, si je fuz le motif qu'elle feut escrite, et pour son oppinion sur ce qu'elle contenoyt, entre aultres choses que, s'il ne les secouroyt, ilz seroint contrainctz se retirer à vostre Majesté, offrans, où il le vouldroyt fere, de mourir tous auprès de luy pour vostre service et recouvrement de leurs maisons.

Je ne scay à qui nous devons avoyr recours, quant

nous sommes affligés, sinon à vostre Majesté; et me semble que cela n'estoyt pas si grand chose que l'on deut laisser vostre service.

Sire, à ce que j'ay veu par la coppie de la dicte lettre, ledict sieur mareschal me charge de quattre chozes : la première, l'infidélité; la seconde, d'avoir pesché en voz finances; la troisième, d'avoir pillé vostre peuple, et la dernière, d'estre un forceur de de filles. Quant à la première, il a esté bien besoing que j'aye eu une grande fidélité, loyaulté et affection à vostre service. Si j'eusse voulu estre aultre et dépendre d'aultre que de vostre Majesté, vos afferes se seroient bien mal portées. La royne me portera, s'il luy playt, tesmoignage, comme l'ayant peu entendre de plusieurs, que aux premiers troubles il me feut présenté une foys trente mil escus, et huit jours après quarente mil par ceulx de la Religion pour ne prendre les armes contre eulx. Ceulx qui m'aportarent ceste parolle ne s'en cuydèrent bien trouver. En cela j'ay monstré que je n'estoys avarre, et que tout l'or et l'argent de ce monde n'estoient suffisans pour me divertir du loyal et fidelle service que je doibz à vostre Majesté.

Et supplye très humblement voz Majestez vous souvenir que j'allay recouvrer Tholoze en poste, qui avoyt dèsjà combattu troys jours et troys nuitz, à l'heure que je y arrivay; et avoient les ennemis gaigné jusques à la place Sainct George; mais dès qu'ilz me sentirent arriver, ilz abandonnèrent la ville et s'enfouyrent esgarez vers Albigeoys. Je ne veulx aultre tesmoignage que des habitans de ladicte ville mesme pour veoyr quelle diligence je fis à les secourir, et de qui ilz tiennent leurs vies et biens, sinon de Dieu et de moy. Depuis le dict Tholoze jusques à Bordeaux, vostre Majesté ne tenoyt aucune place que Auvillars et à la Réolle, estant tout le reste occupé par voz ennemys, et Lectore aussy, qui dominoyt tout le pays de delà la rivière.

J'ay pareillement secouru Bordeaux qui cuyda estre surprins, n'estant personne dedans que monsieur de Burye sans aucunes forces. Et me faillut passer de Tholoze audict Bordeaux, combatant la pluspart du temps par les chemins; et néantmoins, je arrivay encores assés à temps, estant monsieur de Duras à une lieue et demye dudict Bordeaux, du costé de deçà la rivière avec six ou sept mil hommes de pied ou de cheval. Et à mon arrivée je trouvay la ville en telle nécessité de vivres que l'on se coupoyt la gorge au four, à qui auroyt du pain, n'y entrant aulcuns vivres durant deux ou troys moys. Et feuz contrainct aller combattre le dict sieur de Duras, n'ayant que ma compagnie et quarente salades de celle du feu roy de Navarre, et les sieurs de Sainct Orens et de Charry, avec quarante ou cinquante harquebuziers à cheval chascun; aultrement la ville eust esté perdue. Depuys je regaignay toutes les places, l'une après l'autre jusques aux portes de Tholoze, réservé Montaulban.

Voilà, Sire, une aultre expérience encor de ma loyaulté, et pour la dernière : six moys après la première paix, on me vint fere une aultre offre de la part de messieurs les prince de Condé et admiral, laquelle j'ay dicte à messieurs de Biron et des Roches; et ceulx qui me les firent sont encor en vye. Par ces expériences, sans toucher aux services que je vous ay faictz en pays estrangers, mais seullement en ces guerres, je m'assure que vostre Majesté ne prendra aultre oppinion de moy que de celuy qui vous est très humble subject et fidelle serviteur, délibérant de continuer en ceste bonne volunté jusques au dernier soupyr de ma vye, et fay comme je l'ay dernièrement monstré à vostre Majesté, vous ayant rendu avecques une poignée de gens plus de cinquante lieues de pays; m'aidant de ce peu que j'avois, descouvrant souvant Sainct Pierre pour couvrir Sainct Paul. A ce grand mescontentement que l'on avoyt faict entendre à vostre Majesté, les actes vous ont peu fere congnoistre le contraire. Jà, qu'il soyt demandé à la Marque, vostre vallet de chambre, la délibération que les ennemys avoient prins de ceste ville d'Agen, et si je ne m'y feusse venu jecter, si elle ne seroit aujourduy bruslée et razée, ayant mieulx aymé laisser le chevalier, mon filz, et le chevalier de Romegas dans Lectore, qui est ville forte, et me venir engaiger icy, non les mectre icy et moy me retirer en la forteresse.

Et, quant à avoir pesché en voz finances, j'atteste devant Dieu et vostre Majesté que vous ne ferez acte de roy, et luy demande justice contre vous si vous ne me faictes trancher la teste, si cela est vray seullement d'ung denier, et d'avoir pillé vostre peuple. J'ay esté adverty que vostre Majesté a envoyé une commission audict sieur de Valence[1] et à moy pour enquérir sur ce faict. Je me suys recuzé et

---

1. Voyez les *Commentaires*, t. III, p. 244.

ay mandé audict sieur de Valence que je vouloys estre sindicqué le premier et que contre moy feut informé ; mais qu'il falloit prendre ung président de Bordeaux pour le ressort du Bourdeloys, et ung de Tholoze pour celuy de Tholoze ; et que vostre Majesté leur baille puissance d'informer contre lieutenans du roy, gouverneurs et toutes aultres manières de gens. Et si jamays, depuys que la France est France, il y a eu tant de larrecins, pilleries, viollemens de filles, forcemens de femmes, sacagemens de villes, maisons et villaiges, qu'il s'est faict depuys que monsieur le mareschal est arrivé, je veulx que vostre Majesté me face trancher la teste. Non que je veuilhe dire qu'il l'aye faict fere ny faict ; mais que celuy qui l'a faict ou faict fere et enduré, qu'il en porte la pénitence, et moy tout le premier, si je l'ay faict. D'impositions d'argent sur les villes et villaiges, il seroit incroiable à vostre Majesté, si vous ne le voyez par information. Les plaintes et lamentations qui ordinayrement me viennent devant du povre peuple me font souhaiter la mort ou estre hors de ce royaulme, jusques à ce que cecy soyt passé. Or, Sire, je n'entens dire des ennemys, mais des nostres, qui se disent tous estre de vostre costé.

Et quant au dernier point, qui parle de violement des filles, j'ay soixante-neuf ans, de quoy il me déplayt, pour la crainte que j'ay de mourir plus tost que de vous veoir hors d'afferes ; car après je ne me soucieroys pas beaucoup de mourir, et deshormais la vieillesse me menera plus comme resverie que la force pour violer les filles. Qu'on informe qui les a viollées au Mont de Marsan, les ammenant par force troys ou quattre journées, et puys les renvoyer au logis, peult estre que ce n'est pas moy qui l'aura faict; et si ainsin les commissaires le trouvent, que je soys puny comme je l'auray mérité.

Voylà, Sire, ce que je respons à ceste lettre; et vostre Majesté peult veoir que toutes ces desmenties ne proviennent que pour vous cacher voz afferes, et que nul n'ause parler. Quant à moy, je ne me tiendray jamais desmenty de ce qu'il ayt couché par ses lettres, ayant ung si grand tesmoignage que j'ay de Dieu, tous les troys estatz de Guyenne et de Tholoze mesmes, et attendu aussy que c'est pour vostre service et ne respecter luy ny autre, quelqu'il soyt, en ce qui concerne vostre service, que vostre Majesté, la royne, Monsieur et monsieur le Duc. Au particullier des princes et aultres grans seigneurs, je leur rendray le debvoir que je leur doibz, dégré pour dégré.

Il m'a donné beaucoup d'argumens d'user de démenties contre luy, ce que je pourrois bien faire. Je porteray honneur à l'estat qu'il tient comme mareschal de France, mais non comme sieur de Dampville. Il n'est filz que d'ung gentilhomme non plus que moy, sauf qu'il soit d'un baron de l'Isle de France, et moy d'ung povre gentilhomme d'aussy bonne race qu'il y en ayt, et suyvans et apartenans des plus grans seigneurs qui soient en ce pays. Et quant les roys, voz prédécesseurs, m'eussent faict tant de bien et d'honneur que à son père, je me feusse essayé de fere les services qu'il a faictz à la couronne; et si vostre Majesté veult que je responde davantaige de ce que je vous en escris, je vous supplye me le mander, car, de la puissance que Dieu m'a laissée, qui n'est que le bras droyt, je luy feray congnoistre que je crains aussy peu la mort que luy ny aultre François, par encores que des aultres membres je soye presque du tout stropié pour vostre service.

(Copie du temps; Bibl. nat.; coll. Gaignières, vol. 341, f° 13.—Au dos: *Copie des lettres de M. de Monluc au roy.*)

259. — A . . . . . [1].

[Mars ou avril 1570.]

Capitaine, je vous mercie bien fort de vostre advertissement et vous prie continuer et vous tenir près de l'homme[2]; mais quelque chose qu'il die ou sache faire ny l'autre mareschal, son frère[3], qui est par delà, je ne les crains de rien; car je soustiendray devant le roy à cestuyci qu'il est traistre à sa Majesté ou le plus couart homme qu'il feut jamais. Et luy-mesme sera constraint confesser l'ung ou l'autre. Dites au premier président[4] que je fayray scavoir ce qu'il m'a escript, et assurez-le que jamais l'enemy n'ont entreprins de leur mectre le feu si près de leurs portes[5]

1. Cette lettre se rapporte évidemment au même sujet et à la même époque que la précédente. L'original ne porte ni date ni adresse.
2. Probablement le maréchal Damville. La confiance de Monluc était mal placée. Cette lettre fut évidemment livrée à Damville, car elle se trouve parmi ses papiers.
3. François de Montmorency, frère aîné de Damville, maréchal de France depuis le 10 octobre 1559.
4. Jean Daffis, premier président du parlement de Toulouse.
5. L'armée des Princes, conduite par Coligny, avait campé aux

sans l'intelligence des deux cousins[1], car, avec moindres forces dix fois que les vostres, je les ay bien gardés de s'aprocher si près de moy. Je vous prie ausi dire au cappitaine qui vous porta ma dernière lettre qu'il luy souvieigne de sa promesse. Et quant aux deux officiers, asseurés-vous qu'en quelque part que je les puisse attraper je les fairay mourir, quelque chose qu'il en puisse advenir. Au reste le présent porteur vous dira où il m'a laissé.

Vostre compaignon et amy,

De Monluc.

(Lettre originale; signature autographe; Bibl. nat., f. fr., vol. 3242, f° 122.)

---

260. — ORDONNANCE CONTRE CEULX QUI N'ONT FAICT LEURS PASQUES.

[7 avril 1570.]

De par le Roy et Monsegneur de Monluc, lieutenant pour sa Majesté au gouvernemént de Guyenne : il est faict commandement à tous ceulx de la prétandue religion, de quelque estat et condition qu'ilz soient, qui ne sont confessés et receu le précieulx corps de Dieu à la feste dernière de Pasques, que par tout le jourdhuy ilz ayent à vuider la présente

---

portes de Toulouse depuis le 22 janvier 1570 jusqu'au 20 de février. Elle y avait commis toutes sortes de crimes. L'indiscipline de cette armée est reconnue par les Princes eux-mêmes dans un ordre du jour de janvier (Arch. nat., K. 1515, n. 7.)

1. L'amiral Coligny était fils de Louise de Montmorency, sœur du connétable, et par conséquent cousin germain de Damville.

ville, et ce, sur peyne de prison et de cent livres d'esmande, que leur est dors et déjà déclairée.

Et à mesmes peynes que dessus, est enjoinct à tous catholiques, le jour passé, de venir dire et réveller aux consulz de la présente ville ceulx de la dicte prétandue religion, lesquelz n'auront faict leurs pasques, comme dessus a esté dict, ausquelz denoncéateurs sera donné une partye de la dicte esmande[1].

Faict le septième d'avril 1570.

De Monluc[2].

(Copie; Arch. mun. d'Agen, Reg. cons., f° 247, v°.)

261. — AU ROY.

[Agen, 7 juin 1570.]

Sire, le présent pourteur, qui est un jurast de ceste ville d'Agen, s'en va vers vostre Majesté pour luy faire entendre l'estat de vostre dicte ville d'Agen

---

1. Il paraît qu'un étranger s'était introduit dans la ville et avait tenté d'assassiner Monluc. On avait accusé les réformés de ce crime. Cette tentative avait déterminé un certain mouvement dans la ville. Les ennemis de Monluc transformèrent cette émotion en une véritable révolte des habitants d'Agen contre le roi. Les consuls furent obligés d'écrire au roi pour se disculper. (*Bulletin du Com. de la langue et de l'hist. de France*, t. I, p 478.) Pour les suites de cette affaire, voyez les registres consul. d'Agen, f° 254, v° et suiv.

2. On lit à la suite de cette ordonnance : « Ledict jour et an « sus escript, ladicte ordonnance a esté publiée à son de trompe « par les cantons et carrefours de la ville d'Agen, par Raymond « Trays, trompette ordinaire de ladicte ville, acistant avec luy « moy Serrete, soubz signé. — Trays. Serrete. »

et païs d'Agennoys Et avant son partement j'ay bien vollu qu'il assistat à ung conseil, que j'ay tenu en ceste dicte ville avec plusieurs cappitaines de vos ordonnances, pour le réglement que je y doibs laisser pendant l'exécution de Béarn[1], suyvant le commandement qu'il a pleu à vostre Majesté m'en faire par les sieurs de Leberon, mon nepveu, et de Cauterane. Et pour ne vous ennuyer de plus longue lettre, je vous supplie très humblement, Sire, vouloir ouyr et entendre ce que le dict jurat vous en dira et recognoistre les habitans de vostre dicte ville d'Agen et pays d'Agenoys pour vos très humbles et très obéyssants serviteurs, lesquels persévèrent tousjours comme ils ont faict cy-devant au fidelle service de vostre Majesté.

Sire, je supplie le Créateur vous donner en très parfaicte santé très longue et très heureuse vye.

D'Agen, ce VIIme de juing 1570.

Vostre très humble et très obéyssant suget et serviteur,

De Monluc.

Sire, signant la présente, j'ay receu une lettre de monsieur de Clermont, séneschal et gouverneur de Tholoze, laquelle je supplie très humblement vostre Majesté vouloir veoir. Incontinant que j'ay eu receu la dicte lettre, j'ay escript au sieur de Saint Orens

---

[1]. On conserve aux Archives nationales une copie des lettres patentes qui donnent à Monluc le commandement de la nouvelle expédition dirigée contre le Béarn. Ces lettres patentes, contresignées par l'Aubespine, ne sont datées que du 16 juin 1570. Il est probable qu'elles avaient été précédées d'une commission verbale (Arch. nat., K. 1527, n° 41).

s'en aller avec sa compaignie droict au bas Commenge, où est le sieur de Fontenilles, et se joindre tous deux ensemble pour empescher le passaige à Montamat ; ayant prié aussy le dict séneschal de Tholoze s'approcher du cousté de la rivière de Garonne, affin que, tous ensemble, si le dict Montamat s'essaye de passer, nous le puissions combattre. Le sieur chevalier de Romegas, qui vient de sa commenderie de Rouergue, assure un advertissement que j'ay eu de deux aultres divers lieulx, qui est que messieurs les Princes ont mandé à tous ceulx de la religion, qui sont pour pourter armes, qu'ils ayent à se rendre à leur camp, à peyne que ceulx qui ne s'y trouveront ne seront comprins en la paix, si elle se fait ; qui est la cause que le sieur Montamat veult passer, lequel j'espère de combattre s'il s'en essaye[1].

(Lettre rapportée de Saint-Pétersbourg et communiquée par M. le comte de Laferrière.)

262. — AU ROY.

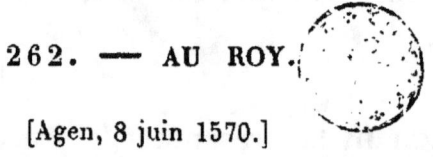

[Agen, 8 juin 1570.]

Sire, je cognoy par les lettres, que j'ay receu de vostre Majesté le ....[2] du présent, par le cappitaine Montaut, qu'estes mal content de moy pour avoir mis en longueur l'entreprise de Béarn, laquelle j'eusse,

---

1. Une lettre des capitouls de Toulouse au roi, en date du 14 juin, parle des efforts de Clermont contre les réformés et ajoute quelques détails à la lettre de Monluc (coll. Harlay S. G., vol. 323, 4, f° 26).

2. Lacune dans notre copie.

longtemps a, exécuté si vostre Majesté m'eust faict délivrer de l'argent pour l'artillerye. Vous mandiez à monsieur de Vallence que je m'aydasse des deniers que ceulx de Bourdeaulx disoient avoir assemblé pour l'entreprinse de Blaye; je supplie très humblement vostre Majesté croire que, si les dicts deniers eussent esté assemblés et prêts, j'eusse exécuté la dicte entreprinse de Blaye ou crevé en la peyne; mais ils n'ont oncques esté assemblés ny prests. Et par deux foys j'ay esté à Bourdeaulx pour la dicte entreprinse, où n'ay trouvé pas ung denier de prest et levé comme ils avoient promis, dont messieurs le baron de la Garde, de Montferrand, vostre procureur général et autres vos officiers, mesmes le dict sieur de Vallence, vous pourront rendre certain tesmoignage. Estant là ils me disoient que je m'acheminasse et que l'argent seroit bientost prest; mais je ne me suis voullu fier ni engaiger sur leurs parolles, m'ayant trompé plus de vingt fois; et par ce, Sire, ne fault faire estat des dicts deniers.

Monsieur de Vallence, à l'arrivée du cappitaine Montault, s'est trouvé par deçà, auquel suis allé parler pour trouver moyen d'avoir quelques deniers; et m'a dit que tout ce qu'il peult faire, c'est de me faire délivrer quatre ou cinq mil livres, et avec cela fault que je fasse la dicte entreprinse. Ceulx de Tholoze m'ont promis bailler quelque artillerie et munitions et pouldres, en m'obligeant à eulx, comme j'ay faict, car autrement n'en ay peu recouvrer. J'ay mandé monsieur de Montferrand de faire acheminer ung canon, qui est à Bourdeaulx, avec le plus de munitions qu'il pourroit, et aussy que, suyvant vostre intention, il s'acheminast promptement, droict au Mont de Marsan, avec sa compaignie et le régiment d'infanterie qu'il a, où il trouvera monsieur de Montespan, pour s'en aller ensemblement au devant de l'artillerye, qui me vient de Bayonne. Je fais marcher lundy prochain celle que j'ay en ceste ville et espère estre le vingt sixiesme du présent devant Rabastens en Bigorre, et de là m'en iroy droict à Nay et à Pau, espérant que Dieu me fera la grâce de faire quelque chose au contentement de vostre Majesté[1]. J'ay donné ordre au cappitaine Aspremont, présent porteur, vous dire quelque chose de ma part pour le faict de la dicte entreprinse du Béarn. Je supplie très humblement vostre Majesté le croire de tout ce qu'il vous dira.

Sire, je ne veulx oblier à vous dire comme le dict cappitaine Aspremont a esté durant ces guerres toujours employé sans discontinuer pour vostre service avec une compaignie de gens de pied, pour laquelle a seu refaire et entretenir en bon estat et bien fournye de bons hommes. Il n'a espargné chose qui aye esté en sa puissance, et pour ce les ennemys luy ont pillé, saccaigé et bruslé ses maisons et biens, l'ayant destitué de tout moyen pour pouvoir doresnavant faire service à vostre Majesté avec les équipages qu'il a eus jusqu'à présent. Je vous supplie très humblement, Sire, avoir pitié de luy et le récompenser de

1. Suivant une lettre de Martin de Gurpide, agent espagnol, les forces de Monluc en entrant en campagne montaient à 10 mille hommes de pied, 1500 chevaux et 18 pièces d'artillerie. Nous soupçonnons un peu d'exagération dans ces chiffres (Arch. nat., K. 1516, n° 5).

quelque chose, ce qui sera si bien employé qu'en aucun autre qui vous aye fait service durant ces guerres[1].

Sire, je supplie Dieu vous donner en très bonne santé, très longue et très heureuse vie.

D'Agen, le VIIIme de juing 1570.

>Vostre très humble et très obéissant suget et serviteur,
>
> De Monluc.

(Lettre rapportée du Saint-Pétersbourg et communiquée par M. le comte de Laferrière.)

---

263. — AU DUC D'ANJOU.

[Cassaigne, 18 juin 1570.]

Monseigneur, ce que je puys faire pour les gens de bien, fidelles et affectionnés subgects et serviteurs du roy, c'est de pourter tesmoinaige à votre Majesté et à vous aussi de leur valleur et affection qu'ils ont au service du roy, du nombre desquels est le sieur de Paulhac[2], oncle du rapporteur Paulhac, à qui sa Majesté a baillé la charge du colonnel qu'avoyt mon filz le chevalier en ce pays, lequel sieur de Paulhac je vous puys tesmoigner avoir faict à sa dicte Majesté tant de bons et loyaulx services durant ces

---

1. Le capitaine Aspremont fut laissé à Dax par Monluc pour commander aux Landes, Marsan, Tursan et Gavardan (Lettre d'Aspremont du 15 juillet 1570; Arch. nat., K. 1511, n° 163).

2. François de Cours, seigneur de Pauilhac. C'est par erreur que nous avons dit (t. III, p. 305, note) qu'il devint colonel des légionnaires de Guyenne, après le chevalier de Monluc. Cette charge n'appartint jamais qu'à son neveu (t. III, p. 406, note.)

guerres qu'il me semble chose très raisonnable le luy faire entendre, affin qu'il luy plaise en les recognoyssant luy donner moyen de les pouvoir continuer, comme il désire, avec mesme zelle et sincère affection qu'il a commencé. Or, Monseigneur, il est pouvre gentilhomme, qui est cause que, avec l'asseurance que je vous donne de sa prouesse et valleur, je vous supplie très humblement faire tant pour luy qu'il puisse vivre et s'entretenir en faisant service à sa Majesté, chose qu'il en accroistra le courage de plus en plus à vous en faire, non seulement à luy mais à tous ses autres subgects et serviteurs qui y prendront exemple. Je l'ay toujours, durant les guerres, faict tenir à Villeneufve d'Agenoys, ville qui est de grande importance à cause de la rivière du Lot qui passe par la Guyenne, sur laquelle il y a un pont, et l'a si bien conservée soubs l'obéyssance du roy, quelque envye que les ennemys luy ayent porté à cause de la dicte rivière, mesme lorsque tout le camp de messieurs les Princes estoit auprès, qu'ils n'en ont jamais pu atempter aucune chose au préjudice du service de sa Majesté[1] . . . . il la . . . . en estat de gouverneur comme il a accoustumé . . . . que sa dicte Majesté durant la guerre . . . . Je vous supplie très humblement faire en sorte que autre que luy n'en aye la charge, car, oultre qu'il s'en est si bien acquitté que vous ne pouvez de moins faire que de vouloir qu'il la continue, les habitans de la dicte ville s'accommodent si bien avec luy, pour

---

1. Lacune dans notre copie.

la recognoissance qu'ils ont de luy et de ses vertueux actes, et luy portent un tel vouloir, que, je vous puys bien asseurer, sa Majesté ne scauroit y mettre ung personnaige qui les entretienne si bien en paix et obéyssance et y faire mieux son devoir pour son service. Je vous supplie très humblement, Monseigneur, luy faire faire quelque autre bienfaict. Je l'ay toujours cogneu tant homme de bien en toutes occasions, qui me sont présantes, pour faire preuve de sa valleur, que je vous le recommanderoy comme le fays autant que je le scauroys faire mes affaires propres. Et estant, je supplie Dieu vous donner, Monseigneur, très bonne santé, très longue et très heureuse vye.

De Cassaigne, ce XVIIIme jour de juing 1570.

Vostre très humble et très obéissant serviteur,

De Monluc.

(Lettre rapportée de Saint-Pétersbourg et communiquée par M. le comte de Laferrière.)

264. — AU ROY.

[Cassaigne, 22 juin 1570.]

Sire, le cappitaine Bernardet, archer de vos guardes, de la companye de monsieur le séneschal d'Agenoys, a demeuré en ce pays à ma requeste et prière despuis le commencement de ces derniers troubles, où il a faict service à vostre Majesté, commandant une companye de gens de pied. Et aussi l'ay-je employé en la ville de Lectoure, lorsque les ennemys estoient aux environs d'icelle. Il s'est si bien acquitté de toutes les charges qu'il a eu en main qu'il vous a faict service sans reproche aucun. Je l'eusse admené avec moy au voyage de Béarn, qu'il a pleu à vostre Majesté me commander, n'eust esté que j'ay esté adverty que le dict séneschal d'Agenoys avoit porveu à sa place, combien que je l'eusse pryé le vouloir excuser veu le service qu'il vous faisoit par deçà. Que me faict vous supplier très humblement, Sire, vouloir commander qu'il soit remis. Il est bon soldat et affectionné à vostre service, et mérite estre entretenu ; et si d'advanture son service n'est nécessaire près de vostre Majesté, je vous supplie très humblement, estant remis, le renvoyer par deçà, où il ne vous sera pas inutile.

Sire, je supplie le Créateur vous donner en parfaicte santé très longue et très heureuse vye.

De Cassaigne, le XIIme de juing 1570.

Vostre très humble et très obéissant suget et serviteur,

De Monluc.

(Lettre rapportée de Saint-Pétersbourg et communiquée par M. le comte de Laferrière.)

265. — AU ROY.

[Dax, 9 juillet 1570.]

Sire, monsieur le visconte d'Horte me remonstre comment, à cause de son grand aage, il ne peult tant supporter le travail qu'il puysse seul suffire à faire et ordonner toutes les choses requises pour vostre service en la ville de Bayonne, pour la conservation d'icelle et pays circonvoysins soubz votre obéyssance, d'où il est gouverneur, et que à ceste cause il luy est besoing avoir ung lieutenant pour le soullaiger en sa charge; qu'il en avoit un, qui est cy-devant mort, lequel avoyt de gaiges de vostre Majesté seullement quatre cens livres par an, mais qu'il n'y a à présent homme qui se peust entretenir de ceste somme, ou qui s'en vollent contanter; qui me faict vous escrire la présente, et vous supplier très humblement, Sire, voulloir augmenter les dictz gaiges à celluy qu'il y tiendra deçà en avant, affin qu'il puysse estre soullaigé en considération des bons et fidelles services qu'il vous a faicts, vous asseurant que celluy qu'il y commettra sera suffisant et expérimenté personnaige, fidelle et loyal subgect et serviteur de vostre Majesté, digne de ceste charge, et en qui vous vous pouvés asseurer et repouser de ladicte place, combien que pour tout cella ledict sieur visconte ne layssera de faire le myeulx qu'il luy sera possible, comme il a accoustumé pour vostre service, auquel il a esté tant affectionné toute sa vie, comme il est encores; que je supplie encores très humblement vostre Majesté, actandu les raisons susdictes, luy accorder la dicte augmentation de gaiges près son dict lieutenant et ordonner qu'ilz luy soient payés.

Sire, je supplie Dieu vous donner en très bonne santé très longue et très heureuse vie.

De Dacqs, ce IXme jour de juillet 1570.

    Vostre très humble et très obéyssant sugect et serviteur,

                              De Monluc.

(Lettre rapportée de Saint-Pétersbourg et communiquée par M. le comte de Laferrière.)

266. — A LA ROYNE.

[Dax, 9 juillet 1570.]

Madame, j'escris au roy l'advertissement de mon acheminement par deçà, pour l'exécution de vos commandemens, et par quel cousté j'ay résollu commencer promptement, avec l'advis et conseil de tous les seigneurs et gentilhommes de ces pays Basque, Béarnois et autres. Et pource que, je m'asseure, vous verrés, s'il vous plaist, sa lettre, je ne vous en diray autre chose par la présente. Seullement je prieray Dieu vous donner, Madame, en très bonne santé très longue et très heureuse vye.

De Dacqs, le IXme de juillet 1570.

Vostre très humble et très obéissant sujet et serviteur,

De Monluc[1].

(Lettre rapportée de Saint-Pétersbourg et communiquée par M. le comte de Laferrière.)

---

267. — A MONSIEUR DE CHAUNY.

[Sampuy, 21 mai 1571.]

Monsieur de Chauny, j'ay veu la lettre que m'avez escripte et suis esbaÿ que n'ayés recouvert les bolletz des deux grandes colovrines. Je escriptz à monsieur l'advocat[2] pour dire à messieurs d'Agen qu'ilz en-

---

1. Le 23 juillet, au siège de Rabastens, Monluc reçut au visage une arquebusade qui décida le roi à le priver de son gouvernement. Voyez les *Commentaires*, t. III, p. 396 et suiv.

2. L'advocat de Las (Reg. d'Agen.)

voyent incontinent aux Jacoppins pour les vous faire délivrer, ce que m'assure qu'ilz feront. Quant à ce que me mandiés du bled, je vous assure que je l'ay tout vandu et ne m'en aye gardé que pour ma provision. Qu'est fin, priant le Créateur vous donner, Monsieur de Chauny, en bonne santé longue vie.

De Saint Puy, ce XXIme de may 1571.

Vostre bon amy,

De Monluc[1].

(Arch. mun. d'Agen; Reg. cons., f° 276 v°.)

268. — AU ROY.

[Estillac, 25 décembre 1571.]

Sire, jusques à ceste heure je n'ay voulleu faire plaincte à vostre Majesté des procédures que le commissaire Mondoulet a faictes en ce pays tant contre moy que contre les gentilhommes, qui estoient soubz ma charge par vostre commandement et pour vostre service, les ayant, moy, tousjours laissé faire le pys qu'ils ont peu sans les voulloir veoir ny en faire aucuns cas, craignant qu'on dict que je les voullois corrompre pour qu'ilz ne fissent rien contre moy; ne aussy ne suis voulleu aller voir monsieur le marquis de Villars[2], pendant qu'il estoit par deçà, jusques à ce que iceulx commissaires ont eu achevé leurs

---

1. A la suite de cette lettre sur le registre consulaire d'Agen, on lit le récépissé de Dominique Chauny.

2. Honorat de Savoie, marquis de Villars (t. III, p. 434, note), avait succédé à Monluc comme lieutenant du roi en Guyenne.

procédures. Et quant au président Tambonneau[1], sa charge estoit juste et raisonnable de scavoir les deniers de vos finances, qui ont esté levés par vos recepveurs, en quoy sont esté employés, et de mesme les impositions qui ont esté faictes sur vos subjects. A quoy, Sire, je vous supplie très humblement que si vous me trouvés d'ung seul denier en vos finances ny aux dictes impositions d'ung autre denier, qui soit venu en ma bourse, n'avoir esgard aux services que j'ay faicts durant quatre roys avecques vous, que j'ay servis, ny à tant de blessures que j'ay prinses en leur en faisant, mais m'en faire punyr si rigoureusement que je serve d'exemple à ceulx qui y ont touché ou qui le vouldroient faire à l'advenir. Et de cecy pourra estre esclaircy par le compte que le dict président Tambonneau vous en rendra. Or, Sire, le dict Mondoulet a suscité en ce pays plus de deux mil procès pour le moings et le tout contre les catholiques, lesquels il vous a laissés en désespération et ruyne, ce qu'il a faict pour fabvorir certains marchandeaux de la nouvelle religion, qui n'ont jamais fait service en vostre camp ne à celluy de l'ennemy, car ils ont tousjours demeuré en leurs maisons, faisant des collectes de deniers pour envoyer au dict camp de l'ennemy, qui, sans l'ayde de ceux-là, qui estoient demeurés en leurs maisons en toute asseurance soubz vostre commandement, ils n'eussent jamais eu moien de recouvrer argent pour leur dict camp.

---

1. Sur la mission de Tambonneau et des autres juges commissaires voyez le t. I des *Commentaires*, p. 5.

Et craignant vous donner fascherie par longue lettre, j'ay baillé des instructions au cappitaine Aspremont, pourteur de la présente, vous suppliant très humblement de les voulloir entendre, et me faire tant de bien, en récompense des services que je vous ay faicts et à vos prédécesseurs, que, lorsque les dits commissaires rendront leurs comptes, vous vouloir trouver à vostre conseil pour veoir si j'y serai couché en rien pour avoir prins et faict mon proffit des choses susdictes, suivant la charge qu'ils avoient de le regarder et en faire la preuve. Et par là vostre Majesté cognoistra si je suis tel qu'on vous a faict entendre ou si je vous ay servy fidellement et loyalement, ainsi que tout homme de bien doibt faire. Et après avoir cogneu, Sire, la vérité du tout, qu'il plaise à vostre Majesté m'octroyer une patente de la descharge du gouvernement de Guyenne, affin que après ma mort cella me demeure pour faire cognoistre à ceulx qui viendront après moy que je n'ay jamais rien meffaict contre vostre service. Et me faisant ce bien, vous me rendrez ung des plus contans hommes de vostre royaulme. Sire, je supplie le Créateur qu'en très bonne santé vous doinct très longue vie et prospérité.

A Estillac, le XXVme décembre 1571.

    Vostre très humble et très obéissant suget et serviteur,

De Monluc.

(Lettre rapportée de Saint-Pétersbourg et communiquée par M. le comte de Laferrière.)

269. — AU DUC D'ANJOU.

[Vers janvier 1573[1].]

Monseigneur, encores que je scaiche bien que monsieur l'admiral[2] et monsieur de Montpezat vous advertissent de tout ce que passe en ce pays, je n'ay voulu faillir de vous en advertir de mon costé et vous dire que, encores bien qu'il y ayt de la malice en aulcuns, qu'elle est accompaignée d'une grand peur et que, si le roy faisoit ung édict, il y en a beaucoup qui suivent les malicieulx qui s'en housteroient et se rangeraient à la volunté du roy, qu'est cause que je vous en envoye la forme, lequel édict ne peut pourter que ung grand prouffit au roy et à son royaulme, j'entends si le duc d'Albe est au dessus du prince d'Orange, ou bien qu'il l'aye faict retirer en Allemaigne et que son camp soit desparty; car jamais aura-il le crédit de relever ung tel. Et ceulx de la nouvelle oppinion de ce pays, qui disent publiquement qu'ils espèrent que ce printemps ils auront ung chef, qui sera grand personnaige et qu'il est de France, n'en espéreront plus s'il ne peut estre secouru du dict prince d'Orange, scaichant bien que luy seul

---

1. Les détails sur les événements de Flandres, que contient cette lettre, nous font penser qu'elle appartient à la fin de 1572 ou au commencement de 1573, date des plus grands revers du prince d'Orange. On conserve dans la collection Harlay S. G. la souche d'une lettre de Monluc au duc d'Anjou, du 17 janvier 1573. Il est possible que cette souche soit celle de la présente lettre.

2. L'amiral de Villars.

ne seroit pas assez fort et que ceste espérance, avec laquelle ils entretiennent beaucoup de gens, y ajoutant qu'ils doibvent aussy estre aidés de quelques princes d'Allemaigne, leur est finye. Ils n'auront plus de cueur, ains pourra estre qu'on descouvrira qui est ce chef qu'ils ne nomment poinct. Ils font courir ung brevet en latin, duquel je suys après à recouvrer un extraict, et si le puys avoyr le vous envoyeray. Et cependant vous diray ce qu'il porte en substance, qu'on m'a faict entendre en françois; c'est que tous les officiers des judicatures, gens des finances, de la religion, sont jugés à mort et leurs biens confisqués; et tous les chefs, cappitaines et gentilzhommes, qui auront pourté les armes, comme aussi tous ceulx qui ont adhéré, favorisé et adverty et qui ont eu intelligence avecques eulx. Et avec cella ils mettent l'esprit des hommes en désespération et en espérance d'estre au printemps secourus. Il me semble que si le roy fait le dict édict, il desséparera ceulx qui ne suyvent les malicieulx que par peur d'avecques eulx, et se rangeront à la volonté du roy ; car pour les édicts que sa Majesté a desjà envoyés, il va une infinité de gens à la messe, gentilzhommes et autres, encores que les édicts soyent trop doulx; car ceste dolceur leur fait croyre aux malicieux que le roy a peur. Et vous supplie très humblement, Monseigneur, croyre que je ne vous escrips rien que je n'en aye bien descouvert la vérité, car asteure je n'ay poinct de charge; je fréquente l'une religion et l'autre, j'entends ceulx qui n'ont point encores prins les armes ny n'ont volunté de les prendre.

Monseigneur, le cappitaine Lancepve, présent porteur, a quelqu'affaire avecques vous; et pour l'amityé que je luy porte, à cause du service qu'il a faict au roy, près de moy, vous supplie très humblement luy vouloir despartir et faire du bien de vostre faveur, vous asseurant qu'il vous en sera toute sa vie très humble serviteur.

Monseigneur, je prie Dieu qu'il luy plaise vous donner en très bonne santé très longue et très heureuse vye.

Vostre très humble et très obéissant suget et serviteur,

De Monluc.

(Lettre rapportée de Saint-Pétersbourg et communiquée par M. le comte de Laferrière.)

270. — AU ROY.

[La Rochelle, 4 mai 1573.]

Sire, j'ay entendu que monsieur l'admirail[1] s'est plainct contre moy à vostre Majesté, disant que j'ay escript aucunes lettres à Montauban[1], là où il y avoit quelques propos de luy; mais, Sire, je supplie très humblement vostre Majesté de croyre que je n'ay de ma vie escript nulle lettre à personne qui vous fut rebelle, comme sont ceulx de Montauban, car mon amytié n'a jamais esté telle en leur endroict ny des

---

1. L'amiral de Villars était en pourparlers avec les habitants de Montauban depuis plusieurs mois au sujet de la reddition de cette ville. On conserve dans la collection Harlay S. G., vol. 326, 3 et 326, 5, plusieurs documents sur cette négociation.

autres, voz rebelles, qui m'aye jusques icy aucunement induict à ce faire, ains les ay tousjours hays et hayray mortellement, comme ceulx qui ne vous rendent l'obéyssance qu'ilz doibvent. Et par ainsy il ne se trouvera qu'ilz ayent eu de mes escripts, si ce n'est despuys deux moys, par l'esprès commandement de Monseigneur, vostre frère, qui me manda leur faire une despesche pour les attirer à une réduction, parce qu'ilz disoient ne se fier audict sieur admirail, ce que je fis; et laquelle, avant signer, je monstray à Monseigneur, vostre frère, et à messieurs de Cheverny, de Sauves, et Clermont de Lodève[1], qui la trouvèrent fort bonne et sans le préjudice de personne; comme ilz ont encores mieulx veu par les propres originales, qu'ung habitant dudict Montauban, estant venu vers mon dict seigneur, a apportés avec les responses des lettres de mondict seigneur et des miennes susdites, que je leur escripts, lesquelles j'envoye à vostre Majesté pour me justiffier du contraire que ledict sieur admirail a faict entendre; car par icelles, Sire, s'il plaist à vostre dicte Majesté les voyr, il se trouvera que je n'ay faict mention en aulcune manière de luy et que les doubles qu'il dict luy avoir esté envoyés sont faulciffiés; non que je veuille charger icelluy sieur admirail qu'il l'aye faict ny faict faire, estant certain qu'il n'est poinct au nombre de telles gens; mais, Sire, d'autres le peuvent avoir faict, dont j'espère demander permission à vostre Majesté d'en prendre raison après avoir faict faire

---

1. Guy de Clermont Lodève, seigneur de Castelnau, avait succédé à Bellegarde dans la charge de sénéchal de Toulouse.

une attestatoyre de la noblesse, qui est dans la dicte ville de Montauban, et des habitans d'icelle, pour certiffier comme il y a pour le moins cinq ou six ans qu'ilz n'ont receu aucun de mes escripts, laquelle attestation, avant que passer oultre, je veulx recouvrer pour l'envoyer à vostre Majesté, affin que j'aye satisfaction de ceulx qui auront fauciffié mon signet, telle que le fais, et ceste calompnie qu'on m'a mis sur le compte[1].

Sire, toutes les guerres passées, vostre Majesté despeschoit par toutes vos provinces aucuns gentilshommes pour voir comment les affaires se pourtoient pour vostre service; et ne cachoient pas ce qu'ils avoient trouvé, qui estoit chose très utile et bonne pour le bien de vostre service, par quoy s'il plaisoit à vostre Majesté d'envoyer à présent ung gentilhomme en Guyenne scavoir comme tout s'y passe, vostre esprit en demeureroit en repos, car je me doubte qu'on vous faict entendre les choses estre plus grandes qu'elles ne sont, dont vous seriez certiffié au retour dudict gentilhomme, pourveu qu'il ne soit tel qu'il ne despende que de vostre dicte Majesté, laquelle je remercie très humblement de ce que Monsieur m'a dict qu'elle m'avoit rendu la compaignie que j'avois baillée à monsieur de Fontenilles, mon beau filz,

---

1. Monluc s'excuse avec raison. Cette affaire avait fait assez de bruit au camp de la Rochelle. Le 24 avril et le 31 avril, le duc de Montpensier avait écrit deux lettres au marquis de Villars pour lui assurer que ses plaintes contre Monluc n'avaient aucun fondement; le secrétaire d'état Fizes affirme, par une lettre du 3 mai, qu'il a vu l'original de la lettre de Monluc et qu'elle ne fait point mention de Villars (f. fr., vol. 3224, f⁰ˢ 74, 76 et 34).

avec très humble supplication de croyre que je la tiendray si bonne et forte que vostre Majesté en recepvra service en ce qu'elle sera employée. Et en veulx bailler la bienvenance audict sieur de Fontenilles, qui la commandera en mon absence.

Sire, l'assignation qu'il a pleu à vostre Majesté commander que j'eusse pour ma pension, que me donnez de l'année passée, ne m'a servy de rien, car le recepveur général Dubourg m'a mandé qu'il n'avoit pas ung soul de ceste nature de denier, comme il plaira à vostre Majesté de voir par sa response. Je vous supplie très humblement voulloir commander que on m'en donne une autre, car il y a desjà quatre ou cinq moys que je suis en grands frays et despens de ma bourse et une grande charge de gentilhommes en ma maison. Sire, s'il plaist à vostre Majesté escouter le càppitaine Montault, il vous dira tout ce qui passe en Guyenne.

Sire, je supplie le Créateur vous donner en bonne santé très longue et très heureuse vie.

Du Camp de la Rochelle, le IVme de may 1573.

<blockquote>Vostre très humble et très obéissant sujet et serviteur,

De Monluc.</blockquote>

(Lettre rapportée de Saint-Pétersbourg et communiquée par M. le comte de Laferrière.)

271. — *Discours au roy par le sieur de Montluc sur le faict de la paix ou de continuer la guerre, pour ce que aucuns trouvent bonne la paix et autres continuer la guerre.*

[1573[1].]

Or, il fault débatre lequel est le meilleur des deux pour le service du roy, asseurence de sa personne, de sa coronne et de tous les estatz de la France. Donc, pour tirer la fin de ce discours, il fault commencer par la guerre, et en quel estat les guerres civylles ont réduit ce royaume, ce que fault desduyre estat pour estat. Et veulx commencer par les gens d'esglize, lesquelz ont esté constrainctz de laisser leurs charges et prendre les armes pour deffendre leurs vies et biens : je ne veulx pas seullement dire pour les Huguenaulx, mais aussi pour les Catholiques autant ou plus que pour les Huguenaulx, car il se trouvera que les Catholiques ont ransonné, pillé, voyre thué les prebstres aussi bien que les Huguenaulx et leur ouster les béneffices ; de sorte qu'il se trouvera que les Catholiques, en ont ousté par force plus que n'ont faict les Huguenaulx. Or, je ne me veulx mesler d'escrire la vie des gens d'esglise, voir si elle est vie de dévotion ou d'abomination, n'estant point à moy de les corriger ; bien en dirai-je ung mot, et ce que je puis

1. La date 1573 a été ajoutée postérieurement. Cette attribution nous paraît exacte. On remarquera en parcourant ce mémoire que plusieurs parties offrent de l'analogie avec certains passages des *Commentaires*. Le recueil qui contient ce mémoire appartenait au cardinal duc de Coislin et est relié à ses armes.

voir et cognoistre journellement : et c'est qu'il y en a beaucoup plus de ceulx qui ne font pas leur debvoir en leur vaccation que des autres qui le font.

Et revenent à prendre la malice et les malheurs qu'ont apporté en la France ces guerres civylles, et au roy et à tous les estatz de son royaume, je commenceray à dire que ceste guerre a réduit le roy en telle extremyté qu'aujourd'huy sa Majesté n'oseroit avoir reffuzé à ung homme chose qu'il luy demande, encores qu'il soit bien asseuré de son peu de valleur ; car si sa Majesté le reffuse, il luy dira audacieusement et par toute sa cour, ensemble à tous ses voisins et parens, qu'il s'en va se retirer à sa maison, sans jamais luy faire service. Et ne luy suffira pas de le faire luy-mesmes, mais conseillera à tous ses parens, voisins et amys, d'en faire le semblable ; disant tout le mal qu'il pourra du roy, de Messeigneurs ses frères et de la royne, leur mère ; estant aujourd'huy sa Majesté réduite en telle nécessité que, quand il auroict tous les biens du roy d'Espaigne avec le sien, il ne sçauroit avoir payé tous les estatz et guaiges qu'il a esté constrainct promettre ou acroistre, pour en avoir quelques finances ; et c'est en général de tous les estatz de la France.

Astheure je me veulx rendre à la melice, pour en avoir veu les expériences, là où je me suis trouvé, et ouy dire à ceulx qui se sont trouvés aux autres endroits, où je n'estois pas : a esté le peuple si pillé et ransonné, qu'aujourd'huy ils n'ont moyen de payer ung sol de taille au roy. Et si sa Majesté veult en sçavoir la vérité, qu'il mande aux genneralz des provinces et recepveurs qu'ils l'advertissent de la nécessité en laquelle les gens de guerre ont réduit le peuble, et en quelle peyne ilz sont d'en pouvoir tirer ung denier; de quoy je pense qu'ilz sont si gens de bien que ne luy scelleront la vérité. Et alors sa Majesté cognoistra en quel estat son royaume est aujourd'huy réduict par les guerres; s'estans comis de si meschans actes, les ungz soubz colleur de justice, et les autres, d'audace et thémérité. Et en l'un et en l'autre on peut cognoistre le peu d'amour, le peu de crainte et le peu d'obéyssance que nous rendons à notre prince, qui ont réduit les catholiques à telle extrémité qu'en plusieurs villes se sont raliez, Huguenaulx et Papistes, pour se deffendre des souldars catholiques; voyant la mauvaise vie et grantz pillaiges, qu'ilz faisoinct sur eulx aussi bien que sur les autres, ont esté constrainctz se gecter à Montauban et autres villes qu'ils tennoinct contre le roy; se voulans plustost mestre à leur discrétion qu'à celle des dictz souldars. Or, il fault venir particullièrement à ceulx qui faisoint cella ; s'estoient les maistres de de campz propres, non tous, mais la plupart, et généralement tous les cappitaines, lieutenens et enseignes ; et comme le souldart voyoict que n'y demeuroict rien pour eulx, s'attacquoinct au bestail, bledz, vins et ustancilles de maison ; de sorte que la pluspart de tous les villaiges sont abandonnez, et plus de la moytié du peuble mortz de faim. Voilà l'amytié que nous portons à nostre prince et la crainte et obéissance; car si ces troys choses ne font régner le prince, le royaume ne peult estre de durée; ains bientost fault que change de maistre, n'y ayant chose au monde qui attire l'estrangier à conqueste plus que quand il voit ces troys choses régner en ung royaume ; cognoissant bien que c'est le lieu où il faict bon pescher, puisque l'eaue y est trouble; car en la claire, le poisson cognoist le retz et se guarde d'y entrer.

Or, je laisseray la melice, encores que j'en sceusse bien mestre davantaige par escript, et m'atacqueray à la justice, que telle ne se peult plus aujourd'huy appeller, mais plustost injustice, ayant la nécessité des guerres constrainct le roy faire un monde de créations d'offices de tous estatz et principallement d'estuillà; car là où il en auroict assés de dix, il en y a plus de quarante, et la pluspart ne scauroinct dire pourquoy ilz se sont mis en ce dégré, n'ayant encores l'expérience du scavoir ny la pluspart poil en barbe. Or, Dieu me guarde du nouveau médecin pour ma santé, et du nouveau juge pour mon procès ! Lesquelz, ayant payé beaucoup de finances de leurs estatz, sont contrainctz de faire un monde de mauvais jugemens, faisant des ligues les ungs avec les autres pour ayder ceulx qu'ilz voyent leur donner plus d'argent; car aujourd'huy il ne se fault soucier de droict, pourveu qu'on aye argent et fabveur ; estant ceulx-là qui guaignent le procès.

Et à présent il fault venir toucher aux marchans et bourgois des villes, que, de toutes les impositions et empruntz que le roy est contrainct de faire pour ces guerres, ils se deschargent sur les villaiges et bourguades et sur le menu peuble dans leur ville mesmes; et à ceulx qui sont les plus riches, il leur en touche si peu à leur part qu'ilz ne s'en sentent poinct. Et, quant aux marchandises qui se trouvent en boutiques, les guerres ont esté cause de les faire tenir si chaires qu'il n'y a homme aujourd'huy qui s'y puisse sauver, sinon ceulx qui ont pillé le peuble; lesquelz ne trouvent rien chair. Mais ce pillaige ne peult durer longuement, et faudra que, pour entretenir l'estat, l'on remue toujours quelque besoigne. Or, il n'y a plus rien à despartir, ce me semble, que les finances du roy, qui touchent bien autant ou plus que tout le demeurant, joinct avec eulx les comissaires des vivres; que qui fairoict enquérir de leur manyement, j'auserois mestre ma vie que, si le roy vouloict faire justice, que la leur seroict bientost sur ung eschaffault; à quoy je ne veulx pas comprendre tous les financiers, car j'en cognois de gens de bien, mais j'ay oppinyon qu'ilz sont bien rares; par quoy il il fault confesser que tous les estatz de ce royaume, du plus petit jusques au plus grand, sont entièrement desbordés, ayant le roy du tout perdeue l'amour de ses subgectz et par concéquand la crainte et obéissance, car l'un ne peult aller sans l'autre. Or, je supplie très humblement sa Majesté la royne, sa mère, le roy de Polonye [1], qui a tout veu et entendeu, considérer s'il est possible que ce royaume puisse estre de durée, ny qu'il y aye homme de bien, de quelque part que ce soict en France, qui puisse avoir sa vie, sa famille et ses biens en seureté.

Et fault maintenent venir à disputer si le roy peult remédier à tous ces malheurs, évidens et cognoissans d'un chescun, avec la guerre ou avec la paix : je diz et conclus qu'il ne se peult par la guerre, car c'est elle qui a admené tous ces malheurs

---

1. Henri, duc d'Anjou, élu roi de Pologne.

sur les bras à nostre roy et à son royaume ; et ainsin ce seroict estaindre le feu avec le feu, que seroict chose impossible. Et veulx dire qu'il a esté faict deux actes en la Guyenne, qui ne furent jamais faictz ny approchant de cella soubz coronne de roy, et le tout pour avoir les biens, de quoy le roy de Polonye en a esté adverty de l'un ; et l'autre n'est pas moindre. Or il fault reguarder si avec la guerre on peult remestre la craincte et la justice entre les mains du roy, veu que la guerre a admené toute ceste désobéissance.

Et astheure fault débatre si tous ces malheurs se peuvent abatre par la paix, puisque par les œuvres de la guerre est impoussible. Donques je veulx dire qu'avec la paix il y a remède, encores qu'elle ne fût guières bonne; car il vault myeulx demurer avec ung mal qui n'achève pas la ruyne de la France, qu'avec deux qui achèvent le tout, pourveu qu'elle soict bien considérée et poixée pour durer, ou autrement ce seroict tousjours à recommancer et iroict de mal en pys. Or, quand à moy, il me semble qu'il y a prou moyens, pourveu que ceulx qui sont tenus de la faire entretenir, se despoillent entièrement de toutes partialités et particullarités, n'ayans devant leurs yeulx autre chose en recomand que l'éedict et commandement du roy; car autrement sa Majesté et son conseil pourroinct faire chesque jour éedictz à centennes que pour cella la paix ne durera poinct. Et pendent la paix que sa dicte Magesté face ung réglement de tous les estatz sus-nommés avec son conseil, et que le dict conseil se despoille de toute partialité et particularité, si aucuns en y a qui soict garny de telle marchandise; et que l'un ne parle pour son parent ni amy, sinon au juste et poix de la ballance. Et ainsin Dieu y assistera avec eulx et leur monstrera le chemin du vray réglement des estatz de la France, car il habitera avec eulx ; ce qu'il ne faira, s'ilz sont garnis de si mauvaises marchandises avec lesquelles il n'habite point. Et alors ilz seront dignes de donner conseil à nostre roy, pour régler lesdictz estatz et en ouster toutes les audaces, thémérités, mespris de nostre dict roy, désobéissance de sa justice et ses commandemens. Et par le réglement qui soit faict juste et genneral, comme dict est, le roy recouvrera l'amour de ses subgectz, la craincte et l'obéyssance qui rendront son royaume félice, et tous ceulx qui y habiteront; et alors chascun priera Dieu pour la santé du roy et de tout son conseil, qui auront faict si juste réglement. Et ainsin Dieu habitera avec le roy et ses subgectz.

Or encores ce réglement a ung autre effect, car les mauvais, qui ont apporté tant de domaige au peuble et à tous les estatz, se réduyront et se fairont gens de bien, changeant de meurs et costumes. Et ceulx qui ne le fairont, il y a bon marché de cordes en France pour leur apprendre l'obéyssance que nous debvons pourter à nostre roy et à sa justice. Et par là je veulx conclure que c'est la paix, encores que ne fût pas trop bonne, que fault qu'advienne le règlement de tous les estatz de la France, et non avec la guerre, pour achever de perdre tout.

Conseil donné par le sieur de Monluc à sa Majesté sur ceste remonstrance.

Le sieur de Monluc supplie très humblement sa Majesté de prendre à bonne part ceste remonstrance et ne pencer poinct qu'il veuille par ce conseil changer de la relligion catholique romaine, laquelle il tient ains y veult mourir, mais seulement luy donne ce conseil pour les grands malheurs qu'il a veu advenir par ces guerres civylles en ce royaulme, et pour ceulx qu'il prédit qui adviendront, si le roy ne leur couppe chemin par la paix et réglement susdictz de tous les estats de la France; estant ledict réglement faict par sa Majesté et son conseil et non par les estatz généraulx; car il y a du péril aux généraulx, selon mon advis, astheure que le roy est homme.

Premièrement, je desduyray icy en quel estat j'ay veu réduict ce royaulme par le moyen des grandz, tant d'un cousté que d'autre, que toutes partz s'armoinct et advoynct faire pour le roy. Je n'estois pas dans leurs cœurs pour pouvoir juger de leur intention, et pence que les tous y alloinct à bonne foy; toutesfoys, Dieu en a faict miracle, car ils sont tous morts; qui donne à pencer beaucoup de choses aux hommes, non à moy ny à mon particulier; et oserois en respondre d'aucuns, d'un cousté ny d'autre, ce que je laisse à discourir à la Majesté de la royne mère, que le tout luy est tombé sur les bras. Et oserois dire que jamais royne ne pourta ung si grand fardeau sur ses espaules qu'elle a faict; et loue Dieu de la grand grâce qu'il m'a donnée que je n'ay ja-

mais voulleu deppendre que d'elle et de ses enfens,
qui, à propos parlé, estoient encores dans le bres-
seau ; mectant tousjours en considération que l'amour
et craincte de la perte de ses enfens touchoit plus à
elle, qui est leur mère, qu'à personne que feust. Et
me peux louer d'une chose, que jamais ne m'a esté
escript de part n'y d'autre pour m'induyre à faire
aucune chose sellon leur voullonté et intention, sinon tousjours la royne; car aussi bien eussent-ils
perdeu leur temps, cognoissant bien que je ne dep-
pendois que d'elle. Et à Thoulouze, en sa chambre,
sa Majesté me dict : présens, monsieur le cardinal de
Borbon et monsieur le cardinal de Guyze, que le soir
qu'on luy pourta les nouvelles de la perte de la bataille de Dreulx[1], demurarent mesdictz seigneurs
cardinaux et elle toute la nuict en conseil pour adviser en quel quartier de la France elle se pourroit
sauver avec ses enfants; et conclurent ensemble
qu'elle se debvroict venir gecter en la Guyenne entre
mes bras, encores qu'il feust bien difficille, pour le
long chemin que falloict luy faire. Toutesfoys, pouvant arriver par deçà, elle et ses enfens se tenoict
asseurés.

O bien heureuse résolution ! d'avoir tant estimé
ceste Guyenne que sa royne et ses enfens se vou-
loinct sauver en icelle, si le malheur feust esté véritable de la perte de la bataille, pour avoir plus de
fience en ce pays qu'en tout autre de la France. Je
prie Dieu qu'il me soit contraire, si les larmes ne me

---

1. Voyez t. III, p. 79, note. Comparez un passage des *Commentaires*, t. II, p. 79 et 80.

vindrent aulx yeulx, après qu'elle m'eust achevé de dire sa désolation ; et luy dis ces motz : « Hé ! Madame, vous estes-vous trouvée en ceste nécessité? » Elle me respondit que ouy, et mes dictz sieurs les cardinaulx le m'avoarent, par quoy je ne pence poinct mentir que je dis qu'elle a pourté ung terrible fardeau sur ses espaules, et, si les isthoriens estoinct de ce pays, ils n'oblieroinct poinct d'escrire le grand honneur que la royne faisoict en ce pays, pour la grande fiance qu'elle y avoict de la sauvation d'elle et de ses enfens. Mais ceulx qui escripvent sont François et se garderont bien de faire cest honneur et pourter ceste louange à ce pouvre pays que semble estre abandonné de Dieu et du monde. Si est-ce que, pour mon reguard, je n'en perdray jamais le cœur ny la voullonté de faire service à sa Majesté, et hausseray la teste devant tout le monde, pour n'avoir au temps de la grande adversité deppendeu de personne de ce monde que de la royne et de ses enfens, ny n'ay jamais eu de commandemens que les siens. Et ainsin je suis aujourd'huy si content que gentilhomme scauroict estre en tout le royaulme de France; et espère que Dieu me conduyra comme il a faict jusques icy, avec ce grand honneur que j'estime plus que tous les biens de ce monde, jusques à mon enterrement.

J'ay esté constrainct mectre cecy par escript, affin de faire congnoistre au roy, à Messeigneurs, ses frères, et à la royne que le conseil que je leur donne sur ce faict ne procède que de la seulle loyauté, fidellité et amour que je porte à leur service et à l'asseurence de leurs personnes, de la coronne, et par concéquand de tout ce royaume, et non pour pourter domaige à personne aucune, de quelque estat que ce soit, ny pour particullarité ou partialité que j'aye en moy ny moings pour espérence que le roy me face plus grand en biens et honneurs que je suis; car je suis prou grand et, come dict est, ung des plus contens hommes de France, pourveu que j'aye leurs bonnes grâces, lesquelles justement ne me peuvent nyer, car Dieu porte tesmoiniage de mes œuvres et de ma loyaulté, accompaigné d'un million de personnes. Et ma renommée va par toute la France et par l'Italie, ou j'ay eù charge de mes roys.

Or astheure donques je veulx toucher au conseil que je leur vouldroys donner. Et premièrement, veulx protester devant Dieu et les Majestez du roy, de la royne mère et du roy de Polonye, estant eulx trois à qui je veulx donner le conseil, que je ne suis huguenot, ny n'en veulx estre, ny n'en seray jamais; mais aussi je ne suis pas si grand papiste que je les voulleusse conseiller en princes que Dieu a mis au monde et puis les a laissés là, mais en princes que Dieu a guarnis de plus de dons, de grâces qu'à tous autres qui sont aujourd'huy en l'Europe, et le feray toucher au doigt à ung chescun. Premièrement, on ne peult nyer que Dieu n'aye garny ces princes de la maison de France de grand entendement, de grand jugement et de grand force et hardiesse, car nul d'eulx n'est imparfaict de leurs personnes ny de leurs esperitz, estans venus en ung temps, que, s'ils le scavent cognoistre, Dieu les a mis au monde pour estre grandz plus qu'il n'a faict tous les autres roys qui ont esté despuis Charlemaigne. Car, que l'on regarde aujourd'huy la maison d'Espaigne, on trouvera que le prince est plus adonné à négociations et à ses plaisirs que aux armes ; et que dans cinq ou six ans il sera vieulx, n'ayant que des enfens pepilz[1]. Et puisque le père n'a esté guerrier en sa jeunesse, quelle apparence peult-on avoir qu'il le soict en sa vieillesse ? Puis en la maison d'Angleterre, une femme[2] ; en Escosse, ung enfant[3] ; en l'Empire, deux enfens, desquelz on n'a pas plus grande espérence que de leur père et de leurs oncles, ce que l'élection de Polonye faict cognoistre à ung chescun[4] ; ung pappe, qui d'heure à autre change ; ung duc de Flurence, que si on s'en sçait ayder, il seroict plustost du cousté du roy que non de celluy d'Espaigne, pour les raisons que je pourrois dire, pour l'avoir esprouvé pendent que j'estois lieutenant de roy en la Tuscanne ; de quoy ledict sieur duc ne dira pas le contraire.

Or donques que l'on reguarde si la fleur de tous les princes de l'Europe n'est aujourd'huy dans la France, s'ilz le scavent cognoistre, ny s'ilz se scavent ayder des grandz dons de grâces que Dieu a mis en eulx, et en quel temps il les a mis au monde, et considérer si ce n'est pour faire quelque grand chose au monde, car Dieu ne mest jamais tant de dons, de grâces aux princes, sinon pour quelque grande diversion dans quelque royaume ou monarchie, estant

1. Depuis la mort de don Carlos il ne restait plus à Philippe II qu'une fille mineure.
2. La reine Élisabeth.
3. Jacques VI, fils de Marie Stuart, avait à peine sept ans.
4. Monluc se trompe : Maximilien II ne mourut que le 12 octobre 1576.

mal contente du monde et du prince qui y habite ; car Dieu ne faict jamais ces diverssions par gens de bas estat, mais par grandz princes garnis de tout ce que les nostres sont garnis, au prix de tous les autres qui sont aujourd'huy en l'Europpe. Et pleut à Dieu qu'il voulleust mectre autant de dons de grâces à leur conseil comme il a faict en eulx ! Car si ainsi estoict, ilz ne trouveroinct rien mauvais de ce que je leur veulx conseiller, se trouvans aussi desgarnis de toute partialité, particullarité, avarice et ambition, comme je suis. Et craignant le contraire, je conseilleray au roy de ne monstrer ce conseil à personne du monde qu'à eulx troys mesmes ; car s'ilz monstrent à ung chescun que cecy vient d'eulx, nul n'y auseroict contredire, craignant que le roy ne les cogneust garnis d'une de ces quatre pestes et qu'il ne les aymât jamais plus ny ne se fiast d'eulx ; là où s'ilz scavent que ce soict ung conseil d'ung particulier, ceulx qui seront garnis de ces dictes pestes, estans fins et escors, desguyseront ce conseil en tant de sorthes qu'ilz dauderont le leur de bon or, mais ce ne sera que le dessus qui sera dauré. Car si le roy poixe le mien et reguarde le leur, il trouvera que le mien est tout bon bon or, et le leur seullement dauré à une simple touche. Voilà l'occasion pourquoy je serois d'advis que sa Majesté ne le monstrat à personne, mais ce qu'il en prendra il face cognoistre à ung chescun que cella procède d'eulx trois et non d'aultres.

Or, pour monstrer les raisons qui m'esmeuvent d'escrire, que si le roy sçaict cognoistre les grandz dons de grâces que Dieu a mys en eulx et qu'il se leur présente la plus grande grandesse qu'aye jamais faict à enfens qui soinct extraitz de la maison de France, je commenceray par l'estat auquel se trouve aujourd'huy toute la Chrestienté, par la division des deux relligions qui régnent aujourd'huy. En premier, voilà l'Angleterre, l'Escosse, la plus grande partie d'Allemaigne, qui tiennent la nouvelle. Le pape et l'Italie, le roy d'Espaigne et les Espaignes, la catholicque, et la France, qui est la plus beliqueuse, est partie d'une et partie d'autre : qu'est cause, pour la division en quoy elle est, que le moindre prince de l'Europe use partie de menasses et autre de dissimulations. Voilà où est aujourd'huy lougé nostre roy et son royaume, qu'au temps passé souloict menasser et se faisoict craindre contre tous : et à présent le moindre prend audace de le menasser.

Or y auroict-il remède de retourner nostre roy en la grandesse qui estoict avant luy et en la bravetté de ses prédécesseurs ? Je diz encores que ouy, et plus que n'ont eu tous les autres, si sa Majesté se scayt ayder de la division des deux relligions. Et c'est qu'il establisse une paix de durée entre toutes deux, et non fardée ny dissimulée, et faire en sorthe que la sienne demeure tousjours supérieure à l'autre, mais non que pour cella on puisse cognoistre qu'il aye envye de l'exterminer, ains de les laisser vivre en toute seuretté et liberté de conscience sans les vouloir rechercher de leur sauvation, pourveu qu'ilz luy soinct aussi obéissans à ses éeditz et commandemens et à sa justice que les Catholiques. Or, faisant cella, l'une partie demurera mal contente et l'autre contente : les contens seront ceulx qui tiennent la nouvelle relligion, qui sont en partie d'Allemaigne, Anglois et

Escoussois; et se rendront amys parfaictz du roy, et
non dissimulés, despuis qu'ilz verront la seuretté de
ceulx qui tiennent ceste oppinyon dans la France, et
que tous marchans et autres des pays et contrées que
tiennent la relligion sont bien venuz et seurement
receuz. Et pour que le roy demure tousjours en
ceste bonne oppinion, seront bien aises de s'entretenir tousjours en grande amytié avec luy, car eulx-
mesmes et ceulx, qui viendront pratiquer des pays
estrangés, doneront si bonne renomée au roy que tous
ceulx de ceste nouvelle oppinyon l'aymeront et l'ho-
noreront jusques au ciel, cognoissant bien que le
roy n'est pas si petit compaignon que, là où sa Majesté deppandra et toute la France, que l'une partie
ne soict plus forte que l'autre. Par ainsin, chescun
craindra de perdre son amytié, et les braveries et
menasses changeront en douceurs et humilitez en son
endroict.

Or, du cousté des mal contens, qui seront le pappe
et le roy d'Espaigne, qu'aujourd'huy se reposent eulx
et leurs pays, par les grandz troubles qui ordinairement sont en la France, se resjouyssans de la perte
des grands cappitaines et vaillans souldartz, que tous
les jours nous nous thuons les ungs et les autres, de
telle sorthe que le roy n'en aura tantost plus d'une
relligion ny d'autre, s'il continue ces guerres, et
qu'alors les ungs et les autres auront bon marché du
roy et de la France, la trouvant desgarnie de bons
cappitaines et vaillans souldarz, et qu'il faudra que
sa Majesté se deffende avec les marchans et prebstres; je laisse pencer au roy s'il sera temps alors de
reconsilier les deux relligions, pour se deffendre

avec icelles, quand tout sera mort, n'y estant plus besoing que la perte d'une bataille pour achever le tout.

Or, je reviendray astheure au pappe et au roy d'Espaigne. S'ilz trouvent que ceste paix et union soict contraire à leur intention et qu'ilz voyent qu'ilz n'ausent plus braver ny menasser le roy, ilz luy feront faire de grandes remonstrances par leurs embassadeurs, par les cardinalz et par les évesques, prennant toujours couverture sur la relligion catholique pour la convertir au contraire, affin de tenir tousjours sa Majesté bas de poil, en guerre et en leur subgection, pour le garder d'entreprendre aux terres du roy d'Espaigne ny en l'Ytalie; congnoissant le cœur et magnanimité qui est en ces princes, les redoubtant plus qu'il ne les ayme, et voyant bien que ceste réconcilliation se pourroict faire à leurs despens : par quoy ilz charcheront tous moyens dans la France et au conseil du roy d'empêcher, comme chescun fairoict, cognoissant la tempeste pouvoir tomber sur eulx. Toutefois, le roy a bon argument de respondre que le pappe mesmes, qui est le grand pasteur de nostre Esglise, entretient par toutes ses terres en Ytalie et en ce qu'il a en France mesmes, la relligion judayque, ennemye de la nostre et contraire encore plus que celle de Mahomet; et le tout pour l'avarice des succides qu'il en tire.

Et quand au roy d'Espaigne, il en faict aultant ou pys, car il entretient les Morisques qui tiennent la relligion de Mahomet, aussi contraire ou plus à la nostre que celle des Juifs; et le tout pour l'avarice des grandz succides qu'il en tire; et ce que le roy

faict d'en entretenir deux, ne se peuvent justement
dire deux, car nous croyons tous en l'advénement
de Jésus Christ, en son baptesme et en sa résurrection et aux promesses qu'il nous a faictes pour nostre
sauvation; et ne s'y disputte rien que les cérimonyes
de l'Esglise, ayant les ungs en dévotion celles de la
primytive Esglise, et nous celles qui despuis ont esté
instituées par les concilles et saintz docteurs de nostre
Esglise; car, quand aux parolles que Dieu a prófféré de
sa bouche pour nostre sauvation, qui sont : Qui croyra
et sera baptizé, sera sauvé et qui vrayment ne croira
sera condampné; nous en sommes toutes deux parties d'accord, car l'un et l'autre y croyons. A ceste
cause, qu'on considère bien, veu que le pappe et le
roy d'Espaigne et l'empereur mesmes en ses terres
en souffrent deux, y ayant aussi bien des Juifs en Allemaigne qu'ailleurs, qui faict le plus de mal et qui
monstre le plus de scandalle à la Chrestienté? Et voir
si le roy a raison de nous faire tous mourir pour
soustenir ce que les autres aprovent en leurs pays,
qui sont d'autre loy et créance que le nostre.

O Sire, je vous supplie très humblement considérer en quoy vous estes aujourd'huy parmy les autres
princes, et en quelle nécessité et ruyne est vostre
royaume, et mectés fin à tous ces meurtres et pertes
que journellement vous faictes de voz sugectz, et à
la ruyne en laquelle se trouve aujourd'huy vostre
royaume, là où ne se trouvera tantost ung escu pour
fornir à voz affaires et nécessitez, car la fleur de l'argent de vostre royaume fault que s'en aille en pentions aux estrangiers; que plustost vous vous pourrés
dire esclave des autres princes, jusques au moindre,

que non seullement compaignon. Et facillement vous pourrés pourvoir au tout, en mectant ung bon réglement sur tous les estatz de la France et tennant les deux relligions dans vostre royaume, pourveu que la vostre soict toujours la suprême et que vous ayés l'obéissance des ungz comme des autres; car ceste diversitté vous fayra craindre et aymer de tous les deux coustés; et en disant seullement que, s'il y a aucune qui se veuille mesler d'avoir intelligence avec voz subgectz, ilz ne vous peuvent par là faire autre chose cognoistre sinon qu'ilz veullent vostre ruyne et de vostre royaume; et en ces ligues et praticques, si on se joue à cella, vous vous gecterés du cousté de ceulx que vous cognoistrés qui veullent vostre conservation. Et si vous parlés tel langaige, vous leur mectrés telle peur dans leur cœur qu'ilz en auront la fiebvre, et vous serés tousjours obéy, tant d'une relligion que d'autre, peurveu que tous y vivent en paix, seuretté et amytié les ungz avec les autres. Et le réglement des estatz de la France vous admenera la seuretté d'une partie et d'autre; et fairont à qui faira mieulx, si les estrangiers vous vennoinct sur les bras, pour vous monstrer qu'ilz vous sont aussi affectionnez et fidelles subgectz les ungs que les autres. Ce que vous ne fairés jamais sans le réglement.

Or, si les grandz, qui tennoinct la nouvelle oppinyon, estoinct en vie, je me garderois bien de vous donner ce conseil : mais, astheure, que vous n'avez plus de compaignon en France, et que la mouche qui faisoict le miel est morthe, je le vous baillerois pour vous en ayder aux affaires en quoy se trouve aujourd'huy la Chrestienté ; car il vous fault tousjours tenir si fort que l'unyon et asseurence des deux relligions vous fassent lever la teste et braver contre l'une partie et l'autre, que j'ay dict cy-dessus. Or, si fault-il sçavoir, Sire, si cecy vous peult admenner à l'advenir quelque fruict ou domaige. Pour le dommaige, je n'en cognois ung seul que je ne mecte devant vostre Majesté le reméde. Mais je veulx commancer au bien par vous : qu'est que, si vous avez la patience, cinq ou six ans, de faire vivre les deux relligions en ceste paix et unyon, on n'a jamais guières veu passer six ans sans qu'il ne se remue quelque chose en la Chrestienté et où les François n'y tiennent toujours la main. Dans les six ans vous serés tous, troys frères que vous estes, en voz forces, hardiesses asseurées, bons jugemens, qui vous rendront prompt à résouldre, par la longue expérience que vous avés desjà en toutes choses ; et de dix ans après cella, il n'y a rien qui vous puisse faire teste. O! qu'ilz se font de grandes choses en dix ans, qui les scaict bien employer ; et en six ans aussi, que vous tiendrez vostre royaume en paix, viendront en aage souffisant ung monde de noblesse et de jeunesse qui est en la France, n'exèdant aujourd'huy l'aage de quatorze, quinze ou sectze ans, lesquelz en six ans se trouveront d'âge pour pourter les armes. Les princes jeunes et autres cappitaines, qui ont veu toutes ces guerres et leur en souviendra, se rendront capables pour comander armées, et auront le jugement plus rassiz qu'ils n'ont à présent, et convertiront une partie du feu, qu'ilz ont maintennent en la teste, en bonnes raisons, en sorte qu'ayant abatu partie du feu que la jeunesse leur admeinne, et avecques leur hardiesse, laquelle ne leur diminuera jamais, aux dix ans après sont gens pour vous ayder à conquester toute l'Europe ; et ne se monstrera rien en la Chrestienté qui vous puisse faire teste, pour les raisons cy-dessus desduytes. Et d'autre part vostre peuple s'enrechira, et leur semblera ne se ressentir de rien du passé, et auront les moyens pour vous secourir d'argent et de crédit par toute la Chrestienté.

Or, astheure, je veulx parler du roy de Polonye, vostre frère ; que vous aymans tous deux, comme tous les gens de bien s'asseurent que vous fairés, entretenant tousjours le Turq en bonne amytié, vous aurés les Vénitiens maugré eulx à vostre dévotion ; de sorthe que vous estes pour en emporter en ung an toute l'Ytalie despuis l'un bout jusques à l'autre. Et advennant la mort de l'empereur, il se vous présente l'occazion d'en estre l'un ou l'autre. Et pour parachever mon discours et monstrer que cecy adviendra, il fault que le roy de Polonye se marie avec la fille de quelque grand prince d'Allemaigne, et ne reguarder à huguenault ny à papiste; et que le prince, de qu'il prendra sa fille, soict bien apparenté surtout, affin d'avoir ung corps de forces et amytié au cœur des Allemaignes ; et vous deux tiendrés les deux boutz, avec l'amytié et confédération du Turq. Je supplie très humblement la Majesté de la royne, vostre mère, et vous, de considérer si ce n'est le vray chemin pour estre une fois monarque et dominer toute l'Europpe. O! quel heur peult-il venir plus grand à la royne, qui vous a apporté dans son ventre, que d'estre encores en aage pour vous voir de telle sorte sorthe ! Et comme elle doibt trouver mon conseil encores meilleur que vous autres ! Car la grande gloire des pères et mères ne consiste qu'en la grandesse et valleur des enfens qu'ilz ont mis au monde.

A présent fault parler de monsieur le Duc, vostre frère[1]. Que si vous entretennés ces deux relligions dans vostre royaume, et que l'on traite encores le mariaige de la royne d'Angleterre et de luy, elle le prendra, et le pays le recepvra cent fois plus tost, que non vous voyant ennemy de leur relligion; car ilz craindront tousjours d'enfermer le lyon dans le parc; et comme vous troys estes filz d'un père et d'une mère, ilz penceront toujours qu'il pourtera la mesme inimytié à leur relligion que vous faictes; par quoy elle et son pays se garderont bien de le prendre; mais si vous faictes comme j'escris, ils donrront le tort à vostre conseil, veu que vous estiés tous troys en bas aage, et que despuis que vous estes devenus hommes vous changés de complexion et vous retirez à vostre bon naturel. Et que l'expérience du roy de Polonye en porte bon tesmoiniaige, veu qu'il s'en va en ung royaume où il y a de six ou sept sortes de relligion, et néantmoings il prétend de vivre en bonne paix avec eulx; se contentant de l'obéissance et debvoirs qu'ilz luy doibvent, et ne se soucier de quelle relligion ilx sont. Et penceront en Angleterre que monsieur le Duc ne peult avoir autre complexion que les vostres, et ne craindront poinct de le prendre, si la royne a envye de se marier.

1. François, duc d'Alençon et plus tard duc d'Anjou.

Or, il y a ung secret qu'il ne fault que personne l'entende que voz Majestez : c'est de ne bailler jamais office, béneffice ny charge à homme qui fut d'autre relligion que de la vostre ; et comme la jeunesse de France, soit noblesse ou de tous les autres estatz, se verront privés de tous degrés d'honneur et de vos bienfaits, le François, qui de son naturel est embitieux d'honneur et de biens, ilz abandonneront leurs pères et mères pour avoir quelques honneurs et charges de vostre Majesté. Et les pères et mères mesmes, qui seront chargés d'enfens et ne se verront moyen aucun de les pourveoir, ne se soucieront pas beaucoup que leurs enfens preignent party, pour en estre deschargés ; car il n'y a père si riche qui ne soit troublé, se voyant chargé d'enfens et n'avoir ayde du roy ny d'esglise, et qu'il ne soict bien aise que ses enfens se puissent passer de luy. Or, voilà les moyens pour réduire la pluspart de ceulx de la nouvelle oppinion en vostre relligion, et non en nous thuant et massacrant les ungz et les autres. Mais si vostre Majesté me veult croyre, il ne se faira, pour quelque temps, aucun éedit, ny en faire aucun semblant, pour essayer avec le temps quel faict fera cecy, car il y a prou temps de le faire, quand vous verrez quel fruict aura faict cest ordre et intention, parce que tel fruict et comodité vous pourroict admenner entre les mains ces deux religions, que vous en pourriez ayder tant que vous cognoistrez qu'il vous portat proffit. Non que pour cella je veuille dire que vous debvez changer de relligion, ny ne vous veulx pas aussi conseiller que, pour la division qui y est, vous continuez à nous faire tous mourir, pour les raisons que j'ay desjà escriptes; lesquelles je supplie très humblement vostre Majesté de prendre à bonne part, et comme de celluy qui désire aultant vostre grandesse et de Messeigneurs vos frères que gentilhomme qui soict aujourd'huy en vostre royaume.

Or, Sire, il ne vous fault en cecy aucunement prendre le conseil d'aucuns qui vouldroint vous détourner de ce chemin, vous cachant tousjours la grandesse et magnanimitté que Dieu a mis en vous, et là vous vouldront convertir en hipocrisie et biguotisme; j'entendz ceulx qui vous vouldront divertir de votre grandesse et vous rendre comme les jésuystes ont faict le roy de Portugal, l'ayant mis aujourd'huy en telle subgection qu'il pence qu'il sera dampné s'il ne les croict, combien que ceulx qui donnent ce conseil ne se peuvent asseurer de leur sauvation; par quoy reguardés donques comme ilz nous peuvent asseurer de la nostre. Ne croyez donc aucunement ce conseil, ains prennés les vers d'un pseaume qui dict : *Celum celli Domino, terram autem cediit filiis hominum.* Qui vault autant à dire que Dieu a gardé le ciel pour luy et a baillé la terre aux filz des hommes qui la pourront conquerre. Lesquelz vers n'ont pas esté faictz pour petitz compaignons comme moy, mais pour les roys à qui Dieu a baillé les grands dons de grâces qu'il a mis en vous autres. Et si vous ne sçavez vous en ayder, je supplie très humblement vostre Majesté me pardonner si je prendz la hardiesse de vous dire qu'il les a très mal employez, car à souhait vous ne luy sçauriez demander d'autres que ceulx qu'il vous a donnés, non seullement pour garder vos royaumes, mais pour conquérir toute la terre, à la différence qu'il y a de vous autres à tout le reste des princes de l'Europpe.

Encores me reste, Sire, vous remonstrer que ne debvez perdre l'espérance de reconquester la duché de Milan, qui vous appertient de droict et lignée, car il ne se trouvera poinct par escriptures que jamais homme de la race du roy d'Espaigne ayt appertenu à ceulx de la race du duc de Milan. Et le faictes bien vous autres, par femme qui en apporta hors de sa légitime la conté d'Ast, et le roy d'Espaygne ne la tient à autre tiltre que par force.

Vous trouverez aussi qu'ung duc d'Anjou, estant extraict de la maison de France et de la lignée propre, d'où vous estes, estoict roy de Naples; lequel royaume, avec la dicte duché, le roy d'Espaigne tient par force et non par parentelle. Et trouverez que le roy François, vostre grand père, fut prins en voulant ce qui luy appertennoit; et pour monstrer qu'encores que la fortune luy dît mal, ne voulloct quitter le droict que luy appartennoit, se saizit des biens de monsieur de Savoye, nonobstant qu'il fût son oncle, pource qu'il voyoict que ledict duc estoict plus enclin et favorable à sa partie qu'à luy, non pour envye qu'il eust de s'enrechir de ce bien-là, mais seullement pour avoir passage asseuré pour entrer dans sa duché de Milan. Et l'on n'a jamais cogneu qu'il voulleust quitter son droict ny voullonté de le laisser en arrière.

Puis après luy est venu le roy, vostre père, qui a voulleu maintenir la magnanimité de son père et a voulleu passer plus oultre, car il a voulleu prendre en protection le duc de Palme et les Siennois, pour avoir le chemin asseuré, allant reconquester le royaume de Naples. Et par toutes leurs démonstractions ont faict cognoistre à ung chescun que le cœur ne leur failloit pas ny la voullonté de reconquester ce que par force l'on leur tennoict.

Or, Sire, n'estes-vous pas extraict de ces grandz princes et magnanimes que jamais on ne les a trouvés recluz ni deffaillans de cœur. Ne monstrez-vous pas tous les jours à ung chescun que vous l'estes? Donques ne craindrè-je de vous conseiller de les suyvre, veu que Dieu vous a garnis de mesmes grandeurs et magnanimitez qu'à eulx. Or donques ne fault-il pas que vous perdiez la vollonté de voz prédécesseurs ny l'espérence de pouvoir reconquester ce que les autres vous tiennent par force. Et si vous estes donques tel que vostre grand-père et père ont esté, et comme tout le monde voyct que véritablement vous l'estes, avec quelle nation voullés-vous recouvrer ce que les autres vous tiennent par force? Sera-ce avec les Catholiques? Non, car ils sont trop peu dans le royaume, et quand aux autres qui sont hors le royaume, ceulx-là vous tiennent le bien par force. Et ne vous fault espérer en pappe ny en rien de l'Ytalie, car le roy d'Espaigne les tient enfermés d'une duché de Milan par l'un bout et d'un royaume de Naples par l'autre; par quoy ne s'auzeroint déclairer pour vous. Or donques ne pouvés-vous recouvrer ce qui vous appertient que par l'ayde des princes qui sont de la nouvelle oppinion; et pourveu que vous ne changiés de relligion, je vous conseillerois de vous ayder non seullement de la nouvelle oppinyon, mais encores du diable, si je le pouvois tirer d'enfer, affin que l'on cogneust que faulte de cœur ny de voullonté ne vous arreste point à reconquester ce qui est à vous, non plus que les vostres ont faict; et alors chescun cognoistra que vous estes leurs enfens de leur création et de toute valleur.

Et que scavés-vous, Sire, si les prophésies qui se sont trouvées de vous, que ung Charles de la maison de France doibt aller à Romme, et par force d'armes donrra la loy à toute la Chrestienté, seront véritables : et si Dieu vous a esleu pour cestuy-là, ne vouldriés-vous pas vous y ayder? Ce que vous ne fairez jamais avec vostre relligion seulle, si vous ne vous aydés de l'autre, car ceulx qui tiennent la vostre sont plus fortz que vous et vous garderont bien d'y aller par le chemin mesmes; par quoy il se fault donques ayder de l'autre, meslée avec voz subgectz qui tiendront l'une relligion et l'autre. Qu'est tout ce que je vous en puis conseiller pour astheure; suppliant très humblement vostre Majesté de croire que si Dieu avoit mis en mon entendement d'aultres choses, que je cogneusse estre besoing vous déclairer pour vostre grandeur, je ne cacherois à les vous dire, du mesme zelle et affection que j'ay tousjours pourtée et pourteray au bien de vostre service.

De Monluc.

(Original; signature autographe; Bibl. nat., coll. Saint-Germain fr., vol. 373, f° 516.)

272. — AU ROY.

[Bordeaux, 18 avril 1574.]

Sire, hier arriva en ceste ville ung nommé le cappitaine Bastardin, venant de la court, lequel nous feist entendre la malheureuse entreprise qui avoit esté dressée sur vostre propre personne[1]; et après luy suivent encores ung Flamant qui nous en confirma de mesmes; de quoy tous vos bons sugets et serviteurs ont esté bien estonnés, ayant trouvé fort estrange et odieuse ceste conspiration. Et incontinent les gens de vostre parlement en ceste ville, les jurats, monsieur de Montferrand, les cappitaines des deux chasteaux s'assemblèrent pour décider et pourvoir aux affaires de vostre service, à l'endroit duquel mesme en ceste occasion je les ay tous cogneus garnys de bon zèle et de grande affection; car ils me convoquèrent pour assister à leur assemblée, ce que je fis; et tous d'un même advis arrestèrent d'envoyer homme exprès devers vostre Majesté l'offrir l'entière obéissance et fidélité qu'ilz vous doibvent, ensemble tout le reste qui deppend de leur pouvoir, et de ma part. Sire, je supplie très humblement vostre Majesté d'adviser à quoy je seray bon pour son service, avec asseurance que, puisqu'on s'en est pris à vostre vie, je n'y espargneray aucunement le peu de la mienne qui me reste, ny celles de mes enfans, de mes parens et amys; ains trestous y emploierons les moyens que Dieu a mis en nous, lequel je loue de ce qu'il luy a

---

1. Conspiration des Politiques (t. III, p. 530, note).

pleu, Sire, vous conserver. Et fais très humble requeste à vostre Majesté, se contregarder si bien par les remèdes nécessaires, qu'à l'advenir on ne puisse plus concevoir sur vostre vie une machination telle que ceste-cy.

Sire, je supplie le Créateur qu'en très parfaicte santé vous doinct heureuse et longue vie.

De Bourdeaulx, ce XVIIIme d'apvril 1574.

Vostre très humble et très obéissant suget et serviteur,

De Monluc.

(Lettre rapportée de Saint-Pétersbourg et communiquée par M. le comte de Laferrière.)

273. — AU ROY[1].

[Agen, 18 novembre 1574.]

Sire, le peu de compte que monsieur de la Vallette a faict des honnestes offres, que je luy fis à ma venue de par deçà, a tant porté de dommage à voz affaires que, oultre ce que jà par deux foys j'en ay escript amplement à vostre Majesté, je suis contrainct encores vous en importuner pour la troisiesme. Mais pour ne vous ennuyer d'une longue et fascheuse lectre, j'ay mandé à Ballagny[2], mon filz, vous aller présenter le mémoyre que je luy ay dressé et vous dire

1. Le roi Henri III.
2. Balagny était fils de l'évêque de Valence. Malgré ces mots *mon fils*, il est certain que la lettre est de l'auteur des *Commentaires*. Le sujet de la lettre et l'examen de la signature ne laissent aucun doute.

chose que concerne grandement vostre service, et aussi de vous faire une très humble et, si je ne me trompe, très juste dolléance de ce que, sans avoyr fally, il vous a pleu me retrancher la moytié du pouvoir que m'aviez donné. Ce n'est poinct l'ambition qui me mene, et singullièrement au pays de Guyenne, où j'ay commandé l'espace de dix ans avecques aucthorité de lieutenant de roy; et en suys sorty avecq tel honneur que mes ennemys, ou plutost dire mes envieulx, seront toujours contrainctz d'advouer que, avant avoir eu aulcune charge ny aultre quallité que de seigneur de Monluc, je n'aye combatu par deux foys et rompu le camp de ceulx de la relligion et prins par assault une vingtaine de villes, et faict par ma dilligence que une cinquantaine d'aultres se rendirent d'efroy. Et comme aussy ne pourra-on nier que, sans aulcun commandement ny du feu roy ny d'aultre, je n'aye esté suivy de mil à douze cens gentilzhommes, si bien que le feu roy et la royne, vostre mère, m'escripvirent, et je garde bien les lectres, qu'ilz tenoient de moy la Guyenne que je leur avois par deux foys recouverte. Quand ung aultre, que qui soict, il en aura faict aultant que moy, je porteray patiemment qu'on me le veule préférer.

Pour le moings veux-je espérer que les choses passées, dont la mémoyre est encore récente, vous feront comprandre que je n'ay poinct pencé à reprendre le gouvernement, dont, après m'en estre dignement acquitté, je me estoys démys. Et encore moingz ay-je voulu ou songé de diminuer aulcunement l'aucthorité du sieur de la Valette, ny du sieur de Losse, ny aultre, qui ayt tiltre de gouverneur de par deçà.

Bien est-il vray que, après qu'il vous eust pleu me faire mareschal et me donner la Guyenne pour mon département, comme il appert par le pouvoir qui m'a esté donné sans l'avoir poursuivy, je vouluz exécuter ce que m'aviez commandé, mais ce a esté avec telle modestie et discrétion que j'ay déclaré, en présence de beaulcoup de gentilshommes, audict sieur de la Vallette, que je ne vouloys rien entreprandre sur son estat ny aultrement me mesler des affaires, sinon pour la guerre à laquelle je luy faisois offre de luy assister comme compagnon et amy; s'il vouloict que ce fut en la Gascongne et qu'il jugeast que ainsi se deubst faire, je estois prest de l'acompaigner; s'il vouloict passer deçà la rivière, je feroys le semblable; s'il ne vouloict prendre ni l'ung ny l'aultre party, nous regarderions avecq une commune amityé de nous secourir l'ung l'aultre, et tacherions à faire quelque grand et notable service à vostre Magesté. Mais je ne scay qui l'a peu mouvoir à se porter tout aultrement envers moy qu'il n'avoit faict, il y a vingt ans; tant y a que les portemens en sont telz, et vous, Sire, les avez tant approuvez que je ne voy pas que je puisse satisfaire à ce que aviez espéré de moy, ainsi que plus à plain vous dira ledict Ballagny, mon filz, s'il vous plaist de l'escouter, comme je vous en supplie très humblement, et croyre ce qu'il vous en dira de ma part, et m'y faire telle responce que ceulx, qui en ont tant ouy parler, congnoissent que despuis m'avoir honoré du tiltre de mareschal, vous n'avez rien changé de la bonne oppinion et estime que vous aviez de moy. Et, quelque chose qu'il en advienne, je mectray toujourz penne de faire congnoistre à ung chacun que je ne désire rien tant que de vous faire très humble service.

Sire, je prye le Créateur vous donner en parfaicte santé très longue et très heureuse vye.

D'Agen, ce XVIIIme jour de novembre 1574.

De votre Magesté trè humble et trè obéissant sugett et serviteur,

De Monluc.

(Lettre originale; ces derniers mots : *De votre*, etc. et la signature sont autographes; collection de M. Rathery.)

Lettres sans date ou qui n'ont été communiquées à l'éditeur que pendant l'impression des deux derniers volumes.

---

274. — A CEUX DES ÉGLISES RÉFORMÉES.

Messieurs de Peyracave et du Bosc, et vous autres de la nouvelle religion à Lectoure, nous avons entendu, par quelques advertissements qui nous ont esté faitz, que vous autres de la nouvelle religion avés délibéré venir en la conté de Gaure et aux environs destruire nous temples et mettre tout en ruyne, comme faictes aux autres lieulx; et pource que cecy nous pouroit estre reproché de sa Magesté et de ses ministres, si nous le vous endurions, de l'advis et conseil de tous les gentilshommes de ladite conté et circonvoysins, et de tous les consolats, je vous escris ceste présente, et vous prie, de la part de tous, que ne vous mettés à l'essay d'exécuter une telle entreprinse sans avoir commission du roy ou de ses ministres. Car si vous le faites, les tous ensemble sommes délibéré de prendre les armes et de deffendre nos églises jusques à ce que sadite Magesté nous aye mandé son voloir et intention. Et pour ne venir à ung si maulvais commencement de nous faire la guerre les ungs aux autres, je vous prie ne commencer de vostre côté; car du nostre, personne ne cherche à vous faire desplaisir, n'en ayant charge du roy ni de personne, auquel j'envoye et à ses ministres le doble de ceste lettre, afin que s'il en advient inconvénient qu'il ne soit point trouvé que le mal vient de nous. Que sera fin, priant nostre Seigneur qu'il vous doint en santé longue vie[1].

(Copie du temps; Bibl. nat., coll. Dupuy, vol. 588, f° 66.)

275. — AU CAPITAINE LESCOUT DE ROMÉGAS.

[Toulouse, 9 décembre 1562.]

Capitaine Lescout, j'ay esté adverti que vous demandez aux habitans de Saincte Foy cent livres par mois pour vos gaiges et cinquante pour vostre sargent. Je vous ay envoyé audict Saincte Foy pour avoir l'œil comme les habitans vivent et s'ils vivent selon les

1. Au dos : *Double de la lettre écrite par M. de Monluc à ceux des Églises réformées.* Cette lettre est sans date, mais nous croyons qu'elle doit être attribuée à l'année 1560 ou 1561, au commencement des premiers troubles.

édictz et ordonnances du roy, et, s'ilz faisoient le contraire, m'en advertir ; et ne vous ay donné charge de y conduire forces ne y tenir garnison. Par ainsin je vous ay ordonné quarante livres par moys, qui est somme suffizante pour vostre entretien, attendu que vostre charge demande compagnie que de voz valetz ordinaires, et si cela ne vous semble raysonable, je suis d'avis que vous retiriez. Qui sera fin. Je prie Dieu vous donner longue vie.

De Tholoze, 9 décembre 1562.

  Vostre bon amy,

        De Monluc.

(Lettre originale; signature autographe; collection de M. le marquis de Lally; communication de M. le comte de Lur Saluces.)

FIN DU CINQUIÈME VOLUME.

LETTRES OU ORDONNANCES

DE BLAISE DE MONLUC

IMPRIMÉES DANS D'AUTRES RECUEILS.

Arrêt rendu par Monluc et autres capitaines en faveur de la dame de Fumel, et contre les assassins de son mari; Fumel, 1er avril 1562. (Mas Latrie, *Mémoires de la Société des Antiquaires de France*, deuxième série, t. VII, p. 324. — Ogilvy, *Nobiliaire de Gascogne*, t. I, généalogie de Fumel.)

A MM. de la Lande, de Nort et consuls d'Agen; Saintes, 2 septembre 1565. (Barrère, *Bulletin du Comité de la langue, de l'histoire et des arts de la France*, t. I, p. 478.)

Attestation donnée par Monluc aux deux cap. Pauilhac, aux s. de Breauval, de Lamothe Rougier et Badet de Villeneuve, 7 mai 1567. (Bourrousse de Laffore, *Recueil des travaux de la Société d'agriculture d'Agen*, t. VII, p. 318.)

A M. de la Lande, gouverneur d'Agen; Cassaigne, 27 juillet 1567. (Barrère, *Bulletin du Comité de la langue*, etc., t. I, p. 478, et *Histoire du diocèse d'Agen*, t. II, p. 305.)

Commission au cap. Pauilhac; Agen, 8 septembre 1568. (Bourrousse de Laffore, *Recueil des travaux de la Société d'Agriculture d'Agen*, t. VII, p. 320; Noulens, *Maisons historiques de Gascogne*, t. I, p. 412.)

Commission aux consuls d'Auch; Agen 19 octobre 1567. (Lafforgue, *Histoire de la ville d'Auch*, t. I, p. 389.)

Lettres d'exemption de passage de troupes donnée par Monluc à la ville d'Auch; Agen, 19 octobre 1567. (*Ibid.*, p. 390.)

Ordonnance relative à la solde de la garnison de Blaye; Blaye, 12 mars 1568. (*Archives historiques de la Gironde*, t. XII, p. 76.)

Discours de Monluc au parlement de Bordeaux; novembre 1568. (Devienne, *Histoire de Bordeaux*, t. I, p. 155.)

Aux consuls d'Auch; Lectoure, 3 décembre 1568. (Lafforgue, *Histoire de la ville d'Auch*, t. I, p. 390.)

Aux consuls d'Auch; Lectoure, 7 décembre 1568. (*Ibid.*, p. 391.)

Aux consuls d'Auch; Agen, 7 janvier 1569. (*Ibid.*, p. 391.)

Au vicaire général de l'archevêque et aux consuls d'Auch; Agen, 7 février 1569. (*Ibid.*, p. 392.)

Ordre de Monluc en faveur du capitaine Pauilhac; Agen, 12 février 1569. (Bourrousse de Laffore, *Recueil des travaux de la Société d'Agriculture d'Agen*, t. VII, p. 322; Noulens, t. I, p. 412.)

Aux consuls d'Auch; Agen, 16 février 1569. (Lafforgue, *Histoire de la ville d'Auch*, t. I, p. 393.)

A M. de la Lande, gouverneur d'Agen; Montflanquin, 16 février 1569. (Barrère, *Bulletin du Comité de la langue*, etc., t. I, p. 478, et *Histoire du diocèse d'Agen*, t. II, p. 307.)

Commission aux officiers du roi d'Agen et Gascogne; Montflanquin, 27 février 1569. (*Ibid.* et *Ibid.*)

Aux consuls d'Auch; Condom, 22 mai 1569. (Lafforgue, *Histoire de la ville d'Auch*, t. I, p. 394.)

Règlement spécial à l'entretien de 1200 arquebusiers agenais; Agen, 22 juin 1569. (Barrère, *Bulletin du Comité de la langue*, etc., t. I, p. 478.)

Aux consuls d'Auch; Villeneuve, 25 juin 1569. (Lafforgue, *Histoire de la ville d'Auch*, t. I, p. 395.)

Aux consuls d'Auch; Aire, 18 août 1569. (*Ibid.*, p. 396.)

Aux consuls d'Auch; Nogaro, 23 août 1569. (*Ibid.*)

Règlement de police spécial à la ville d'Agen; Agen, 3 septembre 1569. (Barrère, *Bulletin du Comité de la langue*, etc., t. I, p. 478.)

Commission de Monluc au cap. Pauilhac, 14 mars 1570. (Bourrousse de Laffore, *Recueil des travaux de la Société d'Agriculture d'Agen*, t. VII, p. 325; Noulens, t. I, p. 412.)

A M. Marcon du Pousset; Rabastens, 21 juillet 1570. (*Bibliothèque de l'École des Chartes*, 1844-45, p. 459; *Recueil des travaux de la Société d'Agriculture d'Agen*, t. VI, p. 109.)

Laissez-passer en faveur du capitaine Seridos; Agen, 1er février 1571. (Noulens, *Maisons historiques de Gascogne*, t. I, p. 436.)

Certificat de montre délivré au capitaine Seridos; Samathan, 21 août 1571. (Noulens, *Maisons historiques de Gascogne*, t. I, p. 437.)

Mémoire de Monluc sur le siége de la Rochelle et les réformes à introduire dans l'armée, 1573. (Tamizey de Larroque, *Pages inédites de Blaise de Monluc*, p. 6.)

Au roi; Estillac, 13 mai 1574. (*Ibid.*, p. 16.)

A M. Duranty, avocat général au parlement de Toulouse; Agen 16 janvier 1575. (*Revue d'Aquitaine*, t. I.)

A Philippe II; Agen, 1er mars 1575. (*Musée des Archives*, p. 395.)

Commission au capitaine Topiac; Estillac, 8 mai 1575. (Amédée Moulié, *Recueil des travaux de la Société d'Agriculture d'Agen*, t. VIII, p. 21.

A M. de la Lande et aux consuls d'Agen; La Réole, 25 juin 1575. (*Ibid.*, t. VI, p. 280.)

Commission à François de Cours, sieur de Pauilhac et à Jehan Dagen; 8 mai.... (sans date) (Bourrousse de Laffore, *Ibid.*, t. VII, p. 317; Noulens, t. I, p. 412.)

ORDONNANCES, COMMISSIONS
ET LETTRES PATENTES
DE BLAISE DE MONLUC[1],

QUI N'ONT PAS ÉTÉ IMPRIMÉES DANS CET OUVRAGE.

Signification des ordres du roi et ordonnance d'exécution rendue par Blaise de Monluc pour la démolition des fortifications de Montauban et la pacification de la ville, 5 janvier 1565.

(Original; Bibl. nat., coll. St-Germain fr., vol. 689, 11, f° 5.)

Ordonnance rendue par Blaise de Monluc pour l'entretien de la paix entre les habitants de la sénéchaussée de Rouergue et de la ville de Villefranche.

Villefranche de Rouergue, 28 décembre 1565.

(Copie authent. signée Doat; Bibl. nat., coll. Doat, vol. 238, f° 74.)

Attestation certifiant que le bois de charpente acheté à Toulouse par M⁶ Jehan Chambres, charpentier, est destiné à la construction du château et de l'église d'Estillac, et demande de laisser-passer adressée aux capitouls de Toulouse d'une nouvelle quantité de bois de charpente.

Agen, 16 avril 1567.

(Original; Archives municip. de Toulouse.)

Commission de Blaise de Monluc au s. de la Cassaigne, lui confiant la garde et le commandement du château de Lectoure.

Lectoure, 30 septembre 1567.

(Original; collection de M. le comte de Lupé.)

---

1. Nous ne publions ici l'analyse que des principaux ou des plus curieux actes officiels de l'administration de Blaise de Monluc en Guyenne.

Commission de Blaise de Monluc au cap. Massès, lieutenant de la compagnie d'ordonnance de François d'Escars, pour réunir ses gens d'armes et les mettre en garnison dans les châteaux et villages du comté d'Armagnac.

Agen, 3 octobre 1567.

(Copie; Archives municip, d'Auch; Reg. cons., f° 246, v°.)

Commission de Blaise de Monluc au baron de Larboust, lieutenant de la compagnie d'ordonnance de Antoine d'Aure, s. de Gramont, pour réunir à Samatan tous les hommes d'armes catholiques de sa compagnie.

Agen, 4 octobre 1567.

(Copie; Archives municip. d'Auch; Reg. cons., f° 258, v°.)

Commission de Blaise de Monluc au s, de la Cassaigne, portant injonction aux consuls et au cap. Gimont d'obéir au cap. Cassaigne, gouverneur de Lectoure, et au cap. Crabe son lieutenant.

Agen, 5 octobre 1567.

(Original; collection de M. le comte de Lupé.)

Commission de Blaise de Monluc à Tilladet de Saint-Orens, colonel des légions de Guyenne, pour lever deux compagnies de gens de pied, chacune de 300 hommes.

Agen, 9 octobre 1567.

(Original; Archives nat., K. 94, n° 41.)

Commission au capitaine Marin de lever une compagnie de 300 hommes de pied.

Agen, 10 octobre 1567.

(Original; Archives nat., K. 94, n° 41.)

Commission au baron de Beauville de lever une compagnie de 300 hommes de pied.

Agen, 10 octobre 1567.

Original; Archives nat., K. 94, n° 41.)

Exemption donnée par Blaise de Monluc aux habitants de la ville d'Auch de loger des gens de guerre à pied ou à cheval.
Agen, 19 octobre 1567.

(Copie; Arch. municip. d'Auch; Reg. cons., f° 246.)

Commission de Blaise de Monluc aux consuls d'Auch pour gouverner la ville et choisir un capitaine.
Agen, 19 octobre 1567.

(Copie; Arch. municip. d'Auch; Reg. cons., f° 246.)

Commission de Blaise de Monluc aux consuls de Villeneuve d'Agen pour les autoriser à vendre à l'encan les meubles des Huguenots, jusqu'à concurrence de 300 écus, afin d'aider la ville à payer les 1200 écus empruntés pour réparer les fortifications.
Agen, 20 octobre 1567.

(Original; coll. de M. de Rives, à Villeneuve-d'Agen.)

Injonction de Blaise de Monluc à Nicolas le Beauclère, commis de la recette générale de Bordeaux, de délivrer à Auger de Gourgues, commis de l'extraordinaire de la guerre en Guyenne, la somme de 13 000 livres tournois pour la solde des gens d'armes et des gens de pied.
Limoges, 9 novembre 1567.

(Original; Bibl. nat., coll. Gaignières, vol. 341, f° 29.)

Injonction de Blaise de Monluc au sénéchal du Quercy, en vertu des lettres du roi du 28 octobre, de répartir sur les habitants soumis à la taille la somme de 21 511 livres, 5 sols, 9 deniers pour la solde des gens de guerre, laquelle somme devra être payée par moitié au 1er janvier et au 1er avril prochain, entre les mains d'Auger de Gourgues, receveur du taillon.
Bordeaux, 27 novembre 1567.

(Original; Bibl. nat., coll. Gaignières, vol. 341, f° 169.)

Commission de Blaise de Monluc à François de Noailles, évêque de Dax, pour pacifier le différend survenu entre le capitaine Lamotte et les habitants de Dax, lever 1800 livres tournois, poursuivre les huguenots qui portent les armes et amnistier les autres.

Langon, 29 novembre 1567.

(Copie; Bibl. nat., coll. Gaignières, vol. 644, f° 48.)

Commission de Blaise de Monluc abandonnant au s. de la Cassaigne les biens des s. Bertrand et Ambroise Gymat, de Serempuy, de la Bruguière et de Saint-Léonard, huguenots.

Agen, 2 janvier 1568.

(Original; coll. de M. le comte de Lupé.)

Commission de Blaise de Monluc aux officiers du roi à Dax, pour répartir sur les huguenots un impôt de 650 livres tournois destiné à solder 60 soldats commandés par le cap. Saint-Esteven.

Bordeaux, 23 janvier 1568.

(Copie authentique; Bibl. nat., coll. Gaignières, vol. 644, f° 52.)

Certificat de présence à l'armée royale donné par Monluc aux capitaines Octavio Frégose, Francisco d'Est, de Primeranges, de Combault, Antoine Savillon, des Forests et autres...

2 mai 1568.

(Original; Bibl. nat., cabinet des titres; v. Monluc.)

Règlement de police édicté par Blaise de Monluc, ordonnant que le guet sera conduit à Agen par les consuls, que les portes seront fermées aux huguenots étrangers et que les huguenots indigènes seront tenus de livrer leurs armes.

Agen, 18 mai 1568.

(Copie; Archives municip. d'Agen; Reg. cons., f° 210.)

Règlement de police édicté par Blaise de Monluc, ordonnant aux huguenots de livrer leurs armes, et portant diverses prescriptions relatives à la défense de la ville.

Agen, juillet 1568.

(Copie; Archives municip. d'Agen; Reg. cons., f° 216.)

Commission de Blaise de Monluc au s. de la Cassaigne,

lieutenant de la compagnie du cap. Arné, pour assembler les 50 hommes d'armes de la compagnie de d'Arné à Miradoux.

Agen, 9 septembre 1568.

(Original; coll. de M. le comte de Lupé.)

Commission de Blaise de Monluc à M⁰ Jehan de Maliac, fermier général du recouvrement et distribution des finances en Guyenne, pour remettre les sommes demandées à Hiérosme de Bragelongue, trésorier extraordinaire de la guerre pour les provinces de Piémont, Languedoc et Guyenne, ou à Florent Dagron, son commis, avec défense de délivrer aucune somme à Antoine Dufaict, commis de l'extraordinaire des guerres.

Agen, 23 septembre 1568.

(Original; Bibl. nat., coll. Clérambault, vol. 285, f° 119.)

Injonction de Blaise de Monluc à M⁰ Jehan de Maliac de remettre à Philippe Baratte, son maître d'hôtel, la somme de 2000 livres tournois qui lui sont dues; à savoir : 1500 livres pour son état de lieutenant du roi en Guyenne pendant trois mois, et 500 pour sa pension de chevalier de l'ordre.

Cahors, 1ᵉʳ octobre 1568.

(Original; Bibl. nat., coll. Gaignières, vol. 2793, f° 49.)

Commission de Blaise de Monluc au s. de Saint-Germain, pour commander en Fezensac, Fezensaguet et Lisle-en-Jourdain, pendant l'absence de Terride qui est parti pour le camp du duc d'Anjou.

Agen, 26 octobre 1568.

(Copie; Archives municip. d'Auch; Reg. cons., f° 280.)

Quittance de Blaise de Monluc de 2000 livres pour la pension annuelle à lui due par Robert de Gontaut, évêque de Condom.

Agen, 27 novembre 1568.

(Bibl. nat.; coll. Gaignières, vol. 341, f° 51. — Autre quittance datée du 30 juin 1569, *Ibid.*, f° 49.)

Commissions de Blaise de Monluc au capitaine Busquet, pour ramener en Agenais les compagnies de gens de pied.

Lectoure, 7 décembre 1568.

(Copie; Archives municip. d'Auch; Reg. cons., f° 284.)

Commission de Blaise de Monluc à Bernard d'Aydie, baron d'Ognax, et au sieur de Montfort, pour désarmer les huguenots et assembler la noblesse de Marsan et Gavardan en cas de guerre civile.
 . . . . 1568.
(Original; Bibl. du séminaire d'Auch, J, 127.)

Commission de Blaise de Monluc au capitaine Teulade, pour lever une compagnie de 300 arquebusiers.
16 janvier 1569.
(Original; Bibl. du séminaire d'Auch, O″, 114.)

Commission aux consuls d'Auch, pour lever sur les plus riches habitants la somme nécessaire pour payer les dettes de la ville.
Agen 7 février 1569.
(Archives municip. d'Auch; Reg. cons., f° 292, v°.)

Lettres de dispense, en faveur de la ville d'Auch, de l'obligation de servir d'étape aux gens de guerre.
Agen, 7 février 1569.
(Archives municip. d'Auch; Reg. cons., f° 293.)

Lettres de sauvegarde au s. de Saint-Germain, gouverneur d'Auch, en faveur des huguenots qui n'ont point pris les armes.
Sainte-Foy, 25 avril 1569.
(Archives municip. d'Auch; Reg. cons., f° 302.)

Lettres de sauvegarde en faveur des pionniers convoqués pour travailler aux fortifications de Bordeaux.
Bordeaux, 8 juin 1569.
(Copie; Archives municip. d'Auch; Reg. cons., f° 300 v°.)

Lettres de dispense pour les habitants de la ville et juridiction d'Auch de tout passage et logis de gens de guerre.
Toulouse, 23 juillet 1569.
(Copie; Archives municip. d'Auch; Reg. cons. f° 317.)

Commission de Blaise de Monluc, pour répartir entre les habitants de l'Agenais la somme de 2695 livres, 17 sols, 6 deniers, quote part de la sénéchaussée dans l'impôt de 30766 livres,

3 sols, 6 deniers, imposé aux habitants du Rouergue, Quercy, Agenais, Condomois, Astarac, Bajadois et Rivière Verdun, pour l'entretien de 1000 hommes de pied.

Agen, 4 août 1569.

(Copie; Arch. municip. d'Agen; Reg. cons., f° 237 v°, et Arch. nat., K. 98, n° 7.)

Exemption de loger gens de guerre, accordée aux habitants des villés de Castelnau, Mauléon et des vallées d'Aure et Magnoac.

Cassaigne, 4 juin 1570.

(Copie; Arch. départ. des Hautes-Pyrénées; série E, n° 81.)

Commission de Monluc déléguant le commandement de l'armée et de l'expédition en Béarn, à cause de sa blessure, aux sieurs de Gondrin, Tilladet de Saint-Orens, de Gohas et de Madaillan.

Rabastens, 25 juillet 1570.

(Original; coll. de M. le comte de Lupé.)

Requête adressée par Monluc et autres gentilshommes de Guyenne au duc d'Anjou, pour obtenir justice du sieur de Baratnau qui avoit massacré tous les serviteurs de la dame veuve de Latour, et enlevé ladite dame.

. . . . 1573. (En marge le duc d'Anjou ordonne un renvoi de l'affaire au parlement de Toulouse. Camp de Nieul, 3 juillet 1573.)

(Original; communiquée par M. Despons de Fleurance.)

Certificat de Monluc attestant la ruine de tous les établissements ecclésiastiques du comté de Bigorre, par Mongonmery en 1569, par les vicomtes en 1570, des villes de Tarbes, Ibos, Maubourguet, Lourdes, en janvier 1571, par Montamat, le massacre de M° Bonnasse, consul de Tarbes, et de 1400 habitants, le 15 avril 1571, le pillage de Rabastens, de Saint-Sever, par le capitaine Legier, le 10 mars 1573, le pillage de Tarbes le 12 mars 1574, et finalement la ruine complète de tous les habitants du comté.

Bagnères, 13 septembre 1575.

(Copie; Arch. de Tarbes; Bibl. du séminaire d'Auch; Bibl. nat., coll. de Perigord, vol. A, 8-15, f° 203.)

PIÈCES JUSTIFICATIVES.

1. — BARTHOLOMEO CAVALCANTI A JEAN-BAPTISTE STROZZI [1].

[Vers le 1er août 1554.]

Magnifico Messer Giovan Batista, oltre a quello che voi havete in commissione da monsignor di Monluc, sarete contento di fare intendere a sua Eccellenza in nome mio, come, se bene io non temo della vita del prefato monsignore, non havendo altro che una semplice terzana, et non si essendo sino a qui scoperto alcuno accidente; non dimeno per l'eta, et per la mala dispositione sua, per la fiacchezza che si vede in lui, per la stagione, mi par che si possa dubitare almeno che egli habbia a esser poco utile per qualche dì, tanto più, quanto egli si infastidisce mirabilmente di havere a negotiare, et sta qui malvolentieri, desiderando sempre d'essere appresso di sua Eccellenza. Per le quali cause pare anche a me necessario che ella mandi qui qualche persona per governare i soldati [2].

(Archives royales de Florence; comm. de M. Benoist.)

2. — AVIS DE BURIE A NOAILLES.

[Camp de Montauban, 22 septembre 1562.]

Du XXII du mois de septembre 1562, sur les cinq heures du soir, par monsieur de Burie escripvant à monsieur de Noailles.

1. Pour les circonstances où cette lettre fut écrite, voyez l'instruction de Monluc (t. IV, p. 14) et la note 3 de la p. 15, t. IV.
2. Voici la traduction de cette pièce.
« Magnifique messire Jean-Baptiste, outre ce dont vous êtes chargé

Qu'estant le cappitaine Monluc à la maison de monsieur de Monluc, son père, appelée le Sampuy, le cappitaine de Lectoure, nommé Bégolle, sortist avecques cinq ou six cens hommes de pied et cinquante ou soixante chevaulx, pour l'aller surprendre en ladicte maison. De quoy estant adverty, ledict de Monluc se trouva au devant si à propos qu'il le mist en fuyte et le contreignist de se retirer en une petite ville nommée Tarraube, à une lieue près de Lectoure. En faisant sonner la cloche, feist assembler quatre ou cinq mille hommes, parmy lesquels y avoict de noblesse; de façon qu'en vingt-quatre heures se sont renduz à sa mercy.

(Avis sans signature; écriture du temps; Bibl. nat., coll. Saint-Germain fr., vol. 689, 7, f° 103.)

---

3. — CHARLES IX A MONLUC.

[Du camp devant Rouen octobre 1562.]

Monsieur de Monluc, voici mon pays de Guyenne, Dieu mercy, par le bon ordre que vous y avez mis, réduict en telle tranquillité qu'il n'y a personne qui y ayt remué la teste; et de l'autre costé, ayant entendu que la Rochefoucault, Duras et tout ce qu'ils ont peu ramasser s'est allé joindre avec ceulx d'Orléans, il m'a semblé qu'ils estoyt nécessaire de me renforcer aussy et faire approcher de moy, non-seulement les forces que je tiens entour de moy, mais aussy les bons cappitaines et les personnes de qui je puisse tirer tous bons services en une telle nécessité; et puisque Nostre Seigneur me fait la grâce de les chasser de Guyenne, il

de la part de M. de Monluc, vous voudrez bien faire savoir à S. E. en mon nom que, quoique je ne craigne pas pour la vie du susdit seigneur, qui n'est affligé que d'une simple fièvre tierce, et aucune complication ne s'étant déclarée, cependant, à cause de son âge, de sa mauvaise disposition, de l'affaiblissement qui se voit en lui, à cause de la saison, il me semble qu'on peut au moins penser qu'il sera peu utile pendant quelques jours, d'autant plus qu'il lui est odieux d'avoir à négocier et qu'il reste ici contre son gré, désirant toujours d'être auprès de S. E. Pour cette cause il me paraît aussi à moi nécessaire que S. E. envoie quelqu'un pour commander les soldats. »

Le reste de la lettre traite des questions d'administration militaire, augmentation de solde, etc.

fault en faire le semblable de tous les autres lieux de ce royaulme. Au reste, j'escripts à mon cousin, le duc de Montpencier, et le prie m'envoyer sept compaignies de gendarmerye de celles qui sont en la Guyenne, avec la compaignie de chevaulx légiers de vostre fils, et luy mande que je veulx par mesme moyen que vous et monsieur de Sanssac me veniez trouver avec lesdictes forces, parce qu'estant ce pays-là en seureté, je veux que ainsi ce puisse être les aultres, affin qu'il n'y faille plus retourner [1].

Minute originale; Bibl. nat., coll. Saint-Germain franç., vol. 689, 7, f° 267.)

4. — JOACHIM DE MONLUC, S. DE LIOUX, A LA REINE.

[Agen, 23 juillet 1563.]

Madame [2], en ensuivant le commandement qu'il pleust au roy et à vous me faire à mon partement de la court, suys venu trouver monsieur de Monluc et luy ay remonstré le désir que voz Majestés avoient qu'il cherchast la bonne grâce de la royne de Navarre, à quoy je l'ay trouvé bien disposé et prompt à obéir à vos commandements; pour à cest effect, il a escript à ladite dame une lettre, de laquelle il vous envoye le double [3], et pour le désir que j'avois de m'acquitter de vostre commandement, j'ay esté moy-mesme le porteur. Et ay esté bien reçu de ladite dame, et après avoir par elle entendu beaucoup de rapports que l'on luy avoit faict dudict sieur de Monluc par plusieurs, qui espéraient par aventure se venger de luy par son moyen plus que pour occasion qu'il luy eust donné en son particulier, elle s'est résolue ne croyre doresnavant aucun rapport dudict sieur de Monluc que préalablement elle ne l'en advertisse; et de mesme m'a commandé de lui dire que de sa part il en face le semblable, ce qu'il s'est aussy résoleu de faire, qui fera coupper chemin à beaucoup de rapporteurs qui s'entremes-

---

1. Le reste de la lettre développe les mêmes idées, principalement l'urgence du départ de Monluc. Ce que nous retenons principalement de ce document, ce sont les éloges et l'approbation donnés par le roi à la pacification de la Guyenne.
2. Voyez le tome IV, p. 234, 239 et suivantes.
3. Cette lettre est publiée d'après une traduction espagnole, t. IV, p. 263.

lent faire de faulx rapports, et n'obvier que vous n'aurez plus les oreilles rompues de telles choses. Aussi m'a madicte dame commandé de dire audit sieur de Monluc qu'elle le prioyt de faire tenir et entretenir les édicts des articles de la paix, et, s'il se trouvait aucun de ses subjects qui y voulsit contrevenir en aucune chose, de l'en advertir, et qu'elle le favorisera et tiendra sa main pour les faire punyr.

Madame, je voudrois que Dieu m'eust faict la grâce que j'eusse le moyen de vous faire très humble service qui vous fût agréable pour l'advenir, veu que par le passé je n'ay esté si heureux d'en faire. Et en attendant ce bien, je prieray Dieu vous donner, Madame, en bonne santé, très longue et heureuse vie et à moy la grâce de vous faire très humble service.

A Agen, le XXII juillet 1563.

Vostre très humble et très obéissant subject et serviteur,

J. Monluc.

(Lettre rapportée de Saint-Pétersbourg et communiquée par M. le comte de Laferrière.)

5. — JEANNE D'ALBRET, REINE DE NAVARRE, AU CONNÉTABLE ANNE DE MONTMORENCY.

[Pau, 15 février 1563 (1564).]

Mon cousin [1], il y a bien fort longtemps que je me feusse rendu à la court sans les nouveaulx empeschements qui me surviennent tousjours quand je suis sur le point de partir, au moyen de Monluc, qui ne cesse de se forger tous ses allarmes qui peult du costé de mes terres, affin d'avoir occasion de se jetter dedans mes maisons, comme à Néracq, le Mont de Marsan, Lectore, Castelgeloulx et aultres de mes places, ainsi qu'il s'en est descouvert en quecques lieulx comme je scay bien. Et comme je ne seray pas si tost eslongnée de ce pays qu'il n'y face un beau mesnaige, ce que, mon cousin, usant de vos accoustumés bons offices envers moy, je vous prie faire bien entendre à la royne et m'aydés pour me délivrer de toutes ces paynes ; ou que l'on envoye quelque

---

1. Voyez t. IV, p. 234 et suiv.

aultre en sa place, qui soit un petit peu plus saige ou ait moings de passion, ou pour le moings, quelque chose qu'il escryve de deçà, comme il est bon coustumier, pour rendre mes terres en jalousie, qu'il n'en soit rien creu jusqu'à ce qu'il en soit informé de plus asseuré par que la sienne. Qui sera pour de plus en plus m'accroistre les obligations d'amitié que je vous ay. Priant Dieu, mon cousin, après m'estre recommandée à votre bonne grâce, qu'il vous doint ce que bien désirez.

Escript à Pau, le XV° jour de feubvrier 1563.

Vostre bonne cousine et parfaicte amie,

Jehanne.

(Lettre originale; Bibl. nat., f. fr., vol. 3162, f° 13.)

6. — CONTRAT DE MARIAGE DE BLAISE DE MANSENCOME, SEIGNEUR DE MONLUC, ET D'ISABEAU PAULLE DE BEAUVILLE.

[Estillac, 31 mai 1564.]

Au nom de Dieu soict, amen.

Saichent tous présens et advenir que aujourd'hui dernier de may 1564, au chasteau d'Estillac, sénéchaucée d'Armaignac, régnant nostre souverain, prince Charles par la grâce de Dieu roy de France, ont esté faicts et passés les pactes de mariage de messires Blaize de Mansencome, seigneur de Monluc, chevalhier de l'ordre du roy, cappitaine de cinquante hommes d'armes de ses ordonnances, et gouverneur pour sa Majesté au peys de Guyenne en absence de monsieur le prince de Navarre, et Ysabeau Paulle de Beauville, filhe naturelle et légitime de feu François de Beauville, seigneur et baron dudit lieu, lesquelles pactes ont esté passés entre ledit seigneur de Monluc d'une part et ladite de Beauville, et damoiselle Claire de Souspez, douairière de Lartigue, sa mère, et noble François de Beauville, seigneur et baron dudit lieu, son frère.

Et premièrement a été accordé entre lesdictes parties que ledict seigneur de Monluc expouzera ladicte de Beauville ce jour d'huy mesmes. Item et pour suportacion et charges dudit mariage, ledit François de Beauville, frère, constitue en dobt auxdits conjoinctz la somme de deux mille livres; une robe de vellours noir aveq un devant de cotte de satin cramoizin rayé; une robe de damas aveq un devant de cotte de vellours; une robe de satin noir; une robe de taffetas cramoizin noir; et ce pour les droits de légittime ou aultre part de portion qu'elle pourroit avoir en biens de leur dict feu père. Dont ledit seigneur de Monluc a confessé avoir heu lesdites robes de satin et taffetas cramoizin et les autres robes, ensemble ladicte somme de deux mille livres que ledict de Beauville a promis payer ausdits conjointz à sa vollonté.

Et advenant cas de restitution, ledit seigneur de Monluc a promis randre ladite somme et robbes à qu'il appartiendra, suivant dispozition de droitz.

Item, en faveur et contamplation dudict mariage, ledit seigneur de Monluc a donné et donne à ladicte de Beauville présente, stipullante et acceptante, la somme de douze mille livres tournois par donnation pure et à jamais irrévocable et pour en faire à son plaisir, tant en sa vie que en la mort. Item a esté parlé que desdictes douze mille livres, ledict seigneur de Monluc balhiera à ladicte de Beauville la somme de six mille livres pour les balhier à l'intérest à son nom d'elle et pour faire les intérest et fruits d'icelle somme siens, pour ayder à son entretenement; laquelle somme de six mille livres balhiera dans huit jours. Et les autres six mille livres, sy ledict seigneur ne les balhie de son vivant, veut que luy soit balhié sur tous et chascuns ses biens [1] . . .

Item et moyennant ladicte somme de deux mille livres tournois et robbes dessus constitués à ladicte de Beauville par son dict frère, ladicte de Beauville a quitté et quitte en faveur de son dit frère présent à tout bien paternel, légittime, supplément d'icelle et aultres droicts qu'elle a sur ses dicts biens, fruicts, fucture subcession [2] . . . . , . . .

Faict comme dessus par moy, Antoine Laborye, notaire royal. . . . . . . en présence de nobles Anthoine Erberon, s. d'Erberon, Jean Beauville, s. de Maizieres, Guy de Bonnefon, s. de Fieux, Bernard de Biran, s. de Pairon, François Malvet, s. de Montauzet, Guy de Castillon, s. de Mau-

---

1. Suivent quelques formules de droit pour assurer le payement des 6000 livres.
2. Suivent des stipulations relatives à l'enregistrement du contrat.

vezin, Adrien de Beauville, s. de Maizieres, Jean du Sorbe, s. de Reoul (?), Antoine Boissonnade, advocat d'Agen.

(Copie authentique; Archives du tribunal de première instance de Mantes; communication de M. Beautemps-Beaupré.)

---

7. — CHARLES IX A MONLUC.

[Villers Cotterets, 9 août 1566.]

Monsieur de Monluc [1], vous sçavez que dernièrement quant vous me feistes demander congé pour le cappitaine Monluc, vostre filz, de s'en aller avecques les navires qu'il a fait faire en son voyage, je le luy baillay avecques ceste condition qu'il n'allast en lieu là où il peust offencer aucun de mes amys et alliez. Et pour ce que je voy que cela mect beaucoup de mes voisins en doubte, je vous ay bien voulu encore réitérer ceste mesme deffence; vous priant luy commander très expressément de ma part de ne se jouer aucunement d'aller ès terres ny du roy d'Espaigne ny du roy de Portugal; d'aultant que le faisant et s'en ensuivant de cela quelque altercation entre nous, je ne pourray que le trouver très maulvais et user en son droict de tel ressentiment que je doibs pour l'entretenement de l'alliance et amityé avecques mes voisins. amys et alliez. Pareille deffence veulx-je que vous faciez faire à tous les cappitaines de navires qui sont en ma coste de Guyenne, ad ce qu'ils n'aillent ès dictz pays, mesme dudict roy de Portugal, ad ce que nul n'ignore ma volunté.

De Villiers Costeretz, le IXe jour d'aoust 1566.

(Minute originale; Bibl. nat., coll. Gaignières, vol. 472, f° 302.)

---

8. — JEANNE D'ALBRET, REINE DE NAVARRE, A MONLUC.

[Tarbes, 3 octobre 1567.]

Monsieur de Monluc, comme j'estois acheminée pour m'en aller à Foix tenir les estatz et visiter mes subjects soubz l'obéissance du

---

1. Voyez t. III, p. 74 et t. V, p. 54, 60, 61, 69.

roy, mon seigneur, j'ay entendu, estant arrivée à Saint-Gaudens, qu'il y avoict en plusieurs endroictz quelques assemblées de gens en armes [1] ; qu'a esté cause de me faire reprendre le chemin de Pau, où je m'en voys maintenant pour tenir et conserver mon pays et mes subjects en la paix et reppoz que par la grâce de Dieu j'ay faict jusques icy, quelques afferes et troubles qu'on ayt veu passer ailleurs, avec bonne affection et intention de n'espargnier jamais les moiens que j'auray pour le service de sa Majesté, ainsin que plus particulièrement vous fera entendre le sieur de Bladre, présent porteur, que je vous envoye exprès, et par lequel je vous prie me faire scavoir de voz nouvelles. Et je supplierai le Créateur vous tenir, Monsieur de Monluc, en sa très saincte grâce.

De Tarbe, ce 3ᵉ octobre 1567.

   Vostre bonne amye,

                  Jehanne [2].

(Copie du temps; Archives nat., K. 1506, n° 94.)

---

9. — HENRI DE NAVARRE A MONLUC.

[Tarbes, 3 octobre 1567.]

Monsieur de Monluc, ainsi que la royne, ma mère, s'estoit acheminée pour s'en aller en son conté de Foix, et moy avecques elle, pour visiter ses subjects dudict conté, estant arrivez à Saint-Gaudens, nous avons entendu le commencement des troubles qui sont en ce royaulme, qui a esté cause que nostre voyaige a esté différé et que nous en retournons en Béarn. Et pour ce que vous estez près de moy, je trouve bien estrange que vous ne m'avez faict ce plaisir que de m'advertir de ce qu'en avez peu entendre, ce que je vous prie faire par ce gentilhomme, que ladicte royne, ma mère, envoye devers vous, et continuer de bien en mieulx, affin que, s'il se présente quelque chose pour le service du roy, mon seigneur, je y face tel debvoir que sa Majesté en ayt contentement. En quoy je n'épargneray chose qui soit en ma puis-

---

1. La seconde guerre civile commença le 29 septembre 1567.
2. Cette lettre et la suivante ont évidemment passé sous les yeux de Philippe II. On lit au dos : *Quarta de la reina de Navarra a Monluque.*

sance, ainsi que j'ay commandé audict porteur vous dire plus amplement de ma part. Sur lequel me remettant, je prieray Dieu, monsieur de Monluc, vous avoir en sa très sainte et digne garde.

Escript à Tarbe, le 3ᵉ jour d'octobre 1567.

  Vostre bien bon amy,

               Henry[1].

(Copie du temps; Archives nat., K. 1506, n° 95.)

10. — LETTRES D'ABOLITION EN FAVEUR DE MONLUC[2].

[Blois, 8 avril 1572.]

Charles, par la grâce de Dieu, roi de France. . . . . . déclare toutes personnes, de quelque religion que soient, estre sans action des faits advenus pendant les troubles en quelque manière que ce soit, voulant que, pour raison de ce, les complaignans demeurent non recevables à se plaindre et que les excès contre eulx commis demeurent estaintz et assopis, et que ledict s. de Monluc et tous autres qui par son commandement ont été employés ne pourront estre recherchés par les catholiques ni autres, pour quelque occasion que ce soit, ains demourera le tout comprins en nostre édit, en quelque sorte qu'il soit advenu, interdisans à toutes nos courts de parlement, commissaires et autres juges, en tant qu'ils ayment le repos de nostre royaulme et le bien de nostre service, d'en prendre aulcune court, juridiction ou cognoissance sur peyne de nullité et à toutes parties d'en faire poursuyte sous peine de tous dépens, dommages et intérets et d'estre déclairés infracteurs de nos intérets.

Blois, 8 avril 1572.

(Copie du temps; Bibl. nat., coll. Dupuy, vol. 500, f° 139. — L'original ou une autre copie est indiqué par le P. Lelong, n° 33676, comme appartenant à l'abbé de Rothelin.)

---

1. Le prince de Béarn, étant né le 14 décembre 1553, avait un peu moins de quatorze ans lorsqu'il écrivit cette lettre.
2. Les lettres d'abolition en faveur de Monluc furent ratifiées par une déclaration de Henri III, datée du 3 mai 1583, et dont la copie est conservée à la Bibliothèque nationale (coll. Dupuy, vol. 500, f° 140). Ces lettres furent présentées pour être enregistrées au parlement de

PIÈCES JUSTIFICATIVES.

11. — A LA NOBLESSE DE GASCONGNE [1].

Messieurs, comme il se void de certaines contrées, qui produisent aucuns fruits en abondance, lesquels viennent rarement ailleurs, il semble aussi que vostre Gascongne porte ordinairement un nombre infini de grands et valeureux capitaines, comme un fruict qui lui est propre et naturel, et que les autres provinces, en comparaison d'elle, en demeurent comme stériles. C'est celle-là qui a fait naistre avec tant de réputation ces redoutables et illustres princes de la maison de Foix, d'Albret, d'Armagnac, de Cominge, de Candalle, et captaux de Buch. C'est elle qui a eslevé Pothon et la Hire, deux fatales et bien heureuses colomnes et singuliers ornemens des armes de la France. C'est elle qui en nos jours a fait cognoistre à toutes les nations estrangères le nom des seigneurs de Termes, de Bellegarde, de la Vallette, d'Ossun, de Gondrin, Terride, Romegas, Cossains, Gohas, Tilladet, Sarlabous, et autres gentilshommes du pur et vrai terroüer de la Gascongne, sans mettre en compte ceux qui vivent aujourd'hui, lesquels ardemment incitez des trophées et beaux gestes de leurs prédécesseurs, s'esvertuent, comme ils survivent à leur belle mémoire, d'en rapporter aussi une gloire pareille. C'est vostre Gascongne, Messieurs, qui est un magazin de soldats, la pépinière des armées, la fleur et le choix de la plus belliqueuse noblesse de la terre, et l'essaim de tant de braves guerriers, qui peuvent contester l'honneur de la vaillance, avec les plus fameux capitaines grecs et romains qui furent jamais.

Mais entre tous ceux qui, extraicts de vostre noblesse, ont jamais porté espée, nul n'a devancé la prouesse, l'experience et la résolution de cest invincible chevalier Blaise de Montluc, maréchal de France. Ceste prérogative d'honneur ne lui peut estre

---

Bordeaux, dans une pétition sans date, par Jehan Blaise de Monluc, petit-fils et héritier du maréchal. Dans sa pétition, Jehan Blaise demande que le bénéfice de ces lettres d'abolition soit acquis aux héritiers de son grand-père, et leur serve de moyen de fin de non recevoir contre les réclamations dont ils sont assaillis (*Ibid.*).

1. L'Epitre à la *Noblesse de Gascongne*, par Florimond de Rœmond, est la seule de nos pièces justificatives qui ne soit pas inédite. On pourra la lire avec intérêt en raison des renseignements qu'elle donne sur Blaise de Monluc. Voyez aussi sur cette pièce le t. I des *Commentaires*, Introd., p. 28.

disputée, non plus que celle que le ciel lui avoit donné d'une prompte et merveilleuse vivacité d'entendement, d'une souple et néantmoins tres retenuë prudence, qu'il descouvroit sur le champ au maniement des affaires : d'une mémoire admirable et si riche, qu'il ne s'en void presque point de semblable : d'une parole aisée, forte et courageuse, et pleine d'esguillons d'honneur parmi l'ardeur des combats : et aux affaires d'Etat, d'un langage rassi, rehaussé de poinctes, de raisons et d'argumens : le tout accompagné d'un jugement si clair et si vif, qu'ores qu'il fust destitué de la faveur des Lettres, si est-ce que la lumière de son esprit offusquoit la clairté de ceux qui avoient joinct à une longue expérience une parfaite et recherchée cognoissance d'icelles.

La pluspart de vous, qui l'avez cognu, et qui avez combattu soubs son enseigne, n'en désirez point de tesmoignage : mais la jeunesse qui n'a point veu ce grand homme, outre ce qu'elle en peut avoir appris, l'entendra au vrai par ces siens Commentaires, qu'il vous avoit de son vivant vouez, et qu'il dicta estant malade et languissant de cette grande arquebuzade, qui lui froissa le visage au siége de Rabastens, où pour sa dernière main il servit son roi de pionnier, de soldat, de capitaine, et de général tout ensemble, ne pouvant ceste ame généreuse, entre le lict et le cercueil, encore trouver repos. C'estoit, disoit-il, son ennemi capital ; aussi tirant à la mort, il commanda qu'on mist sur son tombeau ces vers :

> Ci-dessous reposent les os
> De Monluc, qui n'eust onc repos.

Il estoit raisonnable, puisque, soustenu de l'effort de vos courages, il avoit si hautement parachevé tant de glorieux faicts d'armes, que l'adresse vous en fut faicte et que vous eussiez le fruit et le plaisir de les ramantevoir dans ses escrits et y voir tirer du crayon d'honneur le nom de vos ayeuls et de vos pères. Et si je ne me trompe, il ne se trouvera point histoire plus diverse plus agréable et plus riche d'enseignements, pour la conduite et direction de la paix et de la guerre que celle-ci. On y remarquera comme je croi, la différence qu'il y a d'une histoire qui est composée par un homme oiseux, nourri mollement et délicattement dans la poussière des livres et des estudes, à celle qui est escrite par un vieux capitaine et soldat, eslevé dans la poussière des armées et des batailles.

Je ne sçai quelles histoires anciennes apporterent ce profit à aucuns, qui en firent soigneusement la lecture, de les rendre en peu de temps très sages et très avisez conducteurs d'armées. S'il est ainsi, celle-ci sur toutes autres, pourra aisément obtenir cest avantage, et vous instruire, ô généreuse noblesse de tous les bons et mauvais événemens qui suivent l'heur et le malheur, la valeur ou lascheté, prudence ou inconsidération, de celui qui est chef ou général d'une guerre, ou qui est prince et maistre d'un grand estat. Vous avez ici de quoi contenter vostre esprit, assagir vostre valeur, aguerrir vostre prudence, et former le vrai honneur d'une escole militaire. Les commentaires de cest autre César vous en apprendront la maistrise, ils vous y serviront de modelle, de mirouer et d'exemple. Ils n'ont point de polisseure qui soit fardée, d'artifice qui soit exquis, d'ornement qui soit estranger, de beauté qui soit empruntée. C'est la simple vérité, qui nous y est nuement représentée.

Ce sont ici les conceptions d'un fort, sain et pur estomac, qui ressentent leur origine, et leur terrouer; conceptions hardies et vigoureuses, retenant encores l'haleine, la vigueur, et la fierté de l'auteur. C'est lui le premier, qui estant parvenu au faiste de tous les degrez et dignitez de la guerre, a grandement exalté vostre patrie, et par ses armes et par ses esprits, qui feront que le nom des Montlucs vivra glorieux dans la mémoire longue et bienheureuse de la postérité, tesmoignant sans envie aux siècles à venir que vostre capitaine et historien n'a sceu moins sagement entreprendre, hardiment exécuter que véritablement et judicieusement escrire.

---

12. — LETTRE DE FLORIMOND DE RAYMOND A MONSEIGNEUR LE DUC D'ESPERNON, PAER ET COLONEL DE FRANCE.

Encores deviés-vous, Monseigneur, après tant d'heures employées à la lecture de ce grand capitene et soldat de Jésus-Christ, le père Grenade [1], en doner quelqu'une du loisir qui vous restera à voir ce que cest autre capitene et soldat de Mars a prins pene d'escrire. Vous y lirés plusieurs beaux traicts de ce dangereux mestier auquel vous estes si bon et excellent maistre. Et

1. Le P. Louis de Grenade (1505-1588), théologien et moraliste.

cognoistrés que c'est une belle leçon pour ung soldat et pour ung capitene encores. Je l'ai retiré de la poussière où la nonchalance des Monlucs l'avoit laissé moisir pour le fere voir à la noblesse de vostre Gascongne, afin qu'elle y recogneust tiré au vif, come du rare pinceau de vostre Malery, non seulement le visage mais le cœur et l'ame de tant de braves et excellentz capitenes qu'elle a porté pendant l'infortuné siècle d'où nous venons de sortir.

S'il estoit à naistre, vous en seriés le perrain, comme celuy qui parmi ceste belle et généreuse noblesse tient le premier renc et auquel la vertu et grandeur de courage à l'envy de la fortune ont dressé les marche-piedz pour monter aux premières dignités et governement de cest estat. Veuille le père de la nature vous conduire jusques à l'age de cest aucteur auquel, las de bien faire, vous puissiés escrire ce que vous aurés faict pour accomplir en l'art militaire ce que peut deffaillir en celui-ci.

Mon désir se hasarderoit volontiers, Monseigneur, à vous offrir ung service pareil si le long espace d'années dont je vous devance et le temps qui nous pousse toujours avant me laissoit tant soit peu d'espoir d'estre encor en la carrière. Bien vous promets-je que, pour précéder vostre age, je ne laisseray de suivre vos volontés et courre après toutes les occasions où je pourrai vous faire voir que ce qui me reste de jours vous est voué comme celui qui désire mourir, Monseigneur, vostre très humble et très obeissant serviteur.

De Raemound [1].

1. Cette lettre a été découverte en 1867 par M. Georges Moreau-Chaslon. Elle était écrite sur le feuillet liminaire d'un exemplaire de 'édition originale des *Commentaires* (in-fol., 1592), probablement celui qui fut offert par l'éditeur au duc d'Épernon. La lettre et le volume se trouvent aujourd'hui dans le cabinet de M. James de Rothschild.

LES ENFANTS DE BLAISE DE MONLUC.

NOTE DE L'ÉDITEUR.

Blaise de Monluc, fils de François de Lasseran Mansencome, seigneur de Monluc, et de Françoise d'Estillac de Montdenard, dame d'Estillac en Agenais, épousa en premières noces, par contrat du 20 octobre 1526, Antoinette Ysalguier, fille de Jacques Ysalguier, baron de Clermont.

De ce mariage naquirent :

I. — Marc-Antoine de Monluc, tué à l'assaut d'Ostie, en 1557 (*Commentaires*, t. II, p. 191).

II. — Pierre-Bertrand de Monluc, dit Peyrot, dit le capitaine Monluc, institué héritier de son père par une donation entre-vifs du 28 octobre 1563 (Testament de Bl. de Monluc, du 22 juillet 1576), tué à Madère, en août 1566 (*Commentaires*, t. II, p. 192, et t. III, p. 74).

Pierre Bertrand avait épousé, le 6 juillet 1563, Marguerite de Caupenne.

De ce mariage naquirent :

1º Blaise de Monluc, mentionné dans les *Commentaires* (t. II, p. 75), héritier de son grand-père (Test. du 22 juill. 1576). Blaise fut tué au siége d'Ardres, en 1596 (P. Ans., t. VII, p. 293). Il ne laissait pas d'enfants (*Ibid.*). Suivant un autre généalogiste, il laissait une fille qui épousa le marquis de Themines (Mss. de Mme la baronne de Montpinson à Chevilly).

2º Charles de Monluc, tué à la défense d'Ardres en 1596 (P. Ans., *ibid.*; de Thou, liv. 115; Palma Cayet, *Chron. nov.*). Il avait épousé Marguerite de Balaguier, dame de Monsalez, veuve de Bertrand d'Ébrard, seigneur de Saint-Sulpice. D'après le P. Anselme, ce fut Charles de Monluc qui laissa une fille, Suzanne de Monluc, qui épousa, le 21 décembre 1606, Antoine de Lauzières, marquis de Themines. Baluze, dans une note autographe consacrée à la descendance de Monluc, s'accorde avec le P. Anselme (Bibl. nat., armoire II, vol. 59, f° 206, v°). Suzanne de Monluc épousa en secondes noces Charles de Levis, duc de Ventadour (Cab. des titres, doss. *Cauna*).

La plupart des généalogistes dont les papiers sont conservés au cabinet des titres, ne donnent qu'un fils à Pierre Bertrand de Monluc. L'auteur des *Commentaires* ne parle que d'un seul fils (t. II, p. 75); mais dans son testament du 22 juillet 1576, il attribue plusieurs enfants à Bertrand de Monluc, sans en désigner le sexe.

III. — Jean de Monluc, chevalier de Malte, prince de Chabanais (Test. du 22 juillet 1576), colonel des légionnaires de Guyenne, évêque de Condom en 1571, démissionnaire en 1581, mort en 1585.

IV. — Fabian de Monluc, seigneur de Montesquiou, prince de Chabanais, par donation de son frère Jean (Test. du 22 juillet 1576), tué à l'assaut de Nogaro, en septembre 1373 (*Commentaires*, t. III, p. 527).

Fabian avait épousé, le 9 janvier (Mss. Montpinson) ou le 9 avril (Cab. des titres, doss. *Monluc* et ailleurs), Anne de Montesquiou, héritière de la baronnie de Montesquiou et veuve du seigneur de Lupé.

De ce mariage naquirent :

1° Adrian de Monluc, seigneur de Montesquiou, comte de Carmain, héritier de son père, en vertu d'un testament du 15 juin 1575 (f. fr., vol. 20780, f° 539), substitué par son grand-père, l'auteur des *Commentaires*, en cas de mort, à son cousin Blaise (Test. du 22 juillet 1576). Adrian épousa, par contrat du 22 septembre 1592, Jeanne de Foix, fille unique d'Odet de Foix, comte de Carmain, et de Jeanne d'Orbessan. Il mourut à Paris, le 22 janvier 1646, laissant un fils, Blaise de Monluc, seigneur de Pompignan, qui, suivant Brantôme, mourut de maladie en Hongrie, ou qui fut tué en guerroyant contre les Turcs (Mss. Montpinson). Suivant le P. Anselme, il ne laissa qu'une fille, Jeanne de Monluc, qui épousa Charles d'Escoubleau Sourdis, marquis d'Alluye, gouverneur d'Orléans. Elle mourut à Paris en 1657.

2° Blaise de Monluc Montesquiou, seigneur de Pompignan (Analyse des titres produits le 10 mars 1613 et le 16 décembre 1626, par Adrian de Monluc, nommé chevalier du Saint-Esprit, pour preuve de sa noblesse; Bibl. nat., Mélanges de Mézeray, f. fr., vol. 20780, f° 539). Blaise de Monluc, filleul de l'auteur des *Commentaires*, fut substitué par son grand-père, en cas de mort, à son frère Adrian (Test. du 22 juillet 1576). Quelques notes du cabinet des titres, qui ne mentionnent pas le fils d'Adrian, désignent le présent Blaise comme celui qui fut tué en Hongrie.

V. — Marguerite de Monluc, religieuse au monastère de Prouilhan, diocèse de Condom (Test. du 22 juillet 1576).

VI. — Marie de Monluc, religieuse au monastère du Paravis (*Ibid.*).

VII. — Françoise de Monluc épousa, par contrat du 23 janvier 1555, le baron de Fontenilles, chevalier des ordres du roi, capitaine de la compagnie d'ordonnance de Monluc (Arch. de Tarbes, coll. Larcher).

En secondes noces, le maréchal Blaise de Monluc épousa, le 31 mai 1564, Isabeau-Paule de Beauville, dame du Laurens, fille de Balthazar, seigneur de Souppetz et de Claude de Beauville.

De ce mariage naquirent (Testament d'Isabeau-Paule de Beauville, conservé aux Archives de Mantes) :

.I. — Charlotte-Catherine de Monluc tenue sur les fonds baptismaux le 25 mars 1565 par le roi, la reine et Mlle de Guise (*Commentaires*, t. I, p. 17, t. V, p. 13). Elle épousa, le 13 décembre 1581, Aymeric de Voisins, baron de Montaut, lieutenant général en Provence, fils d'Antoine de Voisins, seigneur et baron de Montaut, Confolens et Gramont (Arch. de Tarbes, coll. Larcher). De ce mariage naquirent François de Montaut, Louise et Catherine de Montaut (*Ibid.*).

II. — Suzanne de Monluc épousa, en premières noces, par contrat du 12 décembre 1581, Henri de Rochechouart Barbazan, baron de Faudoas, dont elle eut deux fils, Scipion et Jean-Louis de Faudoas Barbazan (Test. de Isabeau de Beauville). Le P. Anselme nomme l'aîné Pierre Berault. En secondes noces, elle épousa N..., seigneur de Clermont en Chalosse (P. Ans., t. IV, p. 664).

III. — Jeanne-Françoise de Monluc épousa, par contrat du 31 octobre 1587, Daniel de Talleyrand de Grignols, prince de

Chalais, grand-père, par sa fille Éléonore, du célèbre Daniel de Cosnac, archevêque d'Aix, dont les mémoires ont été publiés par M. le comte de Cosnac, pour la *Société de l'Histoire de France* (Communication de M. le comte de Cosnac).

TABLEAU DE CONCORDANCE

DES ANCIENS NUMÉROS DES MANUSCRITS DE LA BIBLIOTHÈQUE NATIONALE
CITÉS DANS LE COURS DE CET OUVRAGE.
ET DES NUMÉROS ACTUELS.

COLLECTION GAIGNIÈRES.		COLLECTION GAIGNIÈRES.	
Anc. numéros.	Nouv. numéros.	Anc. numéros.	Nouv. numéros.
Vol. 288	f. fr., vol. 23289	394	f. fr., vol. 20506
309	20433	395	20507
310	20434	396	20508
316	20440	397	20509
317	20441	398	20510
318	20442	402	20514
319	20443	403	20515
320	20444	408	20520
321	20445	411	20523
322	20446	412	20524
323	20447	413	20525
325	20449	414	20526
327	20451	415	20527
328	20452	416	20528
329	20453	418	20530
330	20454	419	20531
331	20455	425	20537
334	20457	427	20539
335-336	20458	465,1	20577
337-338	20459	465,2	20856
339	20460	466,1	23291
340	20461	466,2	23292
341	20462	467	25014
342-343	20463	472	20977
344	20464	644	22379
345-346	20465	2781,1	23191
347	20466	2781,2	23192
349	20468	2781,3	23193
352	20471	2783	20638
353-354	20472	2784	20649
355	20473	2786	20641
356	20474	2790	20644
364-365	20482	2791	20645
387-388	20500	2792	20646
389	20501	2793	20647
390	20502	2901	20601
391	20503		

COLLECTION ST-GERMAIN FRANÇAIS.		COLLECTION HARLAY ST-GERMAIN.	
Anc. numéros.	Nouv. numéros.	Anc. numéros.	Nouv. numéros.
Vol. 46	f. fr., vol. 15494	Vol. 318,1	f. fr., vol. 15542
373	18587	318,2	15543
687	17870	320,1	15544
689,1	15871	320,2	15545
689,2	15872	320,3	15546
689,3	15873	320,4	15547
689,4	15874	320,5	15548
680,5	15875	323,1	15549
689,11	15881	323,2	15550
1002	18617	323,3	15551
1370	19595	323,4	15552
1391	15495	323,5	15553
		326,1	15554
		326,2	15555
		326,3	15556
		326,4	15557
		326,5	15558
		326,6	15559
		326,7	15560

Les autres collections citées dans le cours de cet ouvrage n'ont pas changé de numéros.

ERRATA ET RECTIFICATIONS.

TOME PREMIER.

Introduction, page vi, ligne 7, au lieu de *au mois de juillet* 1577, lisez *après le* 18 *août* 1577. (Communication de M. Simon, qui a trouvé un codicille de Monluc de cette date.)

Page vii, note 2. — Cette note appelle plusieurs rectifications :
1º *De Rœmond ou de Remond*, lisez *de Raymond*.
2º Florimond de Raymond ne fut jamais calviniste.
3º Ligne 4, au lieu de 1572, lisez 1570.
4º Ligne 7, au lieu de 1602, lisez 1601. (Communications de M. Tamizey de Larroque.)

Page xv, ligne 15, au lieu de *Guillaume Ferrari*, lisez *Jules Ferrari*. La première édition des *Commentaires* est de 1628. (Comm. de M. Couture.)

Page xvii, ligne 16. — Depuis l'impression du premier volume, nous avons vu deux lettres autographes de Monluc; la première du 8 février 1564 (t. IV, p. 317), la seconde du 1er mars 1575 (voyez t. V, p. 334).

Page 36, note 4, ligne 3, au lieu de 1502, lisez 1562.

Page 41, note, ligne 7. — 1509, cette date est erronée.

Page 41, note 2. — *Jean de Castelnau, s. de Mauvissière*, plutôt Bernard de Montaut, co-seigneur de Castelnau, seigneur de Saint-Cric et de Quinsac. (Comm. de M. Tamizey de Larroque).

Page 48, ligne 13, au lieu de *Megrin, de Comenge*, lisez *Megrin de Comenge*.

Page 64, note et suiv., au lieu de *Gramond*, lisez *Gramont*, partout où ce nom se présente dans les notes.

Page 78, note 5, au lieu de *Ascoly de Tione*, lisez *Ascoli de Satriano*.

Page 91, dernière ligne, au lieu de *à la marine*, lisez *à la maremne*.

Page 91, note 3 et suiv., au lieu de *Candale*, lisez *Candalle*, partout où ce nom se présente dans les notes.

Page 225 et suiv., au lieu de *Bourlengue, Bollenga*, lisez *Verolenga*.

Page 298, note 2, ligne 5, au lieu de 1562, lisez 1563.

Page 298, note 3, ligne 2, au lieu de 1562, lisez 1563.

Page 308, note 2, ligne 1, au lieu de *Outreau*, lisez *Montreau*.

ERRATA ET RECTIFICATIONS.

Page 357, ligne 8 et note 1, au lieu de *Caluno*, lisez *Caluzo*.

Page 366, note 1, ligne 2, au lieu de *Il fut tué*, lisez *il fut blessé*.

Page 400, note, ligne 1. — *Albanais*, voyez t. III, p. 108, note.

Page 434, note 1 et suiv., au lieu de *Lansac*, lisez *Lanssac*, d'après sa signature, partout où ce nom se présente dans les notes.

Page 458, note 1 et suiv., au lieu de *Thomas d'Elbene*, lisez *Thomas d'Elvesche*, d'après sa signature, partout où ce nom se présente dans les notes.

TOME DEUXIÈME.

Page 54, ligne 3. — *Rigomes*, ajoutez en note, *Ruy Gomez de Silva.*

Page 101, ligne 10. — *dimanche matin qui était le 22 d'avril....* Monluc se trompe; le dimanche était le 21 avril. Voyez t. IV, p. 57, note 1. (Comm. de M. Servois.)

Page 154, ligne 28. — *dudit seigneur*, il s'agit de Brissac qui avait la goutte.

Page 157, note 2, ligne 2, au lieu de *Brissac*, lisez *d'Aumale*.

Page 197, note, au lieu de *Deifedo*, lisez *Deifebo*.

Page 203, note, au lieu de *Archives curieuses de Cimber et Danjou*, lisez *Revue retrospective*, t. II, p. 321.

Page 226, note 4, au lieu de *Maretto*, lisez *Moretto*.

Page 326, note, ligne 1, au lieu de *Jacques*, lisez *Jaymes*.

Page 336, note 4, ligne 2, au lieu de *Vie de Biron*, lisez *Vie de Brion*.

Page 340, ligne 6, au lieu de *Monsieur du*, lisez *Monsieur de.*

Page 343, note 2, ligne 1, au lieu de 15 *novembre*, lisez 7 *novembre.*

Page 352, note 2, ligne 1, au lieu de *Saint Crapard*, lisez *Saint Caprais.*

Page 352, note 3, ligne 1, au lieu de *sénéchal* lisez *présidial.*

Page 381, note 2, au lieu de *Villeneuve*, lisez *Villefranche.*

Page 431, note 3, au lieu de *d'Andaux*, lisez *d'Audaux*, partout où ce nom se présente dans les notes.

Page 448, note 2, ligne 5. — Cette lettre est apocryphe.

TOME TROISIÈME.

Page 27, note 2, ligne 2, au lieu de *sa sœur*, lisez *sa fille unique.*

Page 36, note 3, ligne 1, au lieu de *t. I*, lisez *t. II.*

Page 37, note, ligne 3, au lieu de *Puchaget*, lisez *Puychagut.*

Page 75, note. — La mort de Blaise de Monluc, au siége d'Ardres, est douteuse. (Comm. de Tamizey de Larroque.) Il n'est pas moins douteux qu'il mourut sans enfants.

Page 178, note, au lieu de *Sainte Colombe*, lisez *Sainte Colomme*, partout où ce nom se présente dans les notes. (Comm. de M. Raymond.)

Page 248, note, ligne 9, au lieu de *Après la mort de Coligny*, lisez *après la révocation de Coligny.* (Comm. de M. Tamizey de Larroque.)

ERRATA ET RECTIFICATIONS.

Page 255, note, ligne 8, au lieu de *Avant le 16 octobre*, lisez *avant le 8 octobre.*

Page 255, note, ligne 13, au lieu de *un demi-siècle*, lisez *un quart de siècle.*

Page 273, note, ligne 12, au lieu de *Parlement de Pau*, lisez *conseil souverain de Pau.* (Comm. de M. Raymond.)

Page 279, note, ligne 1, au lieu de *Damezan ou Damesain*, lisez *Domezain*, partout où ce nom se présente dans les notes. (Comm. de M. Raymond.)

Page 281, note, ligne 2. — Terrides avait levé le siége de Navarreins avant d'être menacé par Mongommery, avant le 22 juin (t. V, p. 17).

Page 281, note, ligne 8, au lieu de *Abidac .... Saliis*, lisez *Abidos .... Salies.* (Comm. de M. Raymond.)

Page 305, note 2, ligne 4. — François de Cours, s. de Pauilhac, a été confondu avec son neveu (t. III, p. 406, note 1). Voyez t. V, p. 284, note 2.

Page 365, note 2, ligne 6. — Guttinières ne fut pas tué à la bataille de Jarnac. Il vivait encore à la fin de 1569.

Page 368, note 1. — *Alain de Montpezat*, plutôt *François de Montpezat, s. de Laugnac.* (Comm. de M. Tamizey de Larroque.)

Page 400, note 2, ligne 5. — La fausseté de la lettre attribuée par d'Aubigné au vicomte d'Orthe a été démontrée par M. Tamizey de Larroque (*Revue des questions hist.*, t. II, p. 292).

TOME QUATRIÈME.

Page 11, note 3 et p. 12, pièce 6, ligne 2. — *Ludovic de Birague*, le capitaine dont Monluc parle dans ce passage ne saurait être Ludovic de Birague.

Page 37, pièce 15, ligne 5 et suiv., au lieu de *Les seigneurs Otto*, lisez *les huit du conseil.* (Comm. de M. de Lacour).

Page 57, note 2, ligne 3, au lieu de *l'ordre de Saint Jacob*, lisez *l'ordre de Saint Jacques de Calatrava* (id.).

Page 67, ligne 1, au lieu de *joueriez un mauvais tour*, lisez *pendriez* (id.).

Page 111, note 1. — Cette note contient plusieurs erreurs. L'évêché d'Agen n'appartenait plus à Mathieu Bandel (et non Bancel). Il avait été remplacé en 1555 par Janus Frégose (t. III, p. 390, note 1). — L'évêque de Grasse se nommait Jean Vallier et non Jean Valery. (Comm. de M. Tamizey de Larroque.)

Page 116, note 1, ligne 2, au lieu de *la Saintonge*, lisez *l'Agenais* (id.).

Page 120, note 3, au lieu de *Arnault le Ferron*, lisez *Arnault de Ferron* (id.).

Page 138, ligne 26, au lieu de *Martignes*, lisez *Martigues.*

Page 259, note 2. — 1560, Claude Regin était déjà évêque d'Oléron en 1558. (Comm. de M. Tamizey de Larroque.)

ERRATA ET RECTIFICATIONS.

Page 266, note, ligne 2, au lieu de *autographe*, lisez *originale*.

Page 266, note, ligne 5, au lieu de *n'est pas datée*, lisez *est datée du* 15 *février* 1563 (1564).

Page 285, note 3, ligne 8, au lieu de *Martinguerre*, lisez *Martin Guerre*.

Page 331, note 2, ligne 5. — Pierre d'Albret était évêque de Cominges avant son ambassade à Rome. (Comm. de M. Tamizey de Larroque.)

Page 333, pièce 110, ligne 6, au lieu de *Rapiz*, lisez *Rapin*.

LE TESTAMENT DE MONLUC.

NOTE DE L'ÉDITEUR.

Nous allions mettre sous presse, d'après une copie, le testament de Monluc, qui n'a été publié qu'en partie aux *Preuves de l'Histoire de la Gascogne*, de l'abbé Montlezun, quand nous avons été informé que M. Simon, avocat général à la cour d'appel de Pau, avait trouvé aux archives du château de Montaut, dans les papiers de Charlotte-Catherine de Monluc, dame de Montaut, une copie préférable à la nôtre, une expédition authentique du testament de l'auteur des *Commentaires*, augmentée d'un codicile inédit. M. Simon va publier cette importante pièce intégralement, pour la première fois. Nous renonçons donc a notre publication et nous recommandons aux membres de la *Société de l'Histoire de France*, celle de M. Simon.

LISTE DES DESTINATAIRES

DES LETTRES ET MÉMOIRES DE MONLUC

CONTENUS DANS CE VOLUME.

A. . . . . — mars ou avril 1570. . . . . p.	277
Agen (Consuls d'). — 30 septembre 1568.	125
18 mars 1569.	154
19 septembre 1569.	240
Albe (Duc d'). — 10 avril 1568.	123
Anjou (Duc d'). Voyez *Henri III*.	
Auch (Consuls d'). — 13 juillet 1565.	40
Bardachin. — 1566.	72
Beauclere (Nicolas de). — 10 janvier 1568.	108
Bellegarde (Roger de). — 7 août 1569.	207
Bordeaux (Jurats de). — 16 novembre 1568.	140
27 octobre 1569.	249
Bosc (Seigneur de). — Sans date.	329
Cassaigne (Seigneur de la). — 1er octobre 1567.	88
3 octobre 1567.	89
Id.	90
7 octobre 1567.	92
Id.	93
15 octobre 1567.	94
21 octobre 1567.	94
26 octobre 1567.	97
7 novembre 1567.	98
20 novembre 1567.	102
Catherine de Médicis. — Février 1564.	3
15 mars 1565.	18
12 juillet 1565.	37
22 avril 1566.	48

LISTE DES DESTINATAIRES

Catherine de Médicis. — 5 juin 1566................p.	54
8 juillet 1566....................	60
Id.	61
31 octobre 1568.................	136
4 septembre 1569...............	239
9 juillet 1570...................	289
Chappelle (Seigneur de la). — 13 novembre 1567............	101
Charles IX, roi de France. — 23 janvier 1564...............	1
Février 1564..................	3
5 mai 1566...................	49
19 mai 1566..................	52
20 juin 1566..................	58
25 juillet 1566................	64
23 août 1566..................	69
14 février 1567................	77
18 janvier 1568................	108
29 mars 1568..................	109
2 avril 1568..................	115
9 octobre 1568................	127
31 octobre 1568...............	131
9 novembre 1568..............	137
3 février 1569................	141
5 février 1569................	148
16 avril 1569.................	155
16 juin 1569..................	162
1er septembre 1569...........	233
4 septembre 1569............	237
18 octobre 1569..............	241
23 octobre 1569..............	246
8 novembre 1569.............	250
12 novembre 1569............	258
9 janvier 1570................	261
13 février 1570...............	265
Mars ou avril 1570............	269
7 juin 1570...................	279
8 juin 1570...................	281
22 juin 1570..................	286
9 juillet 1570................	287
25 décembre 1571............	290
4 mai 1573	295
1573 (?)......................	299
17 avril 1574.................	325
Chauny (Seigneur de). — 21 mai 1571....................	289
Daffis, premier président du parlement de Toulouse. — 22 oct. 1569.	244

Damville (Henri de Montmorency, s. de). — 31 décembre 1567. 105
26 mai 1569...... 159
2 juin 1569...... 164
14 juin 1569...... 166
25 juin 1569...... 168
28 juin 1569...... 175
1er juillet 1569... 176
2 juillet 1569.... 177
3 juillet 1569.... 178
Id. 180
5 juillet 1569.... 182
Id. 183
6 juillet 1569.... 184
7 juillet 1569.... 185
9 juillet 1569.... 188
10 juillet 1569.... 189
13 juillet 1569.... 190
14 juillet 1569.... 190
17 juillet 1569.... 192
18 juillet 1569.... 193
24 juillet 1569.... 195
Id. 196
29 juillet 1569.... 197
31 juillet 1569.... 201
2 août 1569..... 202
4 août 1569..... 204
5 août 1569..... 205
8 août 1569..... 209
12 août 1569..... 210
Id. 212
Id. 213
15 août 1569..... 215
21 août 1569..... 216
22 août 1569..... 218
23 août 1569..... 220
25 août 1569..... 221
Id. 221
26 août 1569..... 222
Id. 223
27 août 1569..... 225
29 août 1569..... 226
30 août 1569..... 229
31 août 1569..... 232
1er septembre 1569. 234

Gontaut, évêque de Condom (Robert de). — 2 mars 1565.. p. 10
　　　　　　　　　　　　　　　　　3 mars 1565..... 11
　　　　　　　　　　　　　　　　　4 mars 1565..... 12
　　　　　　　　　　　　　　　　　12 mars 1565..... 14
　　　　　　　　　　　　　　　　　Id. 16
　　　　　　　　　　　　　　　　　18 mars 1565..... 20
　　　　　　　　　　　　　　　　　8 mai 1565...... 22
　　　　　　　　　　　　　　　　　2 juillet 1565..... 35
　　　　　　　　　　　　　　　　　11 juillet 1565..... 36
　　　　　　　　　　　　　　　　　13 juillet 1565..... 41
　　　　　　　　　　　　　　　　　29 novembre 1565. 42
　　　　　　　　　　　　　　　　　Décembre 1565.... 93
　　　　　　　　　　　　　　　　　17 mars 1566...... 46
　　　　　　　　　　　　　　　　　9 avril 1566.. 47
Hautefeuille, grand prieur d'Auvergne (Jean Mottier de).—30 septembre 1568... 125
Henri III, roi de France. — 13 mars 1569................. 150
　　　　　　　　　　　　　　27 juin 1569.................. 171
　　　　　　　　　　　　　　18 juin 1570.................. 234
　　　　　　　　　　　　　　Vers janvier 1573............. 298
　　　　　　　　　　　　　　18 novembre 1574............. 326
Henri de Navarre. — 6 octobre 1567...................... 92
Jeanne d'Albret, reine de Navarre. — 6 octobre 1567......... 91
Lande (M⁰ de la). — 18 mars 1569........................ 154
　　　　　　　　　　19 septembre 1569................... 240
Lectoure (Consuls de). — 14 décembre 1565............... 44
　　　　　　　　　　　20 décembre 1565................. 45
Lussan (Seigneur de). — 4 août 1569..................... 203
Montauban (Consuls de). — 6 avril 1565.................. 20
Montaut (Baron de). — 25 octobre 1567................... 96
Noailles, évêque de Dax (François de). — 11 novembre 1567.. 99
　　　　　　　　　　　　　　　　　　　12 novembre 1567.. 100
　　　　　　　　　　　　　　　　　　　17 janvier 1568..... 107
Peyrecave (Seigneur de). — Sans date..................... 329
Philippe II, roi d'Espagne. — Juin 1565.................. 23
　　　　　　　　　　　　　　1566...................... 72
　　　　　　　　　　　　　　6 février 1567.............. 76
Romegas (Mathurin de Lescout de). — 9 décembre 1562...... 330
Toulouse (Capitouls de). — 7 mai 1565.................... 21
　　　　　　　　　　　　　31 mars 1567................. 83
　　　　　　　　　　　　　30 septembre 1567............ 87
Valette (Jean de Nogaret, baron de la). — 2 juin 1569....... 161

Lettres ou ordonnances de Blaise de Monluc, imprimées dans d'autres recueils.. 332
Ordonnance contre ceux qui n'ont fait leurs pasques. — 7 avril 1570... 278
Ordonnances, commissions et lettres patentes de Blaise de Monluc, qui n'ont pas été imprimées....................... 334

PIÈCES JUSTIFICATIVES.

Lettre de Bartolomeo Cavalcanti à J. B. Strozzi............ 342
Avis de Burie à Noailles................................... 342
Lettre de Charles IX à Monluc (octobre 1562)............... 343
Lettre de Monluc de Lioux à la reine....................... 344
Lettre de Jeanne d'Albret au connétable.................... 345
Contrat de mariage de Monluc et de Isabeau Paule de Beauville. 346
Lettre de Charles IX à Monluc (9 août 1566)................ 348
Lettre de Jeanne d'Albret à Monluc......................... 348
Lettre de Henri de Navarre à Monluc........................ 349
Lettres d'abolition en faveur de Monluc.................... 350
Dédicace des *Commentaires* à la noblesse de Gascogne...... 351
Lettre de Florimond de Remond au duc d'Épernon............. 353
Les enfants de Blaise de Monluc............................ 355
Tableau de concordance des anciens numéros des manuscrits de la Bibliothèque nationale, cités dans le cours de cet ouvrage, et des numéros actuels... 359
Errata et rectifications................................... 360

TABLE ANALYTIQUE.

A

Abadie (Nicolas d'), recommandé par Sainte Colomme pour la cure de Villefranche du Cayran, V, 47.

Abondio (Escarmouche de Santo), I, 443.

Absal, capitaine italien, I, 186. — Sa défaite, 188.

Acagnardi, amolli, affaibli, III, 142.

Acier, dit Galiot (Jacques de Genouillac, s. d'). Son désintéressement, I, 11; III, 505. — Défend Marseille, I, 108.

Acier (François Ricard de Genouillac, s. d'), commande l'artillerie au siége de Perpignan, I, 132. — Part pour l'Italie à la nouvelle de la bataille prochaine, 255. — Tué à Cerisolles, 256, 274.

Acier (Jacques de Crussol, baron d'), conduit l'armée des Provençaulx, III, 177; V, 129. — Chef des huguenots en Languedoc, IV, 183. — Au camp du prince de Condé, V, 138.

Affuste, endroit couvert, I, 355.

Agen pacifiée par Monluc, II, 340. — Prise par les huguenots, 351. — Abandonnée par eux, 450. — Devrait être le séjour du lieutenant du roi en Guyenne, III, 62. — États de 1569, 258. — Panique à l'approche de Mongonmery, 350. — Agen fortifiée par Monluc, 366, 468. — États de 1561, IV, 110. — Prise d'Agen par Monluc, 149. — Agen menacée par Pescaillon, 258. — Monluc y autorise une garnison de 100 hommes, 337. — Ordres de Monluc aux consuls et officiers du roi, V, 125, 154, 240, 332, 333, 334, 338, 340. — La ville prête de l'artillerie à Monluc, 125. — Expulsion des habitants qui n'ont point fait leurs pâques, 278. — Conseil tenu sur l'état de la ville, 280. — Entretien des arquebusiers agenais, 333.

Agen (Jehan d'), capitaine catholique, 1567, III, 101.

Aguilar (Marquis d'), capitaine espagnol en garnison à Raconigi, I, 191. — Escorte les Italiens envoyés à Fossan, 207. — Attaqué par Monluc, 212. — Fait prisonnier, 216.

Aignan (De Gout, s. de Saint-), délivre son frère Rouillac, II, 361.

Aiguillon (Prise d') par les huguenots, III, 364.

Aire fortifiée par Monluc. V, 217.

Albanais, corps de cavalerie, III, 108.

Albany (Jean Stuart, duc d'). Sa diversion sur le royaume de Naples, I, 70.

Albe, ville italienne. Siége d'Albe, I, 372. — Défendue par Bonnivet et San Pedro Corso, 374. — Monluc, gouverneur d'Albe, 394.

Albe (Ferdinand Alvarez de Tolède, duc d'), commande les Impériaux, II, 145. — Assiége Rome, 164. — Campe à Tivoli, 170. — Négocie secrètement avec le duc de Florence, IV, 96. — Monluc lui réclame des armes saisies à Middlebourg, V, 123.

Albêche (Thomas d'). Voy. *Elvesche*.

Albret, prince de Navarre (Charles d'), I, 89. — Sa mort, 102.

Albret (Pierre d'), évêque de Cominge, agent du roi d'Espagne, IV, 331, 338.

Albret (duché d'). Culte réformé pratiqué dans ce duché, V, 7.

Albuquerque (Alphonse de la Cueva, duc d') menace le Béarn, IV, 237.

Alençon (François, duc d'). Monluc lui conseille d'épouser la reine d'Angleterre, V, 319.

Alexandre le Grand (Devise d'), I, 321; III, 418.

Alexandrie, ville italienne. Prise d'Alexandrie, I, 77.

Alexis, capitaine grec, lieutenant d'Aurelio Fregose, II, 180.

Alien, aliene, étranger, I, 154, 158.

Allemands pendant le siége de Sienne (Mécontentement des), II, 66. — Sortent de Sienne, 68; IV, 42. — Discours de Monluc à ce sujet, II, 70. — Sont défaits, 74. — Discipline des reistres allemands, III, 368.

Allesme, chirurgien du roi, veut amputer le bras de Monluc, I, 82.

Allesme (Jehan), conseiller à la cour de Bordeaux, commissaire adjoint à Girard et Compain, II, 381. — Envoyé à Fumel, IV, 120, 128.

Altezza, château siennois, assiégé par Alvaro di Sendi, II, 206. — Repris par Monluc, 228.

Alvaire (Bertrand de Lostanges, s. de Saint-) au combat de Vergt, III, 35.

Amboise (Paix d'), 1563, III, 71; IV, 205. — Difficultés d'interprétation de l'édit de pacification, 213, 223. — Édit explicatif conseillé par Monluc, 359.

Ambres (François de Voisins, baron d') reçoit l'ordre d'assiéger Barselonnette, I, 128.

Ambros, capitaine romain, II, 171. — Accompagne Monluc à Marin, 179. — Rencontré par Monluc à Verceil, 246.

Ambrosio, citoyen siennois, dépêché par Monluc à Strozzi, IV, 42.

Amerighi (Le chevalier) écrit à la république de Sienne, IV, 33.

Amou (Baron d'), III, 404. — Attaqué par des agents de la reine de Navarre, V, 120. — Prisonnier à Navarrens avec Terride, 230.

Andelot (François de Coligny, s. d') au siége de Boulogne, I, 295. — Sauvé par Monluc, 303. — Arrêté et dépouillé de ses charges par ordre du roi, II, 255. — Signe la ligue de Mont-de-Marsan, III, 86.

Andezeno (Escarmouche d'), I, 428.

Andoufielle (s. d'), capitaine catholique à la prise de Mont-de-Marsan, III, 323.

André (Jacques d'Albon, s. de Saint-), maréchal de France, I, 255. — Assiste à la bataille de Serizolles, 262. — Prend la défense de Monluc au conseil du roi, 435, 439. — Fait prisonnier à la bataille de Saint-Quentin, II, 284. — Négocie la paix de Cateau-Cambrésis, 317. — Au conseil du roi, 1561, IV, 119.

André (Marguerite de Lustrac, dame de Saint-), II, 458.

Anglais. Secret de leur hardiesse, I, 322. — Menacent la Guyenne,

IV, 172, 269. — Mesures prises contre eux, 280.
Anglure (Baron d'), capitaine au siége de Thionville, II, 283.
Anime, pensée, I, 192,
Anjou (duc d'), voy. *Henri III*.
Annebaut, baron de Retz, amiral de France (Claude d'), fait prisonnier à Theroanne, I, 127. — Mentor du dauphin au siége de Perpignan, 132. — Présente un capitaine pour la compagnie de Golenes, 137. — Assiége Coni, 163. — Conduit Monluc au conseil du roi, 243. — Y donne son avis, 252. — Au siége de Boulogne, 296.
Annebaut (Jean, baron d'), fils du précédent, I, 256.
Antoine de Bourbon, roi de Navarre, II, 256. — Son expédition en Biscaye, 322; IV, 102. — Annonce à Monluc la blessure du roi, II, 326. — Lieutenant général du roi, 344. — Désigne particulièrement ses officiers aux sévérités de Monluc, 362. — Son premier voyage à la cour sous François II, IV, 107. — Reçoit un rapport de Monluc sur l'état de la Guyenne, 114. — Se réconcilie avec les Guises, 1561, 119.
Antonin (Saint-), ville du Rouergue, embrasse la réforme, IV, 184, 278. — Troubles persistant après la paix d'Amboise, 271. — Nécessité de raser ses murailles, 354. — Démantèlement de la ville, V, 18.
Antonio (Pedro), soldat italien, I, 382.
Antraigues, capitaine protestant, enrôle des soldats à la Plume, II, 351.
Anuict, cette nuit, I, 321.
Apats (Des), contrôleur huguenot, reçoit une commission de la reine, IV, 256.
Apporto (Comte Pedro), gouverneur de Fossan, I, 178. — Son entreprise sur Barge, 192. —

S'entend avec Gramignin, 195. — Son aveuglement, 200. — Arrive à Barge, 202. — Ses soupçons à la porte du château, 203. — Sa fuite, 203. — Blessé et fait prisonnier, 204. — Sa mort, 205.
Araignes, syndic de Condomois, III, 90.
Arbia-Rotta, village près de Sienne, II, 1. — Monluc s'y réfugie après sa sortie de Sienne, 105.
Arblade (s. d'), capitaine catholique, au siége de Mont-de-Marsan, III, 315.
Arbre de Cende, voy. *Sandi (Alvaro di)*.
Arces gayes, lances, I, 50.
Archer en 1522, I, 42.
Archives de l'empire contiennent des lettres de Monluc, IV, introd. VIII.
Ardres (Paix d'), I, 326; II, 132.
Ardvert. Prise de la presqu'île d'Ardvert, III, 155. — Synode tenu avec la complicité de Burie, IV, 247.
Argence (Cibar Tison, dit d'), capitaine catholique, commande la compagnie de Randan, 1562, II, 430. — Au combat de Vergt, III, 33.
Arjuzan, ville des Landes, attribuée par Monluc à l'exercice de la réforme, IV, 274.
Arlon (Prise d') par le duc de Guise, II, 297.
Armagnac (Georges d'), cardinal, ambassadeur à Rome, II, 15. — Reçoit Monluc à Rome, 123. — Conseille à Monluc de haranguer les Romains, 165. — Se plaint des désordres de Villefranche, 382. — Engage Monluc à aller au siége de Montauban, III, 58. — Lettres de Monluc, IV, 48, 373. — Fait demander un sauf-conduit au duc de Florence, IV, 92. — Appelle Monluc en Rouergue, 123, 184, — à Toulouse, 182. — Écrit à la reine mère, 216. —

Sa conférence avec Monluc et Damville à Terride, IV, 277. — Chargé de surveiller les passages de Cominge, 303, 307. — Accusé faussement d'avoir voulu former une nouvelle ligue catholique, 331, 335. — Se disculpe auprès de la reine, 345. — Prête un château fort à Monluc, 350. — Sa lutte avec les habitants de Montauban à propos de Caussade, 351, 357.

Armagnac (La noblesse d') écrit à Damville pour le prier de marcher contre Mongonmery, III, 350. — Cherche à dissuader Monluc de s'enfermer dans Agen, 358.

Arné (François d'), lieutenant de la compagnie du roi de Navarre, II, 388. — Mestre de camp dans l'armée de Burie, III, 29. — Au combat de Vergt, 33. — Capitaine de gens d'armes, 118. — Défend la Bigorre contre Mongonmery, 260. — Reconnait Mont-de-Marsan, 312. — Sa défaite et sa mort, 343. — Propose la lieutenance de sa compagnie à la Cassaigne, V, 102. — Fait la guerre en Périgord, 161. — Attendu par Monluc en Guyenne, 173.

Arpajon (s. d'), un des chefs huguenots à Lavaur et à Castres, IV, 138.

Arquebuserie (Invention de l'), I, 52.

Artiguedieu, cap., I, 140. — Blessé près de Tuchan, 141.

Artiguelouve, enseigne de Lautrec, I, 49. — Commande cinq enseignes gasconnes, 91. — Prend part à l'escarmouche de la Madeleine, 99.

Ascanio, lieutenant du comte Apporto, I, 178. — Vaincu par Monluc, 181.

Asdrubal, carthaginois, III, 143.

Aspremont, cap., envoyé au roi par Monluc, V, 109. — Recommandé par Monluc au roi, 283. — Envoyé au roi par Monluc, 293.

Astarac (Comte d'). Sa compagnie fait partie de l'armée de Damville, III, 306.

Assezat (Pierre d'), bourgeois huguenot, poursuivi par le parlement de Toulouse, III, 89 ; IV, 198.

Aubais (Marquis d'), possédait un manuscrit des *Commentaires*, I, introd. XXII.

Auban (Gaspard Pape, s. de Saint-), gouverneur du fort de Camolia, II, 17. — Reproches que lui adresse Monluc, 23. — Sort de Sienne, 103. — Rentre en France avec Monluc, 123.

Aubigeoux (Jacques d'Amboise, baron d'), colonel de légion, I, 109.

Aubigeoux (Louis d'Amboise, comte d'), fils du précédent, III, 306.

Aubin (s. de Saint-), cap. cath., à la prise de Mont-de-Marsan, III, 323.

Auch et ses environs occupés par la compagnie du maréchal de Thermes, II, 412. — Ordre de recevoir le cap. Monluc, IV, 196. — Ordre d'ouvrir une des portes de la ville, 348. — Ordre de recevoir les nouveaux consuls, V, 40. — Gardée par le baron de Montaut, 96. — Le clergé d'Auch reçoit de Monluc le conseil de prendre la fuite, 235. — Commissions aux consuls d'Auch, 332, 333, 337, 340.

Audaux (Arnaud de Gontaut, s. d'), II, 431. — Envoyé par Terride à Monluc, III, 279. — Rejoint Monluc, V, 145. — Lui conseille d'envoyer un personnage d'autorité en Béarn, 149, 232. — Ordres de Monluc, 218.

Audaux (s. d'), cap. hug., assiège Lectoure, III, 111.

Aumale (Claude de Lorraine, s.

TABLE ANALYTIQUE.

d'), général de la cavalerie, I, 342. — Au siége de Lans, 350. — Lieutenant de Brissac, II, 144. — Prend Vulpian, 153. — Intrigues autour de lui en Piémont, III, 127. — Monluc se recommande à lui, IV, 61. — Écrit à Damville par l'intermédiaire de Monluc, 309. — Pendant la guerre de 1568, V, 143.

Aumale (Henri de Lorraine d'), fils du précédent, armé pour la première fois par Monluc, II, 307. — Sa mort, 308.

Aurade (Marc-Antoine d'Ornesan, s. d'), II, 246. — Se met en embuscade à Guastalla, 250.

Aure (Pays d'). Exempté de loger gens de guerre, V, 341.

Auriocqui, cap. italien, I, 314.

Auriolle (Destruction des moulins d'), I, 109.

Aussan (Bâtard d') suit Monluc à l'escarmouche de Saint-Jean-de-Luz, I, 52. — Commande les arbalestriers, 53. — Sa mort, 59.

Aussun (Pierre d'), voy. *Ossun*.

Auxion (s. d'), cap., à l'escalade de Piance, II, 211. — Au siége de Thionville, 282.

Avanson (Jean de Saint-Marcel, s. d'), ambassadeur à Rome, II, 124. — Conseille à Monluc de haranguer les Romains, II, 165.

Avanson (s. d'), fils du précédent, à l'escalade de Piance, II, 209. — Blessé d'une arquebusade à la main, 217.

Aydie, baron d'Ognax (Bernard d'), reçoit l'ordre d'armer la noblesse de Marsan en cas de guerre civile, V, 340.

Aygua, cap. hug., en Rouergue, IV, 184.

Aymet (s. d'), cousin de Monluc, défend la Réole, II, 428.

B

Badet de Villeneuve, V, 332.

Baglione (Horace), commande les bandes noires, I, 90.

Baglione (Rodolphe) commande les lanciers florentins à la bataille de Cerisoles, I, 266. — Est mis en fuite, 273.

Baglione (Adriano), au siége de Thionville, II, 265. — Commande les enseignes du pape, IV, 71.

Bahus, cap. cath., surveille Mongonmery, III, 291. — Au siége de Rabastens, 410.

Bailherbas, guidon de la compagnie de Massès, V, 185.

Baiser la terre en allant au combat, III, 44, 46.

Bajordan, cap., cath., cité en exemple pour son désintéressement, I, 36. — Lève deux compagnies de gens de pied, 1562, II, 387. — Reçoit l'ordre de se jeter dans Toulouse, 392. — Au premier siége de Montauban, 410. — Au troisième siége de Montauban, III, 58. — Sa mort, 59.

Bajordan (Jehannot, bâtard de) poursuit et tue le comte Apporto, I, 203.

Balagny, voy. *Monluc de Balagny (Jean de)*.

Balaguier (s. de), frère de Monsalès, envoyé au roi, III, 186. — Revient de la cour auprès de Monluc, 196.

Balazergues, commissaire de l'artillerie, I, 411; II, 146.

Ballati (Jean-Baptiste), seigneur Siennois, IV, 34.

Ballati (Francisco), banquier Siennois, IV, 52.

Bandes noires italiennes. I, 89.

Bar (Estienne de), conseiller au siége de Dax, IV, 273.

Barate, maître d'hôtel de Monluc, III, 419; V, 339.

Baratnau (Jean de Monlezun, s. de), cap. de gens de pied cath., III, 16. — Au siége de Lectoure, 19.

Baratnau (Monlezun, s. de), frère du précédent, sauve Monluc au combat de Vergt, III, 50.

Baratnau (s. de). Ses excès vis à vis de la dame de Latour, V, 341.

Barberousse (Kair el Din, dit), commande l'armée turque, I, 143. — Repoussé devant Nice, 162.

Barbezieux (François de la Rochefoucault, marquis de), lieutenant du roi à Marseille, I, 107. — Permet à Monluc le coup de main d'Auriolle, 113. — S'attribue l'honneur de cette entreprise, 124. — Rival d'André Doria, III, 130.

Bardachin (Juan de), agent du roi d'Espagne près de Monluc, IV, 317. — Chargé de missions de Monluc pour le roi d'Espagne, 345, 361 ; V, 72.

Bardachin (Philippe), cap. espagnol, II, 420. — Au siége de Monségur, 445. — Recommandé par Monluc, IV, 318, 338. — Obtient sa grâce, 347. — Cap. de gens de pied, V, 122. — Présenté par Monluc au duc d'Anjou, 174.

Bardi (Augustin), seigneur siennois, IV, 34.

Barennes, archer de la garde du roi, I, 139.

Barge, ville d'Italie, I, 191. — Projets du comte Apporto, 192. — Ruse de Gramignin, 198.

Baron, cap. de gens de pied, I, 176. — Mène les corselets au combat de Sanfray, 208. — Attaque Castigliola, 219.

Baron (Le), colonel des Suisses amenés par le comte d'Enghien, I, 239.

Barral, poursuivi par le parlement de Toulouse, V, 89.

Barreles (Jean Cormery, dit), ministre réformé, offre un présent à Monluc, II, 348.

Barrières, cap. cath., signe la capitulation de Lectoure, IV, 167.

Barselonnette (Prise de), I, 130.

Barthélemy (Massacres de la St-), III, 520, 522.

Bartholoméo, cap. romain, II, 171.

Barton (Guillaume de), év. de Lectoure en 1562, IV, 166.

Basillac (Jean, baron de), cap. cath., reconnait Rabastens, III, 405. — Prisonnier avec Terride à Navarreins, V, 230.

Bassompierre (Christophe, baron de), général de l'artillerie à Sienne, II, 6. — Ses efforts à l'escalade du fort Camolia, 23, 26. — Au bombardement de Sienne, 61.

Bastardin, cap., raconte à Monluc la conspiration des Politiques, V, 325.

Baster, importer, I, 154.

Bastide (La), cap. cath., reçoit un cheval en don de Monluc, I, 20, III, 431. — A l'assaut de Rabastens, 422.

Bataille, le corps de bataille, III, 466.

Bavière, duc des Deux-Ponts (Wolfgang de), sa mort, V, 187.

Bayard, baron de la Fond et de Saint-Majuran (Gilbert), aux conférences de Leucate, I, 133.

Bayart (Pierre du Terrail, s. de), lieutenant du duc de Lorraine, I, 40.

Bayart, panier de terrassement, II, 250.

Bayaumont (François de Durfort, s. de), II, 387. — Envoyé pour apaiser la sédition des Espagnols, III, 25. — Porte à Damville les ordres du roi, V, 258. — Envoyé au roi par Monluc, 269.

Bayonne (Entrevue de), III, 80.

Bazas abandonnée par les huguenots, II, 442.

Béarmont (s. de), cap. cath., signe la capitulation de Lectoure, IV, 167.

Béarn (Baron de) commande cinq enseignes gasconnes, I, 91.

Beaucaire (s. de) suit Monluc

dans une charge aux portes de Montauban, II, 411.

Beauclerc (Nicolas le), trésorier de Monluc à Montalsin, I, 38. — A l'escalade de Piance, II, 215. — Chargé d'un recouvrement à Bordeaux, V, 53. — Transmet à Monluc une lettre du roi, 105. — Ordre de Monluc, 337.

Beaumont de Lomagne, garnison de la compagnie de Monluc, II, 361. — Se révolte en faveur de la réforme, 389. — Reçoit la compagnie de Terride, 412.

Beaumont (s. de), maréchal des logis du prince de Navarre, envoyé à Monluc, III, 452.

Beauville (François baron de), beau-frère de l'auteur, reçoit un cheval en don de Monluc, I, 120, III, 431. — Commission de Monluc, V 336.

Beauville, dame de Monluc (Ysabeau Paule de), voy. *Monluc (Y. P. de Beauville, dame de)*.

Bedeigne (Théodore), cap., entre dans Bene, I, 400. — Retourne à Savillan, 404.

Bedelhac (s. de), cap. cath., prisonnier à Navarrens avec Terride, V, 215.

Begolles frères, cap. hug., neveux de d'Ossun, III, 16. — Pris dans Terraube, 18. — Sauvés par Monluc, 24. — L'un des deux manque de surprendre le cap. Monluc, V, 343.

Bellay, s. de Langey (Martin du), historien loué par Monluc, II, 118.

Bellay (Jean, cardinal du) conseille à Monluc de haranguer les Romains, II, 165.

Bellegarde (Roger de St-Lary, s. de), lieutenant de de Thermes, I, 207. — Reçoit de Monluc l'ordre de se jeter dans Toulouse, II, 395. — Lieutenant de Monluc en Bigorre, III, 148. — Suit Monluc en Rouergue, 216. — Rentre dans son gouvernement, 230. — Défend Toulouse, 259. — Ses pouvoirs en Comminges, 265. — Prie Damville de marcher contre Mongonmery, 275. — Rallie Terride, 278. — Rallie Monluc, 294. — Envoyé par Monluc à Toulouse, IV, 135. — Injustice du roi à son égard, 143. — Sénéchal de Toulouse, 188. — Assiége le Mas d'Azil, V, 143. — Attendu par Monluc, 150. — Envoyé vers Cahors, 152. — Convoqué par Monluc pour marcher contre Mongonmery, 208. — Assiste à un conseil de guerre présidé par Monluc, 225. — Soumis aux ordres du président Daffis, 244. — Service qu'il aurait pu rendre contre Mongonmery, 254.

Bellegarde (Roger II, de St-Lary, s. de) fils du précédent, défend le Comminges contre Mongonmery, III, 260. — Ses lettres à Monluc, V, 260.

Belsoleil, cap., accompagne Monluc à Auriolle, I, 116.

Belzunce (s. de), gouverneur de Dax, IV, 200.

Bene, ville italienne, I, 166. — Assiégée par les Impériaux, 171. — Menacée par Gonzague, 395. — Défendue et ravitaillée par Monluc, 401.

Bene (Comte de), I, 171. — Garde la compagnie de Monluc dans sa ville, 173. — Trahi par son frère, 395. — Demande du secours à Brissac, 398.

Bene (Comtesse de), I, 397.

Beniquet, benet, IV, 248.

Benoist (E.) rapporte d'Italie des lettres de Monluc, IV, introd. VII.

Benquc (Paul de) se jette dans Casteljaloux, III, 298.

Bentivoglio (Cornelio), colonel des Italiens, I, 433. — Entre à Sienne après le combat de Marciano, 466. — Commande un fort à Sienne, II, 7. — à l'escalade du fort Camolia, II, 22. — Au bombardement de la ville, 58. — Négocie la capitulation de Sienne, 94. — Sort de Sienne, 101. — Au service du duc de Ferrare, 243. — Renonce à la charge de commissaire de l'artillerie, IV, 98.

Beraud (s. de) reçoit les tristes prévisions de Monluc après la mort de Henri II, II, 326.

Béraud (les fils du s. de) suivent Monluc à Lectoure, III, 103.

Bergerac, seigneurie promise à Monluc mais non livrée, II, 141. — Demantèlement de la ville, III, 233, V, 152. — Aux mains des réformés, IV, 355.

Bernardet, archer des gardes du roi, V, 287.

Bernardin (Francisco), voy. *Vimecarti*.

Bertrand (Jehan) garde des sceaux, reçoit la patente donnée par les Siennois à Monluc, II, 139.

Bertrand (Pierre), év. de Cahors, prisonnier de Duras, III, 26.

Besoles (s. de) du Condomois, blessé à l'assaut de Rabastens, III, 422.

Bibliothèque nationale (Classification de la), IV, introd., VII, V, 358.

Bicoque (Bat. de la) perdue par Lautrec, I, 45, III, 128.

Bidonnet, cap., à l'escalade de Piance, II, 211. — Envoyé par Terride à Toulouse, III, 59.

Bienviegner, faire bon accueil, I, 155.

Bieule (Manfrede de) chancelier de l'université, compromis à Cahors, II, 370. — Condamné à mort, 374. — Sauvé par Monluc, 377.

Biez (Oudart du) reprend la basse ville de Boulogne, I, 292. — Assiége la ville haute, 306. — Envahit le comté d'Oye, 311. — Trait de sa bravoure, 324. — Accusé d'avoir livré Boulogne, III, 133.

Binos, cap., enseigne de la compagnie de Bardachin, 1562, II, 445.

Birague (René de) chancelier de France, I, 224. — Cité en témoignage, 332. — Membre du conseil de Brissac, 397.

Birague (Valentine Balbiani, dame de) I, 338.

Birague (Ludovic de) s'empare de Crescentino, San Germano et Santhia, I, 225. — Son influence sur Brissac, 334. — Sauve Chieri du pillage, 338. — Gouverneur de Chevasso et de Verolenga, 359.

Biron (Jean de Gontaut, s. de) atteste le désintéressement de Germain de Bonneval, I, 12, III, 506.

Biron (Armand de Gontaut, baron de) envoyé au roi, I, 393. — Envoyé en Siennois, IV, 24. — Aux états d'Agen, 111. — Cité pour son influence en Guyenne, 116. — Sa lettre à Monluc, 149. — Ses maisons pillées, 158. — Calomnie Monluc, 159. — Informe Monluc que le roi ne veut pas de la paix, V, 194.

Biron (Foucault de) accompagne les vicomtes, V, 156.

Biscaye (Expédition du roi de Navarre en), II, 322.

Bisoignes, recrue, II, 458.

Bisque (Comte de) commissaire ordinaire des guerres, II, 27. — Défend la porte Ovile au siége de Sienne, 63.

Blacons (Jacques de Forest, s. de) un des défenseurs de Sienne, II, 24. — Favorise la sortie des Allemands, 68. — Sort de Sienne à la tête des arquebusiers, 103. — A l'escalade de Piance, 209. — Envoyé par Monluc à Chiusi, IV, 71.

Blancastel, cap. cath., commande 300 hommes à Mont-de-Marsan, IV, 200.

Blanquart (Bernard d'Ornezan, baron de Saint-) reçoit Monluc à Marseille, après le siége de Sienne, II, 130.

Blanquefort (Prise du château de) par Monluc et Burie, 1562, II, 441.

Blaye (siége de) projeté par Monluc, III, 251, V, 282. — Livré par des Royes à Mirambeau, V. 131. — Solde de la garnison, 333.

Blaynie (La) envoyé à Agen par l'év. de Condom, V, 20.

Blazimond (Bertrand de Lacombe, abbé de) répond à un discours de Monluc, III, 355. — Aux états d'Agen, IV, 112.

Bœry (Antoine), secrétaire de Monluc, envoyé à la reine, 1567, III, 87. — Contre-signe les actes de Monluc, IV, 167, 197. — Envoyé par Monluc à l'év. de Condom, V, 22. — Revient de la cour, 43.

Boge (Frédéric de) fait prisonnier à Pavie, I, 71.

Boisnormand (François le Gay, dit) ministre protestant, tente de corrompre Monluc, II, 350.

Boissonnade, bourgeois, aux états d'Agen, IV, 112.

Boisy (Claude Gouffier, marquis de) au conseil du roi, I, 243.

Boiteux (Le), le temps, II, 332.

Boivin, baron du Villars (François de) secrétaire de Brissac, II, 155.

Bonnas (s. de), cap. cath., signe la capitulation de Lectoure, IV, 167.

Bonnasse, consul de Tarbes, massacré en 1570, V, 341.

Bonnetade, salut, III, 510.

Bonneter, saluer du bonnet, III, 262.

Bonneval (Germain de). Son désintéressement, I, 11 ; III, 505.

Bonneval (Gabriel de) atteste le désintéressement de son oncle, I, 12 ; III, 506.

Bonneval, cap. hug., suit Pilles à Sainte-Foy, III, 210.

Bonnevin, cap. cath., blessé au combat de Vergt, III, 50.

Bonnivet (François Gouffier, s. de), colonel des gens de pied, I, 326. — Au siége de Chieri, 340. — Au siége de Lans, 345. — Envoyé à Mondovi par Brissac, 359. — Se jette dans Albe, 374. — Au siége de Cortemiglia, 408. — Enfermé dans San Iago, II, 144. — Cause des injustices faites au connétable de Bourbon, III, 130.

Bonnot (s. de), cap. cath , signe la capitulation de Lectoure, IV, 167.

Boque de Mar, voy. *Valgaudemar*.

Borde, cap., sollicite un prieuré dans l'évêché de Dax, V, 100.

Bordeaux, en proie aux troubles de religion, II, 347. — Menacée par les huguenots, 417. — Pacifiée par Monluc, III, 66. — Secourue par Monluc, 201. — Dévouée à son sauveur, 248. — Assemblée tenue sous la présidence de Monluc, IV, 219. — Règlement adopté pour la pacification de la ville, 228, 255. — Monluc demande le payement des gages de la garnison, 287, 290. — Interdiction de l'exercice de la réforme, 292. — Troubles à Bordeaux, V, 65. — Réclamation des huguenots, 71. — Fausse alerte à Bordeaux, 85. — Nouveaux troubles, 131. — Ordre de Monluc d'obéir aux lettres du roi, 140. — Les habitants se plaignent de l'archevêque, 157. — Ordre de Monluc de laisser passer le blé qu'il a vendu, 249. — Pionniers employés à la construction des murs, 340.

Bordeaux (Parlement de) gratifie Monluc de quelques biens confisqués, I, 16. — S'oppose à l'exécution des lettres de Jeanne d'Albret en faveur de la réforme, IV, 239. — Discours de Monluc, V, 333.

Bordet (s. du) échappe à Burie, II, 451. — Sa jonction avec Duras, III, 1.

Bordillon (Philibert de la Platrière, s. des Bordes et de). Son désintéressement, I, 11; III, 505.

Bordillon (Imbert de la Platrière, s. de), maréchal de France, atteste le désintéressement de son père, I, 12; III, 506. — Fait partie de l'expédition du comté d'Oye, I, 312. — Excite Monluc à se plaindre du duc de Guise, II, 259. — Au conseil du roi à Marchais, 309. — Désigné par Monluc pour assister à l'entrevue de Bayonne, IV, 363; V, 33.

Borgo (Ludovic de), cap. italien du parti impérial, IV, 11.

Bories (s. de), lieutenant de la compagnie du prince de Navarre en Guyenne, III, 183; IV, 260. — Favorise les huguenots, V, 67. — Recommandé par Monluc au roi, 117. — Avertit Monluc de l'approche des huguenots, 161.

Bosc (s. du), cap. hug. Ordre de Monluc de respecter les églises catholiques, V, 329.

Boucart (Jacques de), I, 137. — Proposé par le connétable pour la défense de Sienne, I, 436.

Bouche (Qui n'a argent en bourse fault qu'aye miel en), prov., III, 493.

Boucher (Arnould), secrétaire du roi à Rome, IV, 52. — Sert de banquier à Monluc, 54.

Bouillon (François de la Tour, s. de), gouverneur de Péronne, cité en modèle aux défenseurs de places, II, 118.

Boulogne (Prise de) par les Anglais, I, 291. — Assiégée par le dauphin, 292. — Reprise par les Français, 326.

Bourbon (Charles de), connétable de France, assiége Marseille, I, 66. — Livre la bataille de Pavie, 69. — Tué à Rome, 86. — Terreur que le souvenir de son invasion cause aux Romains, II, 169. — Injustices subies par ce prince, III, 129.

Bourbon (Charles, cardinal de) accompagne la reine à Toulouse, III, 79; V, 307. — A l'entrevue de Bayonne, V, 33.

Bourdaisière (Leonor de Babou de la). Sa mort au siége de Thionville, II, 278.

Bourg, cap., enseigne de Charry, II, 23.—A l'escalade de Piance, 211.

Bourg (Prise de) par Monluc et Burie, 1562, II, 440; IV, 149.

Bourg (Charles du Bec, s. de) marche au secours de San Damiano, I, 379.

Boutières (Guignes Guifred de), I, 107. — Présente son guidon à Monluc, 126. — Lieutenant du roi en Piémont, 126. — Sa haine pour de Thermes, 194. — Dresse un camp volant, 217. — Se met en campagne, 222.— Attaque le pont de Carignan, 226. — Ordonne la retraite, 235. — Se dirige sur Yvrée, 238. — Remplacé par d'Enghien, 239. — Se retire en Dauphiné, 239. — Commande l'avant-garde à la bataille de Cerisoles, 266.

Bouzet (Bernard du), s. de Roquepine, III, 387.

Boyer (Pierre) proposé par Monluc pour entretenir les chemins et ponts de Guyenne, V, 57.

Boyer (Guillaume), marchand de Bordeaux, chargé d'acheter des armes pour Monluc, V, 123.

Boys (Du), bourgeois toulousain, réfugié à Lectoure, IV, 166.

Bragelongue (Hierosme de), officier de finances en Guyenne, V, 339.

Branchier, pendre aux branches d'un arbre, III, 213.

Brassac (Montaut ou Galard de), III, 70. — Suit Monluc contre

les Provençaux, III, 184. — A l'assaut de Mont-de-Marsan, 325. — Reçoit un cheval en don de Monluc, 430. — Proposé par Monluc pour recevoir l'ordre de Saint-Michel, V, 116. — Reçoit des nouvelles des princes, 258.
Brassac (Président de), de Bordeaux, IV, 10.
Brassac (Prise du château de), par Mongonmery, V, 175.
Breauval (s. de). Certificat délivré par Monluc, V, 332.
Breuil, cap., amène un secours à Corbie, II, 312.
Breuil de Rais (François du), enseigne du cap. Baron, I, 176.
Breuille (La), maître d'hôtel de Damville, III, 359; V, 219, 256.
Bricquemaut (François de), gouverneur de San Damiano, I, 377.
Bridoire (Prise du château de), III, 241; V, 265.
Brignoles (Retraite de Montejean et de Boisy à), I, 457.
Brimont, cap. hug., assiége la Plume, II, 339. — Défend Lectoure, III, 21.
Brion (Amiral de), voy. *Chabot.*
Brissac (Charles de Cossé, s. de), commande les compagnies de Piémont, I, 132. — Envoyé en garnison à Cabestaing, 137. — Fait partie de l'expédition de la terre d'Oye, 312. — Lieutenant du roi en Piémont, 327. — Marechal de France, 329. — Prend Chieri, 331. — Entreprend le siége de Lans, 344. — Prend San Martino, Pont, Castelleto, Valperga, 358. — Reconnait Cortemiglia, 411. — S'oppose à l'envoi de Monluc à Sienne, 437. — Réclame Monluc au roi, II, 144. — Lettres de Monluc, IV, 96, 102.
Brissac (Timoléon de Cossé, premier comte de), fils du précédent, III, 422.

Broilly (s. de), II, 312.
Brosse (Jacques de la) négocie la capitulation de Thionville, II, 288.
Bruguière (s. de la), hug. Ses biens confisqués, V, 338.
Bruil, lieut. de Monluc à la bataille de Serizolles, I, 265. — Beau-frère de Salcède, 357.
Brun (Le), gentilhomme de la comtesse Palatine, cherche à corrompre Monluc, II, 373.
Bruniquel (François-Roger de Comminges, vicomte de), cap. hug., II, 397. — Calomnie Monluc, IV, 338. — Soutient la réforme en Quercy, 354.
Brusquin, hug., tué à la prise de la Roche-Chalais, III, 246.
Brusselles, bourgeois, paye les frais du baptême de Charlotte-Catherine de Monluc, V, 13.
Bugo, seigneurie du s. de Limeuil, V, 7.
Buonconvento, place du Siennois, I, 442. — Magasin principal des Impériaux, IV, 72.
Buoninsegni (Bernardino), enseigne des arquebusiers, II, 27.
Buoninsegni (Bartholomeo), seigneur siennois, IV, 34.
Burée (Jean de la Fillo.e, s. de), envoyé à Monluc par le roi, III, 119.
Burgos (Cardinal de), voy. *Mendoza.*
Burie (Charles de Coucy, s. de), conduit une expédition en Biscaye, II, 323. — Lieutenant du roi à Bordeaux, 340. — En suspicion à la cour, 344. — Donne une des églises d'Agen aux réformés, 352. — Penche pour la réforme, 365, 368. — Arrive à Fumel avec Monluc, 367. — A Cahors, 369. — Se jette dans Bordeaux, 386. — Défend la ville, 418. — Insinuation contre lui à propos du passage de la Garonne, 430. — Se met en campagne, 439. — Au siége de Monségur, 443. —

Prend la ville de Duras, II, 448.
— Ses tergiversations, III, 3. — Assiége en vain Mautauban, 14.
— Poursuit Duras en Périgord, 26. — S'oppose au combat de Vergt, 31. — Se résout à combattre, 38. — Rejoint le duc de Montpensier à Mucidan, 52.
— Partage avec Monluc le gouvernement de la Guyenne, 66.
—Tâche de pacifier la Guyenne, 1561, IV, 113. — Envoie Monluc de Lioux en Périgord, 118.
— Sa compagnie est composée d'hérétiques, 139 — Entrave l'activité de Monluc, 158. — Aide le duc de Montpensier, 174. — Réclamé en Guyenne, 212. — Plaintes de Monluc contre lui, 218. — Favorise la réforme, 231, 247. — Sa faiblesse, 349, 355. — Informe Noailles des mouvements de Begolles, V, 342.

Busquet, cap., reçoit l'ordre de ramener en Agenais les compagnies de gens de pied, V, 339.

C

Cabry, cap., porte secours à Monluc pendant la bat. de Serizolles, I, 268.

Cabry, neveu de Marignan, cap. ital. II, 75. — Préside à la sortie des troupes de Sienne, 101.

Cacheguerre, cap. ital., commande une compagnie de Siennois, IV, 74.

Cadreils (Jehan de Berrac, s. de) défend Moyrax contre Mongonmery, III, 371.

Cahors (Massacres à) par les catholiques, II, 343. — Répression de ces troubles, 369, IV, 128.

Caillac (s. de) commissaire de l'artillerie, I, 172. — Se jette dans Savillan, 173. — Commande l'artillerie au siége de Chieri, 336. — Au siége de Lans, 345.
— Reconnait Vulpian, II, 149.

— Au siége de Moncalvo, 157.
— Envoyé à Saint-Antonin et Millau, V, 18.

Cairas, voy. *Cherasco*.

Cajasso (Jean Galéas de Saint-Severin, comte de) commandant d'un fort à Sienne, II, 6. — Lieutenant de Bentivoglio pendant le bombardement de Sienne, 58. — Aide à la sortie des Allemands, 68. — Sort de Sienne, 101.

Calais (Escarmouche près de), I, 314. — Nouvelle escarmouche, 322. — Prise de Calais par le duc de Guise, II, 113. — Calais après le traité de Cateau-Cambrésis, IV, 103.

Calcagnini (Comte Théophile), au siége de Thionville, II, 265.

Calendrier réformé en 1563, IV, introd., x.

Callonges, cap. hug., assiége Casteljaloux, III, 298. — Combat contre Monluc, V, 227. — Envoyé à l'amiral Coligny, 229, 231.

Callonges, culte réformé pratiqué dans cette ville, V, 7.

Cambrer, valet d'intérieur, I, 289.

Camillus (Marcus Furius), dictateur romain, III, 141.

Camisade, assaut donné en chemise. Camisade de Piance, II, 216. — Donner une camisade, 413, 414.

Camolia (Porte et fort) à Sienne, I, 453. — Escalade du fort Camolia, II, 17, 19.

Campaigne (s. de), cap. cath., pillé par les huguenots, III, 215.

Campaigno (s. de), cap. cath., pillé par les huguenots, III, 215.

Campani (Camille) seigneur siennois, IV, 34.

Cançon (s. de) frère de la dame de Fumel, II, 368. — Se rend auprès de Monluc, 387. — Un des défenseurs de Bordeaux, 429. — A l'attaque de Lectoure,

III, 15. — Au combat de Vergt, 37. — Lieutenant des compagnies du cap. Monluc, 71. — Suit l'auteur contre les Provençaux, III, 183.

Candale (Devise d'un seigneur de la maison de), II, 215.

Candale, captal de Buch (Charles de) en Italie, I, 91. — Sa mort, 97.

Candale (Frédéric de Foix, s. de) accompagne le duc de Montpensier en Guyenne, III, 27. — Tombe malade, 27. — Accompagne Monluc à Bordeaux, 66.

Candale (Henri de Foix, s. de), fils du précédent, fait prisonnier par Duras, II, 419. — Son serment, 419. — Au combat de Targon, 432. — A la prise du château de Caumont, 441. — A l'attaque de Lectoure, III, 15. — Partage avec Monluc le gouv. de la Guyenne, 125, V, 104. — Combat Mongonmery au passage de la Garonne, III, 385. — Commande en Languedoc sous les ordres de Damville, V, 264.

Canebous (Philibert) gentilhomme de Savillan, I, 172.

Capdeville, cap. cath., signe la capitulation de Lectoure, IV, 167.

Capitaines doivent leur grandeur au roi, I, 8. — Leur ingratitude, 10. — Remontrance de Monluc : doivent éviter la passion du jeu, 30, — l'ivrognerie, 31, — la violence, 32, — l'avarice, 33, — l'improbité, 34, — la débauche, 39. — Importance d'un heureux début, 62. — Il faut louer le vrai mérite, 101. — Danger des retraites, 190. — La trahison est une arme à deux tranchants, 205. — Il faut supputer les démarches de l'ennemi, 222. — Des cas où il est permis de fuir, 236. — Doivent donner l'exemple aux soldats, 311. — Soins qu'ils doivent apporter dans les reconnaissances, 357, — dans la défense des places, 369, 370, 417. — Dangers de la jalousie, 394. — Doivent imiter Monluc, 406. — Du danger des moments perdus en capitulations, 421. — Il faut savoir suivre sa victoire, 467. — Danger des retraites devant l'ennemi, 470. — Remontrances aux capitaines de Sienne, II, 8. — De la défense des places, 30. — De l'art de remonter le moral des assiégés, 46. — Il faut quelquefois jouer d'audace, 96. — Monluc se cite en modèle aux gouverneurs de places, 107. — Il vaut mieux mourir sur la brèche que se rendre, 159. — Des reconnaissances, 176. — De la diligence nécessaire pour n'être pas surpris, 232. — Des soins à prendre des soldats, 235. — De l'ambition légitime, 254. — De l'ordre à suivre dans les tranchées, 271. — De la promptitude, 294. — De la magnificence et de la générosité, 306. — De la diligence dans les marches, 315. — Doivent imiter la diligence de Monluc, 1562, 406. — Doivent encourager le zèle des inférieurs, 415. — Dangers d'une trop grande timidité, III, 12. — Doivent imiter la conduite de Monluc au combat de Vergt, 54. — Les capitaines de gens d'armes ne connaissent pas l'art des sièges, 60. — De la promptitude dans l'exécution, 116. — Danger des pourparlers avec l'ennemi, 165. — Doivent étudier le caractère des subordonnés, 206. — Des reconnaissances, 237. — Doivent éviter la méprise de Monluc sur les projets de Mongonmery, III, 261, — mettre de côté le faux amour-propre, 277, — imiter la diligence de Mongonmery, 284, — prendre exemple sur la conduite de Monluc à Agen, 356, —

ne pas se livrer à la rancune, 361. — Les trois qualités d'un assiégeant, 417. — Il faut savoir se faire aimer, III, 429, — être généreux, 430, — ne pas s'exposer inutilement, 435. — Crimes commis par les capitaines pendant la guerre civile, V, 301.

Caraffa (Charles), cap. italien, entre à Sienne, II, 4. — Devient cardinal et demande Monluc au roi, II, 164. — Arrive à Sienne, IV, 12. — Négocie un traité avec les ducs d'Albe et de Florence, 96.

Carbajac (Johan de), cap. esp., amène dix enseignes en Guyenne, 1562, II, 453.

Carbajac (Louis de), neveu du précédent, capitaine espagnol, amène trois compagnies en Guyenne, 1562, II, 452. — Au combat de Vergt, III, 42. — Suit en France le duc de Montpensier, 57.

Carbayrac, cap., gouverneur de Grosseto, II, 239.

Carbon, s. de Montpezat (Jean de), enseigne de la compagnie de Lescun, I, 47. — Conduit à St-Jean-de-Luz les compagnies de Lescun et de Lautrec, 48. — Les compromet dans un combat, 50. — Reproches de Lautrec, 60. — Sa mort, 76.

Carcez (Jean de Pontevez, comte de), I, 211.

Care, visage, I, 378.

Cargue (Prendre la), prendre la fuite, I, 236.

Carignan, ville italienne. — Prise par le marquis du Guast, I, 184. — Rupture du pont de Carignan, 227. — Prise de Carignan par Boutières, 237. — Se rend après la bataille de Serizolles, 286. — Révélations de Colonne sur le siége de 1543, 288. — Retraite de d'Ossun, 457.

Carlos d'Espagne, fils de Philippe II, peu propre à la guerre, II, 320.

Carlus (François d'Aydie, s. de) commande la compagnie de la Vauguyon, II, 430. — Au combat de Vergt, III, 33.

Carmagnolles, ville ital., défendue par Monluc et Vassé, I, 377.

Carracon, navire incendié, I, 307.

Carricou, cap. espagnol, gouverneur de Buonconvento, II, 201. — Prisonnier de Monluc, 207.

Carroux (Faire), boire, II, 33.

Casal (Bruit de la prise de), IV, 49.

Caselle, ville ital., défendue par Monluc, I, 362.

Cassaigne (s. de la), gouverneur de Lectoure, III, 106. — Lettres de Monluc, V, 88, 89, 90, 92, 93, 94, 97, 98, 102. — Nommé gouverneur de Lectoure, 90, 335. — Ses exigences pour ses gages de gouverneur, 98. — Accepte la lieutenance de la compagnie de d'Arné, 108. — Reçoit des biens confisqués sur les huguenots, 337. — Lieutenant de la compagnie de d'Arné, 338.

Casseneuil (François de Pellegrue, marquis de) suit Monluc contre les Provençaux, III, 184. — Au siége de Mont-de-Marsan, 305. — Proposé par Monluc pour l'ordre de St-Michel, V, 116. — Défend le Quercy, 245.

Casteljaloux, cap. de gens de pied, I, 287.

Castella (Étienne de Bonnaire, s. de) commande cinq enseignes de gens de pied, III, 269. — Au siége de Mont-de-Marsan, 305.

Castelleto, ville ital., prise par Brissac, I, 358.

Castelmoron, culte réformé pratiqué dans cette ville, V, 7.

Castelnau (Bernard de Montaut, s. de) conseille à Monluc d'aller en Italie, I, 41.

Castelnau (s. de), cap. hug., tâche de prendre Lectoure, III, 111.

Castelnau (s. de), gouverneur de Montpellier, III, 391.

Castelnau Magnoac, ville de la Bigorre, exemptée de loger gens de guerre, V, 341.

Castelpers (Raymond de), vic. de Candars, accompagne Monluc à Auriolle, I, 116.

Castel-Sacrat (s. de), cap. hug. à l'escalade de Piance, II, 211. — Au siége de Thionville, 282. — S'empare d'Agen, II, 351. — Donne à Brassac des nouvelles des princes, V, 258.

Castel-Vieil (Escarmouche de), 1562, II, 422.

Castera, cap. de gens de pied, V, 151.

Castetz (s. de), tué à la prise de Lectoure, III, 23.

Castex (s. de), III, 299.

Castigeac, cap., I, 318.

Castigliole, ville italienne, I, 217. — Tentative de de Thermes, 217.

Castille de Navarre commande les enfants perdus à la bataille de Pavie, I, 72.

Cateau-Cambrésis (Paix de), II, 318. — Fêtes à cette occasion, 324. — Retour sur cette paix, III, 231.

Cathelin Jehan, maître de la poste à Lyon, II, 253.

Catherine de Médicis, reine de France, reçoit Monluc à son retour de Sienne, II, 138. — Son aveu à Monluc sur les suites de la bataille de Dreux, II, 331; III, 79, — après la mort de François II, II, 336. — Écrit à Monluc une lettre désespérée. 416. — A Toulouse, III, 78. — Convoque Monluc au conseil de Mont-de-Marsan, 82. — Repousse ses propositions sur la Rochelle, 169. — Sa confiance en Monluc, 521. — L'appelle à Paris, 531. — Lettres de Monluc, IV, 110, 114, 126, 131, 142, 146, 148, 154, 155, 157, 167, 169, 176, 177, 179, 182, 185, 197, 205, 216, 219, 232, 234, 239, 254, 255, 262, 268, 282, 286, 290, 305, 310, 311, 315, 328, 348, 357, 360. — Se réconcilie avec les princes, 1561, IV, 119. — S'efforce de pacifier la Guyenne, 147. — Envoie Malicorne en Guyenne, 155. — Donne une sauvegarde aux huguenots qui déposent les armes, 157. — Traite impartialement les deux religions, 250. — Ordonne à Monluc de combattre les Anglais, 269. — Sa chute et sa blessure, 277. — Bruits de sa mort répandus en Guyenne, 283. — Projets de voyage en France, 305. — Lettres de Monluc, V, 3, 19, 37, 48, 61, 136, 239, 289. — Communie à Bordeaux, 24. — S'assure de Lyon, 25. — Repousse le concile national, 27. — Sa faiblesse pour les huguenots, 72. — Confie à Monluc ses angoisses sur l'issue de la bataille de Dreux, 307.

Catholiques. Crimes commis par les catholiques pendant la guerre civile, 299.

Caubios, baron d'Andiran, relève Madruzzo après la bataille de Cerisoles, I, 278.

Caucin (s. de), frère du capitaine Sendat, V, 200.

Caumont (François Nompar de), II, 386. — Poursuivi par Monluc, 413. — Recommandé au connétable, IV, 53. — Assiste aux états d'Agen, 111. — Cité pour son influence en Guyenne, 116. — Devient huguenot, 152. — Dénonciation de Monluc contre lui, V, 146.

Caumont (Geoffroy de), protonotaire, abbé de Clairac, cherche querelle à Monluc, II, 371. — Huguenot, IV, 118.

Caumont de Mirandes (s. de), solliciteur à Cahors en faveur de de Bieule, II, 370.

Caumont (Prise du château de)

v — 25

par Monluc, 1562, II, 441; IV, 152.

Cauna (Jean de), cap. de gens de pied, I, 63.

Caupène (Marguerite de), dame de Monluc, voy. *Monluc*.

Caupène (François de) à San Damiano, I, 389.

Cauret, gentilhomme du parti catholique en Auvergne, V, 126.

Caussade, ville de Quercy (Escarmouche de), 1562, III, 4. — Duras et Bordet campent dans cette ville, 5. — Monluc veut les y forcer, 6. — Burie refuse, 8. — Duras quitte Caussade, 9. — Caussade attaquée par les huguenots de Montauban, IV, 351, 357.

Caussens, cap. cath. Son désintéressement, I, 36. — Envoyé par le duc d'Anjou au roi, V, 194.

Cauterane (s. de). envoyé par Monluc au roi, V, 258.

Cautelle, ruse, I, 151.

Cauvisson, cap., commande une légion du Languedoc, I, 109.

Cavagne, conseiller au parlement de Toulouse, répand en Guyenne la nouvelle de la mort de la reine mère, IV, 285.

Cavain, chemin creux, I, 180, 322.

Cavalcanti (Bartholomeo), citoyen siennois, II, 34, IV, 15. — Prévient l'effet des trahisons de Piedro, 78. — Sa lettre à Strozzi, V, 342.

Cavelimour, ville italienne, I, 175. — Embuscade de Monluc, 179.

Cavery (s. de), cap. cath., proposé par Monluc pour recevoir l'ordre de Saint-Michel, V, 116.

Cavriano (Émile), cap. italien, un des défenseurs de Sienne, IV, 12.

Caylus (Antoine de Levis, comte de) chargé de porter l'édit d'Amboise en Languedoc, IV, 208. — *Répond de la tranquillité du Languedoc*, 279. — Chargé d'avertir Monluc des prises d'armes du parti catholique en Rouergue, V, 126.

Caze (s. de la), frère de Mirambeau, cap. hug., prend Aiguillon, III, 364.

Cazelles (Mongayral, s. de), au combat de Vergt, III, 47.

Cende (Arbre de), voy. *Sandi (Alvaro di)*.

Cental (Antoine de Boulliers, s. de), gouverneur de Cherasco, I, 168. — Renseigne Monluc sur les mouvements des Impériaux, 173. — Surprend les Italiens envoyés à Fossan, 208. — Suit d'Ossun au siége de Cherasco, 333.

Cercamp (Conférences de), 1558, IV, 103.

Ceri (Ranzo di) défend Marseille, I, 68.

Cerisolles (Bataille de), I, 258. — Suites de la bataille, 285. — Racontée au roi par Monluc, 325. — Retour sur cette bataille, III, 491.

César de Naples prend San Martino, I, 370. — Attaque vainement San Damiano, 390. — Tué à Vulpian, II, 151.

Ceva, ville italienne, prise par Vassé et Gordes, I, 358. — Reprise par les Impériaux, 362. — Assiégée et prise par Brissac, 420, 427.

Chabannes (Jacques de), s. de la Palisse, tué à la bataille de Pavie, I, 72.

Chabot (Philippe de), amiral de Brion, défend Marseille, I, 68. — Fait prisonnier à la bataille de Pavie, 72.

Chaffre, par chaffre, III, 50.

Chaloir, qu'il ne m'en chaloit point, I, 314.

Chamade (Faire la), I, 357.

Chamans (Saint-), cap., voy. *Chemans*.

Chambres (Jehan), charpentier, chargé de la construction du château d'Estillac, V, 335.

Chanterac (La Cropte, s. de), cap. hug., III, 238.

Chappe à l'évêque (Se disputer de la), I, 372.

Chappelle (Antoine Lanusse, s. de la), otage pour la capitulation de Lectoure, III, 22. — Vice-sénéchal d'Armagnac, 113. — Entre dans Lectoure, IV, 164. — Envoyé pour pacifier la querelle de Solan et de Roquemaurel, V, 79. — Ordres de Monluc relatifs à la cotisation de Lectoure, 101. — Envoyé à Auch pour préparer des vivres, 219.

Chappelle-Lauzières (Antoine-Gilibert de Cardaillac, s. de la), marche contre les Provençaux, III, 180. — Tient tête aux vicomtes en Quercy, 259. — Au siége de Mont-de-Marsan, 305. — Reconnait la ville, 312. — Investi par Monluc des fonctions de sénéchal du Quercy, V, 162. — Attendu par Monluc pour marcher contre Mongonmery, 208. — Se rend à Moissac, 252.

Charbonnier maître en sa maison, prov., III, 482.

Charche (La) envoyé à Turin, I, 173.

Charles le Téméraire assiége Nancy, III, 464.

Charles I, duc d'Anjou, père de saint Louis; ses droits sur le royaume de Naples, III, 232.

Charles IX, roi de France. Son avénement, II, 337. — Appelle Monluc à son secours, 385. — Arrive à Toulouse, III, 78. — Annonce la guerre à Monluc, 119. — Son attitude à la journée de Meaux, 159. — Ordonne à Monluc de rejoindre le duc de Montpensier, 183, 196. — Ses reproches à Monluc, 397. — Sa mort, 530. — Sa lettre à Monluc, 539. — Lettres de Monluc, IV, 120, 127, 132, 203, 277, 302, 333, 341, 350. — Envoie à Fumel une commission de justice, 120. — Se plaint des relations secrètes de la noblesse avec les princes étrangers, 302. — Se rend à Lyon, 346. — Lettres de Monluc, V, 1, 3, 49, 52, 58, 64, 69, 77, 108, 109, 115, 127, 131, 137, 141, 148, 155, 162, 233, 237, 241, 246, 250, 258, 261, 265, 269, 279, 281, 286, 287, 290, 295, 325. — Son voyage à Montauban, 13, à Agen, 17. — Son orthodoxie, 24. — Songe à interdire l'exercice de la réforme, 26. — Défend aux capitaines de sortir en armes du royaume, 70. — Envoie à Monluc des lettres patentes pour lever des impositions en Guyenne, 106. — Accuse Monluc de lenteur, 281. — Lettres de Monluc, V, 334. — Ses instructions à l'occasion de l'expédition du cap. Monluc, 348.

Charles-Quint, empereur, I, 43. — Veut reprendre Fontarabie, 46. — Assiége Marseille, 107. — Ses menées à Constantinople, 144. — Sa haine pour la France, 151. — S'empare du Milanais, 152. — S'allie aux hérétiques allemands, 154. — Traverse la France, 155. — Refuse l'arbitrage du pape, 158.

Charny (Léonor Chabot, comte de) en Italie, I, 343. — Au siége de Lans, 351.

Charry (Jacques Prévost, s. de) appelé par Monluc à la Cisterne, I, 381. — Ravitaille San Damiano, 383. — Fait prisonnier, 392. — Combat à côté de Monluc, 423. — A l'escarmouche de Santo Abondio, 445. — A l'escalade de la porte Camollia. II, 25. — Favorise la sortie des Allemands, 68. — Négocie la capitulation de Sienne, II, 94. — Sort de Sienne à la tête des arquebusiers, 193. — Envoyé à Rome, 163. — Combat à l'escarmouche de Tivoli, 171. — Au siége d'Ostie, 190. — A Ghiusdino, 227. — Lève deux compagnies de gens de pied, 1562, 387. — Se met en campagne contre les Huguenots de Toulouse, 396. — Au 1er siége de Montauban, 410. — Marche contre Duras, 431. — A la prise de Monségur, 445. — A la prise de Penne, 453. — Mestre de camp dans l'armée de Burie, III, 29. — Au combat de Vergt, 33. — Commande la garde du roi, 54. — A Sienne, IV, 24. — Réclamé par Monluc, 91, 119. — Garantit Toulouse, 135. — Chargé de signifier la retraite de Monluc, 294. — Sa mort, 311.

Charry (s. de), frère de Jacques de Charry, tué à l'assaut de Cherasco, I, 333.

Chartres (François de Vendôme, vidame de), I, 256. — Au siége de Boulogne, 303. — Cité, IV, 99.

Chassauldy, cap. hug., à Monhurt, III, 363.

Chastagny (s. de) accompagne les princes de Guise à Moncalier, IV, 4.

Chasteigneraye (François de Vivonne de La), I, 305, 460. — Assiste au siége de Vulpian, II, 151. — Son duel avec Jarnac, III, 138.

Chastellier Portaut, assassin de Charry, IV, 310.

Chastillon (Jacques de Coligny, s. de). Son désintéressement, I, 11, III, 505.

Chastillon (Odet de) cardinal, au conseil privé du roi, IV, 295.

Chaumont (s. de St-), gentilhomme du parti catholique en Auvergne, V, 126.

Chauny (s. de), chargé par Monluc de retirer l'artillerie d'Agen, 289.

Chaux, cap., I, 322.

Chaux (Antonin de) au siége de Rabastens, III, 412.

Chavigny (François le Roy, s. de) reçoit l'ordre d'assiéger Barsalonnette, I, 128. — Défend San Damiano, 377. — Accompagne le duc de Montpensier en Guyenne, III, 27. — Envoyé à Montmorency, IV, 7.

Chazetes, trésorier, reçoit commission de tenir les états, V, 42.

Chemans (François Erraut, s. de), chancelier, I, 139.

Chemans, cap., neveu du chancelier, I, 139. — Blessé, 141. — Tué à la bat. de Cerisolles, 256.

Chemeraut (Emeric de Barbezières, s. de) apporte à Monluc les ordres du duc d'Anjou, III, 216.

Chepy (Baron de) assiste au siége de Cherasco, I, 332. — A la défense de Caselle, 364. — A la défense d'Albe, 374. — Tente de ravitailler San Daniano, 389. — Nommé mestre de camp sur la demande de Monluc, 394. — Revient de la cour, 405. — Au siége de Vulpiano, III, 149.

Cherasco, ville ital., I, 167. — Combat et victoire de Monluc, 168. — Attaque de Cherasco par d'Ossun, 332.

Chevance, biens en général, I, 156.

Chevaux de guerre (Rareté des bons), III, 484.

Cheverny (Hurault de), chancelier, V, 296.

Chiaramonte (Francesco di), colonel de bandes italiennes, I, 366. — A l'escarmouche de Santo Abondio, 447. — Gouverneur de Grosseto, II, 125. — Appelé par Monluc à Pagamegura, 198. — Demande à retourner à la cour, IV, 70.

Chieri (Siége de) par Brissac, I, 331, 334. — Conseil de guerre, 334. — Avis de Monluc, 335. — Capitulation de la ville, 338.
Choisnin, secrétaire de Monluc de Valence, III, 379.
Chrétiens (Princes) peuvent s'aider d'armées infidèles, I, 145.
Christie (s. de Ste-) désigné comme un des défenseurs d'Auch, V, 96.
Chuzi, voy. *Ghiusdino.*
Cinucci (Jacomo), seigneur siennois, IV, 88.
Circonder, entourer, II, 450.
Clairac (Synode de), 1561, IV, 118, V, 7.
Clar (Arnaud de St-), sergent de Monluc, I, 266.
Classe (s. de), fils et lieutenant de Vassé, I, 378.
Clermont (Bertrand Isalguier, baron de) neveu et cornette de Monluc, II, 203. — A l'escalade de Piance, 209. — Défait une compagnie italienne de Sienne, 228. — Lève une compagnie de gens de pied, 1562, II, 387. — Reçoit de Monluc l'ordre de se jeter dans Toulouse, 392. — Au 1er siége de Montauban, 410. — Au combat de Targon, 437. — A la prise de Gironde, 442. — Au siége de Penne, 456. — Au siége de Terraube, III, 17. — Envoyé à Burie par Monluc, 26. — Au combat de Vergt. 33. — Prend cinq enseignes aux huguenots de Toulouse, IV, 137. — Envoyé à la reine, 182. — Sa mort, 331.
Clermont de Lodeve (Guy de), s. de Castelnau, sénéchal de Toulouse, V, 173. — Écrit à Monluc, 280. — Au camp du duc d'Anjou, 296.
Cleyrac, cap. envoyé par Damville à Caseres, III, 309.
Cloison, montagnes, défilés, III, 143.
Clotte (La) donne à Monluc l'enseigne de sa compagnie, I, 47.

— Reçoit l'ordre d'aller à Bayonne, 48.
Coligny, amiral de France (Gaspard de) atteste le désintéressement de son père, I, 12, III, 506. — Cité, I, 256. — Fait dresser un hôpital militaire à Metz, II, 296. — Signe la ligue de Mont-de-Marsan, III, 86. — Prépare la guerre de 1567, 89. — Chef réel des Huguenots, 252. — Au conseil privé du roi, IV, 295.
Coligny et les princes se retirent en Guyenne, III, 347. — Font dresser un pont de bateaux au Port Ste-Marie, 372. — Se joignent à Mongonmery, 384. — Se dirigent sur Toulouse, 388. — Marchent pour rejoindre le duc des Deux-Ponts, V, 159. — Campent à St-Yriex, 169. — Campent vers Gornac et Thiviers, 177. — Demandent la paix, 194. — Ne veulent pas passer la Garonne, 201. — Arrivent à Montauban, 253, 261. — Pillent les environs de Toulouse, 268. — Appellent tous les réformés sous les armes, 281.
Colineau, ancien receveur du taillon de Bordelais, IV, 289.
Colombier, cap. cath., secourt Caussade, IV, 352.
Colomme (Antoine de Lomagne, s. de Ste-), marche contre les Provençaux, III, 178. — Massacré à Navarreins, 328. — Apporte en Guyenne l'édit de paix, IV, 207. — Attend de nouveaux ordres, 217. — Envoyé par le roi à Monuc, V, 139. — Chargé d'une mission en Béarn, 145. — Prisonnier de Mongonmery avec Terride, 215. — Sa mort, 230.
Colomme (Jean de Montesquiou, s. de Ste-) reconnait Rabastens, III, 404.
Colonna (Pierre), gouverneur de Carignan, I, 190. — Défend le pont de la ville, 230. — Ses aveux à Monluc à ce sujet, 238.

— Prisonnier après la prise de Carignan, I, 288.
Colonna (Marc-Antoine) arrive à Marin, II, 178. — Coup de main manqué par Monluc contre lui, 179.
Combas (Louis Pelet, baron de) porte à Monluc la nouvelle de la défaite de Marciano, I, 465. — Réclamé par Monluc, IV, 11, 15. — A Sienne, 24.
Combes, vice-sénéchal de l'Agenais. — Plaintes de Monluc contre lui, V, 8.
Comborcier (s. de), lieutenant de St-Auban, II, 20.
Comite, comte, II, 128.
Commentaires écrits avant 1572, I, introd., iv. — Imprimés en 1592, vii. — Avis au lecteur de première édition, viii. — Fautes de cette édition, ix. — Les éditions subséquentes, xiv. — Sont traduits en anglais et en italien, xv. — Nos manuscrits, xvii. — Mss. appartenant à Balagny, xx. — Mss. du marquis d'Aubais, xxii. — Plan de la présente édition, xxiv. — De l'orthographe des *Commentaires*, xxv. — De l'indication des dates, xxviii. — Pourquoi Monluc écrit ses *Commentaires*, 3. — Début des *Commentaires*, 25. — Dédiés à la noblesse de Gascogne, V, 351. — Manuscrit des *Commentaires* mal conservé par les héritiers de l'auteur, 354.
Comminges (Comté de), dépend du gouvernement de Guyenne, V, 204.
Commission (Lettres de) inutiles à publier, IV, introd., ii.
Compagnies d'ordonnance; leur organisation, III, 134, 135.
Compain (Nicolas), conseiller au grand conseil, envoyé en Guyenne en qualité de juge commissaire, II, 346. — Penche vers la réforme, 364. — A Cahors, 369. — Menacé par Monluc, 377. — Prend la fuite, 384. — A Cahors, IV, 121. — Huguenot, 128.
Compay, cap., porte secours à Monluc à St-Jean de Luz, I, 56.
Concault (s. de) envoyé par la reine à Monluc, IV, 114.
Concino (Bartholomeo), secrétaire du duc de Florence, négocie la capitulation de Sienne, II, 100.
Condé (Louis de Bourbon prince de) en Italie, I, 342. — Au siége de Lans, 350. — Au siége de Vulpian, II, 150. — Cherche à attirer Monluc à son parti, 326. — Se saisit d'Orléans, 384. — Signe la ligue de Mont-de-Marsan, III, 86. — Cause des guerres civiles, 140. — Sa mort, 230. — Confie ses desseins à Monluc, 521. — Publie les lettres de la reine mère, 521. — Envoie un gentilhomme porteur des articles de paix, IV, 217. — Huguenot peu zélé, 320. — A Blois, V, 116. — Son peu de forces, 127. — Se rend à Confolant, 128. — Assiége Angoulême, 128. — Menace Bordeaux, 133. — Se rend avec son armée à Larochefoucault, 137.
Condom, ville, occupée par la compagnie du roi de Navarre, 1562, II, 388. — Prêches autorisés aux faubourgs, IV, 257. — Réclamations des habitants, 262. — Arrivée prochaine du roi, V, 41.
Condom (Évêché de) promis à Monluc de Valence, IV, 312, 313. — Réclamé par Bl. de Monluc après la mort du titulaire, 360, V, 13, 22, 36, 43.
Condomois (Syndic de), envoyé à la reine par Monluc, V, 48.
Coni (Siége de) par d'Annebaut, I, 163.
Conniller, au fig., faire le poltron, II, 295.
Conseil, cap., reçoit un cheval en

don de Monluc, I, 20, III, 431.
— Envoyé à Strozzi pendant le siége de Sienne, II, 66. — A l'escalade de Piance, 211. — Au siége de Thionville, 282. — Porte au roi la nouvelle de la révolte de la Guyenne, 388. — Son retour, 416. — Porte à Monluc une lettre du roi, IV, 133.

Constant (s. de) gentilhomme du parti catholique, V, 152.

Coquin, gueux, pauvre, I, 86, II, 380, IV, 23.

Coras (Jean de), conseiller au parl. de Toulouse, porte en Guyenne la nouvelle de la mort de la reine mère, IV, 285.

Corbie secourue par Monluc, II, 309.

Corde (s. de), gentilhomme de St-Mezard, II, 362.

Cordouan (Tour de), réparations nécessaires, V. 71.

Cordoue (Gonzalve de), III, 503.

Corna (Ascanio della), capitaine italien du parti espagnol, II, 175. — Surprend Monluc près de Marin, 182.

Corne, capitaine, lève une compagnie de gens de pied, 1562, II, 387. — Reçoit de Monluc l'ordre de se jeter dans Toulouse, 392. — Au 1er siége de Montauban, 410. — Blessé au combat de Vergt, III, 50.

Corneillan (Jacob de) évêque de Rodez, III, 181.

Cornusson (Guillot de la Vallette, s. de), lieutenant de Monluc en Rouergue, III, 148, 259. — Envoyé par Damville à Cazères en Béarn, 309. — Informe Monluc de la levée des catholiques en Auvergne, V, 126, 128. — Défend le Rouergue, 245.

Corse (Pierre Antoine) commande une compagnie d'Orbitellans et de Corses, IV, 74.

Corse (Francesco) commande une compagnie d'arquebusiers à cheval, IV, 74.

Corso (Sanpietro) blessé au siége de Coni, I, 163.

Cortemiglia, ville ital., assiégée et prise par Brissac, I, 407.

Cosme de Médicis, duc de Florence. Sa haine pour Strozzi, II, 4. — Presse le siége de Sienne, 32. — Sa modération vis-à-vis des Siennois, 93. — Ses bonnes dispositions pour la France, III, 233. — Réclame des mules à Monluc, IV, 67. — Ses armements, 70. — Réclame le domaine de Caparbia, 86. — Négocie avec le duc d'Albe et le card. Carafa, 96.

Cossé (Artus de), s. de Gonnor, maréchal de France; au siége de Lans, I, 350. — Gouverneur de Mariambourg, II, 134. — Au siége de Vulpian, 149. — Envoyé au roi par Brissac, 160.

Cosseins (s. de), II, 234.

Cottel, juge du procès d'Oudard du Biez, III, 133.

Cotz (s. de), tué pendant les troubles de Toulouse, II, 402.

Coulpe, faute, I, 144.

Courré (s. de) neveu de Burie, II, 378. — Vient chercher Monluc en toute hâte, 421. — Arrive à Bordeaux, 429. — Au combat de Vergt, III, 33. — Envoyé à la reine, IV, 169.

Covos (François de los) député espagnol aux conférences de Leucate, I, 133.

Coyonade, lâcheté, I, 225.

Crabe, cap. cath., lieutenant de la Cassaigne à Lectoure, V, 95.

Créange (d'Estouteville, comte de), tué à l'assaut de Vulpian, II, 153.

Créon, ville des Landes, attribué par Monluc à l'exercice de la réforme, IV, 274.

Crespy (Paix de), I, 306.

Cric (s. de St-), un des défenseurs d'Auch, V, 96.

Croisette (Jean de Nadal, s. de la) maréchal de camp de Damville, III, 306. — Familier de Damville,

III, 334. — Combat Mongonmery au passage de la Garonne, 386.
Cros (Des) cap. italien, I, 226. — Arrive en Piémont, 239. — Tué à la bataille de Cerisolles, 275.
Crot, mesure de capacité, IV, 21.
Crotto (Lucio), cap. siennois, IV, 11.
Crussol (Antoine, comte de) envoyé en Languedoc, II, 345. — Se fait huguenot, 346.
Crussol (Louise de Clermont, dame de), veut retenir Monluc à la cour, II, 337.
Crussol, s. d'Acier (Jacques de), voy. *Acier*.
Cumiers (s. de) évalue les vivres enfermés dans Mont-de-Marsan, III, 336.
Cuq (s. de) maltraité par les huguenots d'Astaffort, II, 361.
Curton (Charlotte de Vienne, dame de), dame d'honneur de la reine Catherine, II, 338. — S'occupe du baptême de Charlotte Catherine de Monluc, V, 12.
Curton (s. de), gentilhomme du parti catholique en Auvergne, V, 126.
Cyr (Marcelin Besson, s. de Saint-), lieutenant de Boissy, I, 319.
Cyvrac (Jean Claude de Durfort, baron de) un des défenseurs de Bordeaux, II, 429. — Proposé par Monluc pour recevoir l'ordre de St-Michel, V, 116. — Au combat d'Eymet, 150.

D

Daffis (Jean), premier président du parlement de Toulouse, III, 62; IV, 186; V, 129. — Nouvelles des ennemis communiquées par Monluc, 244.
Dagron, commis du receveur de Guyenne, III, 125. — Envoyé par Monluc au roi, 154; V, 115, 246, 251.
Daguerre (Gratian) défend Nancy contre Charles le Téméraire, III, 464.

Daillon (Jacques de), s. du Lude, défend Fontarabie, I, 65; II, 118.
Daillon (Guy de), s. du Lude, assiste au siége de Vulpian, II, 150. — Assiége le château de Maran, V, 113, 115. — Assiége Niort, 181.
Damiano (San), ville italienne, prise par Brissac, I, 331. — Assiégée par Gonzague, 377.
Dampierre (Claude de Clermont, baron de), I, 255. — A la bataille de Serizolles, 262. — Colonel des Grisons, 296.
Dampons, cap., reçoit l'ordre d'assiéger Barsalonnette, I, 128.
Damville (Henri de Montmorency, s. de). Arrive à Toulouse, III, 254, 257. — Laisse passer Mongonmery, 267. — Assiége Fiac, 270. — S'avance jusqu'à Lille en Jourdain, 274. — Cause du désastre de Terrides, 284. — Promet de se rendre à Auch, 289. — Envoie Joyeuse à sa place, 293. — Reste à Muret, 300. — Marche avec Monluc vers le Béarn, 304. — Énumération de ses forces, 306. — Rejoint Monluc à Auch, 307. — Veut revenir en Languedoc, 308, 311. — Ses motifs, 313. — Dissuade Monluc d'assiéger Mont-de-Marsan, 315. — Entre dans la ville après sa prise, 329. — Veut retourner en Languedoc, 330. — Envoie Lussan au roi, — 331. Origine de son différend avec Monluc, 333. — Critique de sa conduite, 337. — Assiége Mazères, 339, 343. — Mécontent de la lettre de la noblesse d'Armagnac, 360. — Dénonce Monluc au roi, 394. — Sa conférence avec Monluc à Terride, IV, 277. — Entre à Toulouse, 279. — Lettre de Monluc, 308. — Tenu par Monluc en dehors de ses rapports avec le roi d'Espagne, 347. — Désigné par Monluc

pour assister à l'entrevue de Bayonne, IV, 363. — Lettres de Monluc, V, 103, 159, 164, 166, 168, 175, 176, 177, 178, 180, 182, 183, 184, 185, 188, 189, 190, 192, 193, 195, 196, 197, 201, 202, 204, 205, 209, 210, 212, 213, 215, 216, 218, 220, 221, 222, 223, 225, 226, 229, 232, 234. — Garantit la possession du Languedoc au parti catholique, V, 31. — Assiste à l'entrevue de Bayonne, 34. — Son ineptie en Languedoc, 106. — Arrive au camp du duc d'Anjou, 159. — Revient en Languedoc, 165. — Arrive à Toulouse, 189. — Supplié par Monluc de s'avancer contre Mongommery, 206. — Félicité par Monluc de sa résolution de marcher contre les huguenots, 209. — Adopte le plan de Monluc contre Mongonmery, 216. — Encouragé par Monluc dans ses résolutions, 217. — Empiète sur l'autorité de Monluc, 224. — Assiége Mazères, 242. — Laisse échapper Mongonmery, 245. — Se retire dans son gouvernement, 251. S'offense de la lettre de la noblesse de Guyenne, 257, 271. — Reçoit du roi l'ordre de combattre Mongonmery, 258. Sa rivalité avec Monluc, 266. — Écrit au roi pour se plaindre de Monluc, 269. — Accusé de viol de filles par Monluc, 275. — Accusé de trahison et de complicité avec le prince de Béarn, 277.

Dariat porte à Monluc une lettre des consuls de Montauban, V, 20.

Dasquès, cap. cath., signe la capitulation de Lectoure, IV, 167.

Dauphin (Prince), voy. *Montpensier (François de Bourbon, duc de)*.

Dax. Troubles en 1563, IV, 238.
— Monluc y interdit l'exercice de la réforme, 271. — Différend entre les habitants de Dax et le capitaine Lamotte, V, 337. — Impositions ordonnées par Monluc, 338.

Debedoredu (Estienne), lieutenant criminel à Dax, IV, 273.

Delpuis, cap. cath., signe la capitulation de Lectoure, IV, 167.

Descombar, prévôt du sénéchal en Périgord, IV, 344.

Deux-Ponts (Philippe de Bavière, duc des), au siége de Boulogne, I, 295.— Reçoit les amendes du comté de Cahors, II, 375.

Deux-Ponts (Jeanne de Genouillac, dame d'Acier, duchesse des), II, 373.

Deux-Ponts (Guillaume de Bavière, comte palatin, duc des) s'avance en France, III, 207.

Devèze (s. de) en garnison à Tuchan, I, 138.

Devèze (Jean de Montesquiou, s. de La) au siége de Gensac, III, 533.

Diane, fille naturelle de Henri II, duchesse de Castro, III, 511.

Diane de Poitiers félicite Monluc à son retour de Sienne, II, 138.

Diego, cap. espagnol, gouverneur de Cortemiglia, I, 416.

Diomèdes (Le chevalier), cap. italien, I, 54.

Diomèdes, citoyen siennois, envoyé en mission par Monluc, IV, 23.

Domesain (Valentin de) envoyé par Terride à Monluc, III, 279. — Au siége de Rabastens, 402. — Refuse de croire au passage de Mongonmery en Béarn, V, 203.

Domingo, messager de Fernand de Tolède, IV, 364.

Dommergue, bourgeois toulousain, réfugié à Lectoure, IV, 166.

Donzac (Coup de main de), II, 413.

Doria (André), trahit le parti du

roi de France, I, 87. — Causes de sa trahison, III, 130.

Doria (Philippin), neveu et instrument de André Doria I, 87. — Défait Moncade et Gouast, 88, III, 130.

Douazan, cap. hug., de Nérac, II, 422.

Douloir (se), se plaindre, III, 447, 448.

Dreux (Bataille de), III, 63, 79, 491. — Angoisses de la reine, V, 307.

Dros (Charles de), gouverneur de Mondovi, I, 165. — S'enfuit déguisé en prêtre, 166. — Sa mort, 166. — Commande trois compagnies italiennes, 226.

Dubourg, receveur général en Guyenne, V, 198.

Dubrowski (Pierre), bibliophile russe, IV, introd., IV.

Duc (Louis) défend Bene, I, 397.

Dumas, cap. cath., signe la capitulation de Lectoure, IV, 167.

Duno (s. de) conduit l'artillerie au siége de Lans, I, 345. — Au siége de Cortemiglia, 411. — Au siége de Vulpian, II, 146.

Dupleix, cap. cath., lève une compagnie, III, 296. — Laissé par Monluc à Casteljaloux, 303.

Dupleix, cap. cath., parent du précédent, à l'assaut de Rabasteins, III, 422.

Duplessis, valet de chambre du roi, envoyé par la reine à Monluc, II, 330. — Dénonce à Monluc les calomnies de Marchastel, IV, 336. — Rapporte au roi la réponse de Monluc, 344.

Duranty, président du parlement de Toulouse. Lettre de Monluc, V, 334.

Duras (Symphorien de Durfort, s. de), suit Monluc en Biscaye, II, 323. — Chef des huguenots en Guyenne, 1562, 386. — Marche sur Bordeaux, 417. — Vaincu à Targon, 431. — Se joint à Bordet, III, 1. — Campe à Caussade, 5. — Se rend à Montauban, 9. — S'empare du château de Mercuès, 26. — Battu à Vergt, 36, 49. — Se rallie avec la Rochefoucault, 57. — Chef de l'armée huguenote, IV, 151, 158. — Saccage les chateaux catholiques, 159, 257. — Son armée se disperse après la bataille de Vergt, 183. — Rejoint Condé à Orléans, V, 343.

Duras (Jean de Durfort, s. de), fils du précédent, au siége de Gensac, III, 533.

Duras (Barbe Cauchon de Maupas, dame de), huguenote, IV, 256. — Arrêt rendu en sa faveur, 291.

Duras (Prise du château et de la ville de) par Monluc et Burie, II, 448. — Livrée au culte réformé, V, 7.

Durfort (s. de), cap. cath., signe la capitulation de Lectoure, IV, 167.

Durfort (s. de), frère de Bayaumont, assiste au passage de l'armée des princes, III, 389.

E

Édit du 17 janvier 1562 (Difficultés sur l'interprétation de l'), IV, 125. — Édit de paix du 23 mars 1568, V, 111, 116. — Édit de septembre 1568, 139.

Egmont (Lamoral, comte d'), I, 470.

Elbene (Thomas d'), voy. *Elvesche*.

Elbeuf (René de Lorraine, marquis d') au siége de Thionville, II, 261.

Élisabeth, reine d'Espagne, à l'entrevue de Bayonne, III, 80, V, 34.

Elvesche (Thomas d') perd Strozzi par ses conseils, I, 458. — Il avait déjà perdu la Chasteigneraye, 460.

Enghien (François de Bourbon Vendôme, s. d') lieutenant du

roi en Provence, I, 162. — En Piémont, 239. — Son éloge, 241. — Investit Carignan, 257. — Livre la bataille de Cerisolles, 258. — Ordonne une fausse manœuvre, 274. — Fait Monluc chevalier, 283.

Enghien (Jean de Bourbon Vendôme, prince d') frère du vainqueur de Cerisolles, I, 342. — Au siége de Lans, 350. — Au siége de Vulpian, II, 150. — Au siége de Moncalvo, 158.

Entrecasteaux (Antoine de Castellane, s. d') suit Monluc à Rocca di Baldoco, II, 205.

Entrepartir, diviser, I, 153.

Epernon (Jean Louis de Nogaret de la Valette, duc d'), Reçoit un exemplaire des *Commentaires* en hommage de Florimond de Raymond, V, 353.

Escaldasol (Marquise d') reçoit en sa maison de Pavie Saint-Pol et Lescun, blessés, I, 71.

Escars (Jacques de Peyrusse, s. d'), I, 258. — Envoyé au roi après la bat. de Cerisolles, 284.

Escars (François de Peyrusse, comte d'), fils du précédent, III, 70. — Marche contre les Provençaux, 179. — Reçoit une compagnie d'ordonnance, IV, 138, 146. — Lieutenant du roi en Guyenne, 144. — Réclamé par Monluc, en Guyenne, 209, 233, 243. — Reçoit l'ordre de joindre le duc de Montpensier, V, 125. — Manœuvre avec Monluc pour couper les Provençaux, 130.

Escars (Charles de Peyrusse d'), év. de Poitiers, accompagne le roi à Toulouse, V, 12. — Pris à témoin des dispositions de la reine de Navarre, 121.

Escaufours, cap. cath., tué au siége de Mont-de-Marsan, III, 321.

Esclavolles (s. d') négociateur de la capitulation de Thionville, II, 289.

Escorne, scorne, honte, insulte, I, 154, III, 149.

Escossois (l') gardien des portes de Barge, I, 192. — S'entend avec Gramignin, 195.

Esgarrebaque (s. d'), chargé par Monluc de défendre Oléron, V, 218.

Espagnoles (Compagnies), 1562; leur arrivée en Guyenne, II, 452, IV, 151. — Massacrent les femmes après la prise de Penne, II, 458. — Se mutinent, III, 25. — Au combat de Vergt, 33. — Leur retraite, IV, 234. — Entrent à Oléron, V, 217.

Espalungues, cap. cath., envoyé au roi par Monluc, III, 396.

Espauri, effrayé, II, 434.

Espiemont Dauvila (d'Auvillars)? cap. cath., battu à St-Sever, III, 346.

Espies, espion, III, 212, 213, 225, 259.

Espine (L'), trésorier des guerres à Sienne, II, 22, IV, 56.

Espinette (L') maison près de Toulouse, III, 388.

Espoinconner, conseiller, pousser à, I, 153.

Estampes (Anne de Pisseleu, duchesse d'), sa haine pour Monluc, I, 305, IV, 2.

Estang (s. de l') guidon de la compagnie de Maugiron, I, 367.

Estang (François de la Valette Cornusson, s. de l') reconnaît les Provençaux, III, 181.

Este (Hercule d'), duc de Ferrare. Sa générosité à l'égard de Monluc, I, 38, II, 253. — Rencontre Monluc à Rome, II, 124. — Reçoit Monluc à Ferrare, 241. — Fait la paix avec l'empereur, 252.

Este (François d'), frère du duc de Ferrare, lieutenant général à Montalcin, II, 241. — Témoin de la probité de Monluc, III, 510. — Sa mort, V, 147. — Présent à l'armée royale, 338.

Este (Alphonse d') deuxième duc

de Ferrare, commande l'armée de son père, II, 243.
Este (Philippe d'), comte de St-Martin, I, 210. — Défaite de sa compagnie, 212.
Este (Hippolyte d'), cardinal de Ferrare, ambassadeur à Venise, I, 161. — Apprend à Monluc la défaite de St-Quentin, II, 236. — Accueille Monluc à Ferrare, 241. — Communication de Monluc sur le siège de Sienne, IV, 47. — Prête de l'argent à Monluc pour payer ses compagnies, 140.
Estève (St-), cap. au siège de Thionville, II, 264. — Sa mort, 267.
Esteven (St-), gouverneur de Dax, IV, 271.
Estillac (s. d') oncles de Monluc, I, 42.
Estillac, château appartenant à Monluc, II, 339, V, 335.
Estiron (Pierre d'), syndic du tiers état dans la sénéchaussée des Landes, IV, 273.
Estissac (Louis d') accompagne le duc de Monpensier en Guyenne, III, 27. — Son influence en Guyenne, IV, 116.
Estrées (Jean d'), s. de Cœuvres, reconnaît Perpignan avec Monluc, I, 136. — Fait partie de l'expédition du comté d'Oye, 312.
Estrées (Antoine, marquis d') au siège de Thionville, II, 260. — Au conseil du roi à Marchais, 309.
Estroite, défaite, II, 440, IV, 71.
Exercite, armée, I, 157.
Eximer (S'), échapper à, I, 145.
Eymet (combat d'), V, 150.

F

Fabrice, lance-passade de Brissac, I, 139.
Faciende, peu de faciende, III, 213.

Fages (Dame veuve de) nourrit la compagnie du baron de Clermont, III, 28.
Farevalt, cap., un des défenseurs de Sienne, IV, 43.
Farnèse (Octave) duc de Parme, I, 329.
Farnèse (Bartoldo) pille les terres du roi, IV, 86.
Faudoas(Antoine de Rochechouart, s. de), sénéchal de Toulouse, colonel des légionnaires de Languedoc, I, 106. — Soutient Monluc au conseil, 114.
Faudoas, lieu de la réunion de la noblesse de Guyenne en 1562, II, 389.
Faur (Du), avocat général au parl. de Toulouse, III, 63. — Recommandé à la reine par Monluc, IV, 187.
Fausta (Livia), dame siennoise, II, 55.
Faustin de Pérouse, cap. ital. Au siège de Piance, II, 208. — Gouverneur de Piance, 224.
Favas, lieutenant de Monluc, I, 169. — Reste à Bene, 173. — Suit Monluc à Savillan, 175. — Chargé du coup de main de Barge, 196. — Aide Monluc au pont de Carignan, 230. — Lieutenant de Monluc à la bat. de Cerisolles, 265. — Fait partie de l'expédition du comté d'Oye, 313.
Favas, cap. hug., défend Mont-de-Marsan, III, 317.
Faviny (Cive), seigneur siennois, IV, 79.
Favy (Paulle Victoria) accusé en Italie de trafic coupable de grains, IV, 78.
Faye, de Saintonge (La), blessé à l'escarmouche de St-Jean-de-Luz, I, 50.
Fayette (François Motier, s. de La) au siège de Lans, I, 351.
Félix (s. de St-) lieutenant de Negrepelisse, III, 283. — Prisonnier à Navarreins avec Terride, V, 230.

TABLE ANALYTIQUE. 397

Ferrandou, voy. *Gonzague (Fernand de)*.
Ferrare (Duc de), voy. *Este*.
Ferron (Arnault le), commissaire de justice envoyé à Fumel, II, 381, IV, 120, 128.
Feuillade (s. de la), sa querelle avec le baron de Lestrange, V, 71.
Feuquières (Jean de Paz, s. de) courtisan, puis ennemi des Guises, II, 146.
Fezensac (Comté de), réclamation des habitants au sujet d'une contribution, V, 101.
Ficquepal, dépêché par Monluc à l'évêque de Condom, V, 16.
Fieux (Guy de Bonnefont, s. de) reconnaît le fossé de Mont-de-Marsan, III, 318. — Envoyé par Monluc au roi, V, 247, 252.
Figueroa (Jean de Suarez de), cap. esp., gouverneur du Milanais, IV, 57.
Filheul, cap. cath., signe la capitulation de Lectoure, IV, 167.
Fillolaige, don du parrain, V, 16.
Fimarcon (Jacques de Lomagne, s. de) se réconcilie avec Terride, II, 389. — Signe la capitulation de Lectoure, IV, 167. — Réclame des meubles retenus dans Lectoure, V, 93.
Fior (Mario Sforce de Santa), comte de Valmontone, vaincu à Pienza, I, 190, II, 202. — Commande les Impériaux à l'escarmouche de Santo Abondio, I, 444. — Ramené par Monluc avec son frère au parti français, II, 200. — Défait une compagnie espagnole, 228. — Porte sa compagnie à 80 salades, IV, 78.
Fior (Charles Sforce de Santa), prieur de Lombardie, IV, 90. — Demande une lettre de recommandation au duc de Guise, 91.
Fitte (s. de la) désigné comme un des défenseurs d'Auch, V, 96.
Fizalle (femme), assassinée par Mongonmery à Castres, V, 175.

Fizes (Simon), baron de Sauves, secrétaire du roi, II, 140, V, 296.
Flamarens (s. de) signe la capitulation de Lectoure, IV, 167.
Flaminio, cap. italien, envoyé par Strozzi pendant le siége de Sienne, II, 66. — Envoyé par Monluc, IV, 30.
Flandres (La réforme en), IV, 369.
Flèche (Ne sachant de quel bois faire), prov., III; 287. 384.
Fleurance (Huguenots prisonniers à), IV, 165.
Fleurdelis, cap. cath., apporte à Monluc la nouvelle de la paix d'Amboise, III, 71, — du désastre de Terride, 280.
Florentins exclus de l'acte de capitulation de Sienne, II, 97.
Foix (Odet de), s. de Lautrec, voy. *Lautrec*.
Foix (Maréchal de), voy. *Lescun*.
Foix (Sédition de), V, 58.
Foix de Candale (Christophe de), évêque d'Aire, conseiller de Monluc, III, 272.
Fol (Si le) bon conseil te donne, ne le refuse pour sa personne, prov., III, 477.
Folle dicte, folle parole, III, 341.
Fontarabie, assiégée et prise par les Espagnols, I, 46. 64.
Fontavala (Comte de), cornette à cheval, I, 448.
Fonte Brande (Porte), à Sienne, I, 453.
Fontenilles (Philippe de la Roche, baron de), gendre de Monluc et guidon de sa compagnie, II, 142, 361. — Se rend à Saint-Mezard, 362. — Accompagne Monluc à Auch, 394. — Commence l'attaque à Targon, 432. — Au combat de Vergt, III, 31. — Suit Monluc contre les Provençaux, 183. — En Rouergue contre Piles, 217. — Renvoyé en Guyenne par le duc d'Anjou, 254. — Avertit Monluc de la marche de Mongonmery, 266. — Au siége de

Mont-de-Marsan, III, 305. — Envoyé par Monluc en Bigorre, 342. — Déplacé par Damville, 346. — Emprunte de l'artillerie à Toulouse, 400. — Au siége de Rabastens, 407. — Reçoit la moitié de la compagnie de Monluc, V, 135, 297. — Envoyé par Monluc à Marmande, Clairac et Tonneins, 153. — Envoyé par Monluc au-devant des ennemis à Moissac, 197, 206. — Envoyé du côté de Casteljaloux, 227. — Envoyé par Monluc à Tarbes, 266. — Chargé d'empêcher le passage de Montamat, 281. — Capitaine d'une campagnie de gens d'armes, 297.

Fonterailles (Gabriel d'Astarac, baron de) commande une légion, I, 108. — Refuse l'entreprise d'Auriolle, 111. — En garnison à Tuchan, 138.

Fonterailles (Michel d'Astarac, s. de), fils du précédent, gouverneur de Lectoure, III, 98. — Chassé par Monluc, 105. — Rapport de Monluc contre lui, V, 77.

Forcez aîné, cap., I, 310. — Envoyé à Amiens, II, 317.

Forest (s. des), présent à l'armée royale, V, 338.

Fors (s. de), gentilhomme huguenot, délivré de prison par Monluc à la requête de la reine de Navarre, V, 119.

Forteguerra, dame siennoise, II, 55.

Forteguerri, seigneur siennois, IV, 34.

Fossano, ville italienne, prise par les Impériaux, I, 108.

Fouquesolles (Jacques, s. de), gendre de du Biez, I, 294.

Fourly, colonel des Suisses, I, 246. — A l'assaut de Vulpian, II, 152.

Fourneaulx (De), prévôt de Burie, accusé de partialité contre les catholiques, IV, 249.

Fourquevaux (Raymond de Pavie, baron de), I, 328. — Colonel des Grisons, 442. — Fait prisonnier au combat de Marciano, 469. — Aux troubles de Toulouse, IV, 137. — Fait passer des chevaux d'Espagne à Monluc, V, 117.

Foy (Sainte-) en Périgord. Troubles de 1562, IV, 186. — Aux mains des réformés, 355, V, 7.

Foyssin, cap., nommé par Monluc lieutenant du château de Lectoure, V, 90.

Frédéric II, roi de Danemark, recrute le cap. Monluc, V, 54.

Franc (François du). Ses confidences à Monluc, II, 357. — Sa mort, 358. — Avait préservé la ville de Condom, 389.

Francescas, dans l'Agenais, attaquée par les huguenots de Nérac, II, 414. — Levée d'une garnison de 20 hommes, IV, 337.

François I, roi de France, I, 43. Arrive en Provence, 67. — Fait prisonnier à la bataille de Pavie, 71. — Sa captivité, 77. — Défend Marseille, 109. — Se rend en Piémont, 127. — S'allie avec le Turc, 143. — Appelle Monluc en son conseil, 243. — Ordonne le combat de Cerisolles, 253. — Encourage Monluc, 254. — Se rend au Havre, 307. — Sa mort, 326.

François II, roi de France, atteint d'une maladie incurable, II, 320. — Sa mort, 335.

Frauget, cap., livre Fontarabie, I, 65 ; III, 469.

Fredeville, commissaire de l'artillerie en Guyenne, 1562, II, 443. — Au siége de Terraube, III, 17. — Assiége Lectoure, 18. — Au siége de la Roche-Chalais, 241. — Reconnait Rabastens, 404.

Fregose (Jules-César), ambassadeur de France. Sa mort, I, 131.

Fregose (Aurelio), à Sienne, I, 433. — Lieutenant du duc de Palliane, II, 179.
Fregose (Janus), évêque d'Agen, III, 390.
Fregose (Octavio), frère de l'évêque d'Agen, ennemi de Monluc, III, 395. — Présent à l'armée royale, V, 338.
Fresne (Florimond Robertet, s. du), chargé d'annoncer au roi la prise de Thionville, II, 290.
Fumée (Antoine) appelé en témoignage de la pacification de la Guyenne, IV, 332.
Fumel (François, baron de), II, 134. — Sa mort, 344.
Fumel (Répression des troubles de), IV, 120, 124, 126; V, 332.
Fumel (Gabrielle de Verdun, dame de), II, 368; IV, 122.
Fustage, bois ouvragé ou non ouvragé, V, 11.

G

Gaffarel (M.) communique des lettres de Monluc, IV, introd., VII.
Gailhard, bourgeois toulousain, réfugié à Lectoure, IV, 166.
Gajan, cap. gascon, défend Nancy contre Charles le Téméraire, III, 464.
Galiot, grand écuyer, voy. *Acier*.
Gamure, valet de chambre du roi de Navarre, trahit son maitre, II, 323.
Garboil, désordre, II, 300.
Garde (Baron de la) brûle les moulins d'Arles, I, 109. — Conduit l'armée turque à Nice, 142. — Y maintient la discipline, 150. — Commande la flotte de la Méditerranée, 440. — Échappe aux croisières d'André Doria, II, 126. — Défend Bordeaux, III, 377. — Fait réparer la tour de Cordouan, V, 71. — Attaque par mer la Rochelle, 184. — Conduit ses galères devant Bordeaux, 252.

Garde (La), cap., accompagne Monluc, I, 209. — Sa mort, 211.
Garde (La), cap. de gens de pied, à la défense de Caselle, I, 364, — .... d'Albe, 374. — Conduit les galères à Boulogne, 429.
Garde (La), cap. huguenot, II, 449.
Gasquet (Le), lieutenant de Monluc à la bataille de Cerisolles, I, 265.
Gaudens (Consuls de Saint-) accusés de faiblesse vis-à-vis de Mongonmery, V, 208.
Gaure (Comté de) promis à Monluc, II, 141, — mais non livré, 332.
Gavarret (s. de) en garnison à Savillan, I, 164. — Sa lenteur laisse échapper le duc de Savoie, 177. — Conduit les corselets, 208. — Au siége de Montauban, II, 411.
Géaune, ville (Prêches autorisés par Monluc à), IV, 258, 274.
Gemme (Ste-), cap., porte à Monluc une lettre désespérée du roi, II, 385.
Gemme (s. de Ste-), protonotaire, porte à la reine les plaintes de Monluc, IV, 328.
Gênes (Hugues de), voy. *Pepoli*.
Geniès (Saint-), lieutenant d'Avanson, II, 227. — Pris dans Ghiusdino, 230.
Geniès (Jean de Gontaut, s. de Saint-) au combat de Vergt, III, 34. — Suit Monluc contre les Provençaux, 183. — Apporte à Monluc une lettre du roi, IV, 133. — Avertit Monluc de l'approche des ennemis, V, 161, — des mouvements du duc d'Anjou, 180. — Massacre commis par les soldats de ce capitaine, de complicité avec ceux de Sendat, 199.
Gensac (s. de). Son procès avec Fontenilles, V, 179.
Gensac (Siége et prise de), III, 533.

Gens d'armes. Nécessité de les remettre en garnison, V, 60, 82. — Nécessité de les licencier, 112.
Gentile da Camerino (Pierre), gouverneur de Verceil, II, 245.
Geoffre, aventurier, défend le château de Bridoire, III, 241.
Geoffre (François), vicaire de l'évêque de Dax, IV, 273.
Georges, chirurgien du roi, veut amputer le bras de Monluc, I, 82.
Géran (Claude de Saint-), blessé au siége de Mazères, III, 372.
Gerderest (Baron de), cap. cath., assassiné dans sa prison à Navarreins, V, 230.
Germain (Paix de Saint-), 1570, III, 456.
Germain (s. de Saint-), lieutenant de du Biez, I, 308.
Germain (Guyon du Gout, s. de St-) revèle à Monluc les projets de Mongonmery, III, 263. — Gouverneur de Fezensac, Fezensaguet et l'Isle-en-Jourdain, V, 339, 340.
Ghino (Jérôme de), seigneur siennois, IV, 34.
Ghiusdino, ville ital., assiégée par Alvaro di Cendi, II, 226. — Ravitaillée par Monluc, 227. — Prise par les Impériaux, 229.
Gimat (Bertrand et Ambroise), hug.; leurs biens confisqués, V, 338.
Gimont, cap., cath., envoyé par Monluc à Cahors, III, 25. — Envoyé à Lectoure, V, 90, 93, 95. — Suit Monluc, 97. — Ordre de Monluc d'obéir à La Cassaigne, 336.
Girard (Pierre), envoyé en Guyenne en qualité de juge commissaire, II, 346. — Penche vers la réforme, 364. — Refuse d'aller à Fumel, 368. — S'enfuit de Cahors, 384, IV, 121.
Girard, prévôt du sénéchal à Bordeaux, IV, 344. — Chargé par Monluc d'instruire le procès de Jehan de Mesmes, V, 13.
Gironde (Répression des troubles de) par Monluc, 1562, II, 442.
Gironde (Antoine de) fait partie de l'expédition de la Roche-Chalais, III, 244.
Girons (Michel de Narbonne), s. de St-), gouverneur de Verdun, III, 264. — Envoie un espion à Montauban pour apprendre des nouvelles de Mongonmery, V, 197.
Giversac (Jean de Cugnac, s. de) suit Monluc contre les Provençaux, III, 183.
Givry (René d'Anglure, s. de), remplace Monluc à Montalcin, II, 239, 240, IV, 100.
Clève, cap., au siége de Boulogne, I, 297.
Coast (Christophe), cap. ital., I, 109. — Commande l'escarmouche d'Auriolle, 123.
Gohas (Biran de); son désintéressement, I, 36.
Gohas (s. de), neveu de Monluc, cap. cath., se jette dans San Damiano, I, 388. — Au siége d'Arlon, II, 299. — Gendre de la Mothe-Gondrin, III, 18. — Au siége de Rabastens, 405.
Golènes (s. de), I, 137.
Gombaudière (François de Gombaud, s. de la), cap. hug., en Saintonge, III, 155, V, 110.
Gombault (s. de), cap. cath., présent à l'armée royale, V, 338.
Gonchy (Gabriel Barthélemy), apothicaire siennois, IV, 53, 55.
Gondrin, voyez *Mothe Gondrin* (Blaise de Pardaillan, s. de La).
Gonfalonniers de Sienne (Liste des trois), II, 50.
Gonnort (Maréchal de), voy. *Cossé* (Artus de).
Gontaut (Robert de), abbé de Ste-Livrade, évêque de Condom, paye pension à Monluc, I, 16, V, 339. — Aux bains de Barbottan, III, 93. — Présenté par Monluc pour l'évêché de

Condom, IV, 372. — Lettres de Monluc, V, 10, 11, 12, 14, 16, 20 22, 35, 36, 41, 42, 43, 47. — Chargé de présenter une lettre à Damville et à d'Escars, 11. — Appelé par Monluc à Montauban, 14. — Chargé de présenter le mulet à Robertet de Fresne, 36. — Tombe malade, 194. —

Contaut (Hélie de), abbé de la Seauve, II, 431.

Gonzague (Ferdinand de) conduit l'assaut de la Madeleine, I, 98. — Attaque le duc de Parme, 331. — Dresse une forte armée, 362. — Craint d'assiéger Monluc à Caselle, 373. — Menace Albe, 376. — Investit San Damiano, 377.

Gonzague (Charles de) fait prisonnier à la bat. de Cerisolles, I, 281. — Guerroie dans le duché de Parme, 342.

Gonzague (Hercule de), archevêque de Mantoue, avertit le duc de Ferrare d'une expédition dirigée contre Verceil par Fernand de Gonzague, II, 242.

Gonzague (Sigismond de) fait prisonnier à Vulpian, II, 151.

Gordes (Bertrand Raimbaud de Simiane, s. de) prend Ceva, I, 358. — Laisse échapper les Provençaux commandés par d'Acier, III, 182.

Gordes (Guigonne Alleman de Laval, dame de), I, 95.

Gourdon (Jean-Richard, vicomte de), I, 365. — Gouverneur de Savillan, 400.

Gourdon, ville; conseil de guerre tenu par Monluc, III, 183.

Gourgues (Dominique de) fait prisonnier dans la déroute de Piance, II, 202.

Gourgues (Ogier de), général des finances, III, 120. — Au conseil de Monluc, 165.

Goury, cit. siennois, dépêché par Monluc à Strozzi, IV, 42.

Gramat, occupée par Monluc, 1567, III, 189.

Gramignin, marchand de Barges, I, 192. — S'entend avec de Thermes, 194. — Attire le comte Apporto à Barges, 198. — Son éloge, 205.

Gramont (Jean d'Aure, s. de), vic. d'Aster, I, 49. — Secourt Monluc à St-Jean-de-Luz, 56. — Assiége Vigevano, 78. — Désigné pour assister à l'amputation du bras de Monluc, 82.

Gramont (Antoine d'Aure, comte de), III, 210. — Suit Monluc en Rouergue contre Piles, 217. — Défend la Bigorre contre Mongonmery, 260. — Au siége de Rabastens, 424. — Prêt à rejoindre Duras, IV, 151. — Envoyé en Guyenne, 290. — Reçoit un paquet du roi, V, 134. — Ses tergiversations, 148, 150.

Gramont (Dame de), sollicite son mari en faveur du roi, V, 134.

Granvelle (Nicolas Perrenot, s. de), député espagnol aux conférences de Leucate, I, 133.

Grave (la) envoyé à Monluc par le roi et la reine, V, 221. — Envoyé au roi par Monluc, 237.

Gravière (François Séguier, s. de La) accuse Monluc de vouloir livrer la Guyenne à Philippe II, II, 329, IV, 328.

Grenade (Massacres à) par les catholiques, II, 343.

Grepiac (Jean de), fils du premier président Masencal, reste en garnison à Toulouse après les troubles, II, 406. — Apporte en Guyenne la nouvelle de la mort de la reine mère, IV, 285.

Grignan (Louis Adhémar de Monteil, comte de), IV, 101.

Grisons, voy. Suisses.

Gritti (Le), cap. italien, à la défense de Caselle, I, 365.

Grosseto, place du Siennois, II, 194.

Gruyeriens, voy. Suisses.

Guast et de Pescaire (Alphonse d'Avalos, marquis de) détache Doria du parti du roi, I, 88. —

Marche au secours du duc de Savoie, I, 163. — Prend Mondovi, 165. — Menace Bene, 172. — Se retire vers Carignan, 175. — S'en empare, 184. — Entre en campagne en 1542, 241. — Campe à Cerisolles, 257.

Guastalla (Embuscade de), II, 250.

Guérard, membre de l'Institut, propose une édition nouvelle des *Commentaires*, I, introd., XVI.

Guerre, cap. de gens de pied, I, 126.

Gueux de Flandres, leur soulèvement contre le roi d'Espagne, V, 70, 75.

Guevare (Johan de), cap. espagnol en garnison à Raconigi, I, 191. — Escorte les Italiens envoyés à Fossan, 207. — Sa défaite et sa fuite, 215.

Guglielmi (Alexandre), seigneur siennois, IV, 33.

Guichardin (François), historien, II, 118.

Guiche (Gabriel de la), capitaine de gens d'armes, II, 142. — Sa compagnie passe sous les ordres de Monluc, 324.

Guiche (Claude de St-Géran, s. de la) fils du précédent, commande les gens de pied de Languedoc, III, 270. — Fait partie de l'armée de Damville, 306.

Guiche (Diane d'Andouins, comtesse de) dite la belle Corisande, III, 276.

Guiget (Jacques) règle le baptême de Charlotte Catherine de Monluc, V, 16.

Guillet, receveur pour le roi en Brouage, III, 156.

Guillot le songeur (Être logé chez), prov., II, 54; III, 384.

Guise (Claude de Lorraine, duc de) protége l'évêque de Valence, IV, 1.

Guise (Jean de Lorraine, cardinal de), mort en 1550. protége l'évêque de Valence, IV, 1.

Guise (François de Lorraine, duc de), témoin des exploits de Monluc à Boulogne, I, 429. — Défend Metz, 432. — Prend la défense de Monluc au conseil du roi, 435, 439. — Présente l'auteur au roi après le siége de Sienne, II, 132. — Sa devise, 161. — Son expédition à Naples, 189. — Reproche à Monluc sa témérité, 235. — Rentre en France, 238. — Lieutenant général du roi, 255. — Veut écrire tous ses ordres de sa main, 258. — Empêche le sac de Thionville, 292. — Prend Arlon, 297. — Se rend à Pierrepont, 302. — Licencie l'armée, 320. — Tombe en disgrâce, 322. — Conseille à Monluc de se réconcilier avec le roi de Navarre, 341. — Ses fortunes diverses à la cour, III, 138. — Cause des guerres civiles, 140. — A tout l'honneur de la prise de Thionville, 516. — Lettres de Monluc, IV, 3, 5, 59, 64, 66, 70, 72, 73, 83, 85, 90, 101, 104, 106. — Lieutenant général en Italie, IV, 64. — Ses mesures d'administration, 73 et suiv. — Mauvaise réputation qu'il laisse en Italie, 97. — Haine qu'il porte à Monluc, 98. — Se réconcilie avec les Bourbons, 1561, 119. — Allusion à sa mort, 301. — Sa faiblesse pour la réforme, 326. — Cité, V, 84.

Guise (Louis de Lorraine, cardinal de) touche une pension sur l'évêché de Condom, I, 15, 18; III, 438; V, 36. — Rencontre Monluc à Rome, II, 124. — Accompagne la cour à Toulouse, III, 79; V, 307. — Assiste à l'entrevue de Bayonne, V, 33.

Guise (Henri de Lorraine, troisième duc de), armé pour la première fois par Monluc, II, 307. — Ses exploits à la défense de Poitiers, V, 219. — Chargé par le roi de combattre Mongonmery, 246.

Guttinières (s. de) de la maison d'Aydie, cap. cath., à l'attaque de Lectoure, III, 15.

Guttinières (Geoffroy d'Aydie, s. de), cap. hug., prend Aiguillon, III, 365.

Guyenne. Prise d'armes de 1562, II, 388. — Bon état de cette province sous l'administration de Monluc, III, 79, 252. — Le roi doit se garder de livrer la Guyenne aux huguenots, 382. — Division de ce gouvernement, 528. — Histoire de la province préparée par les Bénédictins, IV, introd., v. — Dévouement de la noblesse au roi, IV, 114. — Désarmement des compagnies, 216. — Pacification de la province, 217. — Partage du gouvernement entre Monluc et Burie, 218, 288. — Gâtée par le voisinage du Béarn, 235. — Envoi de commissaires de justice en Guyenne, 292. — En proie aux brigands et aux voleurs, 343. — Pacification de la Guyenne, V, 59. — Syndics de la Guyenne réunis par Monluc, 198. — Noblesse de la Guyenne écrit une lettre collective à Damville, 256, 271.

Guytan (Johan), cap. espagnol, défenseur de Thionville, II, 268.

Gyé, voy. *Ygié* (G. de *Maugiron*, s. d').

H

Haetse, Basque, maître d'hôtel de Burie, III, 4.

Hallebarde, arme ordinaire de Monluc, I, 215.

Haltou, halte, I, 208.

Hardelot, château normand, I, 324.

Hautefeuille (Jean Mottier de), grand prieur d'Auvergne. Ordre de Monluc relatif à la défense du Rouergue, V, 125.

Hautefort (Gilbert de), lieutenant de la compagnie de d'Escars, IV, 146.

Havre (Le) livré aux Anglais par les huguenots, IV, 299.

Henri d'Albret, roi de Navarre, fait prisonnier à la bataille de Pavie, I, 72.

Henri II, dauphin, à Thérouanne, I, 126. — Assiége Perpignan, 132. — Au conseil du roi, 244. — Au siége de Boulogne, 295. — Lève le siége, 306. — Roi de France, 325. — Accueille avec joie Monluc à son retour de Sienne, II, 132. — S'excuse de n'avoir pu secourir les Siennois, 136. — Donne à Monluc deux places de conseillers au parlement de Toulouse et autres dons, 141, IV, 198. — Renvoie Monluc en Italie, II, 144. — Comment il l'accueille à son retour d'Italie, 254. — Arrive à Marchais, 302. — Sa puissance après la paix de Cateau-Cambrésis comparée à celle des autres princes, 320. — Sa mort, 324, 417. — Lettres de Monluc, IV, 19, 28, 57. — Autorise Monluc à revenir en France, 57.

Henri III, roi de France, précédemment duc d'Anjou. Monluc lui dédie des *Commentaires*, I, introd., xix. — *Préambule des* — à Monseigneur, I, 1. — Duc d'Anjou assiste à la bataille de Saint-Denis, III, 124. — Lieutenant général du roi, 207. — Envoie Monluc contre les vicomtes en Rouergue, 209, — contre Piles en Périgord, 216. — Retient Monluc auprès de lui, 233. — Le renvoie à Bordeaux, 236. — Écrit à Monluc, 254. Ne profite pas de la victoire de Moncontour, 348. — Roi de Pologne, 526. — Son retour en France, 531. — Lettres de

Monluc, V, 151, 171, 284, 293, 327. — Ordonne à Monluc de le rejoindre, 132. — S'achemine vers le centre de la France, 137. — Campe près de Périgueux, 177. — Marche sur Montmorillon, 194. — Monluc lui conseille d'épouser une princesse d'Allemagne, 318.

Henri de Navarre, chef nominal des huguenots, III, 252. — Sa fuite de la cour, 537. — Monluc lui rend compte des troubles de la Saint-Michel, V, 92. — Écrit à Monluc pour protester de son dévouement au roi, 349.

Henri VIII, roi d'Angleterre, s'allie avec Charles-Quint contre la France, I, 153. — Se ligue avec l'empereur contre la France, 241, 290. — Quitte la ville de Boulogne à l'approche de l'armée du dauphin, 292. — Fait la paix avec la France, 326.

Héraud, cap. hug., condamné à mort par Monluc, II, 447.

Héraudeau, contrôleur huguenot, reçoit une commission de la reine, IV, 256. — Dénoncé par Monluc, 261.

Hérem (Gaspard de Montmorin, comte de Saint-) chargé de combattre les huguenots en Auvergne, V, 126.

Het (La), avocat du roi, envoyé de Bordeaux à Monluc, III, 64. — Accompagne Monluc à Blaye, 161. — Au conseil de Monluc, 165.

Horthe (Bernard d'Aspremont, vic. d') envoie à Monluc l'artillerie de Bayonne, III, 400. — Chargé du siège de Pau, 403. — Commande 200 hommes à Bayonne, IV, 200. — Chargé par Monluc de défendre Bayonne contre Mongomery, V, 213. — Demande au roi un lieutenant, 288.

Hospital (Michel de l') trouve le Languedoc démuni de vivres, II, 328. — Refuse à Monluc la délivrance d'un don du roi, IV, 289. — Favorise les huguenots de Caussade, 351. — Traverse l'Auvergne, 372. — Favorable à la réforme, V, 29, 32.

Host (Des combats *en haye ou en*), III, 485.

Huguenots rançonnés par Monluc, I, 6, 16. — Par sa femme, 7. — Leur organisation, II, 338. — Tentent quatre fois de corrompre Monluc, 348, 353. — Leurs projets politiques, 357. — Proclament la souveraineté du peuple, 362. — Leurs tendances démocratiques, 366. V, 27. — Dangers de l'édit qui protége les huguenots qui ne portent pas les armes, III, 211. — Huguenots dépouillés par Monluc, 455. — Leurs tendances, IV, 115. — Remplissent les compagnies en garnison en Guyenne, 138. — Leurs procédés de propagande, 154. — Leurs progrès, 296. — Menacent la reine d'une invasion allemande, 319. — Des prises faites sur les huguenots durant la guerre, 238. — Paix d'Amboise toute en faveur des huguenots, 342. — Préparent une prise d'armes, 348. — Veulent tuer Monluc, 349. — Arment tous les jours, V, 28. — Haïssent le roi d'Espagne, 30. — Se rendent secrètement en Flandre, 75. — Requête de quelques seigneurs huguenots au roi, 186. — Désirent la paix, 1570, 262. — Leurs projets et leurs espérances en 1573, 293.

Hunaut, baron de Lanta (Pierre), capitoul de Toulouse, II, 391.

Hurtubie (Hector d'), *commissaire de l'artillerie en Guyenne*, 1562, II, 443. — A la prise de Penne, 454. — Au siége de Terraube, III, 17. — Assiége Lectoure, 18.

I

Ierthe, sur l'Aveyron, III, 10.
Imberton chargé de porter une lettre de Monluc à Sipierre, V, 17. — Envoyé par Monluc aux consuls d'Agen, 240.
Insidiateur, traitre, I, 161.
Isle en Albigeois (Pillage de l'), I, 129.

J

Jac ou *jaques*, cuirasse, II, 198.
Jacobins (Église des) à Agen, prise par les réformés, II, 353.
Jalenques assiste à un conseil de guerre présidé par Monluc, V, 225.
Jantuchy (François), citoyen siennois, IV, 53, 56.
Jardres (s. de), cap. cath., prisonnier de Mongonmery avec Terride, V, 215.
Jarnac (Guy Chabot, s. de), I, 255. — Son duel, 305. — Doutes sur son dévouement au roi, II, 116. — Causes de son duel avec la Chasteigneraye, III, 138. — État de sa compagnie en 1567, 152. — Fait partie de l'expédition de Saintonge, 154. — Rejoint Monluc près de Niort, V, 115.
Jarnac (Bataille de), III, 230.
Jean d'Albret perd la Navarre, III, 465.
Jean-d'Angély (Siége de Saint-), III, 287. — Défendue par Piles, 468.
Jean-de-Luz (Combat de Saint-) I, 48.
Jeanne d'Albret, reine de Navarre, dénonce Monluc au roi, II, 328. — A son retour de la cour, se rend à Duras, 419. — Veut empêcher Monluc d'aller à Bordeaux, 1562, 426. — Se retire en Béarn, 442. — Arrive en Guyenne, III, 171. — Excommuniée par le pape, 172, IV, 295. — Sa fuite du Béarn, III, 175. — Chef des réformés, IV, 165. — Protége le calvinisme en Béarn, 234, 239. — Reçoit les excuses de Monluc, 263. — S'afflige des mauvaises nouvelles de la santé de la reine mère, 282. — Multiplie les prêches en Béarn, 293. — Dépouille Pierre d'Albret de l'évêché de Comminges, 331. — Dénonce à la reine les relations de Monluc avec Philippe II, 363. — Forcée d'avouer que Monluc a pacifié la Guyenne, V, 85. — Lettre de Monluc, 91. — Fait enlever les chevaux de Monluc, 117. — Se prépare à la guerre, 121. — Vend des bois, 156. — Ordonne à Mongonmery de passer en Bearn, 203. — Ses dispositions vis-à-vis de Monluc, 344, 345. — Informée de la prise d'armes de la Saint-Michel, écrit à Monluc, 348.
Jehan (Catherin), maître de la poste, I, 38.
Jehannin, caporal de la compagnie du comte Apporto, I, 199.
Johannots, instruments de propagande des huguenots, II, 339.
Jourdain des Ursins (Paul), lieutenant du roi en Corse, moins désintéressé que Monluc, III, 511.
Jouvenel des Ursins, seigneur de la Chapelle (Christophe), envoyé par le roi à Monluc, II, 108.
Joyeuse (Guillaume de) avertit Monluc du passage des Provençaux, III, 177. — Laisse passer Mongonmery, 267. — Arrive à Auch en place de Damville, 293. — Familier de Damville, 334. — Chargé de combattre les Provençaux commandés par d'Acier, V, 129. — Conduit des troupes au camp du duc d'Anjou, 132. — Envoyé à Monluc par Damville, 226.

Juan, personnage à qui l'entrée de Lectoure est interdite, V, 44.
Jules III, pape, fait la guerre au duc de Parme, I, 330. — Sévère pour les Siennois, II, 93.
Jules d'Albie, banquier italien, III, 510.
Juliano (Monsignor di), cap. florentin, reçoit de Monluc des défenses et des défis injurieux, IV, 63.
Julien (Charles de Saint-), colonel général des Suisses, I, 165. — Cherche à retenir les Suisses à Bene, 171. — Les suit à Carignan, 172. — Annonce au comte d'Enghien le gain de la bataille de Cerisolles, 276.
Junca (s. du), habitant de Mont-de-Marsan, III, 326.

L

Labat, fermier de Monluc, lui apporte des propositions de la part des réformés, II, 353.
Labatut (Antoine de Rivière, vicomte de), cap. cath. de l'armée de Terride, III, 277. — Laissé par Monluc à Marciac, 294. — Au siége de Mont-de-Marsan, 315. — Blessé à l'assaut de Rabastens, 422.
Labaume, cap. hug., défend le château de Bridoire, III, 241.
Labrunye, cap. cath., signe la capitulation de Lectoure, IV, 167.
Laburthe, sergent de bataille à Cerisolles, I, 272, 277.
Ladon, cap. hug., défenseur de Rabastens, III, 426.
Laferrière (Comte de) en mission à Saint-Pétersbourg, IV, introduct., VII.
Lagebaston (Jacques-Benoit de), premier président au parlement de Bordeaux, III, 65. — En disgrâce, 205. — Son opinion sur la possession du Béarn, 287.
Lagrange, cap. du château du Ha, à Bordeaux, V, 50.

Laguo aîné, cap., au siége de Thionville, II, 269.
Lamezan (s. de) de Comminges, arrive à Toulouse avec une bande armée, 1562, II, 404.
Lamothe, cap. recommandé à la reine par Monluc, IV, 216.
Lamotte, cap. cath., signe la capitulation de Lectoure, IV, 167.
Lamotte, cap., gouverneur de Dax, V, 337.
Lance passade, I, 138, 139.
Lancève, recommandé par Monluc au duc d'Anjou, V, 295.
Lande (Clément de La), chanoine de Saint-Caprais, d'Agen, II, 352. — Prisonnier des huguenots, 450. — Avertit Monluc de la prise d'armes de 1567, III, 100. — Rassure les habitants d'Agen à l'approche de Mongonmery, 351. — Ordre de Monluc de délivrer l'artillerie à Tiboville, V, 154. — Ordre de fortifier Agen, 240. — Ordres de Monluc, 332, 333, 334.
Landrecies (Retraite de François I à), I, 457.
Landriano (Taverna, comte de), cap. italien, I, 217. — Attaque Castigliole, 219.
Landucci (Andrea), seigneur siennois, IV, 35.
Landucci (Marco), seigneur siennois, IV, 89.
Lange, avocat de Bordeaux, envoyé à la reine par le parti catholique, IV, 252.
Langey (Martin du Bellay, s. de), I, 262.
Langoirand (Guy de Montferrand, dit), cap. hug., au combat de Vergt, III, 36.
Langoirand, ville. Culte réformé pratiqué dans cette seigneurie, V, 7.
Lans (Siége de), I, 344. — Conseil de guerre tenu sous les murs de Lans, 348. — Prise de Lans, 356.
Lans, bourgeois toulousain, réfugié à Lectoure, IV, 166.

Lanssac (Louis de Saint-Gelais, s. de), gouverneur de Sienne, I, 434. — Ambassadeur à Rome, 455. Fait prisonnier aux portes de Sienne, 468. — Conseille à Monluc de haranguer les Romains, II, 165. — Soutient des Royes à la cour, III, 164.

Lanssac (Guy de Saint-Gelais, s. de), fils du précédent, III, 202. — Défend Bordeaux, 377. — Tâche en vain de reprendre Blaye, V, 132.

Laplace contre-signe une ordonnance de Monluc, IV, 205.

Larboust (Savary d'Aure, baron de), III, 273. — Reconnaît Mont-de-Marsan, 312. — Sa défaite en Bigorre, 343. — Couvre Monluc en Béarn, 411. — Lieutenant de Gramont, V, 336.

Larchappe, cap. cath., signe la capitulation de Lectoure, IV, 167.

Lartigue, cap. cath., pillé par les huguenots, III, 215. — Au siége de Rabastens, 409.

Lary (François de Saint-), cap. cath., au siége de Rabastens, III, 408.

Las (Gratien ou Martin de) aide Monluc dans ses convocations, III, 117. — Au siége de Rabastens, 419. — Envoyé à Lectoure, V, 94, 97.

Lasalle, cap., porte à Monluc une lettre de la reine, IV, 305. — Commande la garde particulière de Monluc, 349.

Latour (s. de), envoyé par Monluc au duc de Guise, IV, 107.

Latour (Dame de), enlevée par Baratnau, V, 341.

Lauba, cap. cath., rejoint Monluc à Damasan, III, 298.

Laubespine (Sébastien de), assiste à l'entrevue de Bayonne, V, 34.

Laugnac (François de Montpezat, s. de), défend Puymirol contre les huguenots, III, 368.

Laurens (Saint-) lance passade de Brissac, I, 138.

Laurens (Mme de Saint-) attendue par l'évêque de Condom, V, 43.

Laurent (s. de Saint-), beau-frère du marquis de Trans, III, 100.

Lautrec (Odet de Foix, vicomte de), I, 42. — Perd le Milanais, 44. — Perd la bataille de la Bicoque, 45. — Lieutenant du roi en Guyenne, 47. — Diminue les compagnies de moitié, 63. — Commande l'expédition de Naples, 77. — Installe Monluc blessé à Termes de Brousse, 84. — Perd le royaume de Naples, 87. — Sa mort, 104. — Mal reçu par le roi à son retour de Milan, II, 122. — Pourquoi il perdit la bataille de la Bicoque, III, 128. — Conserve par écrit les noms des meilleurs capitaines, 485.

Lauzaret (Passage du), I, 130.

Lauzun (François Nompar de Caumont, comte de) assiste au siége de Vulpian, II, 150. — Accompagne le duc de Montpensier en Guyenne, III, 27. — Avertit Monluc de la prise d'armes de 1567, III, 100. — Lui prête sa compagnie, 150. — Le rejoint à Sainte-Foy, 228. — Cité pour son influence en Guyenne, IV, 116.

Lauzun (Gabriel Nompar de Caumont, comte de), fils du précédent, III, 228. — Rejoint Monluc, V, 168. — Offre à Damville deux enfants à tenir sur les fonds baptismaux, 170.

Laval (Alleman de), du Dauphiné, neveu de Bayard, I, 95.

Lavardac, cap., I, 228.

Laville, receveur de finances, chargé d'une mission de Monluc pour la reine, IV, 348. — Envoyé à Bordeaux, V, 249.

Lavit (s. de), cap., I, 309.

Layrac pris par les huguenots, 1562, II, 388.

Lazare, cap. espagnol, est fait prisonnier à Vulpian, II, 152.

Leberon (François de Gelas, s. de), I, 309.

Leberon (Antoine de Gelas, s. de) fait partie de l'expédition de Saintonge, III, 152. — Prend l'île de Ré, 156. — Au conseil de Monluc, 165. — Envoyé au roi, 169. — Visite la reine de Navarre, 172. — En garnison à Sainte-Foy, 208. — Prend le château de Levignac, 241. — Envoyé à Damville par Monluc, 288. — Entre dans Aiguillon, 346, 362. — Fait prisonnier à Aiguillon, 365. — Rejoint Monluc à Agen, 369. — Reconnaît Rabastens, 404. — Conduit Monluc à Marciac, 433. — Attaque l'île de Ré, V, 110. — Conduit 25 compagnies au camp du duc d'Anjou, 132. — Se jette dans Libourne, 172, 180. — Sa lettre à Monluc, 201. — Envoyé à Damville, 221. — Chargé de défendre Libourne, 228.

Lectoure (Révolte de), 1562, II, 387. — Assiégée par Monluc, III, 18. — Prise de la ville, 24.

Lectoure (Acte de capitulation de), IV, 162. — Recommandée à la reine par Monluc, 176, 177. — Confirmation de ses priviléges, 195. — Menacée par Jeanne d'Albret, 260. — Troubles et levée d'une compagnie de 100 hommes à Lectoure, 337. — Ordre de Monluc aux consuls de faire bonne garde, V, 44. — Troubles dans Lectoure, 65. — Mesures prises par Monluc pour garder la ville, 88.

Lecussan (René de Goulard, s. de), envoyé par Monluc à Strozzi, I, 457. — Seconde mission de Lecussan, II, 14. — Envoyé de Marseille au roi après le siége de Sienne, 131. — Envoyé de Sienne au roi, IV, 28, 43.

Leduc (Pierre), *maitre du navire la Jehanne de Merches*, V, 123.

Lefebvre, secrétaire, envoyé au roi par Monluc, V, 109.

Légionnaires (Institution des), I, 106.

Lemaçon (Estienne), receveur général, s'enfuit hors de France, V, 52.

Léonard, lieutenant de Gavarret, I, 176.

Léonard (s. de St-), hug. Ses biens confisqués, V, 338.

Lesa, cap. cath., signe la capitulation de Lectoure, IV, 167.

Lescun (Thomas de Foix, s. de), maréchal de France, reçoit Monluc dans sa compagnie, I, 42. — Blessé à la bataille de Pavie, 71, 73. — Sa mort, 75.

Lescure (Antoine de), procureur général au parlement de Bordeaux, requiert contre Jeanne d'Albret, IV, 240.

Lesperon (Conte du bailly de), III, 507.

Lestang (s. de) envoyé par Monluc à Damville, V, 164. — Défend le Rouergue, 245.

Lestrange (Baron de). Sa querelle avec la Feuillade, V, 71.

Lettres de Monluc complètent les *Commentaires*, IV, introd., I. — Sont inédites, II. — Conservées à la Bibl. nat., III. — A Saint-Pétersbourg, IV. — A Sienne et à Florence, VII. — Aux archives nationales, VIII. Aux archives municipales de plusieurs villes, IX.

Leucate (Conférences de), I, 133.

Levignac (Prise du château de), III, 241.

Leyve (Antoine de) défend Pavie, I, 69. — Sa mort, 126. — Modèle des gouverneurs de places, II, 118.

Lezignan (s. de) aux États d'Agen, IV, 111.

Lignac d'Auvergne, lieutenant de Lescun, I, 48. — Sa mort, 76.

Lignerolles (Philibert le Voyer, s. de), III, 202.

Ligue de 1542, I, 241. — Rom-

pue par la bataille de Cerisolles, I, 285. — Se renoue, 290.
Ligue catholique de Toulouse, 1563, III, 63; IV, 190, 206, 214. — Nouvelle ligue en Guyenne, 269.
Limeuil (Galiot de la Tour, s. de) marche contre les Provençaux, III, 180.
Lioux (s. de), voy. *Monluc (Joachim de)*.
Lisac (s. de), cap. cath., seul gentilhomme, accompagne Monluc au départ d'Agen, III, 268.
Livius (Marcus) ou le nouveau capitaine, élu pour venger le désastre des Scipions en Espagne, III, 143.
Livrade (s. de Ste-), voy. *Gontaut (Robert de)*.
Lodron (Ludovic, comte), colonel du parti impérial, I, 273.
Loménie signe une patente favorable aux réformés de Montauban, IV, 351.
Longjumeau (Paix de), 1568, III, 159.
Longua (Dame du), sœur de de Bieule, II, 370.
Lorraine (François de), comte de Lambesc tué à la bataille de Pavie, I, 72.
Lorraine (Charles de), cardinal de Lorraine, presse Monluc d'obéir au roi, II, 256. — Reçoit le roi dans son château de Marchais, 302. — Sa querelle à Poissy avec le connétable, III, 137. — Monluc lui envoie un modèle d'édit contre les réformés, IV, 357, 359.
Losses (Jean de), gouverneur d'une partie de la Guyenne, III, 528; V, 327. — Demande des nouvelles de la reine mère, IV, 283. — Envoyé à Jeanne d'Albret, 296.
Louberjac, garde des munitions à Grosseto, II, 239.
Loue (La), cap. hug., prend Aiguillon, III, 365.
Louis XII ne donne les charges qu'aux plus capables, III, 485. — Sa rencontre avec le bailli de Lesperon, 507.
Loup, cap., gouverneur de Ceva, I, 427.
Luc (s. de Saint-), cap., envoyé de Sienne au roi par Monluc, IV, 17, 19.
Lucignano, village près de Sienne, I, 457.
Luna (Juan de la), gouverneur de la citadelle de Milan, I, 455.
Lunebourg (s. de), colonel allemand, II, 284.
Lupé (Ramonet de), guidon de Lautrec, I, 50. — Assiége Porcheanne, 79. — Sa mort, 91.
Lussan (Bertrand d'Esparbès, s. de), un des défenseurs de Sienne, II, 24. — Sort de Sienne, 103. — Gouverneur de Castellucio. Sa mort, 210.
Lussan (Jean-Paul d'Esparbès, s. de), fils du précédent, à l'escalade de Piance, II, 210. — Apporte à la reine la nouvelle de la prise d'armes de 1567, III, 89. — Entre avec Monluc à Lectoure, 104. — Porte au roi de faux rapports contre Monluc, 331. — Ordre de Monluc de se jeter dans Auch, V, 203. — Donne à Monluc des nouvelles de Damville, 236. — Favori de Damville, 253.
Lussan (François d'Esparbès de), frère du précédent, entre avec Monluc à Lectoure, III, 104.
Luxe (Charles, baron de), III, 402. — Ordres de Monluc, V, 218.
Lyénard, lieutenant de Monluc à la bataille de Cerisolles, I, 265.
Lyon menacée par les Suisses, V, 25.

M

Mabrun, cap. cath., fait partie de l'expédition de Saintonge, III, 151. — Ramène l'artillerie après la prise de la Roche-Chalais, 248.

Macaire (Saint-). Prêches dans cette ville, V, 71.
Madaillan (Louis, s. de) à l'armée de Guyenne, 1562, III, 8. — Enseigne de Lauzun, fait partie de l'expédition de Saintonge, 150. — Marche en Rouergue contre Piles, 220. — Prend le château de Levignac, 241. — Convoqué par Monluc, 268. — Rejoint Terride à Orthès, 280. — Perd sa femme, 295. — Accompagne Monluc au siége de Mont-de-Marsan, 319. — Appelé par Damville, 347. — Défend Agen avec Monluc, 367. — Ramène l'artillerie de Bayonne, 400. — Au siége de Rabastens, 406. — Reçoit un cheval en don de Monluc, 431, I, 20. — Assiste au combat de Saint-Saurin, V, 110. — Envoyé par Monluc à Marmande, Clairac et Tonneins, 153. — Envoyé du côté de Casteljaloux, 227.
Madaillan, frère du précédent, enseigne de Monluc, tombe malade, III, 295. — Reçoit un cheval en don de Monluc, 431.
Madeleine (La), près de Naples. Combat livré par Lautrec, 1528, I, 91.
Madère (Expédition de), par Monluc de Caupenne, III, 75.
Madruzzo (Alisprand) laissé pour mort sur le champ de bataille de Cerisolles, I, 278.
Magistrat (Le), pouvoir municipal siennois, II, 37; IV, 60.
Magnas (Antoine de St-Géry, s. de), à Lectoure avec Monluc, III, 107.
Magrin (Hieronyme), lieutenant de d'Ossun, I, 187.
Maignault (s. de), I, 54.
Maillac (Jehan de), officier de finances en Guyenne, II, 359. — Envoyé à la reine, IV, 254. — Passe un contrat avec l'évêque de Condom, V, 13. — Chargé de payer la compagnie de Gramont, 115. — Receveur en Guyenne, 253, 339.
Maillac, cap., au siége de Thionville, II, 264.
Milleraye (Jean de Mouy, s. de La), V, 63.
Mailly (René, baron de), commissaire de l'artillerie, I, 259.
Mainery, avocat de Toulouse; inscription gravée sur la porte de sa maison, III, 146.
Malaubère (Me Michel), prêtre, commande une compagnie d'arquebusiers, III, 104.
Malery, peintre du duc d'Épernon, V, 254.
Malicorne (Jean de Chourses, s. de) assiste au siége de Vulpian, II, 150. — Envoyé en Guyenne, III, 3. — Reconnait Realville, 5. — Apaise la colère de Monluc contre Burie, 12. — Son retour à la cour, 13, IV, 155.
Mallevolti (Hieronyme), envoyé du duc de Florence, IV, 48.
Malte assiégée par Soliman III; communication de l'ambassadeur de Turquie à Monluc à ce sujet, V, 37.
Mancier, cap. hug.; ses pillages en Guyenne, IV, 257.
Mandosse, cap. espagnol en garnison à Raconigi, I, 191. — Escorte les Italiens envoyés à Fossan, 207.—Attaqué par Monluc, 212. — Fait prisonnier, 216.
Manferdino, gentilhomme espagnol, dépouillé au profit de Monluc, I, 86.
Manrique de Lara (Juan), négocie la capitulation de Sienne, II, 93.
Mansfeld (Wolrad de), lieutenant du duc des Deux-Ponts, V, 187.
Mantillo, cap. espagnol, gouverneur de Porto Ercole, II, 196. — Prisonnier de Monluc, 207.
Marbant, secrétaire de la reine de Navarre, II, 426.
Marc de Bresse (Conte de), apo-

logue cité par Monluc, III, 170, 505.

Marcel II, pape, demande à voir Monluc, II, 124. — Sa mort, 125.

Marchais, château appartenant au cardinal de Lorraine, II, 302.

Marchastel, baron de Peyre, cap. hug. Ses calomnies contre Monluc, II, 330, IV, 328, 336, 338. — Un des chefs huguenots à Lavaur et à Castres, IV, 138. — Ses pillages en Guyenne, 257. — Envoyé par Condé au-devant des vicomtes, V, 151.

Marchastel, s. de Peyre, fils du précédent, cap. hug., menace Casteljaloux, III, 296. — Sa retraite, 303.

Marciano, village près de Sienne. Bataille perdue par Strozzi, I, 454.

Marcon du Pousset (s. de). Ordres de Monluc, V, 334.

Marescotti (Orlando), seigneur siennois, IV, 34.

Marguerite de Valois, duchesse de Savoie, II, 137.

Mariambourg (Défense de) par Cossé, II, 134.

Marignan (Jean-Jacques Medichino, marquis de), lieutenant de l'empereur en Toscane, I, 434. — Ne profite pas de la victoire de Marciano, 467. — Investit étroitement Sienne, II, 14. — Sa courtoisie pour Monluc, 15. — Tente l'escalade de la ville, 19. — Reproches adressés par l'empereur et le duc de Florence à Marignan, 32. — Écrit l'histoire du siége de Sienne, 54. — Sa modération apparente vis-à-vis des Siennois, 91. — Surveille la sortie des troupes de Sienne, 103. — Son entrevue avec Monluc, IV, 22, 28.

Marin (Hieronyme), ingénieur, I, 132.

Marin, cap. de gens de pied; commission de Monluc, V, 336.

Marin, ville ital.; Monluc manque d'y surprendre Marc-Antoine Colonna, II, 179.

Marmande (Massacres à) par les huguenots, II, 342.

Marque (s. de la) au siége de Gensac, III, 533. — Envoyé par le roi à Monluc, V, 139, 146. — Envoyé à Terride, 171. — Envoyé au roi après le désastre de Terride, 237.

Marquemont (Denys-Simon, s. de), secrétaire du roi, I, 254.

Marsac, gentilhomme périgourdin, assassiné par Piles, IV, 355.

Marseille assiégée par le connétable de Bourbon, 1524, I, 67. — Par l'empereur Charles Quint, 1534, 106.

Martigues (Sébastien de Luxembourg, vicomte de), cap. d'hommes d'armes, IV, 138.

Martin (Arnaud Montaigne, s. de St-) autorisé à porter des armes, IV, 327.

Martin, cap., venge Monluc à Porcheanne, I, 81. — Fait partie de la compagnie de Brissac, 356.— A la défense de Caselle, 364. — En garnison à Albe, 374.

Martineau, secrétaire de Monluc, I, 38; II, 253. — Apporte à la reine la nouvelle de la prise d'armes de 1567, III, 87. — Chargé de la recette générale en Toscane, IV, 80.— Envoyé au duc de Guise, 106. —Envoyé à la reine, 255, 262. — Retenu à la cour, 315. — Fait des rapports contre le duc François de Montmorency, V, 103.

Martino Canavese (San), ville italienne. Prise par Boutières, I, 239. — Prise par Brissac, 358. — Fortifiée, 359. — Menacée par Gonzague, 362.

Mas (Le), cap. fr., à la défense de Caselle, I, 364. — A la défense d'Albe, 374.

Mas (Abbé du), envoyé par le cardinal d'Armagnac, IV, 208.

Masencal (Jean de), premier président au parlement de Toulouse, II, 392. — Son discours à Monluc, 403.
Masparault (Jehan de), marchand de Bordeaux, chargé d'acheter des armes pour Monluc, V, 123.
Massés (de Béon, s. de), I, 209. — Cornette de de Thermes, II, 388. — Conduit la compagnie de de Thermes contre les huguenots de Toulouse, 396. — Ne peut passer la Garonne, et pourquoi, 429. — Son désespoir de n'avoir pas assisté au combat de Targon, 439.— Mestre de camp dans l'armée de Burie, III, 29. — Au combat de Vergt, 33. — Cap. de gens d'armes, 118. — Marche contre les Provençaux, 179. — Injustice qui lui est faite, IV, 143, 146. — Calomnié par Biron, 151. — Sa mort, V, 185. — Ordre de Monluc, 336.
Massés (s. de), frère cadet du précédent, reste en garnison à Toulouse après les troubles, II, 405.
Maugiron (s. de), I, 365. — En garnison à Albe, 374. — Laisse échapper les Provençaux, III, 182.
Mauléon, ville de la Bigorre, exemptée de loger gens de guerre, V, 341.
Maure, cap. italien, I, 208.
Mauriès, sergent de Monluc, I, 390. — Envoyé par Monluc pour rassembler des troupes, III, 101.
Mausan, cap. cath., reçoit un cheval en don de Monluc, I, 21. — Envoyé par Monluc à Damville, III, 270. — Couvre l'armée de Monluc en Béarn, 411. — Donne à Monluc des nouvelles de la marche de Montgonmery, V, 205. — Envoyé par Monluc à Bellegarde, 208. — Renvoyé à Monluc par Damville, 216.

Mausan, cap. hug., conduit la compagnie de Gramont, III, 210.
Maussier, cap. hug.; à Monhurt, III, 363.
Mauvesin, cap., arme une compagnie aux frais de Monluc, IV, 315.
Maximilien d'Autriche pousse les Turcs contre Venise, I, 147.
Maximilien II, prince de Bohême, vient en Toscane, IV, 45.
Meaux (Journée de), 1567, III, 119, V, 95.
Médicis (Jean de) forme les bandes noires, I, 90.
Médicis (Cosme de), duc de Florence. Soins de Monluc pour se maintenir en paix avec lui, II, 208. — Prend possession de Piance, 209.
Medina Cœli (Jean de la Cerda, duc de), vice-roi de la Navarre, V, 232.
Megrin de Comenge conduit sa compagnie à Saint-Jean-de-Luz, I, 48.
Megrin (Hieronyme) au siége de Boulogne, I, 298.
Meillan, ville des Landes, attribuée par Monluc à l'exercice de la réforme, IV, 274.
Melfe (Jean Caracciolo, prince de), lieutenant du roi en Piémont, I, 326. — Sa mort, 328.
Mendoza (Francesco di), cardinal, archevêque de Burgos, gouverneur de Sienne, II, 196.— Rappelle Alvaro di Cendi, 229.
Menyn, cap., signalé par le roi d'Espagne comme pirate, V, 49.
Merches (Jehanne de), navire chargé d'apporter une cargaison d'armes à Monluc, V, 123.
Mercuès, château du Quercy, pris par Duras, III, 26.
Merens, lieutenant de Monluc, I, 127. — Prend et pille la ville de Lisle, 129.
Merigon, envoyé par Monluc aux consuls d'Agen, V, 240.

Merville (Jacques de Peyrusse, s. de), grand sénéchal de Guyenne, III, 152. — Au camp du duc d'Anjou, 207. — Demande à être sénéchal de Toulouse, 189. — Témoin des engagements de Damville et de Monluc, V, 256.

Mesmes (Henri de), s. de Malassise et de Roissy, superintendant des finances près de Monluc, II, 213. — Sa haine pour Monluc, 214.— Calomnie Monluc auprès du duc de Guise, III, 125. — Rejoint Monluc à Montalcin, IV, 83.

Mesmes (Jehan de), cap. hug., mène à Lectoure les forces du Béarn, III, 15. — Se réfugie en Béarn, 18. — Conduit les huguenots de Guyenne, IV, 130. — Ses pillages, 257. — Prisonnier à Condom, V, 10. — Son procès, 13.

Mesmy (Denis Daytz, s. de), cap. hug., s'empare d'Agen, II, 351.

Metz assiégée par l'empereur Charles-Quint et défendue par le duc de Guise, 1552, I, 432, III, 466.

Mézard (St-), ville de Guyenne ; troubles en 1561 et répression par Monluc, II, 360.

Mézières assiégée par Charles-Quint et défendue par Bayart et Montmorency, 1521, I, 152.

Michel (Guerre de la Saint-), 1567, III, 88. — Desseins cachés des huguenots, 101,112. — Jugement de Monluc sur cette guerre, 124.

Mieulan, en Provence, prise par Monluc, I, 129.

Millas porte à Monluc les heureuses nouvelles de Barge, I, 204.

Millau, ville du Rouergue, embrasse la réforme, IV, 184, 278. — En proie aux troubles après la paix d'Amboise, 271. — Nécessité de raser ses murailles, 354, V, 18.

Mirambeau (Jacques de Pons, baron de), cap. hug., complice de des Royes, III, 163.— S'empare de Blaye, V, 131, 132.

Mirandole (Louis Pic de la), colonel de la cavalerie italienne, I, 448.

Mirandole (Siége de la), I, 329, 330. — Défendue par Sansac, III, 469.

Mirebeau (François Chabot, marquis de) en Italie, I, 343.

Mirepoix (Philippe de Lévis, s. de), maréchal de la Foi, fait partie de l'armée de Damville, III, 306.

Mirepoix (Jean de Lévis, s. de), épouse Catherine de Lomagne, IV, 331. — Accusé faussement de vouloir livrer la Guyenne au roi d'Espagne, 335. — Se disculpe auprès de la reine, 345.

Mitti (Ambrosio), citoyen siennois, II, 44.

Mocenigo (Andrea), historien vénitien, I, 147.

Moges, mesure siennoise, IV, 21.

Molia, cap. cath., se jette dans Francescas, II, 414.

Molle (Joseph de Boniface, s. de La), I, 262.

Molle (Jacques de Boniface, s. de La), I, 397. — Colonel de gens de pied, II, 163. — Accompagne Monluc à Marin, 179. — Gouverneur de Grosseto, 204. — Se jette dans Montalcin, 205. — Envoyé par le duc de Guise à Ferrare, 238. — Refuse de s'enfermer dans Verceil, 243. — Dépêché à Monluc par le duc de Guise, IV, 66.

Monbazin (s. de), lance passade de Brissac, I, 138. — Blessé près de Tuchan, 141. — Négocie la capitulation de Chieri, 338.

Moncade (Hugues de), amiral espagnol, I, 88.

Moncalvo (Prise de), II, 157.

Moncassin (Mademoiselle de), sœur de la Valette. V, 200.

Monclar (vicomte de), cap. hug., soutient la réforme en Quercy, IV, 354. — Ses projets sur le château de Foix, V, 231.

Moncontour (Bataille de) perdue par les huguenots, III, 287, 345. — Suites de cette défaite réparées par Piles, 468.

Moncorneil (Jean de Labarthe, s. de), maréchal des logis de la compagnie de de Thermes, II, 435.

Moncrabeau, terre appartenant à l'archevêque de Bordeaux. Culte réformé pratiqué dans cette seigneurie, V, 7.

Mondoulet, commissaire enquêteur en Guyenne, V, 290.

Moneins (Tristan de) de la compagnie de de Thermes, I, 215. — Au pont de Carignan, 230. — Porte secours à Monluc pendant la bataille de Cerisolles, 268. — Massacré à Bordeaux, III, 67.

Monferrand (Charles de), I, 390. — Rejoint Monluc, II, 387. — Un des défenseurs de Bordeaux, 429. — Suit Monluc à l'attaque de Lectoure, III, 15. — Au combat de Vergt, 36. — Enseigne des compagnies du cap. Monluc, 71. — Alarmes qu'il donne au duc d'Anjou, 234.— Engage Monluc dans l'expédition de la Roche-Chalais, 238. — Promet à Monluc un secours de mille hommes, 351, 359. — Amène ce renfort à Aiguillon, 360. — Au siége de Gensac, 533. — Sa mort, 534. — Signe la capitulation de Lectoure, IV, 167. — Prend livraison de l'artillerie de Périgord, 253. — Maire de Bordeaux, V, 141, 239. — Fait des rapports à Monluc sur ce que l'on a on dit contre lui au conseil du roi, 146. — Veille à la sûreté de Bordeaux, 157, 174. — Envoyé par Monluc à Mont-de-Marsan, 282.

Monferrand (Guy de), dit Langoiran, voy. *Langoiran*.

Monfort, du Dauphiné, enseigne de la compagnie de Maugiron, I, 367.

Mongayral, s. de Cazelles, reçoit plusieurs dons de Monluc, I, 20; III, 431. — Dépêché par Monluc et Burie à la reine, IV, 149. — Fait prisonnier, 154. — Livre le combat d'Eymet, V, 149. — Envoyé au roi par les habitants de Bordeaux, 157.

Mongonmery (Jacques de Lorges, s. de) en garnison à Tuchan, I, 137.

Mongonmery (Gabriel de Lorges, comte de) tue le roi Henri II dans un tournoi, II, 324. — Arrive à Castres, III, 256. — Ses forces, 259. — Sa marche, 266. — Son triomphe, 285. — Panique de son armée, 310, 331. — Manque de vivres en Béarn, 337. — Entre à Condom, 343. — Y perd trop de temps, 347. — Ses ravages, 369. — Rejoint l'armée des princes, 385.— Se met en campagne, V, 168. — Campe à Castres, 173. — Se dirige sur l'Auvergne, 185. — Revient à Montauban, 191. — Se dirige vers le Béarn, 193. — Passe l'Ariége, 202.— Surprend Terride dans Orthez, 210, 212, 213, 215. — Veut quitter le Béarn, 223. — Ses forces, 238. — Quitte le Béarn, 242. — S'empare de Condom, 251. — Fait sa jonction avec Coligny, 262. — Pille le Bigorre, 341.

Monluc, père de l'auteur des *Commentaires* (François de Lasseran Mansencome, s. de). Sa pauvreté, I, 29. — Donne un cheval à l'auteur, 41. — Laisse quinze enfants, 105.

LIVRE I.

Monluc (Blaise de). Sa naissance,

I, introd., I. — Sa carrière militaire, II. — Lieutenant du roi en Guyenne, III. — Rédige ses *Commentaires*, IV. — Est nommé maréchal de France, V. — Écrit le *Dialogue de la fortune et de moy*, VI. — Écrit ses mémoires pour se disculper, 3. — Sa reconnaissance pour le roi, 13. — Sa fortune, 16. — Sa générosité, 19. — Ses débuts pénibles, 30. — Son dénûment à diverses époques, 37. — Page du duc de Lorraine, 40. — Son départ pour l'Italie (41). — Ses premiers exploits, 43.— Homme d'armes, 46. — Entre dans une compagnie de gens de pied, 47. — Sauve les compagnies de Lautrec et de Lescun à Saint-Jean de Luz, 51. — Retraite de de Monluc en vue de l'ennemi, 57. — Éloges de Lautrec, 61. — Capitaine de gens de pied, 64. — Rentre dans la compagnie de Lescun, 66. — Volontaire au siège de Marseille, 67. — Fait prisonnier à la bataille de Pavie, 73. — Renvoyé sans rançon, 74. — Fait partie de l'expédition de Naples, 77. — Monte à l'assaut de Porcheanne, 79.— Sauve l'honneur des femmes, 82. — Refuse de se laisser couper le bras, 83. — Sauve l'armée à la Madeleine, 89. — Son retour de Naples, 105. — Lieutenant de la légion du Languedoc, 106. — Tente le coup de main des moulins d'Auriolle, 111. — Quitte la compagnie de Rochechouart, 126. —Reçoit l'ordre d'assiéger Barcelonnette, 128. — Se rend à la cour, 131. — Assiste au siège de Perpignan, 132. — Reconnaît Perpignan sous le déguisement d'un cuisinier, 134. — Reçoit la compagnie de Golenes, 137. — Attaque les Espagnols près de Tautavel, 141. — Blâme l'alliance de François I et des Turcs, 162. — Retourne en Piémont, 163. — Marche au secours de Mondovi, 166. — Entre dans Bene, 171. — Se jette dans Savillan, 173.— Combat de Cavelimour, 179. — Dirige le coup de main de Barge, 194. — Surprend les Italiens envoyés à Fossan, 207. — Attaque Castigliole, 219. — Sa prudence, 221. — Chargé d'attaquer le pont de Carignan, 227. — Refuse de battre en retraite, 235.

LIVRE II.

Monluc (Blaise de) envoyé au roi par le prince d'Enghien, I, 241. — Son discours au conseil du roi, 245. — Reçoit les félicitations du prince d'Enghien, 256. — Commande l'arquebuserie à la bataille de Cerisolles, 265. — Son discours aux piquiers, 271. — Son *pendard* de valet, 280. — Fait chevalier par le prince d'Enghien, 283. — Demande à être envoyé au roi, 284. — Se retire en Gascogne, 285. —Assiste au siége de Boulogne, 292.— Connait la langue de tous les pays qu'il a habités, 299. — Voyage en Gascogne, 306. — Décide par son exemple les soldats à travailler aux tranchées, 309. — Dirige une escarmouche près de Calais, 313. — Justification de cette escarmouche, 320.— Nouvelle escarmouche, 322. — Gentilhomme servant du roi, 325. — Nommé gouverneur de Moncalieri, 326. — Conduit l'artillerie au siége de Chieri, 336. — Se foule la cuisse, 341. — Au siége de Lans, 344. — Défend Cazelle, 362. — Ravitaille San Damiano, 377. — Fait un tour de jeune capitaine et est battu, 392. — Gentilhomme de la chambre du roi, 393. — Gouverneur d'Albe, 394. —

Défend Bene, 399. — Dirige le siége de Cortemiglia, 408. — Prend Serravalle, 420. — Fait le service de maréchal de camp, 423. — Au combat d'Andezeno, 428. — Rentre en Gascogne, 430.

LIVRE III.

Monluc (Blaise de) proposé par le roi pour la défense de Sienne, I, 435. — Sa maladie, 440. — Débarque en Italie, 441. — Assiste à l'escarmouche de Santo Abondio, 444. — Ses conseils à Strozzi au moment du combat de Marciano, 457. — Son discours à la seigneurie à l'occasion du combat de Marciano, 459. — Monluc malade délègue ses pouvoirs à Cornelio Bentivoglio, 468. — Son état, II, 5. — Sa remontrance aux capitaines de la ville, 7. — Sa présence d'esprit à l'escalade de la nuit de Noël, 21. — Sa toilette pour paraître au conseil des Siennois, 35. — Monluc amoureux, 36. — Son discours aux Siennois, 38. — Il fait jurer aux capitaines de mourir pour la liberté de Sienne, 43. — Dirige la défense pendant le bombardement de Sienne, 51. — Prépare la sortie des Allemands, 66. — Son discours aux Siennois, 70. — Monluc dictateur, 72. — Déjoue les ruses du traître Piedro, 76. — Son discours à cette occasion, 79. — Son régime de vie pendant le siége, 92. — Discours de Monluc sur l'interprétation de l'acte de capitulation, 97. — Sort de Sienne, 101. — Arrive à Montalsin, 107. — Il se rend à Rome, 123. — S'embarque pour Marseille, 125. — Raconte au roi le siége de Sienne, 133. — Pourquoi Monluc n'a pas voulu signer l'acte de capitulation, 139. — Reçoit plusieurs dons du roi, 141.

LIVRE IV.

Monluc (Blaise de) envoyé de nouveau en Piémont, II, 144. — Reconnaît Vulpian, 145. — Entre dans la ville, 153. — Mêlé à une intrigue contre le prince d'Aumale, 156, — Rapports contre Monluc, 160. — Rentre en Gascogne, 161. — Rappelé à la cour, 162. — Lieutenant général à Montalcin, 163. — Se rend à Rome, 163. — Secourt Tivoli, 171. — Tente de prendre Marc-Antoine Colonna, 178. — Sa fuite, 182. — Se rend à Montalcin, 193. — Escalade de Piance, 207. — Harangue les capitaines, 217. — Secourt la Montjoie à Talamon, 232. — Se rend à Ferrare, 239. — Visite Venise, 242. — Se jette dans Verceil, 245. — Son départ pour la France, 253. — Nommé colonel général de l'infanterie, 256. — Au siége de Thionville, 258. — Reconnaît les abords de Thionville, 263. — Seconde reconnaissance, 265. — Empêche le sac de Thionville, 292. — Prend Arlon, 298. — Donne à diner au duc de Guise et au duc de Saxe, 303. — Secourt Corbie, 309. — Secourt Amiens, 317. — Remet au roi la charge de colonel de gens de pied, 321. — Suit le roi de Navarre au siége de Fontarabie, 322. — Reçoit une compagnie d'ordonnance, 324. — Voit en songe la mort du roi, 325. — Ses malheurs datent de la mort de Henri II, 326. — Sa fortune et sa renommée, 333.

LIVRE V.

Monluc (Blaise de) mêlé aux intrigues du règne de François II, II, 336. — Retourne en Gascogne, 337. — Frappé des progrès du calvinisme, 338. — Dissipe des rassemblements, 339.

— Retourne à la cour, 342. — Envoyé en Guyenne avec un commandement militaire, 345. — Première tentative de corruption de Monluc par Barrèles, 348. — Deuxième tentative de corruption par Boisnormand, 350. — Monluc essaye de pacifier Agen, 352. — Troisième tentative de corruption par Labat, 353. — Quatrième tentative par le capitaine Sendat, 354. — Se joint à Burie pour faire justice des séditieux, 356. — Se rend à Fumel, 367. — A Cahors, 369. — Cinquième tentative de corruption par Lebrun, 373. — Appelé par le roi, 385. — Retenu par la noblesse de Gascogne, 387. — Réprime l'insurrection de Toulouse, 392. — Sauve Toulouse du pillage, 404. — Qualifié de *tyran* par les huguenots, 408. — Assiége Montauban, 410. — Va secourir Burie à Bordeaux, 420, 429. — Se met en campagne contre Duras et le bat à Targon, 430. — Ses nombreuses exécutions, 442. — Prend Monségur, Duras, etc., etc., 443. — Recouvre Agen, 450. — Reconnait Réalville, III, 5. — Sa colère de l'inaction de Burie, 10. — Assiége et prend Lectoure, 18. — Veut livrer bataille à Duras, 29. — Combat de Vergt, 39. — Harangue les Espagnols, 42. — Harangue les Gascons, 45. — Donne le signal de la charge, 49. —Rejoint le duc de Montpensier à Mucidan, 52. — Rentre en Guyenne, 58. — Se rend à Bordeaux, 61. — A Toulouse, 62. — Général en chef des catholiques, 63. — Appelé en toute hâte à Bordeaux, 65. — Partage avec Burie le gouvernement de la Guyenne, 66. — Hésite à prendre cette charge, 69. — Ses regrets anticipés, 70. — Licencie toutes les compagnies, 71.

LIVRE VI.

Monluc (Blaise de) va saluer le roi à Toulouse, III, 78. — Découvre une ligue catholique à Mont-de-Marsan, 80. — Au conseil du roi, 82. — Reçoit le surnom de *Corneguerre*, 90. — Il se rend aux bains de Barbottan, 93. — Songe de Monluc au moment de l'explosion de la deuxième guerre civile, 94. — Il se saisit de Lectoure, 102. — — Distribue de nombreuses commissions de capitaines, 117. — Conduit ses troupes à Limoges, 120. — Son discours, 121. — Partage avec Candale le gouvernement de la Guyenne, 125. — Autrefois calomnié en Italie auprès de ses chefs, 125. — A lu Tite-Live, 141. — Ne peut plus lire, 143. — Ses vœux en faveur de la réforme de la procédure, 145. — Reçoit l'ordre d'assiéger la Rochelle, 148. — Son expédition en Saintonge, 150. — Résumé de la seconde guerre civile, 160. — Ses projets pour la Saintonge, 167. — Tombe malade, 171. — Rassemble secrètement des troupes, 174. — Fait son testament, 176. — Marche contre les Provençaux, 181. — Pourquoi Monluc ne rejoint pas le duc de Montpensier, 184. — Songe à diviser sa compagnie, 188. — Bat en retraite devant les Provençaux, 195. — Retombe malade, 198. — Se rend à Bordeaux, 201. — Sa remontrance au parlement, 203. — Marche contre Piles en Périgord, 216. — Justifie sa conduite, 229. — Rejoint le duc d'Anjou à Montmoreau, 233. — Renvoyé à Bordeaux, 236. — Marche contre la Roche-Chalais, 239. — Revient à Bordeaux, 248.

LIVRE VII.

Monluc (Blaise de) reste en Guyenne sur l'ordre du duc d'Anjou, III. 254. — Son entrevue avec Damville, 257. — Préside les États d'Agen, 258. — Sa méprise sur les plans de Mongonmery, 261. — Avertit Terride des projets de Mongonmery, 263, 267. — Appelle Damville au secours de Terride, 268. — Refuse de s'avancer jusqu'à Orthez, 272. — Convoque Terride à Hagetmau, 275. — Apprend la ruine de Terride, 280. — Se justifie, 281. — Tient tête à Mongonmery, 288. — Demande du secours à Damville, 289. — L'attend à Auch, 293. — Sauve Casteljaloux, 298. — Rejoint Damville à Auch, 307. — Exclu des conseils du maréchal, 311. — Assiége Mont-de-Marsan, 312. — Sa fatigue, 326. — Veut se démettre de son gouvernement, 332. — Son différend avec Damville, 333. — Craint d'être assassiné par ses ordres, 334. — Son armée se débande, 341. — Monluc se retire en Agenais, 342. — Lève cinq compagnies, 344. — Charge Panjas, Romégas et Jean de Monluc de la défense de Lectoure, 348. — Se rend à Agen, 351. — Son discours aux habitants, 352. — Fortifie Agen, 358. — Secourt Moyrax, 371. Détruit le pont de bateaux de Port Sainte-Marie, 372. — Propose aux lieutenants de Damville d'attaquer Mongonmery au passage de la Garonne, 385. — Avertit le premier président du parlement de Toulouse des projets des huguenots, 388. — Pourquoi Monluc est dénoncé par Damville, 391. — Reçoit l'ordre d'envahir le Béarn, 395. — Regrette de n'avoir pas de défenseurs à la cour, 396. — Entreprend le siége de Rabastens, 401. — Ses pressentiments funèbres, 419. — Sa blessure, 423. — Son discours aux gentilhommes, 427. — Sa générosité, 430. — Énumération de ses dons, 431. — Remplacé par Villars, 433. — Sa lettre au roi contenant l'énumération de ses services, 437. — Sa lettre est imprimée à Lyon, 449. — Monluc est ramené à Cassaigne, 452. — Ordonne le licenciement de l'armée, 453. — Se disculpe de toute malversation, 455. — Rappel de la défense d'Agen, 468. — ..... de Sienne, 469. — Sa ruse pour se dispenser de prêter ses chevaux, 480. — Il énumère ses blessures, 499. — Sa devise, 500. — Ses enfants, 501. — Son désintéressement, 507. — — Reçoit un don sur Clairac, 512. — Il dicte ses mémoires, 513, 518. — Met son espérance en Dieu, 514. — Sa prière, 515. — Reprise des *Commentaires*, 519. — Modération de Monluc après la Saint-Barthélemy, 522. — Se rend au siége de la Rochelle, 525. — Se rend à Paris, 531. — Nommé maréchal de France, 531. — Au siége de Gensac, 532. — Son discours à la noblesse, 535. — Son projet de retraite à Sarrancolin, 537.

T. I DES LETTRES.

Monluc (Blaise de). Son dévouement à la maison de Guise, IV, 2. — Il demande au connétable à être envoyé à Sienne, 9. — Propose à Strozzi un coup de main contre les assiégeants de Sienne, 11. — Demande à être remplacé à Sienne, 15, 18, 19. — Se justifie de son entrevue avec Marignan, 28. — De-

TABLE ANALYTIQUE. 419

mande des vivres à Strozzi, 36.
— Ses insultes à l'adresse des Florentins, 44. — Gouverneur de Montalcin, 60. — Rejoint le duc de Guise, 66. — Son administration en Toscane, 73. — Demande à être remplacé, 81. — Obtient son congé, 100. — Suit le roi de Navarre en Biscaye, 102. — Rend compte des dispositions de ce prince aux Guises, 107. — Propose l'extermination des huguenots, 115. — Se rend à Fumel, 120. —Pacifie Toulouse, 135. — Va assiéger Lavaur et Castres, 141. — Son mécontentement des faveurs prodiguées à d'Escars, 144. — Rejoint Burie à Bordeaux, 148. — Conseille une répression impitoyable, 150. — Conseille une amnistie générale, 154. — Réclame la délivrance d'un don du roi, 156. — Refuse de servir avec Burie, 160. — Prédit à la reine la la ruine de la monarchie, 161. —Signe la capitulation de Lectoure, 167. — Son plan de campagne, 171, 174. — Accusé de parler trop librement, 179. — Prêche la tolérance au parlement de Toulouse, 185.— Demande les biens de d'Assezat, bourgeois de Toulouse, 197. — Chiffre des gages de Monluc, 200. — Il fait publier la paix d'Amboise, 205. — Réclame des forces pour maintenir la paix, 210. — Demande une garde personnelle, 211. — Demande à être relevé de sa charge, 215.— Sa remontrance aux habitants de Bordeaux, 220. — Dénonce la reine de Navarre, 234, 239, 259. — Lui présente ses excuses, 264. — Interdit l'exercice de la réforme à Dax, 271. — Recommande le service des postes au roi, 280. — Inquiet des nouvelles de la reine mère, 282. — Demande que les compagnies de Guyenne soient payées, 286. — Demande des fonds pour sa garde, 287, 290. — Demande la délivrance d'un don, 289. — Veut donner sa démission, 294. — Veut quitter la France, 298. — Garantit la fidélité de la noblesse catholique, 302, 306. — Mais non pas celle de la noblesse protestante, 303. — Licencie sa garde, 304. — Consent à reprendre son gouvernement, 308. — Demande le remboursement d'une somme qui lui est due, 315. — Se plaint au roi d'Espagne de la tolérance de la reine pour les huguenots, 319. — Songe à se retirer en Espagne, 325. — Se disculpe des calomnies de Marchastel, 328, 333, 345. — Provoque en duel ses calomniateurs, 334. — Demande le rétablissement de sa garde, 349. — Demande le payement de ses gages, 350. — Conseille à la reine de promulguer un édit contre les réformées, 357, 359. — Demande l'évêché de Condom, 360. — Conseille à Philippe II une entrevue avec la reine mère, 362, 365.

T. II DES LETTRES.

Monluc (Blaise de) justifie les intentions des gentilshommes de Guyenne assemblés à Toulouse, V, 1. — Conseille au roi et à la reine une amnistie générale et certaines mesures de pacification, 4. — S'occupe du baptême de sa fille Charlotte-Catherine, 12. — Certifie au roi d'Espagne l'orthodoxie de la maison de France, 24. — Demande au roi d'Espagne son amitié pour le roi de France, 30. — Quitte soudainement la cour rassemblée à Bayonne, 37. — Se plaint à la reine des commissaires nommés pour l'abréviation des procès, 48. — Se rend aux États de Périgueux, 54. — Explique à la reine le but du voyage du capitaine Monluc, 61. — Demande du secours pour réduire le s. de Solan, 81, 83. — Sauve Lectoure, 88 et suiv. — Conduit une armée en Limousin, 96. — Accusé d'avoir médit du connétable, 103. — Prépare le siége de la Rochelle, 109. — Reçoit 6000 fr. des habitants des îles, 114. — Revient en Guyenne, 115. — Marche en Auvergne, 127. — Revient à Agen, 131. — Se rend à Bordeaux, 133. — Demande une augmentation de sa compagnie, 135, 138, 158. — Propose un édit au duc d'Anjou, 154. — Demande à assister à la bataille qui se prépare, 159. — Propose une entrevue à Damville, 165. — Se dispose à rejoindre le camp du duc d'Anjou, 182. — Tombe malade, 186, 188, 190, 192, 193. — Réunit les syndics de Guyenne, 198. — Ses mesures contre Mongonmery, 202, 205. — Propose à Damville de venger Terride, 210. — Ses mesures pour attaquer les troupes de Mongonmery, 218. — Se retire vers Auch, 226. — Blâme l'incurie de Damville, 245. — S'excuse d'avoir quitté le gouvernement de la Guyenne, 250. — Se plaint de Damville, 252. — Reçoit l'ordre de rejoindre le duc de Montpensier, 266. — Refuse de servir sous les ordres de Damville, 267. — Se défend des accusations de Damville, 269. — Sa probité en matière de finances, 272, 274. — Sa continence, 275. — Noblesse de sa naissance, 276. — Fait espionner Damville, 277. — Se prépare à l'expédition de Béarn, 280. — Accusé de lenteur, 282. — Conseille au roi de formuler un édit contre les huguenots, 293. — S'excuse de diverses accusations portées contre lui par Villars, 296. — Reçoit une nouvelle compagnie d'ordonnance, 297. — Conseille la paix au roi, 299. — Proteste de son orthodoxie, 309. — Conseille de ne jamais donner de charge aux huguenots, 320. — Maréchal de France, 328. — Délègue le commandement de l'armée de Rabasteins, 341. — Détails sur la maladie de Monluc à Sienne, 342. — Félicité par le roi de la pacification de la Guyenne, 343. — Son contrat de mariage, 346. — Lettres d'abolition en faveur de Monluc, 350. — Son éloge, 351. — Son épitaphe, 352. — Sa descendance, 355. — Son testament, 365.

Monluc (Antoinette Ysalguier, dame de), première femme de l'auteur des *Commentaires;* sa mort, II, 452.

Monluc (Ysabeau-Paule de Beauville, dame de), deuxième femme de l'auteur des *Commentaires*, accusée d'avoir rançonné les réformés, I, 7. — Légataire de son mari, 17. — Visite Jeanne d'Albret, III, 174. — Son contrat de mariage, V, 346. — Son mariage, 357.

Monluc (Marc-Antoine de), fils aîné de l'auteur des *Commentaires*, envoyé à Rome, II, 163. — Combat à l'escarmouche de Tivoli, 171. — Demandé par le pape pour sa garde, 190. — Au siége d'Ostie, 190. — Sa mort, 191. — Son éloge, 192; III, 503.

Monluc (Pierre-Bertrand de); paroles anticipées sur sa mort, I, 387; II, 192. — Au siége de Thionville, 264. — Dissipe le rassemblement de la Plume,

TABLE ANALYTIQUE.

339, — Au combat de Targon, 436. — A la prise du château de Caumont, 441. — Défait les huguenots à Caussade, III, 4. — Attaque les huguenots de Lectoure, 15. — Prend Terraube, 17. — Amène au roi douze compagnies de gens de pied, 71. — Sa mort à Madère, 74. — Lettre de son père au sujet de son mariage, IV, 103. — Envoyé à la reine par son père, 114. — Envoyé à Auch, 196. — Marche sur Mucidan, 203. — Envoyé à Lectoure, 243. — Laissé à Bordeaux, 255. — Demande une compagnie d'ordonnance, 287, 291. — Retient à Bordeaux un pilote portugais, V, 50. — Promet son épée au roi de Danemark, 54. — Prépare son grand voyage dans les Indes, 55, 60, 61. — S'embarque à Bordeaux, 69. — Manque d'être surpris par Begolles, 343. — Son voyage, 348. — Sa descendance, 355.

Monluc (Marguerite de Caupenne, dame de), femme du précédent, II, 330.

Monluc (Blaise de), fils des précédents, l'espoir de son grand père, III, 75 ; V, 355.

Monluc (Charles de), frère du précédent, V, 355.

Monluc (Suzanne de), petite-fille de Pierre Bertrand de Monluc, V, 365.

Monluc (Jean de), chevalier de Malte, fils de l'auteur des *Commentaires*, devient évêque de Condom, I, 14. — Paye une pension au cardinal de Guise, 15, 18. — Colonel des gens de pied de Guyenne, III, 119, 175. — Dresse 30 nouvelles enseignes, 176. — Épure son régiment, 180. — Rejoint le duc de Montpensier, 198. — Occupe le Quercy et l'Agenais, 208. — Marche en Rouergue contre Piles, 227. — Au camp du duc d'Anjou, 230. — Chargé de la défense de Lectoure, 348. — Envoyé à Villeneuve d'Agen, 370. — Chevalier de Malte, 436, IV, 330. — Accusé faussement d'être au service du roi d'Espagne, IV, 329. — Envoyé par son père à Bordeaux, V, 131. — Entre à Bergerac, 151. — Envoyé par son père à Marmande, Clairac et Tonneins, 153. — Rejoint le duc d'Anjou à Saint-Léonard, 194. — Défend Lectoure sous les ordres de Gondrin, 247. — Cité, 356.

Monluc (Fabian de), fils de l'auteur des *Commentaires*, épouse l'héritière de Montesquiou, I, 15. — Reçoit un cheval en don de son père, 21, III, 432. — Suit son frère à Madère, III, 76. — Assiste à l'assaut de Mont-de-Marsan, 326. — Porte au roi la démission de son père, 337. — Malade, 372. — Blessé au siége de Rabasteins, 444. — Tué à l'assaut de Nogaro, 527. — Marche contre Piles, V, 217. — Détroussé par un parti huguenot, 251. — Sa descendance, 356.

Monluc (Anne de Montesquiou, dame de), femme du précédent, V, 356.

Monluc (Adrian de), comte de Carmain, fils des précédents. Sa descendance, V, 356.

Monluc-Montesquiou (Blaise de), frère du précédent, V, 356.

Monluc (Marguerite de), fille de l'auteur des *Commentaires*, religieuse, V, 357.

Monluc (Marie de), fille de l'auteur des *Commentaires*, religieuse, V, 357.

Monluc (Françoise de), fille de l'auteur des *Commentaires*, dame de Fontenilles, V, 357.

Monluc (Charlotte-Catherine de), fille de l'auteur des *Commentaires*, tenue sur les fonds baptismaux par le roi, I, 17; V, 12. — Sa descendance, 357.

Monluc (Suzanne de), fille de l'auteur des *Commentaires*, dame de Rochechouart Barbazan, V, 357.

Monluc (Jeanne-Françoise de), fille de l'auteur des *Commentaires*, dame de Talleyrand de Grignols, V, 357.

Monluc (Jean de), frère de l'auteur des *Commentaires*, évêque de Valence, négociateur, I, 2. — Garde-malade de l'auteur, 17. — Obtient pour lui la compagnie de Gohnes, 137. — Envoyé à Venise, 143. — Son discours au sénat, 144. — Conseiller du roi, II, 345. — Se retire à Lectoure, III, 349. — Est à Bordeaux, 377. — Envoie Choisnin au roi, 379. — Trésorier en Guyenne, 396. — Prête de l'argent à son frère pour entreprendre la conquête du Béarn, 399. — Soigne son frère, 452. — Est envoyé en Pologne, 526. — Candidat à l'archevêché de Bordeaux, IV, 1. — A l'archevêché d'Embrun, 5. — Cité en témoignage des tendances politiques des huguenots, 300. — Surintendant des finances en Guyenne, V, 12, 17. — Absent de Meaux au moment de la prise d'armes de 1567, 103. — Chargé d'intercéder auprès du roi en faveur de sept gentilhommes, 116. — Accompagne l'auteur des *Commentaires* à l'assemblée des syndics de Guyenne, 198. — Commissaire des finances en Guyenne, 274, 281.

Monluc (Jean de), s. de Balagny, fils du précédent, possesseur du manuscrit des *Commentaires*, I, introd., xix. — Reçoit un cheval en don de l'auteur, 21, III, 432. — Envoyé par Monluc au roi, V, 326.

Monluc (Joachim de), s. de Lioux, frère de Blaise, lui laisse la terre de Chabannais I, 15. — Retient le capitaine Merens, 129. — Assiste au siége de Boulogne, 303. — Gouverneur d'Albe, 446. — Rejoint son frère après le combat de Vergt, III, 57. — Gouverneur d'Albe, IV, 10. — Faveur de Brissac pour lui, 99. — Envoyé en Périgord, 118, 125, 170. — Son procès, 205. — Chargé de porter un mémoire au roi, 207. — Son singe, 344. — Annonce à son frère la nouvelle de la prise d'armes des réformés, 348. — Informe la reine des bonnes dispositions de son frère à l'égard de Jeanne d'Albret, V, 344.

Monmas (s. de), chargé d'apporter au duc de Guise une lettre de Monluc, IV, 59.

Mons, enseigne de de Thermes, I, 176. — Surprend les Italiens envoyés à Fossan, 208. — Prend Monluc en croupe à Cerisoles, 281.

Monsalès (Jacques de Balaguier, s. de), commande l'avant-garde de l'armée envoyée par Monluc au roi, III, 123. — Lui porte l'ordre de se rendre au camp, 183. — Son mécontentement et son départ, 185.

Monsalès (Jean de Balaguier de), évêque de Cahors, trompe Monluc sur la marche des Provençaux; III, 187.

Monségur (Siége de) par Monluc et Burie, 1562, II, 440.

Monsieur (Remonstrance à), III, 487. — De sa naissance, 488. — Il doit écrire souvent aux capitaines, 494, — tenter des expéditions lointaines, 494. — Son changement de prénom, 498.

Mont (Jehan de), guidon de la compagnie de Monluc, prisonnier à Montauban, III, 295. — Reçoit un cheval en don de Monluc, 432; I. 21.

Montaguto (Bastian), banquier à Rome, IV, 53, 55.

Montalcin, ville italienne. État de cette ville quand Monluc y arriva, II, 194. — Entreprise du cardinal Burgos déjouée, 196.

Montamat (Bernard d'Astarac, baron de), cap. hug., tâche de prendre Lectoure, III, 111. — Lieutenant de la reine de Navarre, 404. — Demande du secours en Béarn, 410. — L'entrée de Lectoure lui est interdite, V, 44. — Pille les environs de Tarbes, 266. — Cherche à rejoindre Coligny, 280 — Pille Tarbes, Lourdes et toute la Bigorre, 341.

Montastruc (Renaud de Grossoles, baron de Flamarens et de) conduit l'artillerie au siége de Mont-de-Marsan, III, 316.

Montauban. Se révolte en 1562, II, 385. — Assiégée par Monluc, 410. — Deuxième siége de Montauban par Burie, III, 14. — Troisième siége par Terride, 58. — Prépare la guerre de 1567, III, 89. — Seule place de Guyenne fidèle aux huguenots, 234. — Les troubles y persistent après la paix d'Amboise, IV, 271. — Appartient à la réforme, 278. — Monluc est accusé faussement de vouloir saccager Montauban, 329, 335. — Les habitants de Montauban rétablissent la réforme à Caussade, 351, 357. — Montauban a le droit de récuser le parlement de Toulouse, 353. — Monluc est chargé de démolir les murs de Montauban, 354, 374. — Ordre aux consuls de démolir les murs de la ville, V, 20. — Exécution de voleurs, 39. — Sédition à Montauban, 88. — Démolition des murailles, 335.

Montaut, s. de Brassac, reçoit un cheval en don de Monluc, I, 19.

Montaut (Jean de), baron de Benac, reconnaît Ostie, II, 191.

Montaut (Jean de Puységur, s. de) envoyé par Terride à Monluc, III, 271. — Au siége de Rabastens, 409. — Envoyé au roi pour lui annoncer la blessure de Monluc, 433. — Signe la capitulation de Lectoure, IV, 167.

Montaut, cap., fils du précédent. Envoyé au roi, V, 60. — Son retour, 69. — Obtient pour un de ses protégés le bénéfice de Villeneuve, 99. — Attaqué par des agents de la reine de Navarre, 120. — Envoyé par le roi à Monluc, 281. — Envoyé par Monluc au roi, 198.

Montaut (Baron de), gouverneur d'Auch, reçoit l'ordre de se jeter dans Auch, V, 96.

Montaut (Mademoiselle de), nièce de Monluc, V. 99.

Montazet (François Malvin, s. de) demande l'évacuation d'Aiguillon par les compagnies de Leberon, III, 362.

Montbadon, cap. cath., commande 300 hommes à Bordeaux, IV, 199.

Montbartier (Astorg, s. de), député à Monluc par les habitants de Montauban, IV. 373.

Monberault (s. de), lieutenant de Bellegarde, V, 260.

Montcau (Jean de), cap. hug., au combat de Vergt, III, 36.

Monclar (Vicomte de), cap. hug., se prépare à quitter Montauban, V, 197.

Mont-de-Marsan (La cour de France à), III, 80. — Siége et prise de la ville par Monluc, 312, 328. — Troubles de 1562, IV, 131.

Monte (Jehan Baptiste di) assiége la Mirandole, I, 331.

Montejean (René de), maréchal de France, fait prisonnier à la bataille de Pavie, I, 73.

Montepescayo ou *Montepescali*, ville du Siennois, II, 228.

Montesquieu, fils de Saint-Projet,

envoyé par Monluc à Damville, V, 166.

Montesquiou (Jean, baron de), sénéchal d'Aure, IV, 304, 307.

Montfort (s. de), cap. cath., reçoit l'ordre d'armer la noblesse de Marsan et Gavardan en cas de guerre civile, V, 340.

Montgaillard, ville du Condomois, attribuée par Monluc à l'exercice de la réforme, IV, 274.

Montichiello, place du Siennois, II, 200.

Montjoye (s. de la), gouverneur de Talamont, II, 232. — Secouru par Monluc, 233. — Sa mort, 234.

Montjoye (s. de la) maltraité par les huguenots d'Astaffort, II, 361. — Reçoit de Monluc deux arbres du bois de Francescas, V, 42.

Montjoye (La). Monluc réclame la cure de cette paroisse, V, 42.

Montmorency (Anne de), connétable, à la bataille de la Bicoque, I, 45. — Fait prisonnier à la bataille de Pavie, 72. — Poursuit l'armée de l'empereur, 126. — Envoie Monluc en Piémont, 127. — Devient connétable, 131. — Charge Monluc de reconnaître Perpignan, 134. — Reprend sa faveur à l'avénement de Henri II, 328. — S'oppose à la nomination de Monluc comme commandant de Sienne, 435. — Écrit à Monluc pour lui ordonner de quitter l'armée, II, 160. — Est fait prisonnier à la bataille de Saint-Quentin. — Négocie la paix de Cateau-Cambrésis, 317. — Apprend au roi de Navarre la blessure de Henri II, 326, IV, 108. — Causes de sa disgrâce, III, 138. — Lettres de Monluc, IV, 7, 9, 17, 58, 60. — Membre du triumvirat, 1561, 119. — Annonce la paix au cardinal d'Armagnac, 189. — Favorable à la réforme, 295. — Assiste à l'entrevue de Bayonne, V, 33. — Fait donner à Candale la moitié du gouvernement de Guyenne, 104.

Montmorency (François de), fils du connétable, en Italie, I, 343. — Au siége de Lans, 350. — Envoyé contre les huguenots des bords de la Loire, V, 195.

Montmorency (Henri de), voy. *Damville.*

Montmorency; haine des membres de cette famille pour Monluc, II, 321.

Montoussier, capitaine de gens de pied, V, 151.

Montpensier (Louis de Bourbon, duc de) doit sa grandeur au roi, I, 8. — Au conseil du roi, II, 256.

Montpensier (Louis II de Bourbon, duc de), envoyé en Guyenne, III, 13. — Arrive à Bergerac, 26. — A Mucidan, 51. — Amène en France presque toutes les troupes de Guyenne, 52. — Se rend à Barbezieux, 57. — Au conseil du roi à Mont-de-Marsan, III, 83. — Envoie Monluc à Bordeaux, 201. — Se rend à Poitiers, 207. — Prié par Monluc d'exercer le commandement en Guyenne, IV, 171. — Désigné par Monluc pour assister à l'entrevue de Bayonne, 363. — Garantit l'Anjou et la Touraine au parti catholique, V, 31. — Chargé de combattre le prince de Condé, 125. — Ordonne à Monluc de veiller à la ville de Bordeaux, 133. — Chargé de combattre Mongonmery, 246. — Amène 1000 arquebusiers à Monluc, 257, 261.

Montpezat (Antoine de Lettes de), maréchal de France, assiége Vigevano, I, 78. — Désigné pour assister à l'amputation du bras de Monluc, 82. — Échappe à la déroute de Naples, 104. —

Lieutenant du roi à la défense de Marseille, 107. — Permet à Monluc l'expédition d'Auriolle, 113. — Lève l'armée destinée au siége de Perpignan, 133.

Montpezat (Melchior Desprez, s. de), assiste au siége de Thionville, II, 272. — Cité, III, 179.

Montpezat (Jacques Desprez de), évêque de Montauban, rentre dans sa ville épiscopale, IV, 279.

Montréal en Condomois; troubles dans cette seigneurie, V, 37.

Montréal de Rivière, ville du Languedoc; consuls accusés de faiblesse devant Mongonmery, V, 208.

Montreau, fort devant Boulogne, I, 308. — Retour sur l'escarmouche de Montreau, III, 135.

Montserié (Guiraud de), I, 209.

Monyns, cap. hug., suit Piles à Sainte-Foy, III, 210. — Prend Aiguillon, 365.

Moreau (Pierre), cap. hug., révèle à Monluc la force de l'armée provençale, III, 190.

Moreau, cap. cath., envoyé par Monluc au roi, V, 233.

Morelet-Lauzette, cap., chef des huguenots d'Astaffort, II, 362. — Son supplice, 365.

Moret, cap. cath., au siége de Rabastens, III, 407.

Moretto di Cantarollo Calabrese, cap. italien, gouverneur de Montepescali, II, 226.

Morion, sorte de casque, I, 80.

Morir (Un bel) tutta la vita onora, prov., III, 517.

Morlière (La), contrôleur des guerres à Sienne, II, 22.— Envoyé de Sienne à Rome par Monluc, IV, 52. — Contrôleur général de la guerre, 104.

Mortailles, mortalité, I, 124.

Morvilliers (Jean de), év. d'Orléans. Ses affaires avec Monluc, V, 13.

Mossaron, cap. cath., tué à la prise de Mont-de-Marsan, III, 322.

Mosseron, envoyé par Monluc au capitaine Lussan, V, 203.

Mot changeant, mot d'ordre pendant le siége de Sienne, II, 60.

Mothe (La), gouverneur de Barge, I, 192. — Sa maladie, 193. — S'entend avec Gramignin, 195. S'excuse de la trahison de Barge, 201. — A l'escalade de Piance, II, 211. — Au siége de Thionville, 282.

Mothe (La), gentilhomme gascon, calomniateur de Monluc, III, 537.

Mothe (La), lieutenant de Saint-Esteven, gouverneur de Dax, IV, 271.

Mothe-Bardinguet (s. de la), cap. cath., signe la capitulation de Lectoure, IV, 167.

Mothe-Mongausy (s. de la), cap. cath., fait partie de l'expédition de Saintonge, III, 151. — Surpris et tué au château de Lévignac, 241.

Mothe-Pujols (La), cap. hug., assiste Piles dans la défense de Saint-Jean d'Angély, III, 468.

Mothe-Rouge (La) suit Monluc à Bene, I, 400. — Cap. catholique, II, 422. — Reconnait Lectoure avec Monluc, III, 18. — Gouverneur de la Chapelle, IV, 141.

Mothe-Rougier (s. de la), cap. cath. Certificat délivré par Monluc, V, 332.

Moulhé, épouse, III, 341.

Moutons (Je retourne à mes), prov., III, 216.

Moyenne (La), lieutenant de Monluc, I, 138. — Blessé près de Tuchan, 141. — Fait partie de l'expédition du comté d'Oye, 313.

Moyneau, terme de fortification, I, 346.

Moyrax, ville de Lomagne menacée par Mongonmery, III, 370.

Mucidan (Siége de), 1563, IV,

201, 203. — Troubles autour de cette ville, 209.
Mule (*Tenir la*) *à la porte*, prov., III, 335.
Mulet (Romain de) recommandé par Monluc, IV, 288.

N

Naples. Expédition du duc d'Albany, I, 70. — Expédition de Lautrec, 87; III, 130. — La réforme à Naples, IV, 369. — Droits de la maison de France, sur le royaume de Naples, V, 322.
Naples (César de), gouverneur de Carmagnole, I, 190. — Essaye de surprendre Monluc, 220. — Bat en retraite devant Boutières, 224.
Navailles (Jean d'Audoins, s. de), enseigne intérimaire de Lautrec, I, 48.
Navarre (Pedro de) livre Fontarabie, I, 64.
Navarreins, ville du Béarn, fortifiée par Jeanne d'Albret; remontrances du parlement de Bordeaux à ce sujet, III, 287. — Massacre des prisonniers catholiques par les ordres de Mongonmery, 1569, 328.
Navarro (Pedro), colonel des gens de pied, I, 79. — Commande les enseignes gasconnes, 91. — Sa mort, 105.
Nay (Prise de) par Mongonmery, V, 217.
Negrepelisse (Antoine de Carmain, s. de), capitaine de gens d'armes, I, 76.
Negrepelisse (Louis de Carmain, s. de), II, 370. — Lieutenant de Monluc aux jugeries de Rivière Verdun, III, 148. — Rejoint Monluc à Auch, 293. — Soutient le catholicisme en Quercy, 354. — Cité pour son influence en Guyenne, IV, 116. — Remet au nom de la noblesse une requête à Monluc,
121, 127. — Reçoit Damville à Grenade, 278. — Accusé faussement de vouloir livrer la Guyenne au roi d'Espagne, 335. — Se disculpe auprès de la reine, 345. — Conduit des troupes au camp du duc d'Anjou, V, 132. — Rejoint Damville, 175. — Accompagne Monluc à Verdun, 196. — Désigné par Monluc pour défendre Toulouse, 270.
Nemours (Jacques de Savoie, duc de), I, 298. — Se rend en Italie, 342. — Assiste au siége de Lans, 350, — au siége de Vulpian, II, 150. — Au conseil du roi à Mont-de-Marsan, III, 83. — Monluc refuse de servir sous ses ordres, IV, 98.
Nérac, ville, tombe au pouvoir des huguenots, II, 414. — Défaite des huguenots près de la ville, 423. — Rétablissement de la religion catholique, IV, 154. — Culte réformé pratiqué dans cette ville, V, 7. — Saisie par le roi des meubles du château, 134.
Nesmond (Président de), III, 532.
Nettuno, ville romaine, II, 177.
Nevers (Louis de Clèves de), comte d'Auxerre, fait prisonnier à la bataille de Pavie, I, 72.
Nevers (François de Clèves, duc de) au siége de Thionville, II, 277.
Nevers (Mademoiselle de) s'arrête à Lectoure auprès de la dame de Monluc, V, 134, 138.
Nice (Trêve de), I, 130. — Entrevue de François Ier et de Charles-Quint, 155. — Siége de Nice, 162.
Nicolas, cap. de gens de pied, I, 176. — Attaque Castigliola, 219.
Noailles (Antoine de), lieutenant de Nemours, I, 298. — Appelle Monluc à Bordeaux, III, 61. — Rival de Lagebaston, 65.

Sa mort, 66. — Commande cent hommes à Bordeaux, IV, 199.
Noailles (François de), évêque de Dax, ambassadeur à Venise, II, 242. — Recommandation de Monluc au sujet du bénéfice de Villeneuve, V, 99. — Recommandations diverses, 100. — Affaires de Dax, 107. — Commission de Monluc, V, 337.
Noailles, s. de Lisle, frère de l'évêque de Dax, V, 99.
Noblesse de Guyenne n'a point de rapports avec l'Espagne, IV, 302.
Noblesse de province a tort de mépriser les charges municipales des villes, III, 261.
Noé (Roger, s. de), lieutenant de Fontenilles, III, 266. — Se jette dans Casteljaloux, 298. — Assure à Monluc que Damville veut le faire assassiner, 333.
Nort (Marcial de), s. de Naux, III, 117. — Terrifié à l'approche de Mongomery, 352. — Chargé de vendre les blés du marquis de Villars, V, 191.
Nort, s. de Naux, fils du précédent, aide Monluc dans ses convocations, III, 117. — Receveur des États d'Agen, 259.
Nort (Antoine de), conseiller au présidial d'Agen, II, 352. — Prisonnier des huguenots, 450. — Ordres de Monluc, V, 332.
Nostradamus (Prophéties de), II, 287.
Noue (François de la) en Saintonge, III, 239.
Nove (Porte) à Sienne, I, 452.

O

Observanza, village près de Sienne, I, 452.
Oléron (Ile d') prise par le s. de Pons, III, 155.
Orange (Philibert de Châlons, prince d'), vaincu à Melphe, I, 86. — Injustices subies par ce prince, III, 130.
Ordre (Tour d'), aux portes de Boulogne; combat livré par de Tais aux Anglais, I, 293.
Orens (s. de Saint-), voy. *Tilladet*.
Orléans (Charles, duc d'), fils de François I*er*, envahit le Luxembourg, I, 132. — Accompagne le dauphin au siége de Boulogne, 295.
Ornano (Sanpietro Corso, tige de la maison d'). Voy. *Corso*.
Orologio, ingénieur italien, I, 366. — Envoyé à San Damiano, 388. — Fortifie Libourne, 305.
Orthez, ville; désastre de Terride, 1569, III, 280. — Suites de la victoire de Mongomery, 286.
Ossun (Pierre d'), cap. de gens de pied, I, 63. — Reçoit la moitié de la compagnie de Monluc, 77. — Entre dans Bene, 171. — Se retire à Turin, 172. — Envoyé à Carignan, 185. — Vaincu et fait prisonnier, 186. — Accuse Bernardino Vimecarti de sa défaite, 189. — Gouverneur de Carignan, 238. — Porte un ordre à Monluc pendant la bataille de Cerisoles, 267. — Assiége Cherasco, 332. — Sollicite auprès des juges de Cahors en faveur de de Bieule, II, 371.
Ossun (Hector d'), évêque de Conserans, V, 80.
Ost (Si l') savoit de l'ost, mal iroit de l'ost, prov., I, 450; III, 224.
Ostie, ville ital.; assiégée par le duc de Guise, II, 189.
Ottaviano Ottaviani, à Sienne, IV, 45.
Otto, corps mun. siennois, provoque une conférence à Sienne, IV, 30.
Outreau (Fort d'), voy. *Montreau*.
Oye (Expédition de la terre d'), I, 307, 311.

P

Padoil, marais, I, 260.
Palazzo di Diaboli, village du Siennois, I, 443.

Palliane (Jean Caraffa, duc de), reçoit Monluc à Rome, II, 164. —Donne un cheval turc à Monluc, 438.
Palu (La), lieutenant de Carcez, I, 211. — Attaque Castigliole, 219. — Suit Monluc au pont de Carignan, 227.
Pamiers (Sédition de), V, 58, 65.
Pamiers-de-Lusson, ville. Ravissement de trois filles hérétiques, V, 82.
Pancillac, voy. *Pauilhac.*
Panjas (Ogier de Pardaillan, s. de), III, 94. — Gouverneur de Fleurance, 344. — Chargé de défendre Lectoure, 348. — Chargé de présenter une lettre de Monluc à Damville et à d'Escars, V, 12. — Amoureux à la cour, 15. — Chargé de remplacer la Cassaigne dans le gouvernement de Lectoure, 102. — Proposé par Monluc pour recevoir l'ordre de Saint-Michel, 116. — Envoyé à Damville, 177, 189. — Demande à être payé de ses gages, 241. — Défend Lectoure sous les ordres de Gondrin, 247.
Panjas (Françoise d'Aydie, dame de), hôtesse de Monluc, III, 98.
Parcoul (Coup de main sur), III, 244.
Pardaillan (Blaise de), s. de la Mothe-Gondrin, I, 361.—Prend Albe, 372. — Lieutenant général en Dauphiné, III, 18.
Pardaillan (Antoine de), s. de la Mothe-Gondrin, reçoit les confidences de du Franc, II, 358.— Son entrevue avec Monluc, 389. — Appel par Monluc, III, 268. — Fait partie de l'expédition de Mont-de-Marsan, 305. — Laissé par Monluc à Eause, 342. — Se retire à Lectoure, 344. — Tombe malade, 347. — Organise l'armée destinée à envahir le Béarn, 400. — Sa jonction avec Monluc à Nogaro, 404.—Reçoit le commandement de l'armée de Rabastens après la blessure de Monluc, 428. — Attendu par Monluc, V, 208. — Marche sous les ordres de Mongonmery, 227.
Pardaillan (Hector de), s. de Gondrin et de Montespan, fils du précédent, annonce à la reine la prise d'armes de 1567, III, 91. — Capitaine de gens d'armes, 118.— Commande avec Terride l'armée envoyée au roi, 122.— Marche contre les Provençaux 178. — Lieutenant de Monluc en Guyenne, 200. — Envoyé par Damville à Lectoure, 347. —Ramène l'artillerie de Bayonne, 400, 402. — Se concerte avec Monluc, 1562, IV, 134. — A Toulouse, 135. — Accusé faussement de vouloir livrer la Guyenne au roi d'Espagne, 335. — Envoyé par Monluc au-devant de l'artillerie de Bayonne, V, 283. — Sa compagnie est envoyée du côté de Lisle en-Jourdain au-devant de Mongonmery, 202. — Commande à Lectoure, 247. — Refuse de rejoindre le camp de Damville, 260.
Pardaillan (Bertrand de), baron de la Mothe-Gondrin, cap. cath., au siége de Mont-de-Marsan, III, 315. — Envoyé à Damville par la noblesse d'Armagnac, 350.
Pardaillan (Le Puch, baron de), cap. hug., menace Bordeaux, II, 417.—Au combat de Vergt, III, 36. — Complice de des Royes, 163. — Porte à Monluc des dépêches de la reine, IV, 147.
Pardaillan; culte réformé pratiqué dans cette seigneurie, V, 7.
Pardiac (Bernard de Léaumont, baron de), blessé à l'attaque de Lectoure, III, 15. — En garnison à Fleurance, 25. — Tué à Navarreins, 328. — Fait de faux rapports à la Cassaigne, V,

94. — Cap. de gens de pied, 150. — Prisonnier de Mongonmery avec Terride, 215. — Assassiné dans sa prison à Navarreins, 230.

Paris. Son importance en temps de guerre, I, 290.

Paris (Parlement de); arrêt du 27 juillet 1562, IV, 150, 157.

Parizot (s. de), envoyé par Monluc au roi, V, 137.

Parme et Plaisance (Hieronyma Farnèse, duchesse de). Sauvegarde de Monluc en sa faveur, IV, 94.

Parme (Guerre de), I, 329.

Parron, cap. cath., suit Monluc à l'attaque de Lectoure, III, 15. — Pillé par les huguenots, 215.

Partir, partager, I, 290, 291.

Patu, pâturage, I, 293.

Pauillac (François de Cours, s. de), cité pour désintéressement, I, 36. — Gouverneur de Villeneuve d'Agen, III. 305.— Ordre de Monluc d'arrêter ceux qui porteront les armes, IV, 276. — Pauillac recommandé par Monluc au roi, V, 284.

Pauillac (s. de) de la maison de Cours, colonel de l'infanterie au siége de Rabastens, III, 406. — Blessé à mort, 416.— Commissions de Monluc, V, 332, 333, 334.

Paul (s. de Saint-), du comté de Foix, arrive à Toulouse avec une bande armée, 1562, II, 404.

Paul (s. de Saint-), gentilhomme près de Donzac, II, 413.

Paul IV, pape, reçoit Monluc à Rome, II, 164.

Paulin (vic. de), cap. hug., soutient la réforme en Quercy, IV, 354. — Ses projets sur le château de Foix, V, 231.

Paulo (Antoine de), président au parlement de Toulouse, II, 404; IV, 186.

Pauzin contre-signe une ordonnance de Monluc, IV, 202.

Pavant (Charles de Coutes de), lieutenant de Brissac, I, 372.

Pavie (Bataille de), I, 70. — Prise et pillage de Pavie, 78. — Retour sur la bataille, III, 465.

Peloux (Le), lieutenant de Brissac, I, 138. — Charge les Espagnols près de Tuchan, 140.

Penne (s. de), tué pendant les troubles de Toulouse, II, 402.

Penne (Prise de) par Monluc et Burie, 1562, II, 452. — Massacre des femmes et des soldats, 457; IV, 149.

Pepoli (Hugues de), dit *Hugues de Gênes*, commande les bandes noires, I, 89. — Fait prisonnier à la Madeleine, 97.

Périgord (s. de), envoyé par Monluc au roi, V, 127.

Périgueux. Réquisition de vivres pour les assiégeants de Mucidan, IV, 201, 203. — Acte de décharge de quatre pièces d'artillerie, 253.

Périgueux (États de), V, 48, 53, 54. — Assemblées de Huguenots, 66.

Perpignan assiégée par le Dauphin, I, 132.

Pescaillon, cap. hug., tente de prendre Agen, IV, 258.

Pescaire (François-Ferdinand d'Avalos, marquis de) assiége Marseille, I, 67.

Pescaire (François-Ferdinand d'Avalos, marquis de), fils du précédent, II, 207.

Peschier (Élie de Saint-Chamans, comte de) au combat de Vergt, III, 40.

Pessan, en Armagnac. Ordre de Monluc aux consuls de recevoir le cap. Monluc et sa compagnie, IV, 196.

Petigliano (Nicolas des Ursins, comte de), cap. italien du parti français, II, 200.

Petitbourg, cap. cath., retenu par Monluc à Lectoure, V, 248.

Petro Corso (San), cap. corse,

défend Albe, I, 374. — Au siége de Ceva, 426.

Peyraredc| (Jehan), cap. cath. de Bergerac, IV, 204.

Peyrecave (s. de), cap. hug., tâche de prendre Lectoure, III, 111. — Ordre de Monluc de respecter les églises catholiques, V, 329.

Peyrelongue, mestre de camp de l'armée de Duras, au combat de Vergt, III, 47. — Arme une compagnie aux frais de Monluc, IV, 315.

Peyrie (La), commissaire de la compagnie de Monluc, II, 324.

Peyron, cap. cath., signe la capitulation de Lectoure, IV, 167.

Peyroux (Les), cap. cath., envoyé par Monluc contre les Princes, III, 349.

Peyroux (Jean de), avocat au siége de Dax, IV, 273.

Pezaro (Bartholomeo Giordano de), gouverneur de Santo Abondio, I, 443. — Gouverneur de Montichiello, II, 200. — A l'escalade de Piance, 209. — Blessé d'une arquebusade, 221. — Sa mère reçoit Monluc, 240.—Dépêché par Monluc au duc de Guise, IV, 64.

Philibert, duc de Savoie, ne profite pas de la victoire de Saint-Quentin, II, 237.

Philippe II roi d'Espagne, ne profite pas de la victoire de Saint-Quentin, II, 237. — Menace Corbie, 309.—Menace Amiens, 316. — Son peu de goût pour les armes, III, 332. — Menace le Béarn, IV, 235. — Lettre et mémoire de Monluc du 8 févr. 1564, 317, 319. — Conseils donnés par Monluc pour vaincre la réforme, 320. — Monluc accusé de s'être vendu à lui, 329, 335. — Écrit à Monluc, 346.— Monluc lui conseille une entrevue avec la reine mère, 362, 365. — Lui révèle les intelligences des huguenots avec les révoltés des Pays-Bas, 368. — Détails sur les affaires de France communiqués par Monluc à Philippe II, V, 23.—Nécessité pour ce prince de protéger le catholicisme en Guyenne, 33. — Il se plaint des pirateries du cap. Menyn, 49. — Monluc recommande au roi d'Espagne Philippe Bardachin, 76. — Philippe II plus adonné aux négociations qu'aux armes, 310. — Veut anéantir les huguenots, 313. — Laisse vivre les Maures en Espagne, 314. — Lettre de Monluc, 334.

Philippe (s. de Saint-), cap. cath., prisonnier de Mongonmery avec Terride, V, 215.

Piance, ville du Siennois, au pouvoir de Alvaro di Sendi, II, 200. — Escalade de Piance par Monluc, 207. — Prise de la ville, 221. — Dépenses nécessaires aux fortifications de la ville, IV, 64.

Piccolomini, dame siennoise, II, 55.

Picharry (Louis de) recommandé par Monluc pour la charge de prévôt, IV, 261.

Picquigny (Charles d'Ailly, s. de), I, 336. — Au siége de Lans, 347.

Pietro, traître siennois, II, 76. — Ses menées sont découvertes, 84. — Il est banni de Sienne, 88.

Pignan (s. de), gentilhomme du prince d'Enghien, I, 275.

Piles (Armand de Clermont, s. de) vient au devant de Jeanne d'Albret, III, 175. — Se met dans Sainte-Foy, 210. — Échappe à Monluc, 224. — Surprend la Mothe-Mongausy à Levignac, 241. — Valeur de ce capitaine, 468.—Ses pillages en Guyenne, IV, 257. — Soutient la réforme en Périgord, 355. — Piles et ses compagnons à Bergerac et à Sainte-Foy, V, 145. — Re-

cueille la cavalerie de Mongayral, 152.
Pin (Le), contrôleur, fait prisonnier près d'Orléans, IV, 133.
Piper, tromper, III, 213.
Pisseleu (Charles de), év. de Condom, malade, IV, 311, 317. — Sa mort, 360.
Pisté à la Turque, pilé, I, 124.
Pistole, cap. italien, fait prisonnier à Piance, II, 223.
Places (Gouverneurs de). Remonstrance de Monluc, II, 109. — Quelle gloire un capitaine peut gagner dans la défense d'une place, 110. — Dommage causé au roi par la perte d'une ville, 112. — Le mépris public s'attache aux gouverneurs qui ne savent pas se défendre, 113. — Un gouverneur doit être esclave de son devoir, 115, — ne pas craindre la mort, 117, — s'aider de tous moyens, 118, — consulter les hommes capables, 120. — Ruses de bonne guerre, 121. — Monluc s'offre en modèle aux capitaines assiégés, 122.
Pleige, caution, I, 194.
Plume (La) en Agenais, assiégée par les huguenots, II, 339.
Pô, fleuve; passage du Pô par Boutières, I, 224.
Poitiers défendu par le duc de Guise, III, 467.
Pol (François de Bourbon Vendôme, comte de Saint-) blessé à la bataille de Pavie, I, 71. — Au conseil du roi, 243. — Ses encouragements, 253.
Poldé, homme d'affaires du marquis de Villars, V, 191.
Politiques (Conspiration des), III, 530; V, 535.
Pomade, boisson faite avec des pommes, I, 59.
Pommiès (Guillaume de Peyrecave, s. de), cap. cath., lève une compagnie, III, 296. — Laissé par Monluc à Casteljaloux, 303.

Pompadour (Louis, vicomte de), fait partie de l'expédition de Madère, III, 76.
Poncenac, gentilhomme huguenot d'Auvergne, V, 185.
Pons, cap. gascon, défend Nancy contre Charles le Téméraire, III, 464.
Pons (Antoine de), comte de Marennes, au siége de Penne, II, 457. — Fait partie de l'expédition de Saintonge, III, 152, 154. — S'empare d'Oleron et d'Ardvert, 155. — Sa fidélité au roi, IV, 153. — Prépare avec Monluc l'attaque de l'ile de Rhé, V, 110. — Monluc intercède pour la conservation de la compagnie de de Pons, 112. — Reçoit 4000 fr. des habitants des iles, 114. — Rejoint Monluc à Mareumes, 115.
Pont (s. de), trésorier. V, 43.
Pontac (Jacques de) envoyé de Bordeaux à Monluc, III, 64.
Ponte Stura, ville italienne, sur le Pô, prise par Brissac, I, 358. — Citée, II, 159.
Port (César), cap. italien, I, 298.
Portal (Bérenger), signe la capitulation de Lectoure, IV, 167. — Envoyé à la reine, 167. — Son éloge, 168. — Réclamé par Monluc, 271.
Port-Sainte-Marie, ville; sédition de 1562, II, 385. — Rupture du pont, III, 372. — Résultats de ce coup de main, 380.
Portugal (Prétentions du roi de) sur les mines de Mauritanie, V, 51.
Poton (François de Raffin, dit), sénéchal d'Agenais, au siége de Thionville, II, 278. — Dispute Agen aux réformés, 351.
Pourrières (Antoine de Glandevez du Puget, s. de), porte au roi le récit de la mésaventure de Monluc à Marin, II, 187.
Poy ou Pouy, cap. cath., II, 422. — Envoyé à la reine de Navarre par Monluc, 427.

Poyet (Guillaume), baron de Beyne, chancelier aux conférences de Leucate, I, 134.
Préambule au duc d'Anjou, I, 1. — Etait inédit, *introd.*, xix.
Prede, proie, III, 368.
Prevost (Antoine), archev. de Bordeaux, fait ouvrir une poterne, V, 157.
Prezide (Terres de), forteresse, II, 318.
Primeranges (s. de), cap. cath., présent à l'armée royale, V, 338.
Princes (Béarn et Condé), s'approchent de Montauban, 1569, III, 347. — Arrivent à Aiguillon, 366. — Se dirigent sur Toulouse, 388. — Saccagent les environs de Toulouse, 395. — Voyez *Coligny*.
Prince Dauphin, voyez *Montpensier* (François de Bourbon, duc de).
Projet (s. de St-), cap. cath. envoyé par Damville, à Cazeres, III, 309. — Chargé de rompre le pont de bateaux de Port-Ste-Marie, 374. — Défend le Quercy, V, 245. — Auprès de Damville, 252.
Provencal (Gentilhomme), éprouve ses valets l'épée à la main, III, 482.
Provencaux (Passage des), 1568, III, 177, V, 129.
Pruets, cap. cath., défend Caussade, IV, 352.
Puces (Prise de la tour des), à Thionville, II, 285.
Putains prises au combat de Cavelimour, I, 184.
Puy du Fou (René du), au secours de San Damiano, I, 379.
Puy Greffier (Tanneguy du Bouchet, s. de), blessé à l'escarmouche de St-Jean de Luz, I, 50.
Puymirol, ville, au pouvoir des Huguenots, 1562, II, 389.
Puysségur (Joseph de Chastenet, s. de), habitant de Lectoure, III, 105. — Signe la capitulation de Lectoure, IV, 167.

Q

Quatorze (*Braver plus que*), prov. II, 37.
Quentin (Bataille de St-), 1558. — Faute de Montmorency, I, 470, II, 236, IV, 90.
Quercy (Sénéchaussée de); les habitants demandent un sénéchal capable de les commander, V, 162. — Taille imposée par Monluc, 337.
Quichado (Louis), cap. espagnol, en garnison à Raconigi, I, 191. — Escorte les Italiens envoyés à Fossan, 207. — Attaqué par Monluc, 212.
Quiers, ville ital. Voyez *Chieri*.
Quinse, officier de finances envoyé au roi, V, 151.
Quirico (San), ville près de Montalcin, prise par Monluc, II, 194.

R

Rabastens (Siége de), III, 401. — Incendie de la ville, 406. — Massacre des vaincus, 425. — Dispersion de l'armée catholique après la prise de la ville, 433. — Gentilshommes blessés à l'assaut, 444.
Rabat (Jean de Foix, s. de), cornette à cheval, I, 448. — Licenciement de sa compagnie, IV, 58.
Ragach, jeune garçon, I, 178.
Ragnone, gonfalonier de Sienne, IV, 34.
Rambouillet (Jacques d'Angennes, s. de), envoyé à Monluc, V, 64.
Rame, bois, poutre, IV, 77.
Ramonet, cap., venge Monluc à Porcheanne, I, 81.
Rancade (*tirer à vogue ou à rame*), aller à pleines voiles, II, 129.
Rance, secrétaire du prince de Condé, II, 384.
Rantoy, cap. cath., à l'assaut de Rabastens, III, 422.
Raphael, cap. italien, commande

une compagnie levée à Agen, III, 346.
Rapin (Philibert), cap. hug., négocie la capitulation des huguenots de Toulouse, II, 399. — Prend les armes, 1567, III, 115. — Calomnie Monluc à l'instigation de Marchastel, IV, 336, 338. — Gouverneur de Montauban, 354.
Raulin, V, 21.
Rausan (Jacques de Durfort, s. de), gouverneur de Gensac, III, 534.
Raymond (Florimond de), *premier* éditeur des Commentaires I, *Introd.* VII. — Son épitre à la noblesse de Gascogne, XIX, V, 351. — Sa lettre au duc d'Épernon, 353.
Razé, secrétaire de Burie, envoyé à Monluc, II, 419.
Ré (Prise de l'île de), III, 155, V, 111.
Réalville, ville, reconnue par Monluc et Malicorne, III, 5.
Redoul, archidiacre de Cahors, note de Monluc, II, 374.
Régiments (Organisation des) en 1558, II, 310.
Regin (Claude), év. d'Oloron, familier de Jeanne d'Albret, IV, 259.
Remonstrances de Monluc, I, *Introd.*, XIX. — Remonstrance aux cap. de gens de pied, I, 28, voyez *Capitaines*. — Remonstrance aux gouverneurs des places, II, 109, voyez *Places*. — Remonstrance au roi, III, 457, voyez *Roi*. — Remonstrance au duc d'Anjou, 487, voyez *Henri III*.
René, duc de Lorraine, defait Charles le Téméraire, III, 464.
Renée de France, duchesse de Ferrare, reçoit Monluc à Ferrare, II, 241.
Reniès (s. de), cap. hug., soutient la réforme en Quercy, IV, 354.
Renouard, cap., défend Bene, I, 170. — Amène P. Colonne au roi, 288.
Renty (s. de), lieutenant de la compagnie du roi de Navarre, IV, 129.
Renung, capit., signalé au roi par Monluc, IV, 211.
Renung, ville des Landes, attribuée par Monluc à l'exercice de la réforme, IV, 274.
Reole (la), ville, défendue par d'Eymet, 1562, II, 428. — Autorisation donnée par Monluc aux habitants de se garder en armes, IV, 230.
Repeyre (Le), cap. cath., reconnait le camp de Mongommery, III, 331.
Resul, réseau, III, 483.
Riberac (Madame de), écrit à Leberon, V, 180.
Richelieu (François Duplessis de), au siége de Lans, I, 354. — Prend la basse ville de Cortemiglia, 408. — Gouverneur de Cortemiglia, 417.
Rieux (François de la Jugie, s. de), gouverneur de Narbonne, III, 392.
Rinckrock (Georges), colonel de lansquenets, I, 440. — Entre à Sienne après le combat de Marciano, 466. — Tombe malade, II, 66. — Son départ de Sienne, 67. — Touche mille écus à la sortie de Sienne, IV, 43.
Rincone, ambassadeur français, assassiné sur le Pô, I, 131.
Rivière (La), commissaire des fortifications de Piance, IV, 65. — Chargé d'une mission de Monluc, 232.
Rivière (La), maire de Bordeaux, Son discours en réponse à celui de Monluc, IV, 226.
Rivière (La), cap. hug. Ses brigandages en Périgord, IV, 355.
Robertet de Fresne (Florimond), vient à Agen, V, 86.
Rocca di Baldoco assiégée par Alvaro di Cendi, II, 204. — Défendue par Monluc, 205.

Roche (s. de), premier écuyer du roi, III, 432.

Roche-Chalais (Talleyrand, prince de la), comte de Grignols, paye une rançon à Monluc, I, 7, III, 238.

Roche-Chalais (Expédition de la), III, 238.

Rochechouart (s. de), cap. français, tué ou blessé à Cerisoles, I, 274.

Rochefoucault (François, comte de la), en Italie, I, 343. — Au siège de Lans, 351. — Attend Duras à St-Jean d'Angély, III, 32. — Se rallie avec Duras après le combat de Vergt, 57, IV, 151. — Chef de la réforme en Saintonge, III, 166. — Rejoint Condé à Orléans, V, 343.

Rochefoucault (Charles de la), comte de Randan, au siège de Thionville, II, 272. — Sa compagnie combat sous les ordres de Monluc, 430.

Rochefoucault, s. de Montendre, (François de la), s'empare de Bourg, II, 440.

Roche l'Abeille (Combat de la), V, 181.

Rochelle (Expédition de Monluc contre la), III, 149. — Siége de 1573, 524, V, 334. — Convoitée par la reine, V, 26. — Prise par les Huguenots, 107. — Menacée par Monluc, 109.

Roches (s. des), premier écuyer du roi, I, 22.

Roche-sur-Yon (Prince de la), garantit le Dauphiné au parti catholique, V, 31.

Rocquecor (Combat de), III, 432, V, 170.

Rœnoir, cap. apporte à Monluc la nouvelle de la prise d'armes de la St-Michel, V, 92.

Roffignac (Pierre ou Christophe de), président au parlement de Bordeaux, III, 205. — Harangue Monluc, 250.

Rogendorf (Christophe, comte de), à l'assaut de Vulpian, II, 152. — Au siége de Thionville, 259.

Roi (Conseils au). Lettre de Monluc, III, 437. — Du danger de blesser un bon serviteur, 450. — Remonstrance, 457. — Le roi devrait se montrer souvent à ses armées et à son peuple, 458. — Du soin à porter dans la distribution des charges militaires, 459. — Fatale influence des femmes, 460. — Du siége des places, 464. — Des nominations de capitaines, 470. — .... des maréchaux et mestres de camp, 471. — .... des cap. de gens de pied, 475. — De la lieutenance du duc d'Anjou, 478. — Des généraux de cavalerie et des colonels d'infanterie, 484. — De la générosité, 486. — De la responsabilité des rois dans la guerre, 499.

Romain, cap., reçoit un cheval en don de Monluc, I, 21; III, 432.

Romain (De Saint-) porte secours à San Damiano, I, 379.

Romains (Lâcheté des), II, 165. — Harangués par Monluc, 166.

Romegas (Mathurin de Lescout, s. de) reçoit un cheval en don de Monluc, I, 20, III, 431. — A Lectoure, 1567, III, 113. — Suit Monluc à Mont-de-Marsan, 315. — Chargé de la défense de Lectoure, 348. — Défend Lectoure, V, 247. — Avertissement qu'il communique à Monluc, 281. — Gouverneur de Sainte-Foy, ses exigences, 330.

Rondelle, épée à garde ronde, I, 80.

Roque, Roquette, château fort, I, 339; IV, 72.

Roque-des-Arts (s. de la) annonce à Monluc le soulèvement de Toulouse, II, 390.

Roque d'Ordan (La), cap. cath., lieutenant du baron de Pardiac, III, 15. — Tué à l'attaque de Lectoure, 20.

Roquelaure (Bernard de) donne deux chevaux à Monluc, I, 44.

Roquemaurel (s. de), gentilh. cath. Sa querelle avec Solan, V, 78.

Roquepine (Jean du Bouzet, s. de) défend Nancy contre Charles le Téméraire, III, 464.

Rosier, cap. cath., signe la capitulation de Lectoure, IV, 167.

Rossane, cap. piémontais, 1, 206.

Rouergue. Pacification de la sénéchaussée, V, 335.

Rouillac (Jean de Gout, s. de), maltraité par les huguenots de Saint-Mezard, II, 360.

Roux (s. de), gentilhomme de Castelsarrazin, recommandé par Monluc à Damville, V, 183.

Roux (Mathieu), bourgeois toulousain, réfugié à Lectoure, IV, 166. — Signe la capitulation de Lectoure, 167.

Royes (Pons de Polignac, s. des), gouverneur de Blaye, III, 161. — Commande 50 hommes à Blaye, IV, 200. — Livre Blaye à Mirambeau, V, 119. 131.

Rozailles (De), cap. espagnol, I, 211. — Sa défaite et sa fuite, 215.

Rue (Châtelain de) chargé d'une commission de Monluc pour Montmorency, IV, 7.

S

Saige (Le), conseiller, envoyé par la ville de Condom à la reine, IV, 262.

Saintonge (Projets de Monluc sur la), III, 167.

Salcede (Pierre de) attaque le pont de Carignan, I, 228. — Transfuge espagnol, 408. — Au siége de Thionville, II, 275.

Salerne (Prince de) commande les Italiens à la bataille de Cerisolles, I, 266.

Salignac (Jean de), hug., jurat de Bordeaux, menace Bordeaux, II, 417.

Saliis (s. de), cap. cath., envoyé par Monluc au duc d'Anjou, V, 150.

Salines, cap. espagnol, I, 404.

Salle (Jean de Cours, s. de la) défend Bordeaux sous les ordres de Vaillac, II, 418.

Salles, cap. cath., au siége de Rabastens, III, 409. — Blessé à l'assaut, 423.

Saluces (François, marquis de) livre le Piémont aux Impériaux, I, 108.

Saluces (Michel-Antoine, marquis de), I, 89. — Favorise la descente du prince de Navarre, 91. — Battu à la Madeleine, 99. — Critique de sa conduite, 190.

Salvador (Abbaye de San) fondée par Charles VIII, II, 236.

Salvert, enseigne de Cypierre, tué au siége de Thionville, II, 267.

Salvoison (s. de), gouverneur de Verrue, I, 374.

Salvy (Gabriel de Lomagne, s. de Saint-), capitaine de gens de de pied, II, 422.

Sambaussac (s. de), cap. cath., signe la capitulation de Lectoure, IV, 167.

Samblançay (Jacques de Beaune, baron de), condamné à mort, III, 128.

Sandi (Alvaro di) remplace Fernand de Gonzague, I, 359. — Sa belle retraite, 360. — Paraît à San Stephano Belbo, 416. — Fait pendre le gouverneur de Moncalvo, II, 159. — Défait la cavalerie de Monluc auprès de Piance, 202. — Son expédition contre Rocca di Baldoco, 204. — Repoussé de l'Altezza, 206. — Assiége Ghiusdino, 226. Rappelé en toute hâte à Sienne, 227.

Sanfré, ville italienne; combat livré par Monluc, I, 212.

Sansac (Louis Prevost de) défend la Mirandole, I, 330. Son bonheur à la guerre, 415. — Cité

en exemple aux défenseurs de places, II, 118. — Se rend en France après la bat. de Vergt, III, 53.
Sansac (Antoine Prévôt de), archevêque de Bordeaux, II, 433.
Santaraille, voyez *Xaintrailles*.
Sarlabous (Raymond de Cardaillac, s. de), au siége de Thionville, II, 263. — Pillé par les huguenots, III, 215. — Colonel de gens de pied, 238.
Sarp (Gaspard de), cap. cath., au siége de Rabastens, III, 425.
Sarrazins au service de princes chrétiens, I, 145.
Sarré, bourgeois toulousain, réfugié à Lectoure, IV, 166.
Sault (Charles du), avocat général au parlement de Bordeaux, ennemi de Monluc, III, 249. — Lui transmet les ordres du roi, V, 227.
Saurin (Escarmouche de Saint-), 1567, III, 153.
Sauvetat de Gaure (La), lieu de garnison de la compagnie de Monluc en 1562, II, 389.
Sauveterre (Répression des troubles de) par Monluc, 1562, II, 443.
Savaillan (La Bastide), lieutenant de Monluc, I, 81.
Savaillan (s. de) ainé, fils du précédent, blessé à l'assaut de Rabastens, III, 422.
Savignac de Comenge, cap. cath., suit Monluc en Rouergue contre Piles, III, 217. — Laissé à Miremont, 227. — Défend avec Bellegarde le Comminge, 265. — Fait partie de l'armée de Damville, 303. — Suit Monluc au siége de Mont-de-Marsan, 312.
Savignac de Thouars, cap. hug., chef de la garde de Burie, menace Bordeaux, II, 417. — A la bat. de Vergt, III, 36. — En Rouergue, IV, 184.
Savillan, cap. français, amène au prince d'Enghien un renfort d'Italiens, I, 277.
Savillon (Antoine), cap. cath., présent à l'armée royale, V, 338.
Savini (Andréa), prieur à Sienne, IV, 37.
Savoie (Charles III, duc de), assiégé à Nice, I, 162. — Assiége Mondovi, 165. — Manque de tomber aux mains de Monluc, 177. — Se retire à Verceil, 191.
Savoie (Emmanuel-Philibert duc de), I, 396.
Savoie (Chancelier de), I, 209.
Saxe (Jean-Guillaume, duc de), II, 293. — Arrive au camp du roi, 302.
Sayas (s. de), enseigne intérimaire de Lescun, I, 47.
Scarlino, ville de Toscane, I, 442.
Scipion (Publius Cornelius) défait en Espagne par Asdrubal, III, 143.
Scipion (Cneus) défait en Espagne par Asdrubal, III, 143.
Scipion l'Africain (Cornelius) envoyé en Espagne, III, 144.
Seauve (La), abbaye, campement de Monluc, II, 431.
Seauve ou Seuve (s. de la), voy. *Gontaut*.
Segond (Pedemarie, comte de Saint-), I, 296.
Seguier de la Gravière, sénéchal du Quercy. Accusé d'être huguenot, IV, 353. — Son incapacité, V, 162.
Seignan (Pierre de Casteras, s. de) au combat de Targon, II, 432.
Seignan, homme d'armes de la compagnie de Monluc, III, 29.
Seigneurier, conquérir, I, 147.
Selve (Odet de). Monluc lui envoie des nouvelles du siége de Sienne, IV, 20.— Ambassadeur à Rome, 54.
Sendat, cap. hug., apporte à Monluc les propositions des réformés, II, 354.
Sendat, cap. cath., envoyé par

Monluc à la reine de Navarre, II, 427. — Commande dix enseignes sous les ordres de Jean de Monluc, III, 190. — Envoyé par Damville, à Cazères, 309. — Commande trois cents hommes à Bordeaux, IV, 199. — Accusé de plusieurs crimes par Monluc, V, 198.

Sennecterre (s. de), gentilhomme du parti catholique en Auvergne, V, 126.

Septem, ville italienne près de Vulpian, II, 154.

Sere, bourgeois de Lectoure, V, 95.

Serempuy (s. de), hug. Ses biens confisqués, V, 338.

Sergardi (Nicolo), seigneur siennois, IV, 34.

Seridos (Guillaume), suit Monluc à Lectoure, III, 103. — Commissions de Monluc, V, 334.

Sérignac (Geraud de Lomagne, s. de), au siége de Rabastens, III, 405.

Serignac (vicomte de), cap. hug. se prépare à quitter Montauban, V, 197. — Au Carlo, 203.

Serillac, cousin germain de Monluc, I, 77.

Serillac (Jean de), neveu de Monluc, lieutenant de Sipierre, I, 213. — Cornette à cheval, 448. Il sauve Strozzi, II, 2.

Serravalle, ville ital., prise par Monluc, I, 420.

Serre (s. de la), assure à Monluc que les huguenots voulaient démolir Toulouse pour rebâtir cette ville à Montauban, II, 406.

Serres (baron de), lieutenant de la compagnie de Monluc, II, 200. — Fait prisonnier le capitaine Carricou, 201. — Échappe à la déroute de Piance, 203. — Défait une compagnie espagnole, 228.

Serres (s. de), officier des vivres de l'armée du roi, II, 310.

Seve, voyez *Ceva*.

Sever (St-), dans les Landes; prêches autorisés aux faubourgs de la ville, IV, 257.

Sevin (Herman), magistrat huguenot, feint de fuir la ville d'Agen, II, 450. — Son moulin lancé contre le pont de Port-Sainte-Marie, III, 375.

Sforce, comte de Santa Fior, menace le duc d'Anjou de quitter l'armée, si on ne livre pas bataille, V, 181.

Sienne, ville de Toscane, secoue le joug des impériaux, I, 432. — Assiégée par le marquis de Marignan, II, 1. — Menacée par la famine, 14. — Menacée par l'artillerie, 32. — Veut continuer la lutte, 44. — Ordre édicté par Monluc pour résister au bombardement, 48. — Démonte l'artillerie des assiégeants, 64. — Rareté des vivres, 66. — Expulsion des bouches inutiles, 72. — Processions pour déjouer les trahisons de Pietro, 83. — Réduction des rations, 90. — Capitulation de Sienne, 91. — Donnée par l'empereur au duc de Florence, 207. — État du retranchement des vivres pendant le siége, 361. — Siége de Sienne, IV, 11. — Maladie de Monluc, 15, 18, 19. — Désaccord à Sienne, 20. — Rareté des vivres, 21. — Diversion par Brissac au siége de Sienne, 32. — Capitulation de la ville, 50. — Mesures de Monluc pour faire arriver de l'argent à Sienne, 52. — Fin du siége, 57.

Sienne (Francesco Bandini, archevêque de), accompagne Strozzi, II, 2.

Siennois, mécontents du gouverneur Soubise, II, 162.

Siennoises (Éloges des dames), II, 55.

Silva (Hernando de), cap. espagnol, II, 54.

Silva (Ruy Gomès de), II, 54.

Simon, chirurgien, panse Monluc

après sa blessure, III, 424.
Sipierre (Philibert de Marsilly, s. de), I, 214. — Au siége de Thionville, II, 264. — Désigné par Monluc pour assister à l'entrevue de Bayonne, IV, 363. — Garantit la possession d'Orléans au parti catholique, V, 31. — Assiste à l'entrevue de Bayonne, 33.
Solan (s. de), complice du jeune Fonterailles, V, 78. — Sa querelle avec les Roquemaurel, 78.
Soldats doivent obéir à leurs capitaines, I, 40,
Soliman I, sultan, I, 143. — S'allie avec François I, 143. — Envoie une armée turque devant Nice, 162.
Somme (Blaise de), cap. italien, I, 206.
Somme (Jean-Bernard de Saint-Severin, duc de), capitaine italien du parti français, II, 176. — Gouverneur de Chiusi, 210. — A la défense de Sienne, IV, 26.
Sondeve, cap. hug. en Rouergue, IV, 184.
Soubise (Jean Larchevêque de Parthenay, baron de), gouverneur du Siennois, II, 162. — Rentre à Rome, 194. — Son administration en Toscane, IV, 60.
Souillac; conseil de guerre tenu à Souillac, V, 128.
Souppetz (s. de), injustement recherché par le sénéchal de Lauragais, V, 195.
Sourin (Saint-), Italien de robe longue, II, 246.
Spannochi (Hieronymo), citoyen siennois, II, 33. — Sort de Sienne avec Monluc, 103. — Accompagne Monluc à Montalcin, 196.
Stassa (Bartholomeo de la), cap. espagnol, commandant de Piance, II, 206. — Fait prisonnier, 222.
Strozzi (Pierre), maréchal de France, donne cinq cents écus à Monluc, I, 37, IV, 18. — Perd la bataille de Marciano, I, 189. — Défenseur de Sienne, 433. — Demande un lieutenant, 434.— Ses positions à Marciano, 455. — Vaincu et blessé, 465.—Sur l'avis de la mort de Monluc il rentre dans Sienne, II, 2. — Il quitte la ville, 5. — Rappelle les Allemands, 66. — Va à la rencontre de Monluc après le siége de Sienne, 107. — Disculpé par Monluc auprès du roi, 137. — Général en chef des troupes françaises à Rome, 166. — Au siége d'Ostie, 189. — Au siége de Thionville, 262. — Sa mort, 273. — Lettres de Monluc, IV, 11, 13, 30, 42, 44, 52. — — Soupçonne sa fidélité, 29.
Strozzi (Léon), prieur de Capoue, tué à Scarlino, I, 442. — Injustices qu'il a subies, III, 133.
Strozzi (Robert), frère du maréchal, I, 451. — Proposé par Monluc pour le gouvernement de Sienne, IV, 15.
Strozzi (Chevalier), neveu du maréchal, conduit Monluc à Marseille, II, 123.
Strozzi (Jean-Baptiste), envoyé par Monluc à Pierre Strozzi, IV, 13.
Strozzi (Philippe), commandant de galères en Guyenne, IV, 278, V, 109. — Prisonnier des Huguenots, 181.
Strozzi (Laurent), cardinal, archevêque d'Alby, III, 62.
Sucre, cap. espag., discourt de la bataille de Pavie, I, 71.
Suisses obligent Lautrec à livrer la bataille de la Bicoque, I, 45. — Cassés aux gages par François, 70. — Se mutinent contre le s. de Dros, 165. — En garnison à Bene, 170. — Se mettent en fuite à Carignan, 233. — Amenés en Piémont par d'Enghien, 239. — Levés par le cardinal Caraffa pour le compte de Paul IV, II, 165. — Au service de Henri II en 1558,

302. — Gruyériens, soldats suisses, I, 247, 274.
Sulpice (Jean d'Ebrard, baron de St-), III, 189.
Sureau, officier de finances envoyé au roi, V, 151.
Sureau du Rosier (Hugues), auteur supposé d'un pamphlet criminel, V, 58.
Suze (François de la Baume, comte de), laisse échapper les Provençaux, III, 182.

T

Taillecavat, château du Bazadois, abandonné par les Huguenots, III, 243.
Tais (s. de), colonel général de l'infanterie, I, 176. — Suit Ludovic de Birague dans son expédition, 226. — A la bataille de Cerisoles, 265. — Amène 23 enseignes au roi, 292. — — Reconnaît les approches de Boulogne, 294. — Blessé, 297. — Fait partie de l'expédition du comté d'Oye, 312. — Causes de sa disgrâce, III, 137. — Sa mort, 138.
Tambonneau (Le président Jean), officier de finances, commissaire en Guyenne, I, 5. — Son enquête, III, 437, V, 291.
Targon (Combat de), II, 431. — Forces de Monluc, 436.
Taurines, lieutenant du comte de Tende, I, 258.
Tavannes (Gaspard de Saulx, s. de), maréchal de France accompagne Monluc à Auriolle, I, 115. — Négociateur présumé de la capitulation de Thionville, II, 289. — Au conseil du roi à Marchais, 309.
Tays, gentilhomme de Brissac, I, 414.
Teligny (s. de), guidon du duc d'Orléans, I, 293.
Teligny (s. de), fils du précédent, envoyé par Coligny au roi, V, 263.

Tende (Claude de Savoie, comte de), I, 110. — Retient Monluc à Marseille, 126. — Reçoit Monluc à Marseille après le siége de Sienne, II, 130. — Laisse échapper les Provençaux, III, 182.
Terraube (Siége de), par Monluc de Caupenne, III, 17. — Massacre des prisonniers, 23, IV, 165.
Terre (Baiser la), en allant au combat, I, 316.
Terrene, chaussée, I, 313.
Terride (Antoine de Lomagne, baron de) au siége de Lans, I, 351. — Prend les armes en 1562, II, 370, 389. — Se met en campagne contre les huguenots de Toulouse, 397. — Au premier siége de Montauban, 411. — Assiége Montauban, III, 58. — Conduit au roi le secours de Guyenne, 122. — Lieutenant de Monluc, 200. — Marche contre Piles en Rouergue, 217. — Commande l'expédition de Béarn, 230, 255. — Assiége Navarreins, 259. — État de son armée, 266. — Reçoit le conseil de battre en retraite, 267, 270. — Se retire à Orthez, 271. — Refuse de sortir du Béarn, 272. — Refuse de se rendre à Hagetmau, 277. — Son désastre, 280. — Examen de sa conduite, 284. — A Fumel, IV, 122. — Se concerte avec Monluc, 134. — Va assiéger Lavaur et Castres, 141. — Reçoit Monluc et Damville en son château de Terride, 278. — Accusé faussement d'avoir voulu livrer la Guyenne au roi d'Espagne, 335. — Se disculpe auprès de la reine, 345. — Conduit des troupes au camp du duc d'Anjou, V, 132. — Se rend à Moissac, 144. — Envoyé à Gramont, 149. — Son expédition en Béarn, 154. — Lève le siége de Navarreins, 171. — Prisonnier à Navarreins, 230. — Sa

faute, 254. — Avait ménagé le pays aux environs de Navarreins, 206. — Forcé dans Orthez par Mongonmery, 210, 212, 213, 215. — Prisonnier de Mongonmery, 215.

Tête (Baisser la) pour charger, I, 300, 385.

Teulade, cap. cath., reçoit l'ordre de lever une compagnie de trois cents arquebusiers, V, 340.

Thermes (Paul de Labarthe, s. de), gouverneur de Savillan, I, 164. — Ordonne à Monluc de se jeter dans Bene, 171. — Se retire à Savillan, 172. — Sa joie en recevant Monluc, 174. — Autorise le coup de main de Gramignin, 191. — Fausse alerte; désespoir de de Thermes, 198. — Ordonne à Monluc d'attaquer les Italiens envoyés à Fossan, 207. — Tente un coup de main sur Castigliolle, 217. — A Carignan, 230. — Reconnaît les Impériaux à Cerisolles, 264. — Il est fait prisonnier, 273. — Défend Parme, 330. — Pousse les Siennois à la révolte, 432. — Demandé à la place du duc d'Aumale, II, 154. — Intrigues à ce sujet, 155. — Monluc y est mêlé malgré lui, 156. — Mariage de de Thermes en Piémont et ses conséquences, III, 127. — Division de sa compagnie, IV, 138, 143.

Theroanne assiégée par Charles Quint, I, 126. — Retraite de d'Annebaut, 457.

Thionville (Siége de), II, 255. — Prise de la ville, 291. — Jugée imprenable par Monluc, III, 516.

Thodias, cap. cath., fait partie de l'expédition de Saintonge, III, 151. — Blessé à Saint-Saurin, 153.

Thorines, guidon du comte de Tende, I, 109.

Thosinghi (Pietro Paulo), cap. ital.; son éloge et ses réclamations, IV, 85.

Thou (Christophe de), premier président du parlement de Paris, III, 249.

Thous (Baptiste), cap. italien, I, 206.

Tiboville (Claude de), commissaire de l'artillerie en Guyenne, III, 101. — Au siége de Rabastens, 414. — Envoyé à Agen pour recevoir l'artillerie, V, 155.

Tilladet (Bernard de), s. de Saint-Orens I, 181. — Accompagne Mons, 209.

Tilladet (Antoine de Cassagnet, s. de), I, 187. — Demande à servir sous les ordres de Brissac, 328. — Au siége de Lans, 353. — Aux bains de Barbottan avec Monluc, III, 93. — Malade, 102. — Tué au siége de Mont-de-Marsan, 319. — A Fumel, IV, 124. — Chargé d'écarter le trop grand nombre de gentilshommes assemblés à Toulouse, V, 2. — Dépêché de Périgueux au roi, 57. — Son échec comme maire de Bordeaux, 142. — Monluc demande pour lui la compagnie de François d'Este, 147.

Tilladet (François de Cassagnet de), *s. de Saint-Orens*, commande la première compagnie levée en Guyenne contre les huguenots, II, 348. — Arrête les séditieux d'Astaffort. 362.— Au premier siége de Montauban, 410. — Attaque les huguenots de Layrac, 415. — Commence l'attaque à Targon, 432. — Se jette dans Cahors, III, 1. — Envoyé pour la seconde fois par Monluc à Cahors, 25. — Aux bains de Barbottan avec Monluc, 93. — Suit Monluc à Lectoure, 101. — Colonel des gens de pied de Guyenne, 118. — Envoyé contre les vicomtes, 184. — Mis en garnison à Libourne, 208. — Sa maison pillée par les huguenots, 215. — Rappelé par le duc d'Anjou, 254. — Maréchal de camp de l'armée destinée à l'invasion du Béarn sous Monluc, 400. — Rejoint Monluc à Nogaro, 404. — Reçoit le chancelier à Toulouse, IV, 372. — Proposé par Monluc pour recevoir l'ordre de Saint-Michel, V, 116. — Laissé par Monluc à Agen, 135. — En Périgord, 142. — Chargé d'empêcher le passage de Montamat, 280. — Commissions de Monluc, 336.

Tillet (Jean du), greffier du parlement de Paris, II, 259.

Tillet, étiquette, billet, V, 75.

Tissandier de Fleurance, cap. cath., envoyé par Monluc à Dax, III, 346.

Tivoli (Escarmouche de), II, 171.

Tolède (Louis de). Sa mission auprès du roi, IV, 73.

Tolède (Fernand de), envoie Domingo à Monluc, IV, 364.

Tonneins (s. de) de la maison de Caumont, III, 4. — Cité pour son influence en Guyenne, IV, 116. — Favorise la réforme, 236. — Culte réformé pratiqué dans sa ville, V, 7. — Donne à Monluc des nouvelles du camp du duc d'Anjou, 191.

Tonnelier, cap. hug., rend la ville de Gensac, III, 534.

Topiac, cap. cath. Commission de Monluc, V, 334.

Tor (s. de), cap. hug., au combat de Vergt, III, 37.

Touchepied (s. de) au siége de Lans, I, 347.

Toulouse (Parlement de) gratifie Monluc de quelques biens confisqués, I, 16.

Toulouse (Troubles de), 1562, II, 390; IV, 133. — Troubles autour de Toulouse, 1563, 217. — Lettres de Monluc aux capitouls, V, 21, 83. — Toulouse menacée par Coligny et l'armée des princes, 268, 270,

Toupiac, ingénieur, III, 373.

Tourion, petite tour, III, 407.

Tournon (François, cardinal de), II, 205.

Trans (Germain Gaston de Foix, marquis de), III, 100.

Trappe (La), cap. hug., à l'escalade de Piance, II, 211. — Son entrevue avec Monluc, V, 262.

Trebons, cap.. guidon de Montpezat, I, 122.

Trente (Concile de) repoussé par Catherine, IV, 330, 335. — Négociations à ce sujet, 341.

Trinité (Louis Costa, comte de la), I, 178. — Mis en déroute par Monluc, 182. — Conseille le siége de Benne, 395. — Ses intelligences dans Benne, 402.

Trompette (Château-), fort de Bordeaux, menacé par les huguenots, II, 417.

Tuchan, ville de Roussillon, I, 137. — Escarmouche près de Tuchan, 138.

Tufi (Porte), à Sienne), I, 452.

Tuition, défense, I, 158.

Turc (Le), caporal de la compagnie de Monluc, I, 384.

Turchi (Deifebo), traître siennois, II, 197. — S'échappe de sa prison, 199.

Turcs en France, I, 143. — Leur excellente discipline, 150. — Se rembarquent, 163,

Turin (Hiéronyme de), cap. italien, I, 402.

Turin (Jean de), colonel italien, I, 402.

Turquie (Ambassadeur de) arrive à Estillac, V, 37. — A Condom, 38.

U

Urbin (Guidabalde de la Rovere, duc d'), II, 133. — Reçoit Monluc en son château, 240.

Urbin (Venture d'), ingénieur. Son éloge, IV, 65.

Urdes (Lucas d'), capitoul, apprend à Monluc la capitulation des huguenots de Toulouse, II, 401.

Urfé (s. d'), gentilhomme du parti catholique en Auvergne, V, 126.

Ursins (Camille des), général des troupes de l'Église, II, 165.

Ursins (Jean-François des), gouverneur de Tivoli, II, 170.

Uza (Louis de Lur, vicomte d'), un des défenseurs de Bordeaux, II, 429. — Assiste Monluc à Bordeaux, III, 70. — Fait partie de l'expédition de Madère, 76. — Au siége de Rabastens, 409.

V

Vabres (Bernard de), sénéchal de Toulouse, se démet de son État, IV, 188.

Vaillac (Jehan de Genoilhac, s. de), gouverneur du Château-Trompette de Bordeaux, II, 418. — Commande cinquante hommes à Bordeaux, IV, 199. — Son éloge par Monluc, 219. — Monluc lui refuse le gouvernement de Bordeaux, 254.

Valence, voy. *Monluc (Jean de)*.

Valenville, cap., au siége de Thionville, II, 283.

Valery (Jean). Voy. *Valier*.

Valette (Jean de Nogaret, baron de la). Son désintéressement, I, 36. — Marche contre les Provençaux, III, 178. — Conseille à Monluc de secourir Villeneuve d'Agen, 369. — Combat Mongonmery au passage de la Garonne, 385. — Gouverneur d'une partie de la Guyenne, 528. — Convoqué par Monluc pour une bataille prochaine, V, 161. — Attendu par Monluc en Guyenne, 173. — Son procès avec Gensac, 178. — Attendu à Villeneuve d'Agen, 184. — Rejoint le duc d'Anjou à Saint-Léonard, 194. — Veut se venger de Sendat, 200. — Expose à Monluc les intentions de Damville, 234. — Sénéchal d'Armagnac, 242. — Chargé de défendre Toulouse, 270. — Fait peu de compte des propositions de Monluc, 326.

Valettes, cap., envoyé par Monluc à Damville, V, 22 1.

Valfenières (Réné de), II, 251.

Valgaudemar (Regnault de Montauban, s. de), I, 173. — Suit Monluc au pont de Carignan, 227,

Valier (Jean), évêque intérimaire d'Agen, IV, 111.

Valperga (Prise de) par Brissac, I, 358.

Vantadour (Gilbert de Levis, duc de) assiste au siége de Vulpian, II, 150.

Varicave, sentier, I, 166.

Varnier, cap. cath., signe la capitulation de Lectoure, IV, 167.

Vassé (Antoine Grognet, s. de) surprend San Damiano, I, 332, 333. — Au siége de Lans, 353. — Prend Ceva, 358. — Gouverneur du marquisat de Saluces, 377. — Se jette dans Carmagnole, 377,

Vauguyon (Jean d'Escars, s. de la), II, 381, 430. — Accompagne le duc de Montpensier en Guyenne, III, 27. — Fait partie de l'expédition de la Roche-Chalais, 238,

Veche (Hiéronyme de), seigneur siennois, IV, 79.

Velleron (Marc-Antoine Viarron, seigneur de), colonel de l'infanterie française, I, 469.

Velletri, ville romaine, II, 176.

Vely (Charles Dodieu, s. de), ambassadeur, I, 134.

Vendôme (Madame de), voy. *Jeanne d'Albret*.

Venise (Sénat de). Discours de Monluc de Valence, I, 144. — Il fait la paix avec le Turc, 145. — Souffre le passage des Allemands impériaux, 149. — Allié de tout temps avec la France, 159.

Vensa (Jean de Morlhon, baron de Saint-) reconnaît les Provençaux, III, 181. — Tient tête aux vicomtes, 259. — Gentilhomme périgourdin du parti catholique, V, 152.

Verceil (Siége de) par Fernand de Gonzague, II, 242. — Ravitaillement de Verceil, 248.

Verdier (Jehan du), auteur de la sédition de Saint-Mezard, II, 361.

Verdier, neveu du précédent, huguenot pris à Saint-Mezard, II, 362. — Son supplice, 363.

Verdusan (s. de), au combat de Targon, II, 436. — Reconnaît les ennemis à Caussade, III, 5. — Sert d'otage pour la capitulation de Lectoure, 22. — Sénéchal de Bazadois, 102. — Fait partie de l'expédition de Saintonge, 151. — Proposé par Monluc pour recevoir l'ordre de Saint-Michel, V, 116.

Vergt (Combat de), III, 31. — Pertes des Huguenots, 51.

Verre, cap. cath., au conseil de Monluc, III, 165.

Vervins (Jacques de Coucy, s. de) rend Boulogne aux Anglais, I, 291. — Son procès, 292. — Livre Boulogne, III, 469.

Viard (Jacques) commissaire des guerres, III, 362. — Cause de la prise d'Aiguillon, 363. — Son retour de la cour, 368. — Appelé en témoignage de la pacification de la Guyenne, IV, 332.

Vicomtes (Les), cap. hug., s'assemblent vers Moissac, III, 184. — Ravagent le Rouergue, 208. — Tiennent la Guyenne, V, 135. — Campent à Montauban et à Gaillac, 142. — Se fortifient à Saint-Antonin, Millau, Castres et Montauban, 152. — S'assemblent pour aller rejoindre l'amiral, 156. — S'efforcent de rejoindre le prince de Condé, 167.

Vieilleville (François de Scepeaux, s. de), maréchal de France, gouverneur de Thionville, II, 292. — Combat le prince de Condé, V, 129.

Vieri (Jules), gonfalonier de Sienne, IV, 34.

Vignaulx (s. de), blessé à Auriolle, I, 121.

Vignaux (s. de), gentilhomme catholique tué au combat de Targon, II, 438.

Villars (Honorat de Savoie, marquis de) envoyé à Amiens, II, 317; III, 248. — Succède à Monluc en Guyenne, 434. — Son administration, 527. — Cité pour son influence en Guyenne, IV, 115. — A l'entrevue de Bayonne, V, 33. — Vend des blés, 191. — Lieutenant du roi en Guyenne, 290. — Se plaint de Monluc, 295.

Villebon (Jean d'Estouteville, s. de), prévôt de Paris, I, 107. — Raille l'audace de Monluc, 114.

Villefranche, cap., occupe le fort de Montreau, I, 308.

Villefranche de Rouergue (Répression des troubles de) par Monluc et Burie, II, 381. — Combat de 1562, IV, 184. — Pacification de la ville, V, 335.

Villeneuve d'Agen. Monluc y fait pendre un ministre, IV, 358. — Commission de Monluc, V, 337.

Villeroy (Nicolas de Neufville, s. de), V, 104.

Vimecarti (François-Bernardin de), I, 185. — Accusé de trahison par d'Ossun, 189. — Reconnaît les Impériaux à Cerisolles, 264. — Assiste à la prise de Chieri, 334. — Prend Albe, 372. — Maréchal de camp, 423. — Chargé de messages de Monluc, IV, 62.

Vins (marquis de), I, 342.

Vinu (s. de) au siége de Lans, I, 347.

Vit (s. de la) suit Monluc à Lectoure, III, 103.

Vitelli (Chiapino), marquis de Cotessa, surveille la sortie des troupes françaises de Sienne, II, 103. — Ses préparatifs d'entrée en campagne, IV, 71.

Vitupere, mépris, I, 149.

Volumat, cap., au siége de Thionville, II, 280.

Vuc, visière, I, 214.

Vulpian, reconnue par d'Aumale et Monluc, II, 146. — Prise d'assaut, 153. — Retour sur la prise de Vulpian, III, 126.

Vyaletes, prévost de Bourdillon, fait exécuter des voleurs à Montauban, à Moissac, à Nérac, V, 39.

W

Wight (Prise de l'île de), I, 307.

X

Xaintrailles (s. de), cap. de Casteljaloux, IV, 154.

Y

Ydron, chevau-léger de la compagnie de de Thermes, I, 181. — Accompagne Mons, 209.

Ygié (Guillaume de Maugiron, s, d'), à Caselle, I, 365.

Ynard, cap., conduit un secours en Italie, I, 342. — Au siége de Lans, 353.

Yvrée (Siége d') par Boutières, I, 239.

Z

Zoboli (Cornelio), cornette à cheval, I, 448.

FIN DE LA TABLE ANALYTIQUE.

9924. — Typographie Lahure, rue de Fleurus, 9, à Paris.

www.ingramcontent.com/pod-product-compliance
Lightning Source LLC
Chambersburg PA
CBHW070204240426
43671CB00007B/539